천재발명가, 정치를 시작하다

국가정책제안서

李玉宰

지은이 **이옥재**

이옥재는 경제적 어려움 속에서도 직접 학비를 벌면서 광양진상중학교와 순천매산고등학교를 수석 졸업했다. 그 후 배움의 끈을 놓을 수가 없어 서울대학교 부설 한국방송통신대학교의 경영학과·영문학과에 입학, 결국은 법학과를 졸업하고 대진대학교 법무행정대학원 최고경영자(CEO) 과정을 수료했다.

이옥재는 어릴 적부터 나라가 경제적으로 부강해야 국민이 잘 살게 될 것이라는 이념을 가지고 24세의 젊은 나이에 자동해태제조기 발이동장치 특허 출원을 시작으로 창의적 아이디어를 꾸준히 개발해 특허 기술을 등록하여 상용화에 성공했다. 이어서 그가 개발한 우주자동차의 '무변출력 무정류자 직류전동기를 이용한 발전 장치' 부터 시작된 '무충전·무공해 꿈의 자동차' 특허 기술이 국내 특허는 물론 미국, 중국, 일본 등 10개가 넘을 정도이다.

나라의 경제가 걱정이 되었던 이옥재는 드디어 정치가로 변모하게 된다. 제18대 국회의원 선거에 무소속 국회의원 후보로 활약하면서 선거를 치렀으며, 제20대 국회의원 선거 때는 새누리당 예비후보 활동과 친반평화통일당 후보 공천을 받는 등 정치 행보의 시동을 걸어왔다. 그는 이제 더 큰 꿈의 실현을 위해 대통령 출마를 앞두고 있다. 건강한 정신을 가지고 건강한 경제를 이룩하기 위한 그의 행보는 꿈이 있는 지도자로 더욱 발전적으로 변모할 것이다.

그는 가정문제연구소 소장, 한국청소년신문사 이사, 학교폭력 신고센터 본부장, (사)자연환경국민운동 부본부장, 인간연구소(人間研究所) 소장을 역임했고 현재 (사)농촌경제살리기 국민운동본부 본부장, 국가정책연구소 소장, 우주자동차 대표로 활동 중이다.

천재발명가, 정치를 시작하다

국가정책제안서

| 李玉宰 著

상상나무

국가정책제안서

지 은 이 | 이옥재
펴 낸 이 | 김원중

기　　획 | 허석기
편　　집 | 김주화, 이은림
디 자 인 | 옥미향, 안은희
제　　작 | 김영균
관　　리 | 차정심
마 케 팅 | 박혜경

초판인쇄 | 2017년 1월 13일
초판발행 | 2017년 1월 20일

펴 낸 곳 | 도서출판 상상나무
　　　　　상상바이오(주)
주　　소 | 경기도 고양시 덕양구 행주산성로 5-10
전　　화 | (031) 973-5191
팩　　스 | (031) 973-5020

출판등록 | 제313-2007-000172(2007. 08. 29)
홈페이지 | http://www.smbooks.com
E-mail | ssyc973@hanmail.net

ISBN 979-11-86172-38-4(03300)

값 30,000원

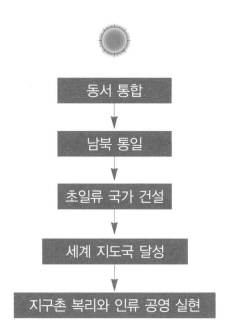

만약 우리 대한민국 지도자가 이와 같은 일을 성취할 수 있다면 그러한 지도자는 대한민국뿐만 아니라 전 세계의 지도자가 되어 세계 인류 대역사에 찬연하게 빛나는 횃불이 될 것이다.

그러면 과연 이러한 대역사가 정말 우리 대한민국에서 가능할까?
나는 당당히 말한다. 분명 가능한 일이라고!

그것을 가능하게 하는 첫 번째 요인이 바로 국가의 '경제 발전'이다. 곧 국부 창출이라고 할 수 있다. 경제 발전 없이 현재 이 지구촌에서는 어떠한 가치 있는 일도 행할 수 없다!
이러한 경제 발전은 특허 전쟁 · 기술 전쟁 시대를 맞아 꿈의 기술과 특허, 인간의 고유 특성인 상상력과 창의력 그리고 번득이는 참신한 아이디어 없이는 불가능하다.
그래서 이 책 『국가정책제안서』 제목에 '기술, 특허, 창의, 아이디어로 세계 최강의 나라를 만들어 지구촌 복리와 인류 공영을 이루어 나간다'라는 부제를 붙인 것도 바로 그 이유 때문이다. 현재 우리가 처한 국가 경제의 어려움을 극복하려면 국부 창출 없이는 근본적인 해결책이 될 수 없다. 어려운 경제 해결의 근본이 바로 꿈의 기술·특허 ·창의·아이디어로 국가 경제를 발전시켜 국부가 창출되어야 하는 것은 당연한 이치이기 때문이다.

그 다음, 경제 발전 못지않게 중요한 것이 '경제 민주화'이다.

2012년 초, 스위스 다보스에서 세계의 정치와 경제 지도자들이 '다보스 포럼'을 개최하였는데 그곳에서 세계 자본주의 지도자들은 뜻밖에도 '자본주의의 실패와 위기'를 화두로 떠올렸고, 결국 '고장 난 자본주의'가 그 포럼의 주제가 되었다. 2011년 12월 19일의 SBS의 보도를 간추리면 이렇다. 다보스 점령에 대한 시위를 하는 사람들은 "자본주의는 절대로 모든 사람들을 만족시켜줄 수 없는 시스템이다"라고 말하고, 다보스 포럼의 주최자인 클라우스 슈밥 세계경제포럼 회장은 "자본 시장은 사회에 봉사를 해야 하는데 지금의 자본주의는 과잉이 많고 포용력이 부족합니다"라고 말했다. 포럼의 주최자가 스스로 자본주의의 한계를 밝히며 화두를 던진 것이다. 이것을 해결하기 위한 방안은 21세기에 맞는 자본주의적 대안과 도덕과 민주주의 가치가 담긴 새로운 자본주의로 가야 한다는 것이다.

현재의 자본주의는 절대로 많은 사람들을 공히 만족시켜 줄 수 없는 시스템이며, 빈부 격차를 줄이기는커녕 오히려 이러한 형태의 자본주의는 시간이 흐르면 흐를수록 빈부의 격차가 더 심하게 나타나게 되어 있는 시스템임이 분명하다. 오죽했으면『지구를 구하려면 자본주의에서 벗어나라』라는 책까지 출간이 되었을까!

그래서 본 제안자가 주창하는 것이 바로 '유토피아 자본주의'인 것이다. 빈부 격차를 줄이고 경제 민주화를 실현시키는 것이 '유토피아 자본주의'의 핵심 원칙인데, 가령 '생산으로 나타나는 이익은 생산자에게, 소비로 나타나는 이익은 소비자에게 분배'하는 원칙이 그 대표적인 예이다.

따라서 경제 발전은 반드시 '경제 민주화'가 병행되어야만 21세기의 시대적 의미가 있는 것이다. 다시 말해, 경제민주화란 '가장 잘 사는 나라'가 아닌 '함께 잘사는 나라'를 의미한다. 이러한 빈부 격차를 줄이는 '유토피아 자본주의'를 본 제안자는 '복리(福利)주의'라 부르기도 한다. 여기서 말하는 복리(福利)는 일반 복지(福祉)와는 차원이 다른 말이다. 앞에서 언급한 인류 대역사를 이룩하는 데 있어서 경제 발전과 경제 민주화에 이어 우리나라는 아주 중요한 요소인 '인적 자원'을 가지고 있다.

2003년 11월 10일자 영국『더 타임즈(The Times)』에 중요한 기사가 실렸다. 「세계 185개국 국민

IQ(지능지수) 랭킹」 보도가 바로 그것이다. 그 기사에 의하면, 세계 최고 IQ 국가로서 한국이 106으로 1위이고 북한은 105로 2위라고 밝히고 있다. 더불어 독일은 102, 영국은 100으로 보도되었다.

자, 어떠한가! 물론 감성지수나 영성지수, 인성지수도 중요하지만 일단 지능지수가 높아야 모든 것이 성취 가능하다. 다시 말해 지능지수가 낮은 상태에서의 감성, 영성, 인성지수는 큰 의미가 없다는 뜻이다. 이 기사에 따르면 우리 대한민국은 반드시 '초일류 국가'를 건설할 수 있는 인적 자원을 갖고 있으며 따라서 '세계 사상'을 도출하여 '세계 지도국'으로 충분히 부상할 수 있는 나라임이 틀림없다.

마지막으로 언급할 것이 또 하나 있다. 인간만이 갖고 있는 것이 바로 '문자 특성'인데, 우리나라는 세계에서 가장 과학적이고 합리적이며 간편한 문자 체계인 '한글'을 갖고 있다. 이것이 또한 세계 지도국을 달성시킬 수 있는 가장 좋은 무기 중의 하나이다.

본 제안자는 글로벌 시대에 적합한 글로벌 문자인 '새한글'까지 발명해 놓았는데, 이를 한글과 함께 활용하면 세계 최고의 글로벌 문자 체계를 갖게 될 것이다. 그리하여 이 아름다운 지구에서 우리 대한민국은 반드시 지구촌 복리와 인류 공영을 실현하는 중추적인 국가가 될 것이다.

따라서 동서가 통합되고 한반도 남북이 통일된 '통일한국'은 경제 발전을 통한 국부 창출, 경제 민주화에 의한 함께 잘사는 나라, 초일류 국가를 건설할 수 있을 것이다. 더불어 유구한 역사, 찬란한 문화, 홍익인간 사상과 함께 세상에 찬연히 빛나는 세계 대지도국으로 발전하여, 지구촌 복리와 인류 공영을 실현함으로써 인류의 고통을 해결하고 세계 평화와 인간 행복 시대가 극대화되는 새로운 지구촌의 대역사를 반드시 만들어 나가게 될 것이다.

2013년 9월 27일 연구실에서

제안자 이 옥 재

| 목 차 |

National Policy

책을 펴내면서   5

프롤로그   나는 이옥재(李玉宰)입니다   23
         전라남도 광양 출신, 이옥재를 말하다   24
         12년 간의 '구미' 생활의 의미 – 박정희 前 대통령   27
         국민과 국가와 세계에 대한 이옥재만의 비전   54

국가정책프로젝트 1
무충전 · 무공해 꿈의 자동차(NSSDV : Non Station System Dream Vehicle)
– 대한민국을 세계 최고의 친환경 전기자동차 생산국가로!

| '무충전 · 무공해 꿈의 자동차'를 밝히다 | 58
1. 무충전 · 무공해 꿈의 자동차(NSSDV)란 무엇인가?   58
2. 무충전 · 무공해 꿈의 자동차(NSSDV)의 기술은 무엇인가?   61
   (1) 특허 기술 개요   61
   (2) 특허 기술 실험 개요   62
   (3) 일반 전기자동차 VS 우주자동차 NSSDV 차이점   65
3. 우주자동차 NSSDV 발전 장치(친환경 · 신재생 · 회생 에너지)   66
4. '일반 전기자동차' vs '우주자동차(NSSDV) 발전 장치' 물통 비유   67
5. 무충전 · 무공해 꿈의 자동차(NSSDV) 기본 개념도   68
   (1) 우주자동차 NSSDV 전기자동차   68
   (2) 이륜전동차   68
6. 자연 순환동력 시스템의 에너지 흐름도   69

7. 특별 적용 기술   **70**

8. 우주자동차, 해외에서 먼저 그 진가를 발견하다   **71**

| 우주자동차 시현 장치 및 시제품 현황 | **73**

1. 전동 발전 장치, 제동 발전 장치 시험대 및 시현 장치   **73**

2. 우주자동차 전기스쿠터 시제품   **74**

3. 우주자동차 NSSDV 전기자동차 시제품   **75**

| 우주자동차의 기술 적용 분야 및 비전 | **76**

1. 우주자동차의 기술 적용 분야   **76**

2. 우주자동차의 비전   **77**

    (1) 새로운 순환동력 시스템 역사   **77**

    (2) 친환경자동차 시장 석권   **78**

    (3) 우주자동차 세계 최대의 친환경 자동차 산업단지 조성   **78**

    (4) 우주자동차로 부국이 될 수 있기를 바라며   **78**

| 무충전 · 무공해 꿈의 자동차(NSSDV)의 기대효과 | **80**

국가정책프로젝트 2

세계 제1탑 프로젝트(888m)

–대한민국의 새로운 세계적 랜드마크 : DMZ세계평화공원

| 대한민국의 새로운 세계적 랜드마크 : DMZ세계평화공원 | **90**

1. 세계 제1탑 프로젝트 제안 배경   90

2. 세계 제1탑 프로젝트 정면도 · 평면도   92

3. 세계 제1탑 프로젝트 조감도 · 투시도 · 야경   93

4. 세계 제1탑 건설의 의의   99

5. 세계 제1탑 건설 개요   100

6. 세계 유명탑 개요   101

7. 세계 제1탑 프로젝트의 상징성   102

     (1) 인간존중   102

     (2) 세계사상   102

     (3) 초일류 국가 건설   102

8. 세계 제1탑 프로젝트의 효과   103

     (1) 국가적 상징 효과   103

     (2) 민족 자긍심 효과   103

     (3) 경제적 효과   103

9. 세계 제1탑 저작권 및 저작권자   104

10. 세계 제1탑 프로젝트–'세계 최고의 종합 관광 · 쇼핑 · 레저 · 산업 단지' 건설   105

     (1) '세계 최고의 종합 관광 · 쇼핑 · 레저 · 산업 단지' 조감도   105

     (2) '세계 최고의 종합 관광 · 쇼핑 · 레저 · 산업 단지' 평면도   106

     (3) '세계 최고의 종합 관광 · 쇼핑 · 레저 · 산업 단지' 정단면 골격도   107

     (4) '세계 최고의 종합 관광 · 쇼핑 · 레저 · 산업 단지' 기초 골격도   108

11. 세계 제1탑 '한국관' 시설 개요   109

     (1) 세계 제1탑의 중심 '한국관'   109

     (2) 세계 제1탑의 세계통합관   109

     (3) 세계 제1탑의 전망대   109

     (4) 세계 제1탑의 종합 관리관   109

12. 세계 제1탑 프로젝트 '6대륙관' 시설 개요   110

     (1) 세계 최고의 종합 관광 · 쇼핑 · 레저 · 산업 단지 '6대륙관'   110

13. '세계 최고의 종합 관광 · 쇼핑 · 레저 · 산업 단지' 조성부지 및 건축면적   111

     (1) 단지 조성부지 총면적 : 10만 328평 (331,663㎡)   111

(2) 단지 건축 총면적(연건평) : 30만 6,787평 (1,014,172㎡)   111

14. '세계 최고의 종합 관광 · 쇼핑 · 레저 · 산업 단지'

    건설비, 예상 매출, 예상 수익, 고용 창출 및 고용 파급 효과   112

    (1) 단지 건설비 총액 : 1조 646억 원(세계 제1탑 : 5,169억 원 + 부대시설 : 5,477억 원)   112

    (2) 예상 매출 총액 : 5,500억 원/연   112

    (3) 예상 수익(이익) 총액   113

    (4) 고용 창출 효과   113

    (5) 고용 파급 효과   113

| 세계 제1탑 프로젝트의 기대효과 | 114

국가정책프로젝트 3
터널형 저수 다단계 수력 발전 시스템
– 지류 관리로 홍수 조절, 물 부족 국가 해결, 친환경 · 신재생 전기에너지 생산으로 전기세 인하!

| 터널형 저수 다단계 수력 발전 시스템 제안 배경 | 116

1. 지류 관리로 홍수와 물 부족을 해결하는 시스템이 필요하다   116

2. 터널형 저수 다단계 수력 발전 시스템의 발명 자료   118

3. 터널형 저수 다단계 수력 발전 시스템 '특허증' 및 '특허 자료'   128

| 터널형 저수 다단계 수력 발전 시스템의 기대효과 | 138

국가정책프로젝트 4
글로벌 문자 '새한글'
– '한글'과 더불어 세계 최고의 글로벌 문자 체계 완성!

| '새한글' 제안 배경 | 142

1. '새한글'은 이렇게 만들게 되었다   142

2. 글로벌 문자 '새한글'의 발명 자료   148

3. '새한글(10자)'의 이름과 음가 및 국제음성기호 대조표   157

4. '새한글(10자)'의 발음법   158

5. '새한글(10자)' 표기 예시   159

6. '새한글' 특허증 및 특허 자료   160

| 글로벌 문자 '새한글'의 기대효과 | 174

국가정책프로젝트 5

동서 대통합 –〔경전특별도(경전도)〕건설

– 국제 해양 시대에 세계 중심축으로 격상, 해양강국 건설

| 동서 대통합으로 가는 길 | 178

1. 〔경전특별도(경전도)〕로 해양강국을 건설하다   178

2. '동서 대통합'을 확실히 이뤄 '국민 대통합'을 이끌다   180

| 동서 대통합 –〔경전특별도(경전도)〕건설의 기대효과 | 185

국가정책프로젝트 6

전 국토 정원화 사업

– 금수강산 전 국토를 정원화하여 세계적인 관광대국 건설

| 금수강산 전 국토 정원화 사업 | 188

1. 금수강산 전 국토를 정원화하여 국민 의식 개혁의 장으로 승화시키다   188

2. 전 국토 정원화 사업을 힐링 문화운동으로 발전시키다   191

3. 전 국토 정원화 사업을 구체적으로 제안하다   192

| 전 국토 정원화 사업의 기대효과 | | 195 |

국가정책프로젝트 7
현대의학의 맹점과 한계 극복을 위한 세계 최고 수준의 〔대체의학〕 확립
– 중증 질환을 포함한 '생활습관병' 예방 및 새로운 치료 프로젝트

현대의학의 맹점과 한계 극복을 위한 세계 최고 수준의 〔대체의학〕 확립		198
1. 중증 질환을 해결하기 위한 예방 및 새 치료 프로젝트를 펼치다	198
2. 현대의학의 맹점과 한계는 무엇인가?	199
3. 성인병, 만성병, 생활습관병의 치료는?	200
4. 대체의학은 현대의학과는 다른 의료 체계를 가지고 있다	201
5. 대체의학이란 무엇인가?	204
6. 미국의 대체의학은?	206
7. 건강보조(기능)식품	207
8. 우리나라의 대체의학	209
세계 최고 수준의 〔대체의학〕 확립의 기대효과		211

국가정책프로젝트 8
국가 정책 – '헌법'이 그 첫째이다

대한민국의 '국민'과 '영토'의 헌법 및 법률적 해석		214
1. 국가의 기본법인 헌법	214
2. 대한민국의 '국민'과 '영토'의 헌법 및 법률적 해석	215
(1) 헌법 제2조(국민의 요건, 재외국민의 보호의무)	215

(2) 헌법 제3조(영토)   216

(3) 법률 : 형법 제2조(대한민국 영역)   216

(4) 법률 : 형법 제3조(내국인)   217

| '통일'에 관한 헌법적 고찰 | 219

(1) 헌법 제4조(통일정책)   219

(2) 헌법 제66조(대통령) ③항(조국의 통일을 위한 의무)   220

(3) 헌법 제69조(대통령의 취임선서) – 조국의 평화적 통일 노력   221

(4) 헌법 제92조(민주평화통일 자문회의) ①항(평화통일정책 수립)   222

| 대통령의 '헌법수호 책무'와 '평화통일 의무' 및 대통령령에 관한 헌법적 고찰 |

224

1. 대통령의 헌법수호 책무   224

(1) 헌법 제66조(대통령) ②항(헌법수호 책무)   224

(2) 헌법 제69조(대통령의 취임선서) – 헌법 준수   225

2. 대통령의 '평화통일 의무'   226

(1) 헌법 제66조(대통령) ③항(평화통일 의무)   226

(2) 헌법 제69조(대통령의 취임선서) – 조국의 평화적 통일   227

3. 법률 집행을 위한 대통령령   227

(1) 헌법 제75조(대통령령)   227

(2) 헌법 제89조(국무회의 심의) 3번(대통령령안)   228

| 헌법을 최우선 국가정책으로 집행할 때의 기대효과 | 230

발명가 · 작가 · 사상가
이옥재 더 알기

李玉宰

1. 작시(作詩) 및 수필   235

(1) 社會 (사회)   236

(2) 하늘   237

(3) 우주   238

(4) 하나 되는 그 날이 오면   239

(5) 님   241

(6) 因緣歌 (인연가)   242

(7) 아들   243

(8) 잊지 못하는……   244

(9) 我(나) – 교내 백일장 대회에서 '장원상'을 받았던 산문   245

(10) 저서 『천생산』 수록 수필 – 사람, 사람, 사람   247

2. 일기장 엿보기   250

(1) 1994년 10월 중순 : 바람   254

(2) 1994년 12월 15일(木) : 썩어빠진 한국의 교육정책   257

(3) 1995년 4월 6일 P.M. 6:30 : 대통령의 책   259

(4) 1995년 6월 29일(木) : 어처구니없는 대사고 / 가장 아름다운 국가 / 대기만성 / 작은 것   261

(5) 1995년 7월 4일(火) : 대통령이 된다면……   264

(6) 1995년 8월 3일(木) 날씨 맑음(36℃) : 기록 / 링컨 / 세종대왕 / 자원봉사자 접수 /

    한심한 일 / 세계 정상의 길 / 道 – 대화 / 최고의 표준   267

(7) 1995년 8월 : '헌신'   275

(8) 1996년 5월 3일(金) : 도장(道場) / 도인(道人) / 전 국토 정원화 /도정(道政) /

    세계 초일류국가 · 복지국가 건설 / 세계 지도국 달성   278

(9) 1997년 2월 15일(土) : 당당한 일 / 의로운 일 / 정당한 일 / 정직한 용기   281

(10) 1997년 3월 14일(金) : 성생활(性生活) / 소유(욕)   283

(11) 1997년 5월 1일 : 좋은 관계 – 좋지 않은 관계   285

(12) 1997년 5월 8일(木) : 아름다운 우리나라 대한민국 / 통일 / 정치인 / 통치자   287

(13) 1997년 5월 17일(土) : TAXI 운전 / 스타로 뜰 날   289

(14) 1997년 5월 18일(日) : 5·18 기념식 / 많은 느낌 / 시력   291

(15) 1997년 5월 26일(月) : 김대중 / 김영삼   294

(16) 1997년 7월 2일(水) : 독서 / 한글의 위대성 / 세계 제1의 국가 / 인류 사회 발전   297

(17) 1997년 7월 10일(木) : 전 북한 노동당 비서 황장엽 망명 기자 회견   299

(18) 1997년 7월 18일(金) : 아름다운 나라 – 한반도   302

(19) 1997년 7월 19일(土) : 독학(獨學) / 만학(晩學) / 정보이용   304

(20) 1997년 7월 19일(土) : 대통령   308

(21) 1997년 7월 26일(土) : 교육환경 / 영어단어 공부방법   310

(22) 1997년 7월 26일 : 혼자 할 수 없다   313

(23) 1997년 7월 27일(日) : 기도   315

(24) 1997년 8월 1일(金) : 꿈의 농촌 / 풍요로운 농촌 / 살기 좋은 아름다운 곳   317

(25) 1997년 8월 2일(土) : 집중력   319

(26) 1997년 8월 3일(日) : 문제해결 방법 / 축복의 단서 / 기록의 필요성   321

(27) 1997년 8월 7일(木) : 헌법 대통령   325

(28) 1997년 8월 14일(木) : 대통령 꿈의 연상   327

(29) 1997년 8월 19일(火) : 생활 원리(인간생활의 대원칙)   329

(30) 1997년 8월 23일(土) : 인생이란 무엇인가? / 세계 제1의 나라로!   332

(31) 1997년 8월 29일(金) : 김영삼 대통령 – 이회창 후보   334

(32) 1997년 9월 4일 : 음식물 쓰레기 / 인간의 기본욕구   337

(33) 1997년 9월 8일(火) : 세계 최고 발굴 – 세계 제1의 것으로 발전 유지   339

(34) 1997년 9월 23일(火) : 다산 정약용 / First-Lady(영부인) /

모든 인간은 하나 – 다 같은 형제자매   341

(35) 1997년 10월 3일(金) 〈단기 4330년, 개천절〉 : 홍익인간   343

(36) 1997년 10월 5일(日) : (북한)신포 경수로 공사 중단 /

국가지도자의 책임 – 지도력과 통치력 / 위대한 민족 지도자 / 중요한 민족 과제   345

(37) 1997년 10월 8일(水) : 김영삼 정권 말 '훈장 잔치'   347

(38) 1997년 10월 10일(金) : 문화 행사의 장 - 문예 진흥　　　　　　　　349

(39) 1997년 10월 11일(土) : 금속활자 발명 / 위대한 민족지도자　　　　　351

(40) 1997년 10월 17일(金) : 홍익인간 - 건국이념·교육이념 / 위대하고 숭고한 사상　　353

(41) 1997년 10월 17일(金) : 형법(刑法) / 인성개발 시스템 / 나라의 동량　　356

(42) 1997년 10월 18일 : 허균(許筠)의 '호민론(毫民論)'　　　　　359

(43) 1997년 10월 18일(土) : 가정 / 부부 / 가족　　　　　361

(44) 1997년 10월 18일 : 인생 - 겸손·헌신　　　　　364

(45) 1997년 10월 21일(火) : 性 / 가정　　　　　366

(46) 1997년 10월 22일(水) : '느낌'　　　　　368

(47) 1997년 10월 22일(水) : 산불 / 위대한 선각자적인 지도자 / 아름다운 금수강산 /

　　위대한 지도자　　　　　370

(48) 1997년 11월 1일(土) : 고향 광양 / 나라의 지도자 / 빈틈없는 성격의 소유자 / 우수한

　　두뇌와 지도력 / 선견지명적인 예지 / 아름다운 조국 / 아름다운 강산 / 세계 제일의 낙원　372

(49) 1997년 11월 3일(月) : 위대한 발견 - 정신(精神)·정력(精力)·정기(精氣)·주인공론(主人公論)　375

(50) 1997년 11월 6일(木) : 내가 대통령이 되면　　　　　379

(51) 1997년 11월 16일(日) : 내가 태어난 곳 - 광양(光陽)　　　　　381

(52) 1998년 7월 15일(水) P.M. 3:40 : 기록　　　　　383

(53) 1998년 7월 22일(水) : 아! 사람!　　　　　385

(54) 1998년 7월 25일(土) : 영의 음성·영의 소리·영의 느낌 / 세계 제1의 나라 /

　　가장 아름다운 세상 / 아름다운 나라 한국 - 세상의 큰 축복의 시작　　387

(55) 1998년 7월 30일(木) : 인간의 차이 / 지도력의 차이 / 사람의 지도자　　390

(56) 1998년 8월 6일(木) : 대한민국 - 위대한 동방의 아침의 나라　　392

(57) 1998년 8월 11일(火) A.M. 10:30 : 도(道) / 남에게 주는 고통과 해 / 상응하는 고통 /

　　인간의 존엄성 / 상응하는 보상 / 행복 / 유익과 발전 / 소망 / 홍익인간(弘益人間) /

　　세계인의 가치관 / 권선징악(勸善懲惡) / 인과응보(因果應報)　　394

(58) 1998년 8월 12일(水) P.M. 2:00, P.M. 4:45

　　P.M. 2:00 : 인생의 목적 / 生의 위대함·찬란함·거룩함·아름다움　　398

　　P.M. 4:45 : 유익과 행복 / 홍익인간 / 위대한 하늘의 보상 / 나의 조국 대한 -

　　　　제일의 정신적 지주 / 세계의 빛　　400

(59) 1998년 8월 22일(土) : 지도자 · 인도자 · 안내자 / Leader가 되는 스타일 /
　　　위대한 지도자상　　　　　　　　　　　　　　　　　　　　　　　　402

(60) 1998년 8월 23일(日) : 우주의 신비 / 인간의 위대함 / 인간 삶의 소중함 / 선과 악 /
　　　가치 있는 인간 삶　　　　　　　　　　　　　　　　　　　　　　　404

(61) 1998년 8월 24일(月) : 신앙! / 위대한 꿈 / 위대한 신앙의 힘 / 꿈의 찬란한 완성　　406

(62) 1998년 8월 25일(火) : 사람들에 대한 평가 / 지상 생활의 의무 · 목적 /
　　　지도자적인 권위 / 타인의 발전　　　　　　　　　　　　　　　　　408

(63) 1998년 8월 30일(日) : 문제아　　　　　　　　　　　　　　　　　　　410

(64) 1998년 8월 31일(月) : 동(東)티모르　　　　　　　　　　　　　　　　412

(65) 1998년 10월 1일(木) : 국군의 날 / 초등학교 과외 지도 / 교육 개혁자 /
　　　교육 시설의 초현대화 / 교육의 질 / 세계 최고의 교육 / 위대한 교육 이념　　414

(66) 1998년 10월 5일(月) : 행복 – 세계 대백과 사전 · 일간신문 / 정보와 지식 /
　　　한국 최고의 지식 / 정신과 마음 / 인간 내면의 세계 완성　　　　　　417

(67) 1998년 10월 28일(水) : 子에 대한 양육 및 교육 / 생명 탄생은 축복　　419

(68) 1998년 11월 2일(月) : 성문화(性文化)의 재창출　　　　　　　　　　421

(69) 1998년 12월 5일 : 간통죄　　　　　　　　　　　　　　　　　　　423

(70) 1998년 12월 26일(土) : 앞으로의 가정 조직　　　　　　　　　　　　425

(71) 1999년 5월 21일(金) : 인간조각가(人間彫刻家)　　　　　　　　　　427

(72) 1999년 6월 18일 : 옥상　　　　　　　　　　　　　　　　　　　　429

(73) 1999년 6월 23일 : 우리의 관계　　　　　　　　　　　　　　　　430

(74) 1999년 9월 30일(木) 〈기록: 10월 2일 저녁 7시 30분〉 :
　　　국민과 국가와 세계에 대한 나의 비전　　　　　　　　　　　　　432

(75) 1999년 11월 7일(日) : 세계 제1의 국가 건설 / 위대한 지도자 / 위대한 사상 /
　　　위대한 지도력 / 위대한 가능성 / 세계 제1탑 건설 / 지도자의 역할　　435

(76) 1999년 12월 10일(金) : 나라의 지도자 – 인간 존중 사상　　　　　437

(77) 1999년 12월 13일(月) : 국립국어연구원 – 표준국어사전　　　　　439

(78) 1999년 12월 14일(火) : 폴신(신호범) 미 상원의원 / 한국인 대통령 / 우리 민족의 우수성 /
　　　우수한 두뇌력 / 훌륭한 정치 / 위대한 정치　　　　　　　　　　441

(79) 1999년 12월 16일(木) : 세계적인 문자(文字) / 문자의 영향력 / 초일류 국가 / 세계선도 국가　443

(80) 1999년 12월 28일 : 독도(獨島)   445

(81) 2001년 6월 19일(火) : 세계 위의 한국 건설!   447

3. 한국방송통신대학교 – 논픽션, 체험수기 및 논문 모음   449

(1) 학문의 길을 가는 희열과 그 보람   451

    서울대학교 부설 한국방송통신대학 〈제3회 논픽션 현상모집〉 입선작(1980년)

    『서울대학신문(한국방송통신대학판)』 1980년 8월 25일(제269호) [4] 면

(2) 최고의 대학 – 한국방송통신대학교   463

    〈우리대학의 위상과 학업태도〉에 관한 대학홍보용 논문(2001년)

(3) 27년만의 졸업을 기대하며   472

    〈제1회 방송대 체험수기〉 응모작(2007년)

(4) 헌법의 대중화 · 민중화 전략   480

    〈방송대 법학과 졸업논문〉 (2006년)

(5) 재학 당시 논문(과제물: Report)   491

    1) '훈민정음'의 제자(制字)원리   492

    2) 다산 정약용의 『목민심서』 요약 및 독후감   500

    3) 法治國家의 原理   509

    4) UN憲章 體制下의 合法的 武力行使   515

    5) 성별(남 · 녀) 소득분배와 불평등   522

    6) 當事者 適格에 관해 논하라   529

    7) 산업혁명과 산업자본주의의 확립에 관해 논하라   543

(6) 최고의 선택 – 한국방송통신대학교 〈우수 학사 적응 방법〉   545

4. 사회 교육 선언문 및 발표문   546

(1) 신문 활용 사회 교육   547

    1) 대통령께 올리는 탄원서

    (일반 서민들에 대한 고급 두뇌들의 보이지 않는 폭력에 대통령의 구조를 호소함)

    〈1996. 8. 20. 한겨레신문〉   547

●「대통령께 올리는 탄원서」 - 한겨레신문 1996년 8월 20일 화요일 23면(사회면)　**551**

2) 대통령께 올리는 공개 탄원서 및 건의서, 헌법상의 기본권 선언

(공권력과 국가권력이 가세한 국부 기술 영업 비밀 침해와 업무방해, 피의 사실 공표죄

및 명예훼손) 〈2010. 12. 21. 한겨레신문〉　**552**

●「대통령께 올리는 공개 탄원서 및 건의서」 -

한겨레신문 2010년 12월 21일 화요일 8면(정치면)　**559**

(2) 「여론」 (1998. 1. 1.)　**560**

(3) 가칭 「바른나라당」창당 발기 취지문 (2010. 8. 15.)　**562**

(4) 「성명서」 (2012. 12. 17.)　**565**

(5) 위헌법률(규약)심판제청 신청 (2015. 1. 13.)　**567**

5. 월간지 및 주간지 게재문　**572**

(1) 월간 『광양만권사람들』(2008. 4.) - 「국회의원 후보자 지상토론회」　**573**

(2) 월간 『광양만권사람들』(2008. 6.) - 「커버스토리 : 발명가 이옥재」　**578**

(3) 월간 『종합뉴스매거진 NewsMagazine』(2016. 1.) -

「창조경제 융합형 인재 이옥재 발명가 · 사상가 · 작가」　**585**

(4) 주간 『광양경제』(2013. 7. 3.) -

「탐방 : 우주자동차 / 무충전 · 무공해 꿈의 자동차 생산을 향해」　**592**

6. 인간연구소　**593**

(1) 인간연구소 「정관」　**594**

(2) 인간완성 교육체계　**599**

(3) 나의 다짐 〈헌신〉　**600**

(4) 세계사상[천법]　**601**

(5) 세계사상 제도실현　**603**

(6) 정교 · 합교 · 화교 = 세킹　**605**

(7) 인류법 · 인류공영법　**606**

7. 국가 상훈 인물 대전 「현대사의 주역들」   608

8. 한국 민족정신 진흥회 「현대 한국인물사」   609

9. 각종 자격증 및 이수증 · 임명 · 위촉장   610
    (1) 가정복지 상담사   611
    (2) 체형관리 지도사   612
    (3) 약용식물 관리사   613
    (4) 발효효소 관리사   614
    (5) 친환경 관리사   615
    (6) 유기농업 기능사   616
    (7) 노인 복지사   617
    (8) 교원연수 이수증 (대안교육 입문과정 : 일반)   618
    (9) 최고경영자과정 수료증서 (대진대학교 법무행정대학원)   619
    (10) 자유수호 구국국민연합 공동총재 임명장   620
    (11) 21세기 선진포럼 최고위원 위촉장   621

에필로그   622

본 「국가정책제안서」를
국가와 친애하는 국민 여러분께 삼가 바칩니다.

나는 이옥재입니다

전라남도 광양 출신, 이옥재를 말하다

12년 간의 '구미' 생활의 의미 – 박정희 前 대통령

국민과 국가와 세계에 대한 이옥재만의 비전

전라남도 광양 출신,
이옥재(李玉宰)를 말하다

평소에 연구하고 탐구해 온 국부 창출과 국가 발전에 관한 국가 정책을
몇 가지 제안하고자 하니 관심 있게 살펴본 후
직접 국가 경영에 활용해 주기를 간절히 바란다.

나는 본래 전라남도 광양 출신이다. 그래서 본적지(등록기준지)도 전남 광양으로 되어 있었다. 그런데 지금은 그곳이 아니다. '경상북도 울릉군 울릉읍 독도리 30번지'가 현재 나의 본적지(등록기준지)이다. 지역 감정 해소와 동서 통합을 위해 박정희 전 대통령의 고향인 경북 구미에서 12년 간 생활하던 중에 전적(轉籍)을 한 것이다.

전적(轉籍)을 '독도'로 한 것에는 한두 가지 이유가 있다. 그 첫째 이유가 '독도는 우리땅'이라는 사실을 온 천하, 특히 일본에 확실하게 알리기 위해서였다. 그리고 독도를 우리 조국의 땅으로 영구히 지키고 가꾸어 나갈 뿐만 아니라, 이 나라가 초일류 국가를 이루고 결국은 세계 지도국으로 발전하여 지구촌 복리와 인류 공영을 실현해야 한다는 사명감에서 비롯되었다.

두 번째 이유는 '동서 통합'의 의미가 있다. 나는 앞에서 언급한 대로 전남 광양 출신인데, 이곳 경상북도에 호적지(등록기준지)를 옮긴 것은 남북통일에 앞서 반드시 동서 통합이 먼저 이루어져야 한다는 사명감에서였다. 우리는 서로 '한겨레 한민족'이라고 부르짖으면서도, 동서 분열은 우리 국가 발전에 큰 저해 요인이 되고 있는 것이 사실이다. 따라서 우리는 큰 뜻과 넓은 마음으로 반드시 동서 대통합을 이루어야 한다.

나는 또 본디 발명가이다. 1979년에 처음으로 특허청에 특허 출원을 하고(25세), 그 다음 해인 1980년에 첫 특허 등록을 받았다. 그러니까 나는 20대 초반부터 본격적으로 발명가 생활을 해왔고, 지금까지 40년 가깝게 계속 발명가의 길을 걷고 있다.

특히 최근 나의 발명은 이 나라를 세계가 부러워하는 초일류 국가 건설까지도 앞당길 수 있는 국부 창출 기술이다. 다음 장에 그 꿈의 기술과 특허, 창의적 아이디어를 체계적으로 설명하면서 국책 사업으로 제안하고자 한다.

한편, 고등학교 시절에 학비 마련을 위해 나는 고향 광양에서 한국 최초로 3중 비닐하우스 시설을 개발하고 설계한 후, 당시 가장 추운 겨울철 1월 달에 고온식물인 오이를 최초로 생산해 광양 지역을 대한민국 최고의 원예오이 생산 지역으로 탈바꿈하는 계기를 만들기도 했다.

뿐만 아니라 앞서 언급한 나의 특허 등록 기술로, 추운 겨울철에 찬물 속에서 맨손으로 생산하는 김(해태)을 역시 대한민국 최초로 기계를 사용하여 생산하는 가정용 '해태초제기(제조기)'를 만들어 보급함으로써 농어촌 기계화에 선두적 역할을 하기도 했다.

나는 정치에도 관심이 많다. 이 나라를 세계가 부러워하는 초일류 국가로 만들기 위해서이다. 이어서 세계를 이끌어 가는 세계 지도국으로 성장시켜 지구촌 복리와 인류 공영을 직접 실현해 보자는 뜻에서이다. 그리하여 나는 '국가정책연구소'를 차려놓고 발명가 기질로 국가 정책을 깊이 연구해 오고 있다.

지난 2008년에는 제18대 국회의원으로 출마한 경력도 갖고 있다. 또 지난 2012년에 나는 이미 약속하고 공언한 대로 대권에도 도전하여 중앙선거관리위원회로부터 제18대 대통령 선거 후보자 추천장까지 교부를 받았다. 그리하여 선거벽보와 책자형 선거공보를 제작하는 등 대통령 선거를 본격적으로 준비하기도 했다. 이어서 2016년 제20대 국회의원 선거에서는 새누리당 예비후보로 등록하여 활동하다가 친반평화통일당 공천을 받는 등 적극적으로 정치에 참여하는 노력을 기울였다.

특허전쟁·기술전쟁 시대에서는 발명가가 장군이다. 따라서 발명가가 정치에 나서는 이유는 '신기술 신산업' 등을 실현시킬 수 있는 방법들 중에 '정치'가 가장 강력한 실현 도구이기 때문에, 발명가가 장군이 되어 정치에 입성하게 되면 나라가 비약적으로 발전할 수 있기 때문이다.

'세종대왕은 발명가였다!'

그렇다! 일반 국민들 심지어 노동자, 서민들까지 적어도 먹고 입고 자는 데는 불편함이 없는 '국민 행복 시대'를 실질적으로 개막시킬 수 있는 방법이 정치이기 때문에, 이것이 현 특허전쟁 · 기술전쟁 시대에 발명가가 정치에 나서는 가장 큰 이유인 것이다.

결국, 이러저러한 경력을 바탕으로 하여 평소에 연구하고 탐구해 온 국부 창출과 국가 발전에 관한 국가 정책을 몇 가지 제안하고자 하니 관심 있게 살펴본 후 직접 국가 경영에 활용해 주기를 간절히 바란다.

12년 간의 '구미' 생활의 의미 –
박정희 前 대통령

> 내가 본적(등록기준지)을 경상북도 울릉군에 속해 있는
> '독도'로 전적(轉籍)을 한 이유 중의 하나는 전라도와 경상도의
> '지역 감정'을 해소하기 위한 대작전에 들어갔기 때문이다.

본 제안서의 제안자인 이옥재(李玉宰) 본인은 박정희 前 대통령 고향인 경북 '구미'에서 1994년부터 2006년까지 12년 동안 생활했다.

그 의미가 크다.

앞서 언급한 대로 나는 본디 전라남도 광양 출신이다. 본적(등록기준지)을 경상북도 울릉군에 속해 있는 '독도'로 전적(轉籍)을 하는 등, 전라도와 경상도의 지역감정을 해소하기 위한 대작전에 들어간 것이다.

"'한겨레, 한민족'이라고 외쳐대면서 영·호남 지역감정을 부추기는 것은 졸부 정치인들이나 하는 짓이다!"라고 강력하게 부르짖으며, 서울 남산처럼 '구미시' 중앙에 있는 '天生山'에 관한 책까지 집필하고, 또 후에 국가 정책으로 계속 제시하게 될 '세계 제1탑 프로젝트' 등으로 당시에는 영·호남 지역감정을 확실하고 말끔하게 해소하고자 피나는 노력을 나는 경북 구미에서 힘써 기울여 왔다.

여기서, 나의 정치철학의 일부이자, 조국 발전에 대한 확신을 잠시 언급해 보고자 한다.

경북 구미는 박정희 前 대통령의 고향이라는 사실을 대한민국 국민이라면 모르는 이가 거의 없을

것이다. 왜 전라도 출신인 내가 하필이면 경상북도, 그것도 구미에서 강산도 변한다는 10년이 넘게 생활했는가 하는 것이다. 나는 이유 불문하고 박정희 前 대통령을 조국의 근대화·현대화 및 세계적 경제발전의 최고 지도자로 추모하고 있다.

물론 박정희 前 대통령에 대한 공과(功過)에 대해서는 의견이 분분하다.

그 중 과(過)에 대해서는, 헌정질서의 파괴·비민주 정치가·비인권 지도자·장기 군사독재자 등의 말이 사람들의 입에 오르내리고 있는 것도 사실이다. 그러나, 세계 어느 '정치가'나 '국가통치자' 치고 오직 공(功)만 있고 전혀 과(過)가 없는 지도자는 단 한 사람도 없을 것이다.

그런 관점에서 나는 박정희 前 대통령에 대해 주로 공(功)에 관하여 많이 생각하고 있다. 그 공(功)이란,

당시 고속도로 구간 428km를 429억 원 공사비(km당 공사비: 약 1억 원) 즉, 세계 고속도로 건설 사상 유례가 없는 적은 투자금액과 짧은 공사기간으로(2년 5개월: 1968년 2월 1일 착공~1970년 7월 7일 완공) 대역사를 이루어낸 '경부고속도로' 건설은, 수도권과 인천·부산의 2대 수출입항을 연결하는 산업대동맥 구실을 함으로써 대한민국의 경제대국 건설의 초석을 분명하게 다졌으며, 아울러 전국을 일일 생활권으로 연결하는 교통 대혁명을 이룬 일,

또, 당시 박정희 대통령에 의해 1970년 4월 22일에 제창되어, 근면·자조·협동 정신으로 무장한 '새마을 운동'으로 인해 주로 농촌마을의 근대화 운동 전개 및 그 성공,

1971년 세상에 처음으로 품종개량의 빛을 보게 되었고 1972년부터 농가에 보급하게 되어 재배되기 시작한 '통일벼' 등의 수도작물(水稻作物) 개량으로 인해 모진 가난으로 찌들었던 보릿고개 해결, '과학입국 기술자립(科學立國 技術自立)' 슬로건으로, 과학대통령으로서 대한민국의 위대한 과학 기술대국 건설의 기초를 확고하게 닦는 등,

『주식회사 대한민국 CEO 박정희』라는 책까지 등장하고 있을 정도이니, 현재 세계가 놀라고 있는 한국의 위대한 경제발전 및 과학기술 발전의 새로운 탄생은 박정희 前 대통령의 공(功)에 관한 언급 없이는 불가능한 일이기 때문이다.

그래서 나는 오늘 이 '소개'란에, 그러한 박정희 前 대통령에 대한 국가 통치이념 및 정치적 입장과 국가지도자의 역할 및 위치에 관한 개인적인 의견을 밝힘으로써 앞으로의 나의 국가 통치이념 및 정치적 입장과 국가지도자에 대한 입지(立志)도 곁들여 같이 생각해 보고자 한다.

그러한 의미에서, 나는 이곳에 박정희 前 대통령에 관한 책 3권

〔1〕『주식회사 대한민국 CEO 박정희』

〔2〕『과학대통령 박정희와 리더십』

〔3〕『박정희 한국의 탄생』

에 대한 소견 등을 잠시 밝히고 정리하면서 나의 '소개'를 마치고자 한다.

◆ 박정희 前 대통령에 관한 책 3권

〔1〕『주식회사 대한민국 CEO 박정희』(홍하상 지음, 2005)

　　이 책에 대해서는, 마침 책을 읽은 후에 일기식으로 독후감을 정리해 놓은 것이 있어, 그것으로 본 책에 대한 소견을 대신하고자 한다. 다만 본 책의 프롤로그에 있는 글을 요약하여 본 책에 대한 이해를 더하고자 한다.

　　[……경제면으로 그를 본다면, 그는 한 나라를 이끌어 나가는 CEO였다. 그리고 CEO로서의 그는 익히 알려진 대로 '개발 주도식', 열정적으로 밀어붙이는 리더였다. 그에게는 언제나 활기가 있었고 신념이 있었다.

　　아니, 어쩌면 그에게는 선택의 여지가 없었던 것일지도 모른다. 보릿고개가 가장 무섭던 시대, 굶어 죽고 얼어 죽는 것이 바로 눈앞의 현실이었던 상황에서 CEO 박정희가 선택할 수 있는 카드는 많지 않았을 것이다.

　　박정희는 큰 그림을 위해 개인을 희생시키는 길을 선택했다.

　　문제는 일자리를 만드는 것이었고, 그러기 위해서는 어떻게든 경제 규모를 키워야 했다. 오늘날 우리 경제를 지탱하고 있는 커다란 산업들은 대부분 그 시절에 만들어진 것이다. 길고 긴 일제의 침탈과 연이은 한국전쟁으로 국가 경제가 필리핀이나 태국보다 훨씬 뒤떨어져 있을 때, 박정희는 모든 수단과 방법을 동원하여 '제철소'를 세웠고 '조선소'와 '자동차 공장'을 지어서 수많은 일자리를 만들었다. 다리와 고속도로를 건설하기 위해 사람들을 총동원했으며…… 적어도 그때는 활기가 있었다. 아무것도 없었기 때문에 '우리도 한번 잘 살아보자'는 열망이 사회 전체에 넘쳐 있었다.

……CEO의 중요한 덕목 중 하나가 '구성원에게 열정을 불러일으키는 존재'라는 점을 감안하면, 특별히 '경영학'을 공부하지 않았던 대통령 박정희의 순수한 카리스마는 오늘날 우리 사회에 시사하는 바가 자못 크다.

……대한민국이라는 큰 경제 단위를 이끌어가던 CEO 박정희.]

다음은 내가 이 책을 읽던 도중, 또 다 읽은 후에 적어둔 일기 형식의 독후감이다.

『2006年 3月 1日(水)

나는 오늘, 없는 돈인데도 경성대학교 앞 동아서적 서점에 들러『주식회사 대한민국 CEO 박정희』라는 책을 1권 샀다. 눈물이 났다. 집에(숙소에) 곧바로 돌아와 바로 그 책을 읽기 시작했는데 '독일로 간 광부들' 편에서 눈물이 쏟아졌다.

나는 박정희 대통령을 좋아한다.

그런데, 독일에 간호사들이 간 이야기는 약간 알고 있었으나 광부들까지 간 것은 익히(많이) 알고 있지 못했으나 이 책 저자 홍하상은 감동스럽게 이 편을 잘 정리하여 나도 눈물 흘리고 말았다.

'각하 울지 마세요'란 마지막 부분에 당시 서독 뤼브케 대통령까지 "각하, 울지 마세요. 우리가 도울 테니 울지 마세요"라고 말하며 박 대통령에게 자신의 손수건을 건넸다는 기록은 나의 가슴을 크게 움직였다. 좋은 책이다.

특히 저자 홍하상은 나와 같은 1955년생이라 더욱 이 책에 관심을 갖고 구매했고, 또 읽고 있다. 이 글은 책을 읽는 도중에 쓰고 있다.

계속해서 나는『주식회사 대한민국 CEO 박정희』책을 독파했다. 감동이다.

나도 법학박사 학위를 따는 등, 이 나라를 초일류국가로 건설할 수 있는 모든 역량을 다 발휘하겠다.

이어서 천지인대학교를 세워서 훌륭한 사회지도자를 배출시켜 이 나라를 세계지도국으로 급부상시키리라!

　그를 위해 철두철미한 준비와 강인한 체력 속에 강한 정신력으로 모든 사람이 우러러 볼 수 있도록 자신을 높게 끌어올려 이 일을 순리에 따라 진행시켜 집행해 나가리라!

　(어떠한 한 사람에게라도 적대감이나 슬픔을 주어서는 아니 된다. 늘 희망과 보람을 가질 수 있는 상대 대인관계를 이루어야 한다.)』

〔2〕 『과학대통령 박정희와 리더십』(김기형 외 15명 지음, 2010)

　우리 모두는, 박정희 前 대통령에 대하여, 본 책의 제목으로 나와 있는 대로 과연 박정희 前 대통령이 과학대통령이었는지, 또한 그 대통령의 리더십이 어느 정도였는지를 알려면 반드시 본 책 「과학대통령 박정희와 리더십」이라는 책을 읽어보기 바란다.

　저자 수만 해도 '김기형 외 15명' 이라는, 한 권의 책 저자치고는 꽤 많은 숫자이기도 하지만 그 저자들의 경력 또한 대단하다.

　책 표지 후면에 적혀있는 공저자 약력을 간단히 소개해 보겠다.

① 김기형 : 과학기술처 초대 장관
② 김상선 : 한국과학기술단체총연합회 사무총장
③ 김석준 : 과학기술정책연구원 원장
④ 김영섭 : 서울대 공대 객원교수
⑤ 금동화 : 전 KIST(한국과학기술연구원) 원장
⑥ 나도선 : 한국엔지니어클럽 부회장
⑦ 노석균 : 영남대 교수 · 과실연 공동대표
⑧ 박원훈 : 과학기술한림원 총괄부원장
⑨ 서정만 : 전 국립중앙과학관장
⑩ 임기철 : 대통령실 과학기술비서관
⑪ 전상근 : 전 과학기술처 종합기획실장

⑫ 정근모 : 전 과학기술처 장관

⑬ 정 윤 : 한국과학창의재단 이사장

⑭ 최영환 : 전 한국과학문화재단 이사장

⑮ 최외출 : 영남대 교수 · 박정희리더십연구원장

⑯ 홍재학 : 전 한국항공우주연구소장

(이상 가나다 순)

뿐만 아니라, 본 책의 목차(차례)와 책 속의 소제목과 사진설명 부분만 읽어 봐도 본 책의 규모와 성격, 즉 박정희 前 대통령을 감히 '과학대통령'으로 부르면서 격찬할 수밖에 없음을 가히 짐작할 수 있게 될 것이다.

다음은, 본 책 공저자 중 노석균(영남대 교수 · 과실연 공동대표)의 제8장 '해외과학자 유치와 박정희 대통령의 인적자원에 대한 비전'의 제1절 '박정희 대통령과 리더십'에 나오는 내용을 일부 인용한 것이다.

[1960년대의 대한민국은 국가를 발전시키기 위해 필요한 콘텐츠인 자원, 자본, 인력, 인프라 등의 요소 중에서 가진 것이 아무 것도 없었다. 면적 101위의 좁은 국토에 3,690만 명(세계 27위)의 인구(인구밀도 세계 3위)로, 가진 것은 없는 나라에 사람만 많이 살고 있어서 발전에 대한 전망도 절망적인 상태로 평가되었던 나라가 바로 2010년 오늘날 세계 10위권의 국가인 대한민국의 출발선이었다.

이러한 결과를 두고 '한강의 기적', '20세기에서 산업화와 민주화를 동시에 이룬 유일한 나라', '후진국에서 선진국으로 진입한 유일한 나라', '가장 짧은 기간에 선진국이 된 나라' 등으로 표현한다.

……그렇다면 기적이라고 표현되는 대한민국의 발전을 견인한 원동력은 무엇인가? 지난 1960년대부터 지금까지 '대한민국의 기적'이라고 표현되는 발전을 목격하고, 경험하고, 동참하였던 지금의 기성세대들이 가장 많이 공감하는 대답은 바로 대한민국의 리더십, 더 구체적으로 말한다면 박정희 대통령의 리더십일 것이다. 한 사람의 리더십이 절망으로 표현되던 동북아시아의 보잘 것 없던 나라, 5000년 역사 동안 한 번도 세계적인 주목을 받지 못하였던 나라 대한민국을 누구나 격찬하는 국가로 만들었다.

박정희 리더십은 무엇인가? 다른 리더십과 비교하여 다른 점은 무엇인가? 박정희 리더십의 핵심은 '리더가 무엇인가에 대하여 확실한 자기해석이 있었고, 이것을 어떠한 일에도 반드시 일관성 있게 지켰다'는 것일 것이다. 따라서 박정희 대통령과 일하는 사람은 그의 리더십에 대하여, 그의 원칙에 대하여 충분한 학습을 받았으며 확고한 신뢰를 가지고 있었다. 박 대통령의 집권 시대를 보면서 그의 리더십을 살펴보면

첫째, 대통령은 국정의 총괄계획자이다.

둘째, 대통령은 국정의 책임자이다.

셋째, 대통령은 인사의 책임자이다.

넷째, 대통령은 점검자요, 해결사다.

로 요약된다.

결국 박 대통령은 국가의 중요한 사업을 계획하고, 진행을 책임지고, 필요한 사람을 임명하고, 사업의 과정에 나타난 결정적인 문제점을 해결하는데 책임자로서 최선을 다하였다. 따라서 박 대통령과 일하는 사람들은 그의 의도와 책임과 협력에 대한 무한한 신뢰를 가지고 있었으므로 자신의 최대 역량을 발휘하여 맡은 일에 헌신하는 것에 주저하지 않았고, 이러한 대통령과 실행자의 관계로 말미암아 어려운 일들도 모두 성공적으로 마무리 되는 결과를 얻었다. 또한 분야마다 뚜렷한 업적을 남긴 많은 영웅들과 성공신화가 만들어졌다.]

그래서 나는 『과학대통령 박정희와 리더십』이라는 본 책을 국민 모두가 꼭 읽어보기를 권하는 바이다.

본 책 제9장 '한국 과학기술의 메카 대덕연구단지'는 공저자 서정만(전 국립중앙과학관장·초대 대덕단지관리소장)이 저술했는데, 제6절 '글을 맺으며'란 중반부에 실린 글을 소개하며 박정희 前 대통령의 과학기술진흥에 대한 한결같은 의지와 독특한 리더십을 살펴보고자 한다.

[……그리고 이 같은 사업(대덕연구단지) 계획과 수많은 사람들의 노력을 조화롭게 성사될 수 있도록 지도하고 통치하는 그 중심에는 분명 걸출한 과학기술 리더십의 주인공, 박정희 대통령이 있었음은 그 누구도 부인치 않을 것이다. 그는 집권기간 내내 민족과 국가의 선진화를 지향하는 한결같은 의지와 집념으로 과학기술진흥을 앞장서 이끌었고, 그러한 진정성과 순수성이 곧 과학자와 기술자에 대한 사랑과 배려로 이어진 점은 여느 대통령에게서도 찾아볼 수 없는 독특한 것이었다.

그가 남긴 성공적 업적으로 표현되는 모두가 결코 이것과 무관하지 않은 것임은 우리 모두가 다 알고 있는 사실이다. 이렇게 볼 때 박 대통령만이 갖고 있는 '과학대통령'이란 호칭이 우연이 아니며 그만이 갖는 '독특한 리더십'이라고 나는 확신한다.]

그 외에도 박정희 前 대통령은 500만 과학기술인의 전당인 '한국과학기술회관' 건립(1966년 건립 지원 약속), '과학기술후원회'를 재단법인으로 직접 설립 한 일(1967년 설립 취지문 발표), 중화학공업 시대 및 전국민의 과학화 운동 전개 사업(1973년 연두기자회견), 국방과학연구소 설립(1970년), 박정희 대통령의 극비 명령 – 지대지 유도탄 개발(1972년) → 박정희 대통령의 각별한 지원 및 관심과 성공(1978년) → 세계에서 7번째로 지대지 유도탄을 자체 개발한 나라가 되는 등, 이러한 여러 업적을 살펴보더라도 실로 박정희 前 대통령은 마땅히 '과학대통령'으로서 '훌륭한 리더십'까지 곁들인 위대한 한국사의 빛나는 인물이었음이 틀림없다.

본 책 마지막 제13장에서는 과학기술인의 '박정희과학기술기념관' 건립에 관하여 공저자 박원훈(한국과학기술한림원 총괄부원장)이 기술하고 있다.
민족중흥과 조국근대화를 이룩한 박정희 前 대통령의 위대한 과학기술 업적을 기리기 위해, 급기야 KIST(한국과학기술연구원) 출신의 동문들이 모인 사단법인 'KIST 연우회'가 주축이 되어, 우리 과학기술자들의 꿈을 실현시켜준 KIST의 설립자 박정희 대통령에 대한 '과학기술기념관' 건립 사업을 추진하기로 회원 전원이 만장일치로 의결했다(2009년).

한국 과학기술의 기초를 확고히 세운 박정희 과학대통령을 기리기 위한 '박정희과학기술기념관'의 건립은, 박 대통령의 과학기술 육성으로 국가발전의 뿌리를 내리게 한 국가지도자에 대한 마땅한 도리이며 오히려 국가의 체통을 세우는 일이라고 공저자 박원훈은 주장하고 있으며, 본 제안서의 제안자인 본인 이옥재(李玉宰)도 이에 대하여 마땅히 적극 동의하고 후원한다.
공저자 박원훈은 제1절 과학대통령 박정희과학기술기념관 건립 배경 및 역사적 의의 기술에서 다음과 같이 주장하고 있다.

[……세계적인 지도자들도 박정희 대통령에 대해서 높은 평가를 내렸다. 미국의 린든 존슨 대통령은 "박정희 같은 지도자는 내가 일찍이 본 적이 없었다"고 했고, 독일 교과서에는 '대통령 박정희(1961~1979)는

강력한 손으로 남한을 농업국가에서 산업 능력을 가진 국가로 형성했다'고 평가했다. 또 푸틴 러시아 대통령은 박 대통령과 관련된 책을 모두 가져오게 해 연구한 것처럼, 앞으로 한국이 발전되면 될수록 박 대통령에 대한 세계적인 관심은 고조되어 갈 것이다. 따라서 박정희과학기술기념관 건립이야말로 과학대통령 박정희를 21세기의 모델로 해 국부를 재창조하고 선진국으로서의 굳건한 위치를 확보하게 해 국민들이 자부심을 갖도록 해 줄 것이다.]

한편, 공저자 전상근(전 경제기획원 기술관리국장 · 전 과학기술처 종합기획실장)은, 박정희 대통령이 1966년 2월 2일, 개인자격으로 재단법인 '한국과학기술연구소'의 설립자가 되어 우리나라의 과학기술을 적극적으로 개발하겠다는 의지를 밝혔다고 기술하고 있다.
다음은 공저자 전상근의 박정희 대통령이 직접 한 말을 옮긴 내용이다.

["나는 평소 우리가 살 길은 기술을 개발하는 길밖에는 없다고 생각하고 있습니다. 이미 한 말이지만 이번 연구소(한국과학기술연구소) 사업만은 내가 직접 돌봐주어야 하겠습니다."
대통령의 음성은 부드럽고 인자했다.

중략

대통령은 이어 감회어린 표정으로 이렇게 말했다.
"그 옛날 세종대왕께서는 학자들을 집현전에 모아 놓고 한글을 만드셨지만 우리도 이제 이 연구소에 유능한 과학자들을 모아서 연구하고 기술을 개발해야 하겠어요."
나는 대통령이 과학기술진흥에 관해 얼마나 많은 관심과 희망을 갖고 있는지를 그의 이런 이야기를 통해서도 헤아릴 수 있을 것 같았다.

중략

"전국장, 앞으로 이 연구소(한국과학기술연구소)를 건설하는 과정에서 어려운 일이 생기면 무슨 일이든지 곧 청와대로 연락을 해줘요. 전에도 이야기 했지만 이 연구소 건설에 관한 한 내가 직접 사업의 후견인 구실을 해야겠소. 그래, 연구소 부지를 아직도 결정하지 못했다면서?"]

결국 과학의 집현전은 '홍릉'에 터를 잡게 되었다며, 공저자 전상근은 당시 정책입안 책임자로서 박정희 대통령의 기술개발 집념에 대하여 세세히 증언하고 있다.

본 책의 방대하고 알찬 내용을 이곳에 다 정리하고 소개할 수는 없다. 따라서 한두 가지 실화 내용을 더 싣고 본 책에 대한 소견을 마치고자 한다.

공저자 김영섭(서울대 공과대학 객원교수)은, 박정희 대통령이 1960~70년대 당시 정부 부처나 경제계에서도 관심이 없었던 '전자공업'에 일찍 눈을 떴다고 기술하며, 김완희 박사와 관련된 현 박근혜 대통령이 '전자공학'을 전공하게 된 사연도 소개하고 있다.

[……김(완희) 박사는 "육영수 여사가 그리 전해줬다. 본인(육여사)은 가사과에 보내고 싶었는데, 박 대통령이 내 얘기를 하며 '전자공학' 전공을 결정했다는 것이다. 실제로 근혜 양은 훗날 퍼스트레이디로 일할 때 우리나라 '전자공업' 발전에 큰 기여를 했다"고 말했다.]

이제 본 책에 대해 마무리하면서, 본 제안자 이옥재(李玉宰)는, 지난날 박정희 前 대통령에 대하여 깊은 감사와 사랑으로 추억하며, 세종대왕 집현전과 장영실까지 언급하면서 우리 대한민국의 과학기술을 급속도로 발전시킨 그 업적이 더욱 크게 빛나도록, 특히 전자공학을 전공한 현 박근혜 대통령도 본 제안자 이옥재(李玉宰)가 국내 특허는 물론 미국·중국·일본까지 국제특허를 획득하여 개발해 놓은 전기전자공학의 핵인 '무충전·무공해 꿈의 자동차'를 완성하여, 위대한 국부를 창출함으로써 세계를 지도해 나가는 초일류국가 건설·세계지도국 달성을 이룩하는 데 결정적인 역할을 해주기를 기원해 본다.

〔3〕 『박정희 한국의 탄생』(조우석 지음, 2010)

본 책의 저자 조우석은 대단한 지식인으로서 많은 자료를 통하여, "박정희는 이제 치유와 화해의 이름이다"라고 강력히 호소하듯이 주장하면서 박정희 前 대통령에 대한 방대한 연구를 하였다.

그는 왜 이제는 '박정희가 치유와 화해의 이름'이 되길 소망해야 하는지 그 이유를, 박정희 前 대통령에 대한 사실과 실체적 진실 파악을 위해

당시 시대적 상황과 박정희 대통령의 개인적인 입장, 그리고 1960년 아니 그 이전부터 우리 한국 국민이면 누구나 느끼고 직면했을 것이라는 당위성과 공통분모를 찾으려 노력함으로써, 박정희 前 대통령에 관한 객관적 판단이 가능하도록 논리적이고 합리적인 결론을 이끌어 내며 잘 설명해 주고 있다.

저자 조우석은 또 신문기자 출신답게 역사적 사건과 관련된 사건 · 인물 사진까지 책 속에 많이 싣고 있어 객관적 이해의 폭을 더해 주었다.

저자 조우석은, 5 · 16 직전인 1960년대 초는 다른 나라와 어슷비슷한 수준의 산업자본이라도 형성할 가능성은 제로였다고 주장하며, 당시를 이렇게 기술하고 있다.

[1인당 국민 소득은 세계 최빈국인 70~80달러 수준이었고 저축률은 3.7퍼센트 밖에 안 됐다. 세계개발은행(IBRD)의 통계로는 1961년도 한국의 1인당 국민소득은 82달러였다. 당시 세계의 독립국가는 125개국이었는데 한국은 101번째인 바닥 그룹에 속해 있었다. …… 참고로 북한은 그해 1인당 국민소득이 320달러로, 포르투갈, 브라질의 바로 위인 50위였다.]

또, 저자는 박정희 前 대통령의 경북 구미시 상모리의 아동기 · 청소년기, 대구 사범학교 졸업 후 이어진 문경초등학교 교사 생활, 특히 만주군관학교 수석 졸업, 해방 후 군인 생활, 남로당 가입 문제 등으로 죽음의 문턱에까지 가게 된 상황, 6 · 25전쟁, 육영수와의 결혼 등을 전기식으로 자세하게 추적하였고, 당시 박정희는 총체적 '국가개조'의 필요성에 대한 강한 신념으로 5 · 16혁명을 주도하여 부국강병과 민족중흥 · 조국의 근대화 꿈을 달성하게 되었다며 방대한 역사적 · 정치적 · 경제적 (산업적) · 학문적, 심지어 문화적 자료까지 곳곳에서 들추어내며 확연하게 밝히고 있다.

또한, 저자 조우석은 아르헨티나 · 필리핀 · 인도 · 러시아 · 싱가포르 등 많은 나라들의 경제자료들을 제시하면서 5 · 16혁명의 성과와 대조시킴으로써 일반인을 비롯하여 학자, 학생, 남녀노소 누구라도 당시 박정희 시대의 전체를 어떻게 균형 있게 볼 것인가에 대한 상황을 객관적으로 조명할 수 있도록 치밀한 저술기법을 적용했다.

저자 조우석은 '에필로그' 초반부에, 2005년 말 명지대 '국제한국학연구소'에서, 박정희 시대의 핵심 참모 몇 명을 초청해 구술사(口述史), 즉 문헌에 없는 얘기를 얼굴을 맞대며 이끌어내자는 논의의 멍석을 깔아 주었는데, 당시 언론학자 정진석의 발언을 다음과 같이 소개하며 놀라워했다.

["군사정부를 덮어놓고 '암울한 군사독재 시절'이라고 말합니다. 암울하게 살았던 사람도 있었지만 그렇지 않은 사람도 많았습니다. 내년이면 월급이 오를 것이라는 기대감을 지닐 수 있었고, 셋방에서 더 나은 집으로 옮길 수 있다는 희망을 안고 사는 사람들이 많았습니다. 그 결과 오늘날에도 여론조사를 하면 박정희에 대한 좋은 평가가 나오고 있는 것입니다."]

[……반 박정희 논리는 지난 30년을 넘게 유지해온 한국 지식사회의 사막화 현상을 재촉했다. 학문의 이름으로 기왕의 고정관념과 편견을 증폭시켰는데, 우선 많은 정치학자들도 그랬다.

……약간의 냉소주의에 저항의식을 가진 채 독재자 박정희를 비판해야 학자답다고 본다. 그런 구조가 하도 오래되니까 이제는 자기 확신으로 굳어졌다.

……이런 와중의 재야그룹 백기완의 사자후는 신선했다. 학자들이 자기 틀에 갇혀 있을 때 보통 사람의 시선이 차라리 돋보이는 법이다.

"1972년 유신이 채택됐고 사람들은 '유신독재'라 불렀었다. 그 시대는 세계적으로 어떤 시절이었는가? 민주주의 역사가 300년 되었다는 영국도 자치구인 북아일랜드 사람에게 연방선거권을 주지 않았을 뿐 아니라 그들을 구속할 때 재판 받을 권리조차 주지 않았다. 미국은 어떠했는가? 불과 30여 전만 해도 반민주적이고, 반인권적인 인종차별이 통용됐다는 것도 알 것이다. 대만에 가본 적 있었더냐? 그렇게 많이 허물었다 하는데도 곳곳에 장개석 동상이 서 있다. 유신을 대한민국의 나치정권처럼 떠드는 사람들이라면, 장개석이 수만 명의 대만인들을 학살한 대만의 2·28사건을 알아야 한다. 힘이 없어 나라를 빼앗겼던 식민지 시절의 경험을 되풀이 하지 않고자 절치부심했던 박정희의 가슴을 한 번이라도 생각해 봤더냐?"

백기완은 유신시절 재야그룹을 만들었던 중심인물이었다.

"박정희는 우리 같은 사람(정치적 반대자) 3만 명만을 못살게 했지만 다른 정치인들은 국민 3,000만 명을 못살게 했다."는 그의 맺음말은 울림이 크다. 무엇보다도 지식인의 허위허식에서 벗어나 있다. 우리는 왜 우리 현실을 우리 언어로 말하지 못할까? 왜 그걸 일반이론으로 당당하게 풀어내지 못할까?]

라고 저자 조우석은 '치유'와 '화해'를 강하게 외치며 개탄하고 있다.

'효율과 생산성을 위해 민주주의도 잠시 유보해도 좋다는 정치철학을 가졌던 박정희'라고 정리하는 저자 조우석은 '국정의 방향을 잡고 효율적으로 추진하는 박정희 식 리더십'을 오늘의 상황에 맞게 변형시켜 도입하는 것도 얼마든지 가능하다(좋은 일이다)라고 주장하고 있기도 하다.

저자 조우석은 본 책 '부국강병 꿈의 완성' 항목에서, 박정희를 18세기 러시아의 표트르대제와 꼭 닮았다고 평가하면서,

[한 지도자가 사회의 총체적 개혁을 시스템, 사회 제도에서 시민의식과 관습에 이르기까지 자기 나라의 모든 것을 바꾸려 했고, 또 재임 시 성공을 일으켜낸 대표적인 케이스이기 때문이다. 18세기 러시아, 20세기 한국이라는 시기와 상황만 서로 달랐을 뿐, 부국강병을 향한 사회개조라는 꿈은 표트르대제와 박정희 둘이 완벽하게 공유하고 있었다.

사실 250년 가까이 몽골의 지배 아래 있었던 러시아는 비잔틴제국을 계승했기 때문에 동방적 요소가 많았다. 국가 방향을 서구화로 바꿨던 표트르대제 치세 이후에야 비로소 유럽 열강에 근접할 수 있었던 것도 사실이다. 러시아는 근대 초기 유럽의 관점에서 보면 명백한 변방의 후진국이었다.

이런 낙후한 러시아를 끌어올리기 위해 전방위 개혁을 펼쳤던 그가 먼저 손을 댄 것이 낡은 귀족 지배체제를 관료제로 바꾼 결단이다. 국가개조에 필요한 손발부터 확보하자는 것이다. 직후 근대적 외교를 시작했고, 나라를 보위하기 위해 군사교육을 혁신하고 해군을 창설했다. 2미터 가까운 거구에 두주불사의 술 실력 등, 황제와 어울리지 않는 야인 기질을 가졌던 그가 얼마나 근대화에 목말라 했었는지는 많은 일화가 보여준다.]

라고 서술하며, 20세기 당시 한국의 박정희 업적에 대하여 객관적이고 긍정적 평가를 위해 러시아 역사자료를 잘 제시해주고 있다.

[민족국가 영국, 프랑스, 스페인도 이때 모습을 드러냈다. 농사만 짓고 살던 방식에서 벗어나 부자나라를 만든 다음, 강력한 군대와 행정시스템을 갖추는 새로운 질서야말로 개항 이후 우리가 따라가야 했던 선진 문명이었는데, 독일 같은 후발 자본주의 나라도 마음이 급했다. 이미 산업화된 영국이란 모델을 따라 붙어야 했기 때문에 누구나 전전긍긍했다.

"어떻게 하면 우리도 자본주의 부국강병에 성공할까?" 결론은 제조업을 포함한 근대적 산업구조를 갖춰야 한다는 점, 이를 뒷받침하는 과학기술과 효율적인 관료 시스템이 필요하다는 것이었다. 후발국가일수록

국가의 역할이 절대적이다. 이를 실천한 후발 절대왕권 국가들도 부국강병에 어렵게 성공했는데, 하지만 그 이후 얼굴표정을 싹 바꿨다. "우리들은 어렵게 성공했지만, 아시아는 절대로 안 된다"고…… 산업혁명도 없었고 과학기술도 서구의 것이라는 게 그 주장의 근거다. 도저히 성공할 수 없다는 그 과정을 따라잡은 것이 박정희 산업화의 핵심이다.

……어쨌거나 한국경제는 1960년대 이후 매년 10퍼센트 내외의 초고속 성장을 했다. 1퍼센트 성장이나 10퍼센트 성장은 그게 그것인 것 같지만, 천지차이이다. 경제학자 장하준의 유명한 분석대로 1퍼센트 성장을 하면 국민소득이 2배가 되는데 70년 정도가 걸린다. 그러나 성장률이 10퍼센트가 되면 10년 안쪽에 끝난다.

박정희는 의식했건 하지 않았건 간에 '서유럽이 했던 그대로', 또 압축적인 방식으로 18년을 밀어붙였다. 절대왕권 시절의 영국, 프랑스처럼 아니 러시아의 표트르대제가 그러했듯이 국가 스스로가 경제개발 마스터플랜을 짜고 지휘봉을 잡았다. 민족중흥, 조국근대화라는 이름아래 중상주의 정책을 도입했고, 빅 푸싱(크게 밀어붙이기)을 감행했다. 한국주식회사 라는 말은 그래서 등장했지만, 그것은 서구 나라들도 매일 일반이었다.]

[박정희 빅 푸싱이 얼마나 이례적인 것인가는 한국 근·현대사 100여 년을 살펴봐야 실체가 드러난다. 우선 구한말의 조선조 왕조국가 체제는 결코 빅 푸싱을 수행할 수 없었다.……

문제는 해방 이후 역대 정권들도 그 틀에서 크게 벗어나지 못했다는 것이다. 이승만 정부는 강력하지만 무능한 권위주의가 전부였고, 장면 정부는 참신한 듯 보였지만 불안정한 붕당체제였다. 구한말 정부와 다를 게 없었다. 서구식 민주주의였지만 부국강병을 향한 총체적 개조는 꿈도 꾸지 못했다.

때문에 박정희 18년은 한국적 앙시앵레짐(구체제)의 틀을 깨는 강력한 지진이자, (군사혁명 이라기보다) 정치사회적 혁명이었다.

결과적으로 그가 부국강병의 꿈을 달성했음은 누구도 부인 못한다. 그게 표트르대제의 꿈이자 박정희 개혁의 실체였다. 하지만 사람들 반응은 달랐다.…… 양쪽 사이에 충돌과 긴장은 피할 수 없었다. 국가 먼저, 시민사회 먼저의 게임이다.]

[박정희 시대는 그만큼 별났다. 이유는 간단했다. 20세기의 한복판에서 18~19세기 방식을 통해 21세기를

앞당기려 했다. 그게 포인트다. 사람들은 그런 변화무쌍한 시차 변화에 어리둥절했고, 때로는 비판했지만 모든 게 자리 잡은 지금은 또 다르다. 예전에는 혼란스러워 보였던 역사의 지형지물들이 모두 차분하게 침전물로 가라앉았기 때문이다. 그게 지금이다.

지금 러시아 상트페테르부르크의 광장에 가보면 큼지막한 표트르대제의 '기마상'을 볼 수 있다. 러시아 국민 시인 푸슈킨(1799~1837년)은 그를 기리는 시 한편을 기꺼이 바쳤다. 치세 당시의 빅 푸시를 가능하게 했던 정신과 에너지에 대한 찬양인데, 은근히 그게 부럽다. 역사적 인물을 인물이게 만드는 요인은 결국 그 시대를 함께 살았던 사람들과의 공감과 기억이기 때문이다.

어떤 정신이 이마에 새겨져 있고
어떤 힘이 그 안에 간직돼 있을까
그의 애마에는 어떤 불이 붙어 있을까
자랑스런 애마여
네가 뛰어 오를 때 그 어느 곳에 너의 네 발을 디딜 것인가.]

저자 조우석은 본 책『박정희 한국의 탄생』을 저술하면서, 러시아 표트르대제와는 달리 우리 대한민국의 근대화·민족중흥의 꿈을 성취시킨 위대한 한국의 지도자 박정희 대통령의 정신을 기리는 제대로 된 기념탑, 동상 하나 없는 현실을 안타까워하며 가슴 아프게 생각하고 있는 듯했다. 본 제안자 나도 마찬가지 심정이다.

저자 조우석의 치유와 화해를 바라는 간절한 설파(說破)는 계속되고 있다.

[그가 비명에 갔던 1979년 10·26 이래 대한민국은 박정희와 제대로 헤어지지 못했다. 그게 진실이다. 훌훌 털어버릴 요소와, 기꺼이 끌어안을 유산의 사이를 구분하지 못한 채 엉거주춤한 채로 오늘을 산다. 그가 남긴 유산의 실체를 잘 모르니까 빚어지는 안타까운 일인데, 적지 않은 사람들은 아예 '박정희 거꾸로주의'로 가기로 작심했다.

박정희와 정반대로 하는 것이 민주화이고, 사회정의라고 확신했던 탓이다. 이런 비판과 분노를 1970년대 이래 앞장서서 이끌어왔던 것이 문화영역이다. 민중과 민주주의 깃발을 앞세운 채 독자적인 세력으로 자리 잡아온 민중문화운동 혹은 문화운동그룹이 자라난 것이다. 이른바 운동권이나 386세대도 이 그룹의 자궁에서 컸다. 지금 적지 않은 사람들이 막역한 반 박정희 정서를 가지고 있다면, 그 뿌리로 심중팔구 민중문화 운동 세력이다. 나이로 치자면 지금의 50대 중반 이하 30~40대의 지적·정서적 성장을 도운 젖줄이 민중 문화운동 쪽이다. 아니 20대들도 그 영향에서 자유롭지 못하다.……

진보세력을 감싸 주는 것도 민중문화세력이다. 후광을 장식해 주는 역할이다. 보수에 대한 공격을 주도하는 서슬이 퍼런 비판의 언어를 토해내는 말 공장 역할도 이들의 역할인데, 이들이 가장 못 참아주는 주인공이 박정희다. 다른 것은 다 참아도 박정희만큼은 안 된다는 주장이다. 자연인 박정희, 정치인 박정희는 오래전 사라졌지만, 민중세력은 '민주주의의 적' 박정희라는 가공의 유령을 만들고 그와의 싸움을 지금도 벌이고 있는 것이다. 박정희로 상징되는 근대화, 산업화의 가치, 그에 따른 사회변화, 이 과정에서 피할 수 없었던 부작용 모두를 미워하고 부정한다.

……춥고 배고팠던 1960~1970년대 헝그리hungry 사회였던 한국은 요즘 걸핏하면 성을 내는 앵그리 angry 사회로 체질이 바뀌었다.
……(윤흥길의 『아홉 켤레의 구두로 남은 사내』 책) 주인공 권기용이 그러했듯이 당시 사람들은 "소주를 마시면서 양주 마실 날을 꿈꾸고" 있지 않았던가? 그게 세상살이의 진실인데, 민중그룹은 양주 마시는 이들에 대한 증오부터 다짜고짜 키워왔다.]

저자 조우석의 박정희 前 대통령에 대한 객관적 분석을 볼 수 있는 대목 중의 하나가 '아킬레스건으로 남은 공작정치' 항에서 기술해 놓은 내용이다. 저자 조우석은,

[지금이야 꿈도 못 꾸는 공작정치이지만, 그때는 과연 어떻게 진행됐을까?]

로 '공작정치' 항목을 치밀하게 분석하며 기술해 나간다.

[……그걸 감 잡았던 김영삼은 "박정희 대통령이 공작정치의 명수"라고 비난하기 시작했다. 부마사태와 이를 둘러싼 궁정동 비극도 넓게 보면 공작정치, 정보정치의 후유증인데, 문제는 박정희다. 그의 정보정치는 말년 들어 조금씩 중독현상을 보이고 있었다.]
라고 기술하는 저자 조우석의 책은 그래서 '치유와 화해'의 책이 될 수 있음을 저자 본인도 스스로

인정하며 주장하고 있지만, 이 글을 쓰고 있는 제안자 이옥재(李玉宰) 본인도 인정할 수밖에 없다고 생각하고 있다.

왜냐하면, 사회에 퍼져있는 박정희 前 대통령에 대한 부정적인 평가까지 있는 사실 그대로 들추어 낸 후, 저자 조우석은 그것에 대한 '치유와 화해'를 향한 실체적 진실 파악을 위해 많은 노력을 기울이고 있기 때문이다. 그 뿐만 아니라 저자는 당시 '중앙정보부'의 상황을 설명하는 부분에서 '숨겨진 폭력정치 기질'이라는 항목까지 설정하여 주제로 다루는 등 '공포정치'라는 용어까지 등장시키면서 당시의 상처를 들추어내며 당사자들에 대한 치유와 화해의 제스처를 잘 보내고 있는 것이다.

[……이런 변화를 이끌어냈던 국내 정치는 위험했고 비유컨대 갓길 주행을 거듭했는지도 몰랐다. 그게 박정희식 그들의 하나다. 토론과 여과보다는 효율지상주의였다. 그토록 원했던 것이 가난 축출과 근대화였는데, 그걸 너무도 전근대적인 방법으로 이룩하려 했다면서 아쉬워하는 이들도 적지 않다. 논란의 여지는 있겠지만 그 점에서 박정희 시대는 장기지속이 가능한 정치 시스템과는 거리가 없지 않았다.]

라고 저자 조우석은 주장하며, 계속 상처 입은 곳에 조심스럽고 부드럽게 진정으로 약을 정성스럽게 발라주는 모습을 보이고 있어 치유는 물론 화해의 장으로 이끌어 내려는 간절한 심정을 느낄 수 있게 하고 있다.

'그것도 6070년대 대한민국 개조 프로젝트를 이끄는 산업지휘관으로 유리한 통치환경을 조성하는 것이야말로 초미의 관심이었다'고 분석하는 저자 조우석은 이번에도 화해의 제스처를 강하게 취해본다.

[그걸 너무나 아쉬워할 필요는 없다. 박정희는 혁명가였고 정치인이었지 정치 교사는 아니었다. 한반도 모더니즘의 문을 열어젖혔던 대단한 공로자이지만, 동시에 전근대의 기질과 성향도 분명 함께 있었다. 그것이 일부 부정적 유산으로 연결됐지만, 역사상 걸출한 인간은 본래 중층적인 모습이다. 근대과학을 일궈낸 17세기 물리학자 아이작 뉴턴만 해도 그렇다. 중력이론을 발견했던 그였지만 그는 전근대적인 주술사이자 중세 신비주의자의 면모로도 유명하다. 연금술, 점성학은 물론 장미십자회에 매료됐던 모순투성이의 과학자 뉴턴이다. 그를 두고 과학자가 아니라고 말하는 이는 지금 없다. 중력이론의 가치를 부정하는 이는 더더욱 없다.]

궁정동의 비극 10 · 26 사건에 대해서도 저자 조우석은 과감한 칼질로 치유와 화해를 이끌어 내고 있다.

[내 책은……그의 삶과 통치행위 그리고 현대사를 포괄한 정치 에세이, 현대사 산책이 내 책이다. 물론 중심에는 항상 박정희가 있다. 박정희는 어찌 보면 그다운 죽음을 맞았는지도 모른다. 품위 있는 자연사는 그에게 어울리지 않는다. 무책임한 말로 들릴까 걱정이지만, 10 · 26은 너무도 극적인 그의 생애에 어울리는 운명적 마무리는 아니었을까 하는 생각도 든다.]

결국 저자 조우석은 '나는 왜 이 책을 썼나?' 라는 셀프 질문에 대하여 분명한 답을 주고 있다.

[이 책은 실물 크기의 박정희와, 6070시대 사람들의 따뜻한 감동을 나누려는 작업이다. 이상도 이하도 아니다. 정치적 이해가 있을 리 없고, 소모적인 논쟁을 거듭하자는 것도 아니다. 반복이지만 젊은 세대와의 공감을 염두에 두고 오해와 불신 속에 버려져왔던 그의 삶과 시대를 재해석했다. 이를 통해 "사회적 치유" 에 이바지하길 기대한다. 그게 전부다.]

이제 치유와 화해의 시간이 다가왔다.
저자 조우석은 '더없이 숨 가빴던 6070시대의 무한질주 끝에 이제는 총체적인 시선으로 그 시대를 돌아볼 수 있는 것은 아닐까? 박정희 사후 30년, 무언가 새로운 변화가 만들어지고 있다는 징후다' 라고 반가워하며 그 증거와 사례로, 한때 박정희 前 대통령과 유신체제를 비판하고 항거했던 대표적 인물들의 '박정희에로의 복귀' 선언을 들고 있다.
'손학규, 김문수, 김동길이 그러한 주요 인물 중의 일부이다' 라고 저자는 주장한다.

[김동길은 2009년 초 '박정희대통령기념사업회' 주최 강연회에 출연했다. 연사로 참석해 "지금은 박 전 대통령 같은 리더십이 필요한 시기"라고 말하기도 했다.]

[김동길처럼 박정희 재발견에 나선 사람의 하나가 경기도지사 김문수다. "나는 박정희 대통령이 서거했을 때, 만세를 가장 많이 불렀던 사람이지만 역사가 박 대통령의 말이 맞았다는 것을 입증하고 있다."]
[하지만 박정희 재발견의 선두는 전 경기도지사 손학규다. 대학 때부터 민주화 운동에 뛰어 들었고, 운동

권 위장취업의 원조였던 그는 1980년 서울의 봄 이후 해외 유학에서 새로운 안목을 갖게 됐다. "거기서 충격 받았다. 국제사회에서 한국의 발전모델이 화제였다. 수교하기 전이던 중국의 유학생조차 '한국이 자신들의 모델'이라고 했다. 차츰 세상을 넓게 보는 시각을 갖게 되었다"고 말했다.……

왜 적지 않은 사회지도층 인사들이 보다 유연한 시각으로 개종 아닌 개종을 하는 것일까?]

라고 저자는 답을 알고 있는 질문을 던지고 있다.

한편, 『일류국가의 길』저자이기도 한 싱가포르의 위대한 지도자 리콴유의 말 "민주주의, 본질적 요소가 아니다"라는 항목에서 본 책 저자 조우석은 "민주주의란 그 자체로 본질이 아니며, 역사적 맥락과 상관없이 무조건 준수할 필요는 없다"고 재해석하면서, 다양한 민주주의에 관한 최신 이론을 펼친 미국 정치학자 파라그 카나의 "최고의 이데올로기는 민주주의도 자본주의도 아니라 성공"이라고 단언한 말을 국내학계도 받아들이고 있다고 평한 후에 계속 미국 정치학자 파라그 카나의 말을 다음과 같이 인용하고 있다.

["인간과 국가는 '에이브러햄 매슬로'가 말한 욕구단계설에 따라 움직인다. 욕구단계설이란 인간에게 최우선은 굶주림과 목마름을 채우려는 생리욕구라는 얘기다. 그 다음이 보호, 안정을 원하는 안전욕구이며 마지막이 소속감, 애정, 자기존중, 인정을 원하는 존재욕구다. 민주주의에 대한 욕구는 마지막 단계인 존재욕구에 해당한다."]

1961년 5월 16일, 당시에는 거의 모든 국민이 36년이라는 일제치하에서 벗어나긴 했으나 곧이어 6·25라는 민족상잔의 전쟁의 폐허 속에서 굶주림과 목마름을 채우기에 급급했는데, 즉 매슬로의 인간 발달단계의 초기인 욕구단계에서, 어떻게 안전욕구를 지나 마지막 단계인 민주주의 욕구에 해당하는 존재욕구를 채울 수 있었겠느냐며 저자 조우석은 민주주의에 관한 최신 이론으로 당시 시대적 상황과 당위성에 대하여 깊이 있는 설명을 해주고 있어 자신이 주장하는 '박정희 치유와 화해'에 더욱 가까이 접근할 수 있는 논지를 잘 펴고 있다.

이어서 저자 조우석은, 미국 스탠퍼드대 후버연구소에서 연구원 생활을 한 정치학자 김광동(나라정책원장)의 말을 다음과 같이 인용하면서 우리 통념을 완전히 뒤집는 이론이라고 주장한다.

["안정에 기반한 사회정치적 발전과 함께 민주주의가 발전하고 공고화 되는 것이다. 그 반대로 민주주의를 발전시킴으로써 사회경제적 발전을 가져오는 것은 아니다."

선거 민주주의와 의회 민주주의를 열심히 한다고 '부자나라'가 되는 것은 아니라는 것인데, 이런 결론은 한국, 칠레, 홍콩, 베네수엘라 등 8개국을 연구한 결과다. 삶의 질 지수, 지속적 경제성장, 기회균등, 경제자유 등을 두루 고려했더니 홍콩, 싱가포르, 한국, 칠레 등은 민주주의라고 하는 옷을 입지 않았어도 '부자나라'가 됐다. 인도, 베네수엘라, 터키, 콜롬비아, 파키스탄 등은 민주주의에 충실한 듯 보이지만 경제는 바닥이다. 때문에 김광동의 박정희 시대 평가는 호의적이다.

"(박정희 시대는) 자유선거에 관한한 비록 완전하지 못했고 권위주의적 성격이 있었다고 해도 그 외의 영역 즉 경제적 자유와 번영, 행정 효율의 제고와 법치 확립, 국가체제의 안정과 재산권 보호 등에서 한국의 정치는 제도화의 길로 들어서고 있다."

안타깝다. 박정희는 너무 빨리 민주주의 실험을 했는지도 모른다. 그래서 더욱 외롭게 정치 실험을 했다. 선진국에서는 악마도 독재를 할 수 없지만, 개도국에서는 천사도 민주주의를 할 수 없다. 사회경제 토양 때문이다. 부국강병의 길을 따라 압축 성장해야 한다는 지도자, 그걸 폭거라고 받아들인 국민들은 어떤 점에서 서로 다른 세상, 다른 역사의 시간을 사는 듯 보였다. 6070년대는 그래서 정치의 측면에서만 보면 매우 안타까운 시대이기도 하다.]

라고 정리하는 저자 조우석은, 때 이른 민주주의는 오히려 국가발전을 저해하고 자칫하면 국민을 더 악한 상황으로 몰고 갈 수 있다는 논지를 계속 펴고 있다.

["보릿고개도 못 넘는 판에 무신 민주주의?"

무심코 내뱉은 말에 속생각이 담겨 있는 수가 있는데 박정희의 이 말이 그 경우다. 유신을 전후해 재야 세력을 중심으로 민주수호국민연합회(1971년), 민주회복국민회의(1975년)가 등장할 무렵에는 더욱 싸늘해진 표정이었다.

"이 나라에 언제부터 회복할 만한 값어치 있는 민주주의가 있었나?"

놀라운 점은 그건 괜한 냉소가 아니고 자기 통치이념이었다.]

대학교 졸업 후 30년 가까이 신문기자 생활만 했다고 말하며 정당이나 시민단체 활동, 그런 건 전혀 없었다고 말하는 저자 조우석은 '저자의 셀프 인터뷰'에서 "그건 저널리즘 말고도 학계에서 해야 할 영역이 아닐까?"라는 셀프 질문에 대하여 다음과 같이 명쾌한 답을 던져주면서 현 학계 혹은 교수들에 대한 맹점과 한계를 정확히 지적하고 있는 예민한 분석력을 보이고 있다. 더불어 박정희 前 대통령에 관한 자신의 분석에 대한 객관적인 확신을 더해주고 있는 지적이다.

[물론이다. 외국 같으면 전기작가가 할 것이고, 저널리스트나 대학교수 등이 뛰어들 수도 있을 것이다. 하지만 이번에 책을 쓰면서도 재확인했지만 요즘 교수들은 너무 좁은 영역에서 활동한다. 철학자 니케의 말대로 '학문 노동자'라는 지적도 그 때문이고, 사실 학문 관료주의의 늪에서 자유롭지 못하다. 심한 말을 해서 유감이지만 내 생각이 그러하다. '삶'이 전체이고 통합인 데 비해, 그들은 정치학, 사회학, 경제학으로 나누고 쪼개서 본다. 현미경을 들이댄다고 그 시대와 사람 모습이 보일까? 결정적으로 대학교수가 곧 지식인은 아니다. 지식인이란 독립된 마인드로 무장한 위엄 있는 존재다. 서구 지성사가 보여주듯 근대 지식인의 원조는 19세기 소설가 에밀 졸라인데, 시대통념과 싸우고 권력과 드잡이를 하면서 책임 있는 지식인 상을 구현했다. 박정희 책을 쓴다면 앞으로 그런 지식인 그룹에서 나와야 할 것이다. 내 책은 그걸 위한 서장일 뿐이다.]

라고 주장하며 저자 조우석은, 책임 있는 지식인 상이 나타나 박정희 前 대통령에 대한 잘못된 시대통념을 뒤집어 보는 시도가 필요하다고 역설하면서 자신의 책은 그러한 독립된 마인드로 무장한 위엄 있는 평가의 시작일 뿐이라고 해석하고 있다.

1956년생인 저자 조우석은, "역대 대통령 중에서 왜 하필이면 박정희를 선택했나?"라는 셀프 질문에 다음과 같이 자신의 의견을 피력하면서, 계속 박정희에 대하여 무엇을 밝히려 했는가를 말하고 있다.

["6070시대는 우리 현대사의 청년기에 해당한다. 대한민국의 뼈대와 얼굴 그리고 체질이 이때 형성됐다. 우리 역사를 통틀어 그때만큼의 에너지와 역동성을 연출했던 시기는 없을 것이다. 그걸 이끌어냈던 박정희는 '현대사의 허브hub'라서 간단하게 파악되지 않는 인물이다. 태생에서 성장·출세 과정이 모두 그렇다. 지금도 박정희란 이름 석 자에 '극도의 반발'에서 '뜨거운 찬양'까지 다양한 반응이 엇갈리는 것도 그런 까닭이 아닐까? 지금 이 사회를 갈라놓고 있는 보수-진보의 이념 갈등도 알고 보면 박정희를 둘러싼 판단에서 비롯된다. 그렇다면 그 '문제적 인물'을 우회하지 말고 들여다보고 싶었다."]

["실제 그대로, 편견과 오해에서 자유로운 박정희와 그의 시대 복원이 목표다. 친일파, 독재자, 지역차별의 원조가 박정희라는 대중적 오해부터 풀면서 시작했다. 그런 것에 발목 잡혀 '사람 박정희'의 전체 모습에 접근하지 못한다면 서로에게 불행이다."]

이와 같이 저자 조우석은 박정희 前 대통령에 대하여 있는 그대로, 사실 그대로를 복원하면서 그곳에다 앞에서도 언급한 대로 시대적 상황과 객관적 평가를 더해, 이제 박정희가 치유와 화해의 이름이 되길 소망하고 있다.

'치유'란 '치료하여 상처 난 병이 나음'을 뜻함이니, 본 책『박정희 한국의 탄생』이야말로 박정희로 인한 상처가 있었다면 그 상처를 크게 치유해줄 수 있다고 생각하며, 또 '화해'란 '서로 다투는 것을 그치고 풂'을 뜻함이니, 본 책을 통하여 박정희로 인한 다툼을 그치고 풀 수 있다고 본 제안자는 확신하고 있다.

나는 박정희 前 대통령을 좋아한다.

다만 '유신헌법'에 관해서는 '장기집권' 등의 부정적 해석 때문에 본 제안자 이옥재(李玉宰)도 한편으로는 마음속에 늘 부담스러웠는데, 당시 경제2수석이었던 오원철의 증언을 소개한 본 책의 글은 나를 포함한 일반 사회적 편견을 불식시키는데 좋은 자료가 될 것이라 여겨졌다.

"요사이 많은 사람들이… 중화학공업과 유신 개혁을 별개의 문제인 것처럼 이야기를 한다"라고 전제하면서, '중화학공업화가 흐지부지되지 않기 위해서는 강력한 정치적 의지로 그걸 보증해야 한다'고 박 대통령에게 조언했다고 말하며, 그는 계속하여 "경제 발전을 뒷받침하려는 정치적 의지가 변질되거나 중단되는 일이 벌어졌다면 한국은 망하고 말았을 것입니다"라고 단정하기도 했다. 이어서 오원철은 주장한다.

["나는 이렇게 말한다. '중화학공업화가 유신이고, 유신이 곧 중화학공업화'라는 것이 쓰라린 진실이라고…… 하나 없이는 다른 하나가 존재할 수 없었다. 이런 사실을 무시하는 것은 비양심적이다."]

유신에 대한 불편했던 마음을 단 한방에 속 시원히 풀어주는 저자 조우석 특유의 책을 쓰는 명추적(名追跡) 명기술법(名記述法)이다. 또한 저자 조우석은 책의 논리적 연결고리도 기막히게 잘 하고 있다. 능력 있는 좋은 작가이다.

본 책 『박정희 한국의 탄생』에서 치유와 화해의 마지막 제스처로 저자 조우석은 책 끝부분에 '부자나라 되려면 한국을 따라 하라' 항목을 마련하여, 앞에서도 잠시 언급했던 영국 케임브리지대학 경제학부 교수인 장하준 박사의 경제이론과 그의 저서 『쾌도난마(快刀亂麻) 한국경제』를 중요하게 거론하며 다루고 있다.

[장하준이 한국 사례를 개인사와 함께 소개하는 이유는 18세기 산업혁명 이래로 국가의 적극적인 개입 없이 성장했던 나라는 없음을 강조하기 위한 것이다.

'부자나라, 초일류 기업이 되려면 간단하다. 꼭 한국처럼만 하라' 는 것이다. 뒷마당에 심어진 뽕나무나 올리브나무만 기르거나 봉제품을 만지작거리지 말고, 초일류에 도전하는 '미친 짓'을 벌어야 한다. 이때 국가가 총대를 메야 한다. 지도자의 역할이 중요하다는 것은 두말할 필요가 없다.……

그의 이론이 맞을 수도 있고 틀릴 수도 있다. 다만 신고전학파 경제학에 대한 대안을 제시한 학자에게 주는 상(뮈르달 상)과 경제학의 지평을 넓힌 사람에게 주는 상(레옹티예프 상)을 거푸 수상했던 장하준의 말이니, 근거 없는 싱거운 소리는 아닐 것이다.

중요한 것은 2005년 그(장하준)가 국내에 등장했을 때 한국사회에 던진 충격이다. 진보냐 보수냐의 구분을 떠난 그의 목소리는 국내 학계에 혁신적이었다. 그의 책 『쾌도난마 한국경제』가 등장한 직후다. 그는 한국경제 성장을 둘러싼 담론이 이데올로기 싸움으로 치닫는 경우가 많다며 이렇게 허심탄회하게 밝힌다.

"경제발전을 이루기 위해 꼭 박정희처럼 유신 독재를 감행해야 했는가 하는 것을 논쟁할 수 있겠지요. 그러나 경제발전이 좋으냐, 나쁘냐는 논쟁이 필요한 문제는 아닙니다. 지금은 경제발전이 이뤄낸 성과를 우리 모두 공유하고 있기 때문에 당연하게 여기는 경향이 있지만, 한번 생각해 보십시오. 경제발전이란 것은 단순히 잘 먹고 좋은 옷 입게 되는 것만은 아닙니다. 병을 앓지 않고 어린 자식을 잃지 않도록 삶의 질을 높이는 것이 경제발전입니다. 멀리 갈 필요가 없습니다. 우리 부모 세대만 해도 한 집안에서 자식 한둘은 어릴 때 질병 등으로 말미암아 잃곤 하는 일이 흔하지 않았나요?"

장하준은 말한다. 간단하다. "박정희처럼 하지 않았어도 경제발전에 성공할 수 있었다는 말을 자주 하지만 그건 참 곤란한" 노릇이다. 그가 단언하는 것은 1950년대 이승만 식 경제 시스템을 계속했더라면 삼성이나 현대 같은 기업은 없었다는 것이다. 기껏 다국적 기업의 아시아 지사가 몇 개 있을 것이다. 그가 하는 박정희 평가는 찬양이 아니다.……

다만 '박정희 리더십 자체를 부정하는 것은 엉터리 논리'에 불과하다. 큰 회사에 좋은 경영자가 왜 필요하냐는 식의, 완전히 잘못된 논리다. 그건 규칙만 잘 만들어 놓으면 허수아비를 앉혀놓아도 회사와 국가가 씽씽 잘 돌아간다는 식의 허술한 논리가 아닐까?

"박정희가 경제발전에 성공한 요소 중 가장 중요한 두 가지는 다음과 같습니다. 첫째 박정희는 시장을 맹목적으로 따르지는 않았지만, 그렇다고 시장을 완전히 부정하지도 않았습니다. 북한의 경우 문을 꽁꽁 걸어 잠그고 우리 식으로 살자는 것이었지요. 한마디로 쉽고 저렴하게 들여올 수 있는 기술까지 부정했던 것입니다. 그러나 박정희는 시장을 철저히 이용했던 거죠. 둘째 박정희는 자본가를 통제했습니다.…… 그 배짱 좋은 정주영 회장도 못하겠다고 버티는 것을 박정희가 윽박질러서 만들게 한 것이 현대조선 아닙니까?"

산업화 성공이 노동자, 농민의 수탈로 가능했다는 식, 민중문화운동 식의 통념에도 장하준은 직격탄을 날린다. 6070년대 당시 한국의 실질임금 상승률은 세계 최고 수준이었다는 것이다. 그리고 역사적으로 노동자, 농민을 억압하지 않고 경제를 발전시키는 데 성공한 나라는 없었다는 냉정한 진실도 들려준다.

"세계적으로 봐도 지난 30~40년 동안 한국인들의 노동시간은 세계에서 가장 길었죠. 하지만 임금도 많이 올랐다는 데서 그나마 위안을 얻을 수 있다고 생각합니다. 그렇지 않은 나라도 너무나 많거든요. 지금 선진국이라고 불리는 미국과 영국은 마치 고상하게 산업화 과정을 거쳤을 것 같지만, 그 나라들도 한때 우리보다도 더한 착취와 저임금의 시기를 거쳤습니다. 안타까운 일이지만 이런 과정을 거치지 않은 산업화라는 것이 정말 가능한지 곰곰이 따져볼 필요도 있습니다."

문제는 지금이다. 장하준의 지적은 6070시대 바로보기가 아니라, 2000년대 지금을 제대로 파악하자는 제안이다. 그가 볼 때 1999년 IMF 이후 한국경제는 박정희 시대보다 상황이 더 나빠지거나 체질 자체가 더 종속적으로 변했다. 박정희 반대로만 달려간 결과다. 박정희 식은 모두 뜯어고쳐야 하고 그게 개혁이라고 믿어온 결과다. 장하준은 말한다. 그게 바로 지금 한국이 걸려서 헤매고 있는 '개혁이라는 덫'이다.……

장하준이라는 존재는 귀중하다. 그는 이른바 진보도 아니고 보수도 아니다. 보수가 보면 진보로 보이고, 진보 쪽에서 보면 보수로 보인다. 즉 양쪽의 고정관념을 뒤흔들며 제3국의 성찰을 이끌어 낸다. 더구나 그에게 박정희는 핵심주제가 아니다. 그렇기 때문에 그의 박정희 이야기는 신뢰할 수 있다.]

이에, 본 제안자 이옥재(李玉宰)도 가장 최신 정보를 하나 들고 나와 '치유와 화해' 제스처를 취해 보고자 한다. 왜냐하면, 우리는 서로 누구든지 간에 '치유와 화해' 결과 없이 더 나은 세계, 더구나 우리 한국이 초일류국가를 이루고 세계지도국으로 나아갈 수 없기 때문에 더욱 그러하다.

 지난 2014년 9월 14일, 저녁 8시 MBC(문화방송) 뉴스데스크 시간에 방영된 내용이다.
 '한국식 시스템을 통째로……새로운 원조사업, 해외서 환영' 이라는 타이틀로 당시 MBC뉴스 박충희 기자가 소개한 것인데, 흔히 해외 '원조사업' 하면 건물을 짓거나 돈을 주는 걸로 생각해 왔는데 최근에는 '한국식 시스템'을 통째로 전수해주는 '새로운 원조사업' 이 환영받고 있다며 "우리의 인재나 기업이 해외에 진출할 수 있는 계기가 되고요. 우리나라의 좋은 장점들을 이식시킴으로써 이것이 하나의 한류를 형성하는 사업입니다"라는 최재영 외교부 개발협력과장의 말을 인용하면서, "한국식 발전모델을 앞세운 (새로운) 해외 원조사업도 뿌리내리고 있습니다"라고 말하며 뉴스기사를 마무리했다.

 자! 어떠한가!
 앞서 언급한 '부자나라 되려면 한국을 따라 하라' 는 말에 이어, 한국식 발전모델을 앞세운 '한국식 시스템을 통째로 전수해주는 새로운 해외 원조사업' 까지 나타나고 있을 정도이니 이제 한류열풍과 더불어 더욱 큰 대한민국의 위대한 발전 · 성장 가능성을 확인시켜 주고 있지 않은가!

 이제 치유와 화해다.
 저자 조우석은
 [20세기 한복판에서 부자나라 반열에 오른 한국의 사례야말로 신데렐라 스토리다. 우리가 만들어낸 기적의 성장에 자부심을 가져도 좋다. 하지만 완벽한 모더니티의 구현, 폭력, 불평등 등의 무리수가 전혀 없는 유리알 같은 사회, 그런 게 어디 존재하기는 할까? "왜 우리는 그렇지 못했나?"를 따져 물으며 전 시대를 공격하는 것은 성숙한 태도가 못된다. 어쨌거나 박정희, 그와의 싸움은 지금도 현재진행형이다.]
 라며 매우 안타까워하고 있는 모습을 볼 수 있다.

 그러나, 이제는 아니다!
 본 제안서의 제안자 이옥재(李玉宰) 본인이 소위 『국가 정책 제안서』를 발행하면서 그 방대한 내용 속에 부제목으로 '12년간의 구미 생활의 의미' 를 덧붙이며 '국가지도자 박정희 前 대통령' 에 대해 깊이 짚어보는 것에는 사실 큰 뜻이 숨어 있다. 작가 조우석의 주장대로, 이제는 치유와 화해의 시간이다. 싸움이 현재진행형으로 계속 되어서는 아니 된다. 이제는 싸움을 당연히 그쳐야 하고 치유와 화해의 시간이 현재진행형이 되어야 한다. 나는 더욱 강하게 주장하고 싶다. 그 치유와 화해도 종식되어야 한다고!

그리하여 이제는 치유를 넘어 더욱 큰 완치와, 화해를 넘어 더 큰 기쁨의 화합이 진행되어야 할 시기라고!

어떻게 해야 할 것인가?

앞에 소개한 『주식회사 대한민국 CEO 박정희』라는 책 속에서 "박정희는 큰 그림을 위해 '개인을 희생' 시키는 길을 선택했다"라고 그 책 저자 홍하상은 힘주어 말하고 있다.

"우리 '개개인의 희생'으로 우리나라가 민족중흥과 더불어 세계가 놀라는 경제발전을 이루게 되었노라!"고 외쳐대면 어떨까?

그렇다!

특히 6070시대 선배들 개개인의 희생이 없었더라면 현재 세계가 부러워하는 우리 대한민국의 위대한 발전은 결코 없었으리라! 이제 서로 자위(自慰)하며 지난 어려움을 이겨낸 기쁨으로 승화시켜보자!

그리고 앞으로 전진하자!

"역사는 과거로 끝나지 않는다. 현재다. 나아가 미래다. 따라서 역사학은 '사실이 무엇인가?(what)'를 찾는데서 끝나면 안 된다. '왜(why) 일어났는가?'를 규명하고 '어떻게(how) 할 것인가'를 모색하는 작업이 역사학이다. 검증이 끝난 해결 모델을 찾는 것이다"라고 주장하는 역사학자 윤명철 교수의 말대로, 이제 과거 역사를 치유하고 화해할 수 있는 민주주의에 관한 신이론 등등 검증이 끝난 해결 모델을 찾아냈으니 새로운 미래를 향하여 전진해보자!

옛 고구려의 기상으로 조국의 통일을 이루고, 조화로운 문화와 화합 통일된 사상을 구축하여 다문화공동체를 더욱 유지·강화하고, 국가와 민족의 자의식을 더욱 높여 이 지구촌 21세기를 대한민국 시대로 만들어 희망차고 힘차게 앞으로 전진해보자!

끝으로, 박정희 前 대통령에 관한 책 3권 정리를 마치면서 조용한 끝맺음을 하고자 한다.

박정희 前 대통령이 당시 보릿고개의 처참한 배고픔과 목마름을 해결해야 한다는 사명적인 절박한 결단과 민족중흥 및 조국의 근대화 작업의 필요성을 절실히 느끼고 있었던 그 심정과 같이, 본 제안자 이옥재(李玉宰) 본인도 지금은 새로운 도약을 향한 과거역사 청산 및 '치유와 화해'가 반드시 이루어져야 하는 필요성을 절실히 느끼고 있는 것이다.

그렇게 해야만 우리 대한민국은 세계 최고 IQ(지능지수) 국민답게, 그리고 한글이라는 세계 최고의 과학적인 문자 체계를 갖고 있는 자랑스러운 국가답게, 초일류국가 건설에 이어 세계사를 주도해 나가는 세계지도국을 달성하여 새로운 지구촌복리와 인류공영 실현을 완성해 나갈 수 있다고 믿어지기 때문이다.

그렇다면 어떻게 해야 할 것인가?

먼저 민족중흥·조국의 근대화·과학기술의 위대한 발전을 이끌어 낸 박정희 前 대통령에 관한 한국 현대사부터 '치유와 화해'가 시작되어야 한다고 생각한다.

'사람은 책을 만들고 책은 사람을 만든다!'고 했으니 먼저 책을 통하여 치유와 화해로 접근해 보는 것이 좋은 방침이라 여겨진다.

그렇게 하기 위해서는 앞에서도 줄곧 밝혀온 대로 책『박정희 한국의 탄생』은 박정희 前 대통령으로 인한 치유와 화해의 책으로 충분하다고 믿어지며, 더욱 큰 완치와 기쁨의 화합을 위해서라면, 그 앞에 소개한 두 책『주식회사 대한민국 CEO 박정희』와『과학대통령 박정희와 리더십』이라는 책을 먼저 읽어보는 처방을 쓰는 것도 금상첨화일 것이다.

국민과 국가와 세계에 대한

이옥재(李玉宰)만의 비전

모든 일에 우리들은 '인간 존중' 사상을 기초로 놓아야 합니다.
'홍익인간' 사상도 물론 '인간 존중' 기초 위에 서야 가능한 것입니다.
인간의 모든 일에 '인간 존중' 사상은 절대적인 것이며
이것이 결여된 어떠한 가치 있는 일도 있을 수 없습니다.

세계 제1의 나라 / 세계 제1의 지도국 / 꿈이 있는 지도자 / 세계를 주도하는 국가 / 세계 제1의 수준 / 세계 제1의 아름다운 나라 / 전국토 정원화 사업 / 세상에서 가장 아름다운 나라 / 위대한 꿈 / 위대한 인간 / 위대한 인간 집단 / 위대한 국가 / 위대한 세계 / 인간 존중 / 꿈의 나라 / 위대한 희망의 나라 / 남북통일 / 위대한 인간 지도자

우리는 분명 세계 제1의 국가를 건설할 수 있는 국민적 자질과 국토의 지정학적인 위치 그리고 충분한 인적 자원과 정신적 힘을 구축할 수 있는 여력을 갖고 있는 국민이다. 문제는, 어떠한 지도자가 나타나 이러한 가능성을 일깨워 주고 위대한 정신적인 사상을 가지고 인도해 주느냐 하는 것이다.

다시 말해 문제는 지도자이다. 위대한 지도자가 나타나 위대한 사상과 위대한 지도력 그리고 그 위대한 가능성을 지닌 자질과 능력을 가지고 이 나라를 세계 제1의 나라로 건설하려는 강한 의지로 이 나라를 이끌어 간다면 분명 이 나라는 세계 제1의 나라로 될 수 있는 것이다.

그리하여 우리의 가슴 속에 세계 제1의 나라로 만들 수 있다는 가능성을 심어 주는 것이 중요한데 그 역할이 바로 세계 제1탑 건설 계획이다. 앞의 일은 바로 내가 그 모든 일을 수행해 나갈 것이다.

즉, 세계 제1의 나라로 만드는 일에 내가 중추적 역할과 그 지도자의 역할을 다할 것이다. 나는 이 나라를 세계 제1의 나라로 분명 건설해 나갈 것이다.

아래의 글은 본 제안자 이옥재(李玉宰)의 국민과 국가와 세계에 대한 비전이다.

[친애하는 국민 여러분!

우리는 위대하게 될 수 있습니다. 세계 제1의 나라로 발전할 수 있습니다. 세계 제1의 지도국이 될 수 있습니다. 그러한 꿈이 있는 지도자가 있으면 충분히 가능한 일입니다.

그리고 우리 민족은 그와 같은 자질을 충분히 갖고 있으며 6·25와 같은 동족 상잔의 비극과 50여 년의 이산가족들의 고통과 북한 주민들의 고통 등은 우리들을 더욱 성장시키고 발전할 수 있도록 해주는 정신적인 힘의 역할로 나타나게 될 것입니다.

고통이 없이는 인간사회에서 어떠한 가치 있는 일의 성취도 불가능하게 됩니다. 고통은 우리를 키웁니다.

우리가 세계를 주도하는 국가로 발전하려면 경제력도 중요하지만 그것만으로는 어림도 없습니다. 우리의 사고가, 생각이 그들보다 앞서 있어야 하며 온 국민 모두가 지적 수준이 그들을 지도할 수 있을 정도가 되어야 하며 심지어 '먹는 것' 즉, 음식까지도 세계 제1의 수준의 것이 되어야 합니다.

마찬가지로 의복의 수준도 세계 일류가 되어야 합니다.

그래서, 본인은 수년 전부터 이 나라를 세계 제1의 아름다운 나라로 발전시키고 변모시키는 데 온 정성과 노력을 기울이며 생각하면서 준비해 왔습니다. 그것이 바로, '전 국토 정원화 사업'입니다. 전 국토를 그야말로 세계가 놀라게, 세상이 깜짝 놀랄 수준으로 말 그대로 '정원'으로 가꾸고 단장시켜야 하는 것입니다.

그야말로 이 강산이 '금수강산'이 되고 모든 산이, 들이, 도로가 세계 사람들이 상상도 하기 어려울 정도로 치밀하고 정교하게 다듬어져 세상에서 가장 아름다운 나라로 만드는 것이 '전 국토 정원화 사업'인 것입니다.

우리는 이것을 분명히 성취시킬 수 있습니다.

친애하는 국민 여러분!

여러분의 지지가 있으면 가능합니다.

여러분의 호응과 뜻이 한데 뭉치면 얼마든지 가능한 일로 나타날 수 있는 일입니다.

여러분의 지지를 호소합니다.

친애하는 국민 여러분!

이제 그 엄청난 계획이 어떻게 치밀하게 준비되어 왔고 또 가능한 일로 나타날 수 있는가에 대하여 분명한 계획과 실행사항을 직접 보여 드리겠습니다. 여러분의 많은 기대와 성원을 부탁드립니다. 우리는 할 수 있습니다.

위대한 꿈이 위대한 인간을 만들며 위대한 인간 집단은 위대한 국가를 만들며 위대한 인간국가는 위대한 세계를 만들어 갑니다.

이제 그 위대한 꿈의 방향을 분명하게 보여 드리고 제시해 보겠습니다.

남은 것은 국민 여러분의 지지입니다.

지지를 보내 주십시오. 그러면 그 모든 일이 현실로 가능한 일로 나타나게 될 것입니다.

모든 일에 우리들은 '인간 존중' 사상을 기초로 놓아야 합니다. '홍익인간' 사상도 물론 '인간 존중' 기초 위에 서야 가능한 것입니다. 인간의 모든 일에 '인간 존중' 사상은 절대적인 것이며 이것이 결여된 어떠한 가치 있는 일도 있을 수 없습니다.

우리는 이 '인간 존중' 사상이 모든 이에게 미칠 수 있도록 꿈의 나라, 위대한 희망의 나라, 이 나라 대한민국을 건설할 수 있으며 그것은 남북이 통일되어 한 나라가 됨으로써 더욱 크게 나타나게 될 것입니다. 이 나라는 위대합니다. 위대한 꿈을 지닌 위대한 인간 지도자가 있기 때문입니다. 여러분의 지지를 호소하는 바입니다.]

무충전 · 무공해
꿈의 자동차

(NSSDV : Non Station System Dream Vehicle)

– 대한민국을 세계 최고의 친환경 전기자동차 생산국가로!

'무충전 · 무공해 꿈의 자동차'를 밝히다

특허 등록 번호 :
한국 - 특허 제10-0815429호, 특허 제10-1037426호, 특허 제10-1052920호, 특허 제10-1132278호,
        특허 제10-1212192호, 특허 제10-1227638호, 특허 제10-1490875호
미국 - US 7,884,580 B2
중국 - ZL 200680050932.0
일본 - 5953351

1. 무충전 · 무공해 꿈의 자동차(NSSDV)란 무엇인가?

자동차는 이제 현대 인간 생활에 필수품이 되어 버렸다. 지구촌 곳곳에 돌아다니는 자동차 대수가 10억 대를 넘고 있으며, 이제는 1가구 1대가 아니라 1인이 2~3대를 소유하는 경우도 있어 자동차는 이제 없어서는 아니 될 필수품이 되었다. 전 지구촌적으로 자동차 1인 소유 시대가 된 것이다.

그런데 그러한 현 자동차 문화는 인류 전체에 엄청난 피해를 안겨 주고 있다. 사실, 화석 연료는 높은 부가가치를 갖고 있는 인류의 매우 중요한 유기물 자원이지만 그 중요한 자원을 자동차로 인해 일시에 태워 버림(엔진으로 연소시킴)으로 해서 인류의 중요 자원 고갈은 물론 이 지구촌 전체에 심각한 환경오염 및 온난화 등으로 인한 지구 환경에 막대한 피해를 안겨 주고 있다.

이러한 자동차로 인한 유류 고갈과 고유가 시대 및 환경오염을 근본적으로 예방하고 해결할 수 있는 획기적인 기술이 우리 대한민국에서 이 세상에 나왔으니 이름하여 '무충전 · 무공해 꿈의 자동차'가 바로 그것이다.

'무충전·무공해' 라 함은, 자동차 자체에서 친환경·신재생·회생 에너지로 직접 전기를 생산하여 그것을 배터리에 충전한 후 다시 사용하는 '자연 순환 동력 에너지'를 달성하였으므로, 일반 전기자동차처럼 충전소에서 6~7시간씩 충전할 필요가 없으니 '무충전'이라 한다.

사실, 6~7시간 전기를 충전하여 운행하는 일반 전기자동차는 오염된 배기가스를 배출시키는 배기관이 차체에 직접 장착되지 않았을 뿐이지, 실제로는 그 전기차의 동력인 전기를 화력발전 등으로 생산하는 과정에서 이미 환경오염이 발전소에서 발생하기 때문에, 일반 전기자동차가 무공해 또는 친환경적이라는 생각은 잘못인데 반해 무충전·무공해 꿈의 자동차(Dream Vehicle)는 전동 발전·제동 발전·속도풍(풍력) 발전·태양광 발전 등 약 100여 개의 자체 발전기로 친환경·신재생·회생 에너지를 직접 자동차 자체에서 '자연 순환 동력 에너지'로 공해 없이 전기를 생산하여 사용하기 때문에 '무공해'라 칭한 것이다.

'꿈의 자동차' 라 함은, 본 무충전·무공해 자동차는 일반 전기자동차와는 차원이 다르게 자동차가 사용하는 전기를 친환경·신재생·회생 에너지로 직접 생산하여 연속적으로 배터리에 재충전한 후 사용하기 때문에 장거리 운행이 가능하게 되어 일반 전기자동차의 '항속거리 한계'를 초월하므로 '꿈의 자동차'로 명명한 것이다.

그뿐만이 아니다.

항속거리 한계를 초월하는 본 '무충전·무공해' 자동차는 자동차로 인하여 발생하는 에너지 문제와 환경 문제를 근본적으로 해결할 수 있어, 에너지 고갈과 고유가 시대에 따른 시대적 요청에 딱 맞는 자동차이다. 그것뿐만 아니라 요즘 심각하게 대두되고 있는 미세먼지의 습격으로부터 어린이 및 노약자 등의 건강은 물론 대도시 자동차로 인한 환경오염을 분명히 해결할 수 있게 되었으니 당연히 일반 전기자동차와는 구별되는 '꿈의 자동차'로 불리고 있는 것이다.

만약에 이러한 '꿈의 자동차'가 서울 시내에 투입된다면, 서울시는 인구가 좀 많아 복잡하기는 하지만 세계 최고의 공기청정 웰빙도시가 될 것이 분명하다.

'무충전·무공해 꿈의 자동차'는 특허와 기술 전쟁 시대에, 이미 국내 특허는 물론 G3 국가인 미국과 중국과 일본의 특허까지 획득했다. 그런데다 본 특허 등록 기술에 대하여 미국에서는 "인류가 줄 수 있는 최고의 상도 받아야 할 것"이라고 극찬한 데 이어 중국에서는 "이 기술로 인하여 세상을 보는 눈이 달라져 버렸다!"고 말할 정도이니 대한민국 정부는 마땅히 이를 국가 정책으로 선정하여 강력하게 추진해 나가야 할 것이다. 사실 이러한 '인휠 모터카(In wheel motor car)' 개발은 이미 국책 과제로 선정되어 있어서 정부는 이를 집행하기만 하면 된다.

영국의 조간신문인 『데일리메일(Daily Mail)』의 기사 「전기자동차는 경유차 못지않게 공해를 유발한다」를 살펴보면 전기자동차의 유해성에 대해 알 수 있다. 아래는 기사의 전문이다.

[전기자동차는 경유차 못지않게 공해를 유발한다

무공해차로 알려진 전기자동차가 구형 경유차만큼이나 공해물질을 내뿜는다고 소비자 감시단체는 주장한다. 보통의 자동차들이 공해 물질을 배기관을 통해 배출하는 데 반해, 전기자동차는 전기자동차에 전기를 공급하는 발전소에서 공해 물질을 배출한다는 데 주요한 차이가 있다. 이 사실은 유럽의 충돌 테스트를 통과하고 최고 안전등급 바로 아래인 별 4개를 획득한 최초의 전기자동차로 보도된 미츠비시 i-MiEV 수퍼미니를 조사한 결과 밝혀졌다. 전문가들이 전기자동차를 충전시키기 위해 만들어지는 이산화탄소 양을 가장 효율적인 경유차 모델과 비교해 본 뒤 '이 둘은 별로 큰 차이가 없다'고 결론을 지었다. 게다가 '전통적인' 자동차들이 공해 물질을 줄이려고 노력함으로써 그 차이는 더 줄어들고 있다. 전기자동차가 '무공해'라고 주장하는 자동차회사들은 전기자동차가 사용하는 전기가 결국 화석 연료를 태움으로써 만들어지며, 그로 인해 이산화탄소가 발생한다는 사실을 망각하고 있다.]

2012년 7월 23일자 『한국경제』 사설에는 박원순 시장의 전기차에 대한 변심을 다룬 내용이 실려 있다. 아래는 기사 전문이다. 기사를 통해서 일반 전기자동차의 유해성을 지적하고 있다. '무충전·무공해 꿈의 자동차'는 일반 전기자동차의 단점을 완벽하게 보완할 수 있는 것이다.

[전기차에 대한 朴시장의 변심

서울시가 전기차 보급 계획을 대폭 축소할 방침이다. 박원순 시장은 2014년까지 3만 대를 보급하기로 했던 당초 계획을 1만 대로 줄인 데 이어 엊그제는 이 계획마저 재검토하라고 지시했다고 한다. 박 시장은 "전기차의 동력인 전기를 생산하는 과정에서 환경오염이 발생한다"며 전기차가 친환경적이라는 생각은 잘못이라고 말했다는 것이다.……]

2. 무충전 · 무공해 꿈의 자동차(NSSDV)의 기술은 무엇인가?

무충전 · 무공해 꿈의 자동차(NSSDV)의 기술은 내연기관의 엔진 대체 시스템으로 설명할 수 있다. 내연기관 엔진 시스템은 약 100여 년간 자동차를 움직이게 하는 동력이 되어 왔다. 내연기관 엔진은 이동 수단 발전에 있어서 많은 혜택을 주었지만, 내연기관 엔진에서 나오는 매연으로 인해 환경이 심각하게 오염되었고 엔진의 연료인 화석 연료가 이제 고갈 상태에 이르고 있는 시점에서 기존의 내연기관 엔진이 아닌 새로운 신에너지 동력을 쓰는 시대가 도래하고 있다.

새로운 동력으로 가장 각광받고 있는 것이 바로 전기에너지이다. 배터리에 충전된 전기를 동력으로 모터를 구동시켜 자동차가 달리게 되는 전기자동차의 시대가 우리 눈앞에 와 있다. 이제 내연기관 엔진 시스템은 박물관으로 가게 될 것이다.

하지만 현재의 전기자동차 기술은 기존의 내연기관 엔진을 바로 대체하는 데에 한계를 가지고 있다. 가장 큰 한계는 바로 주행거리의 한계이다. 배터리를 충전하는 데에 많은 시간이 걸리는 데 반해 주행할 수 있는 항속 주행거리가 가솔린 자동차에 비해 너무 짧은 것이다. 그렇다고 먼 거리를 달리기 위해 비싼 전기자동차용 배터리의 용량을 무한정 키울 수도 없는 실정이다.

이러한 문제점을 우리 '우주자동차'는 해결한다. 자동차에서 자체 발전을 통해 전기를 생산하여 '순환동력'으로 이용할 수 있는 신기술을 개발하고 완료하였다. 이 신기술을 바탕으로 전기자동차의 주행거리를 획기적으로 높일 수 있게 되어 실생활에 불편 없이 쓸 수 있는 새로운 전기자동차 시대를 가져오게 된 것이다. 그리하여 '꿈의 자동차(Dream Vehicle)'라고 불리운다.

(1) 특허 기술 개요

본 꿈의 자동차 기술과 관련하여서는 이미 다수의 발명 특허가 특허청에 등록 및 출원되어 있을 뿐만 아니라, 여느 자동차 생산국가의 추종을 불허하는 세계 최초의 원천기술이 국내 특허는 물론 국제특허(PCT) 및 미국 등 해외 특허까지 등록 내지는 출원 중에 있어 관련 기술이 이미 확보되어 있고 이 기술로 인한 전기자동차가 곧 실현 단계에 와 있으므로, 국가 정책상으로나 시대적으로 아주 중요한 시기이므로 정부 당국은 물론 국민 모두가 지대한 관심과 협조를 보내 주셔야 할 때인 것이다.

특히, 본 NSSDV의 중요 기술인 '무변출력 무정류자 직류전동기를 이용한 발전장치(A CONSTANT POWER BRUSHLESS DC MOTOR AND THE GENERATOR THEREBY)' 특허는 한국은 물론 미국, 중국에 특허 등록이 되어 있는데(첨부자료 참조 : 한국 특허등록증, 미국 특허등록증, 중국 특허등록증), 이 기술은 전동 발전 장치, 자연동력 발전 장치, 순환동력 발전 장치를 구현할 수 있는 대단히 중요한 원천 기술로써, 지구온난화 및 환경오염을 획기적으로 개선시킬 뿐만 아니라 지구의 중력까지도 일부 에너지로 뽑아 쓸 수 있는 신기술이다.

'제동 발전 장치 및 이를 구비하는 차량(APPARATUS FOR BRAKE AND POWER GENER-ATION AND VEHICLE HAVING THE SAME)' 기술도 국내 특허 등록은 물론 일본에 특허 등록되어 있는데, 이 기술은 자동차를 제동할 때 적용되는 열역학 제2법칙 즉, '일(Energy)이 마찰과 열로 없어지는 비가역성의 법칙'에 의해서 비가역성으로 인해 소멸되는 마찰과 열이 발생하기 전에 곧바로 일(Energy : 전기에너지)로 회수하는 대단히 중요한 원천 기술로써, 이 역시 자동차로 인한 지구온난화 및 환경오염을 획기적으로 개선시키는 신개념의 에너지 회수 기술이다(첨부자료 참조 : 한국 특허등록증, 일본 특허등록증).

그리고 NSSDV의 주요 3대 기술 중 또 하나는 '전동 발전 장치를 구비하는 전기차량 및 그 구동방법(ELECTRIC VEHICLE HAVING MOTOR AND GENERATOR AND DRIVING METHOD THEREOF)' 기술로써, 이 특허도 국내 특허 등록과 당시 PCT(국제 특허) 및 미국에 개별 특허 출원을 해놓은 상태이다(첨부 자료 참조 : 한국 특허등록증).

이 기술은 세계 최초로 액셀러레이터(가속페달)의 기능과 연계하여, 자동차가 최초 가속 상태 외에는 언제나 전기가 생산되는 즉, 주행 중 가속은 물론 비가속 상태에서 바퀴가 회전하기만 하면 언제나 전기가 생산되는 기술로써, 이 역시 타의 추종을 불허하는 대단히 중요하고 획기적인 전기자동차의 신기술인 것이다.

그 외에도, '제자리 회전이 가능한 차량(첨부자료 참조 : 특허 등록 결정서)', '회전수단에 대한 개별적 제어가 가능한 차량 및 그 제어 방법(첨부 자료 참조 : 특허 출원통지서)', '전기차량의 회전수단에 대한 제어방법(첨부자료 참조 : 특허 등록 결정서)', '전기 차량의 미세 전동을 위한 장치와 방법(첨부 자료 참조 : 특허 출원서)' 등이 특허 등록 및 출원되어 있고, 또 새로운 전기자동차 원천기술에 대한 발명 특허가 계속 출원 준비 중에 있다.

(2) 특허 기술 실험 개요

본 항에서는 이미 꿈의 자동차(전기스쿠터 포함)에 대한 발명 특허가 등록이 되었거나 출원 중에 있는 특허 기술을 검증하는 실험(또는 실험실)에 대하여 개략적으로 설명을 하겠다.

우주자동차 연구소에서는 사진에서 보는 바와 같이 실험도구와 연장 그리고 제조 관련 부품을 구매하여 특허 기술을 검증하고 시현할 수 있는 장치를 개발·제조하여 그 시험 결과를 파악할 수 있는 '실험실'을 운영하고 있다.

실험실 내에는 본 연구소에서 제작한 전기스쿠터는 물론 전동 발전 장치와 제동 발전 장치 등을 시험할 수 있는 각종 연구 실험 설비가 갖추어져 있다. 이곳에서는 자동차 바퀴가 회전만 하여도 전기가 생성되는 전동 발전을 확인할 수 있는 장치를 포함하여, 자동차를 제동(정지)시킬 때 발전되는 제동 발전을 확인할 수 있는 장치까지 설치되어 있어서 그 실험 결과를 바로 확인할 수 있도록 해놓았다.

그리고 그러한 발전 장치에 의해서 생성되는 전기를 배터리로 재충전(순환동력)하는 과정도 확인할 수 있도록 연구하여 구성해 놓았기 때문에 가히 세계 최고의 친환경 전기자동차(전기스쿠터)가 탄생될 수 있는 기술임을 한눈에 확인할 수 있다.

이 꿈의 신기술은 인류 문명과 지구촌 환경을 대대적으로 개선하고 화석 연료의 고갈과 자동차로 인한 제반 에너지 문제와 대기오염 및 지구온난화 문제를 근본적으로 해결할 수 있을 뿐만 아니라, 현재 정부에서 추진하고 있는 탄산가스 배출 규제 문제도 거의 나타나지 않는 획기적인 신개념의 친환경 자동차 기술인 것이다.

그뿐만 아니라 이 신개념의 세계 최초 원천기술로 인한 경제적 효과는 이루 말로 다 표현할 수 없을 정도이며 문자 그대로 대단한 국부 창출과 그로 인해 초일류 국가 건설까지도 앞당기게 될 것이다.

⬆ 우주자동차 연구소 실험실
(전동·제동 발전 시험대, 전기스쿠터, 부품진열대 등)

⬆ 우주자동차 연구소 실험실
(전동·제동 발전 장치 시험대)

⬆ 우주자동차 연구소 실험실(실험도구와 연장 및 부품진열대 등)

⬆ 우주자동차 연구소 실험실(바퀴토크를 시험하는 무게 500kg의 휠)

지금은 과학기술 시대이며 과학기술 없이 국가 발전이나 국민 복리를 기대할 수 없다. 이제는 영토 전쟁이 아니라 경제 전쟁 시대이며 이 경제 전쟁은 기술 특히 원천 기술이 없으면 무참히 패하고 마는 특허전쟁·기술전쟁 시대이기에, 정부당국에서는 이 뜻 깊은 꿈의 원천 기술을 꽃피울 수 있도록 온 정성을 다 모아 지원해 주시기를 요청하는 바이다.

국민 복리와 국부 창출을 위한 꿈의 신기술이 앞서 언급한 대로 이미 일부는 국내 특허 및 국제 특허까지 등록되어 있고 특허 기술 실험까지 완료되어 있으므로, 정부 관계자는 세계 최고의 친환경 전기자동차(전기스쿠터)가 실현될 수 있도록 이 기술을 확인한 후 대대적인 국가 지원을 아끼지 말아야 할 것으로 사료되어 다시 한 번 정부 기관의 적극적인 지원을 요청하는 바이다.

(3) 일반 전기자동차 VS 우주자동차 NSSDV 차이점

일반 전기자동차와 우주자동차의 차이점을 살펴보면 다음과 같다.

첫째, 일반 전기자동차는 항속 주행거리의 한계를 보인다. 최대 주행거리가 100~150km 정도뿐이지만 우주자동차 '무충전·무공해 꿈의 자동차'는 항속 주행거리의 한계를 초월한다.

둘째, 일반 전기자동차는 장시간 충전을 해야 한다. 완속하는 데 6~7시간, 급속 30분(1시간에 2대 충전)이지만 '무충전·무공해 꿈의 자동차'는 자체 발전 장치에 의해 달리면서 수시로 충전되기 때문에 장시간 충전이 필요하지 않다.

셋째, 일반 전기자동차는 가격이 비싸다. 성능에 비해 경차급 레이EV가 3,500만 원 정도 한다. 하지만 '무충전·무공해 꿈의 자동차'는 자체 발전으로 전기자동차 가격을 좌우하는 배터리 용량이 작아도 되기 때문에 일반 전기자동차보다 가격이 내려간다. 가솔린 자동차 수준의 가격대이다.

넷째, 일반 전기자동차는 대규모 인프라 구축이 필요하다. 대규모 충전소 인프라가 필요하기 때문에 많은 시간과 막대한 자금이 필요하다. 하지만 '무충전·무공해 꿈의 자동차'는 대규모 충전소 인프라가 구축되어 있지 않은 환경에서도 바로 상용화가 가능하다.

일반 전기자동차는 위와 같은 한계 때문에 현재 바로 가솔린자동차를 대체할 수 없다. 하지만 우주자동차의 NSSDV는 자동차에 장착된 100여 개 이상의 자체 발전 장치에서 전기가 생산되고(에너지 회수 및 신재생 에너지), 이를 배터리에 재충전(순환동력 에너지)하여 세계 최고의 항속 주행거리가 나타나 주유소나 충전소에 갈 필요가 없는 세계 최고의 친환경 전기자동차이다. 그래서 무충전·무공해 꿈의 자동차(NSSDV)로 불린다.

3. 우주자동차 NSSDV 발전 장치(친환경 · 신재생 · 회생 에너지)

	역할	에너지 발생량(%)	에너지 발생량(W)
전동 발전 장치	주행 시 가속 상태에 따라 상시 가변 발전	35~45	11,200W×4SET = 44,800W
제동 발전 장치	제동 시 발전	15~20	600W×5SET×4WHEEL = 12,000W
속도풍 발전 장치	주행 시 발전	20~25	400W×40SET = 16,000W
태양광 발전 장치	태양광 발전	3~5	200W×20SET = 4,000W
비상용 발전 장치	비상시 충전	–	–
보충 충전 수단	플러그인 시스템	–	–
계		73~95	76,800W

   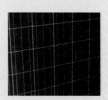

전동 발전 장치   제동 발전 장치   속도풍 발전 장치   태양광 발전 장치

4. '일반 전기자동차' vs '우주자동차(NSSDV) 발전 장치' 물통 비유

⬆ 일반 전기자동차 '배터리'의 예시

⬆ 우주자동차 NSSDV
'배터리' 및 자체 '발전기'의 예시

무충전·무공해 꿈의 자동차의 원리를 좀 더 쉽게 이해할 수 있도록 물통에서 물을 퍼 쓰는 장면과 비교하여 설명해 보도록 하겠다. 일반 전기자동차의 경우는, 큰 물통에 물을 한 번에 잔뜩 받아서 퍼 쓰는 것과 같다. 얼마나 많은 물을 한 번에 많이 담아서 오래 쓸 것인가만 연구하고 있는 것이다. 그러나 그와 같이 물을 한 번에 많이 받아서 쓴다 하여도 결국 일정 시간이 지나면 물은 바닥이 나 버리고, 다시 물통에 물을 가득 채우러 물이 있는 곳까지 가서 한참 동안 물을 받아 채워야 된다.

그런데 무충전·무공해 꿈의 자동차의 경우는, 100여 개 이상의 자체 발전기라는 수도꼭지에서 물이 쉼 없이 졸졸졸 나와서 물통을 수시로 채워 줌으로 물통이 작아도 물을 바가지로 계속 퍼 쓸 수 있는 원리와 같다.

물을 퍼 쓸 때 바닥이 나 버리는 경우 및 물을 다시 받으려 할 때 물이 있는 곳까지 가서 한참 동안 받아야 되는 등의 일반 전기자동차의 한계를 모두 뛰어넘는 그야말로 신개념 원리의 발상부터가 아주 다른 무충전·무공해 꿈의 자동차가 세계 최초의 원천 기술로 새롭게 탄생한 것이다.

5. 무충전 · 무공해 꿈의 자동차(NSSDV) 기본 개념도

(1) 우주자동차 NSSDV 전기자동차

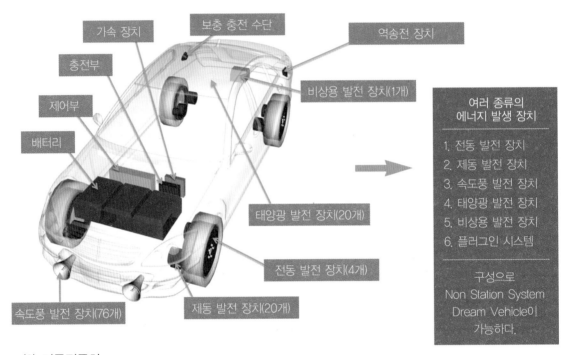

가속 장치
보충 충전 수단
역송전 장치
충전부
제어부
배터리
비상용 발전 장치(1개)
태양광 발전 장치(20개)
전동 발전 장치(4개)
속도풍 발전 장치(76개)
제동 발전 장치(20개)

여러 종류의
에너지 발생 장치

1. 전동 발전 장치
2. 제동 발전 장치
3. 속도풍 발전 장치
4. 태양광 발전 장치
5. 비상용 발전 장치
6. 플러그인 시스템

구성으로
Non Station System
Dream Vehicle이
가능하다.

(2) 이륜전동차

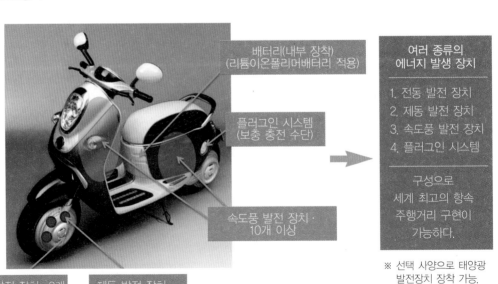

배터리(내부 장착)
(리튬이온폴리머배터리 적용)

플러그인 시스템
(보충 충전 수단)

속도풍 발전 장치 ·
10개 이상

전동 발전 장치 · 2개
(인휠 모터)

제동 발전 장치 ·
6개 이상

여러 종류의
에너지 발생 장치

1. 전동 발전 장치
2. 제동 발전 장치
3. 속도풍 발전 장치
4. 플러그인 시스템

구성으로
세계 최고의 항속
주행거리 구현이
가능하다.

※ 선택 사양으로 태양광
발전장치 장착 가능.

6. 자연 순환동력 시스템의 에너지 흐름도

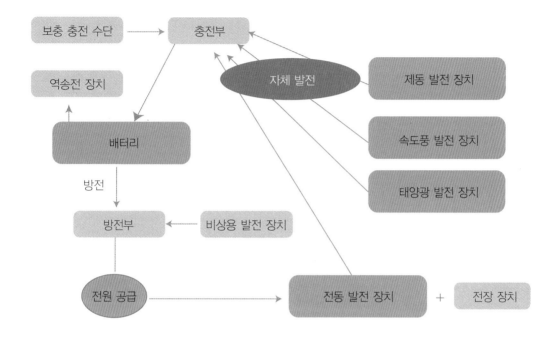

Non Station System Dream Vehicle

우주자동차의 전동자전차 및 이륜전동차는 차체에 장착된 자체 발전 장치에서

전기가 생산되고(에너지 회수 및 신재생 에너지),

이를 배터리에 재충전(순환 동력 에너지)하여

세계 최고의 항속 주행거리가 나타나게 되는 신개념의 친환경 이동 수단이다

7. 특별 적용 기술

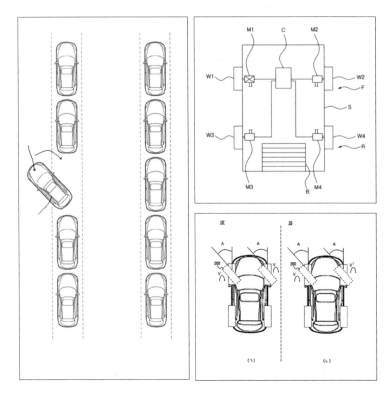

① 제자리 회전이 가능한 차량
  {VEHICLE CAPABLE OF
  STANDING ROTATION }
  − 특허 등록
② 전기 차량의 회전 수단에
  대한 제어 방법
  {CONTROL METHOD
  FOR ROTATING MEANS
  IN ELECTRIC VEHICLE }
  − 특허 등록

③ 회전 수단에 대한 개별적 제어가 가능한 차량 및 그 제어 방법
  {VEHICLE CAPABLE OF INDIVIIDUAL CONTROL FOR ROTATION
  MEANS AND CONTROL METHOD THEREFOR }
④ 전기 차량의 미세 전동을 위한 장치와 방법{APPARATUS AND METHOD FOR MICRO
  ELECTRIC MOTION FOR ELECTRIC VEHICLE }
⑤ 비상등 점멸 시 별도로 방향 지시등이 표시되는 시스템 적용
⑥ 기존 거울반사형 백미러(back mirror)가 아닌 어안렌즈형 백미러 채택
⑦ 전기차량의 도난방지 및 사고 예방 장치 → 차량 도난 시, 원격으로 차량 구동용 제어기 회로 차단
  및 GPS 위치 추적으로 차량 위치 확인

8. 우주자동차, 해외에서 먼저 그 진가를 발견하다

　우주자동차의 기술 특허를 위해 필자는 다른 나라를 방문했다. 그리고 미국에서는 주 단위로 비행기로 날아와 우주자동차 연구소를 직접 방문하기도 하였다. 미국의 공학박사 왜그 스탭(Wag Staff)과 재미교포 이강우는 우주자동차의 연구소를 방문한 뒤 우주자동차의 특허 기술에 대해 매우 놀라워하며 메일을 통해 소감을 나타냈다.

　["인류가 줄 수 있는 최고의 상도 받아야 할 터이니!"

　"이옥재 소장의 발명이 예사로운 발명이 아니라는 사실을 알아차렸습니다."
　"그리고 이 사업은 세계에 너무나 큰 영향을 줄 것이란 인식에 도달하였습니다."

　"그리고 세계를 위해 너무 좋은 사업이 될 것이라는 것이며……"

"하버드 경영대학원 교수인 Clayton M.Christensen이 생각났다고 하면서……."

"이분(Clayton M.Christensen)과 모임을 하여야 하는 이유는 먼저 이옥재 소장의 발명이 국제적으로, 법률적으로 보호되어야 하고 발명자의 법적인 재정적인 권리가 보호되어야 한다는 데 의견을 같이 하였습니다."

"하버드대학은 물론 유타대학까지 가세하여 과학적으로 이러한 무주유, 무충전 시스템이 검증되면서 앞에서 언급한 대로 미국의 GM과 오바마 대통령까지 큰 관심을 갖게 되어 직접 개입하게 될 것입니다."]

그리고 본 제안자 이옥재는 중국으로 가서 중국 자치구 교통국장을 만나고, 중국의 중앙정부 국장이 우주자동차 연구소에 방문하기도 하였다. 그들은 우주자동차의 특허 기술의 설명을 들은 후에 이렇게 소감을 표현했다.

["이 기술 때문에 세상 보는 눈이 달라졌습니다!"

"우주자동차의 기술을 보고 많이 놀랐습니다!"

"필요하면 같은 고향사람인 BYD(중국 전기자동차 제조업체) 왕촨푸 회장(중국 최고부자)을 직접 데리고 광양으로 와서 만나게 해드리겠습니다."

"이 사업에 도움을 많이 줄 것이며 기타 다른 도움이 필요하면 말씀하세요. 협조하겠습니다."]

우주자동차 시현 장치 및 시제품 현황

1. 전동 발전 장치, 제동 발전 장치 시험대 및 시현 장치

⬆ 전동 · 제동 발전 장치 시험대

⬆ 전동 발전 장치 시현 모습

'무충전 · 무공해 꿈의 자동차(NSSDV)'의 핵심 기술인 '전동 발전 장치'와 '제동 발전 장치'의 성능을 직접 확인할 수 있는 시험대를 마련해 실험하였다.

◈ 전동 발전 장치 및 시현 장치
- ●바퀴가 회전하면서 생산된 전기로 2,400W의 전구를 켜는 발전 실험
- ●생산된 전기를 배터리에 충전시키는 순환동력 실험
- ●한 바퀴의 전동 발전장치로 500kg의 쇳덩이를 돌리는 기동력(Starting Torque) 실험

◈ 제동 발전 장치
- ●발전 부하로 한 바퀴당 500kg의 쇳덩이를 정지시키는 제동력 실험
- ●제동을 할 때 발생하는 전기로 전구를 켜는 발전 실험
- ●생산된 전기를 배터리에 충전시키는 순환동력 실험

2. 우주자동차 전기스쿠터 시제품

●전동 발전 장치 적용
●앞뒤 바퀴가 모두 구동되는 Two Wheel Driver Electric scooter
●인 휠 모터(in wheel motor) 타입

⬆ 우주자동차 전기스쿠터 시제품(Two Wheel Driver Electric scooter)

⬆ 우주자동차 전기스쿠터 시제품 도로주행 모습

Non Station System Dream Vehicle

전남 순천대학교 전기전자공학 박사 조병록 교수는 우주자동차 연구소 실험실과 시현장치 및 시제품 현황을 직접 견학한 후 "대한민국에 큰 희망이 보입니다!"라며 극찬을 아끼지 않았다. 한편 일본 동경대학교에 국비장학생으로 유학했던 모 기계공학자도 "일본 동경대학에도 없는 기술입니다!"라고 말하며 우주자동차 NSSDV 기술을 보며 놀라워했다.

3. 우주자동차 NSSDV 전기자동차 시제품

⬆ NSSDV 시제품 3D 모델링

⬆ 시제품 제작 광경

● 엔진, 라디에이터, 에어클리너, 미션(변속기어), 기름통, 배기관(소음기), 바퀴 등 모든 내연기관 관련 부품을 제거한 기존 가솔린자동차 프레임만 사용하여 시제품 제작 중임.

● 보닛과 앞범퍼 등에 '속도풍 발전장치'가 부착될 가이드와 속도풍 입구 제작이 완료됨.

● 시제품 자동차의 엔진을 대신할 '전동 발전장치(WDDMG16)' 및 '제동 발전장치'의 CAD 설계가 완료됨.

우주자동차의 기술 적용 분야 및 비전

1. 우주자동차의 기술 적용 분야

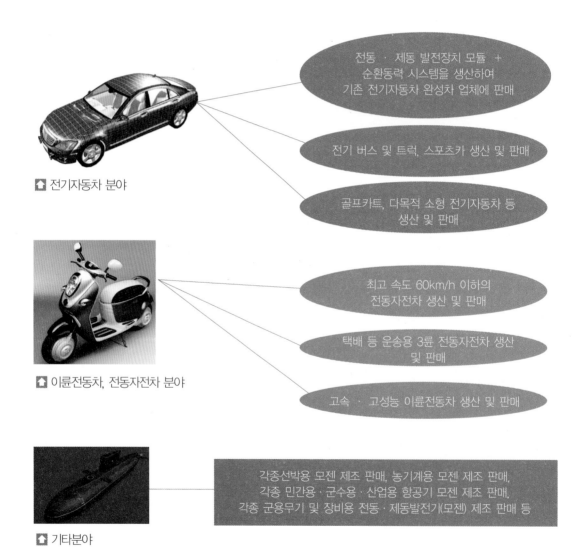

🔼 전기자동차 분야

전동 · 제동 발전장치 모듈 +
순환동력 시스템을 생산하여
기존 전기자동차 완성차 업체에 판매

전기 버스 및 트럭, 스포츠카 생산 및 판매

골프카트, 다목적 소형 전기자동차 등
생산 및 판매

🔼 이륜전동차, 전동자전차 분야

최고 속도 60km/h 이하의
전동자전차 생산 및 판매

택배 등 운송용 3륜 전동자전차 생산
및 판매

고속 · 고성능 이륜전동차 생산 및 판매

🔼 기타분야

각종선박용 모젠 제조 판매, 농기계용 모젠 제조 판매,
각종 민간용 · 군수용 · 산업용 항공기 모젠 제조 판매,
각종 군용무기 및 장비용 전동 · 제동발전기(모젠) 제조 판매 등

2. 우주자동차의 비전

(1) 새로운 순환동력 시스템 역사

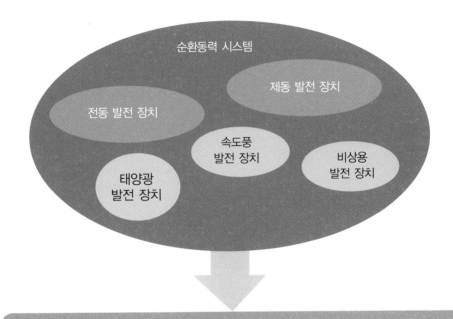

내연기관 엔진 시스템이 100여 년간 주로 자동차 이동 수단의 동력을 담당했듯이, 앞으로 다가오는 전기자동차 시대에서는 본사의 '순환동력 시스템'이 100여 년 이상 이동 수단의 새로운 역사를 창조하게 될 것이다.
자동차 분야뿐만 아니라 기차와 선박 등에도 본 '순환동력 시스템'이 활용되게 될 것이며 그 외에 군사용 등 다른 다양한 분야에도 활용될 수 있도록 지속적인 연구와 개발이 진행되고 있다.

VISION

우주자동차는 자체 발전 장치에 의해 달리면서 수시로 충전되기 때문에
장시간 충전이 불필요하며, 대규모 충전소 인프라가 구축되어 있지 않은 환경에서도
바로 상용화가 가능하다.

(2) 친환경자동차 시장 석권

① 세계 자동차 자체 생산 국가
→ 미국, 일본, 독일, 중국, 한국 등 11개국

② 가솔린 자동차 생산 순위(2012년 기준)
  1위 : 중국(연 1,927만 대)
  2위 : 미국(연 1,033만 대)
  3위 : 일본(연 994만 대)
  4위 : 독일(연 565만 대)
  5위 : 대한민국(연 456만 대)

③ 전 세계 자동차 등록 대수(2010년 11월 기준) : 10억 대 이상

④ 우주자동차(무충전 · 무공해 꿈의 자동차) 보급 계획
  (a) 세계 10억 대 × 10% = 세계 1억 대 보급
  (b) 매출 총액 : 1억 대 × 4,000만 원 = 4,000조 원
  (c) 이익 총액 : 1억 대 × 1,000만 원 = 1,000조 원

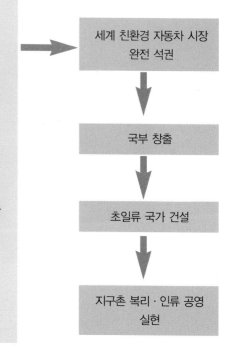

세계 친환경 자동차 시장 완전 석권

↓

국부 창출

↓

초일류 국가 건설

↓

지구촌 복리 · 인류 공영 실현

(3) 우주자동차 세계 최대의 친환경 자동차 산업단지 조성

우주자동차의 공장이 건설이 되면 본 제안자 이옥재(李玉宰)는 세계 최대의 친환경 자동차 산업단지를 조성할 것이다. 광양만권경제자유구역 (광양, 순천, 여수, 하동, 남해 : 1억㎡) 내 부지 및 인프라(광양제철소 등)를 활용한 그림(82쪽)을 보며 참조하기 바란다.

추후 광활한 광양만권경제자유구역 내의 산업단지 부지를 활용하여 연간 100만 대 ~ 300만 대 생산이 가능한 세계 최고의 친환경 자동차 생산단지로 부상시키고자 한다.

(4) 우주자동차로 부국이 될 수 있기를 바라며

일반 전기자동차는 차체에서 매연이 나오지 않는다 뿐이지 실제로는 이미 화력발전 등으로 환경을 파괴한 후 생성된 전기를 충전하기 때문에 엄밀히 보면 환경파괴가 나타나지 않는 친환경차라

고 볼 수 없다. 진정한 친환경 자동차는 우주자동차(약 100여 개의 자체 발전 장치 장착)라고 할 수 있다.

우주자동차는 첫째, 전동 발전 장치와 제동 발전 장치 등 세계 초유의 기술을 보유하고 있으며 자체 발전(에너지 회수 및 신재생 에너지)이 상당한 비율로 나타나고 이를 배터리에 재충전(순환동력 에너지)하기 때문에 세계 최고의 항속 주행거리가 나타난다.

둘째, 세계 최고의 기동 토크(Starting Torque)을 자랑한다. 각 4륜구동(All 4 Wheel Driving)이 아우터 모터(Outer Motor) 기능으로 제작되어 있어 뛰어난 기동 토크뿐만 아니라 가속력과 등판력이 세계 최고이다.

셋째, 모터 및 제어기 구조와 형식이 간단하여 조작이 편리하고 고장률이 현저히 낮다.

넷째, 차축(Drive Shaft)이 없는 WDD(Wheel Direct Driving) 형이기 때문에 제자리 회전 등이 가능하고 좁은 공간에서 쉽게 주차가 가능하다.

다섯 째, 거의 모든 주요 기술이 우주자동차의 원천 기술로 특허가 확보되어 있어 특허사용료 부담이 줄고 오히려 타사로부터 많은 특허 사용료를 받을 수 있다.

여섯 째, 각종 발전 장치에 의한 에너지 회수와 신재생 에너지의 기발한 조합, 뛰어난 토크에 의한 가속력 및 등판력 등의 우수한 기능으로 우주자동차 NSSDV는 타 회사 전기자동차의 추종을 불허하는 세계 최고의 친환경 전기자동차 고지를 계속 지키게 될 것이 분명하다.

이 꿈의 신기술로 국부 창출과 지구촌 복리와 인류 공영의 틀을 공고히 하고, 지구 온난화 및 환경을 획기적으로 개선하며, 고갈되어 가는 화석 연료의 분명한 대안으로써 우주자동차(OOJOO MOTORS)의 무충전 · 무공해 꿈의 자동차(NSSDV)는 인류 역사에 길이 빛나는 찬란한 자동차 문화를 새롭게 만들어 가게 될 것이다.

무충전 · 무공해 꿈의 자동차(NSSDV)의 기대효과

대한민국을 세계 최고의 친환경 전기자동차 생산국가로!

세상에서 충전소에도 주유소에도 가지 않아도 굴러다니는 자동차가 나타났다하면 어떻게 되겠는가?

기술보증기금(부산) 조양환 상임감사는 '자연순환동력연구소'를 방문하여 본 우주자동차의 세계적 기술을 확인한 후, 떠나가는 길에 종이를 하나 달라고 하여 건네주었더니, 그곳에 다음과 같은 명언을 남기고 떠났다.

"우주자동차, 전 세계 자동차계를 평정하기를 기원합니다."

미국에서는 주 단위로 비행기로 날아와 우주자동차 연구소를 직접 방문하며 본 기술을 확인한 후, "인류가 줄 수 있는 최고의 상도 받아야 할 터이니"라고 평가하였고,

중국에서도 "이 기술 때문에 세상 보는 눈이 달라졌습니다!"라고 평가할 정도이니, 본 기술로 인하여 꿈의 자동차가 상용화 된다면 그 기대효과를 꼭 말로나 글로 표현해야 알겠는가?

UFO처럼 바퀴가 없으면 몰라도 자동차에 바퀴가 붙어 다니는 이상, 본 기술 즉 바퀴가 돌아가면서(모터 : 전동기) 전기가 생산되는(제너레이터 : 발전기) 원리와 기술은 가솔린 자동차의 '엔진'이 그리했듯이 앞으로 100년 이상 이 지구촌 전 세계를 지배하게 될 것이다.

　2010년 기준하여 세계 자동차 등록수가 10억 대 이상으로 나타나고 있다. 물론 현 시점에서는 그 수가 더욱 불어났을 것임에 틀림없다. 중국의 자동차 등록 대수가 약 1억 5,000만 대, 미국 캘리포니아는 인구수가 3,500만 명이 넘는데 자동차 등록수가 3,500만 대 이상이라고 한다.

　우리 대한민국의 성인이 약 2,000만 명인데 우리나라의 자동차 등록 수는 이미 2,000만 대를 돌파했다. 그러하므로 세계 자동차 수가 2010년 기준하여 10억 대 이상이라는 사실이 이제 감이 갈 것이다.

　그 중에 우주자동차 특허 기술에 의한 꿈의 자동차인 전자자동차(電磁自動車)가 전 세계 자동차 10%를 보급하게 된다면(사실, 우리나라 제품이 세계시장을 30~40% 점유한 사실은 지금도 많이 있음) 약 1억 대가 된다. 자동차 1대당 판매가격을 4,000만 원으로 하여 계산하면, 즉 1억 대 × 4,000만 원은 매출액 4,000조 원이라는 상상을 초월한 천문학적인 금액이 되는 것이다.

　그 매출액 4,000조 원을 산술적으로 계산해 보면 그 기대효과를 개략적으로 짐작해 볼 수 있다.
　매출액 4,000조 원을 10년 만에 달성한다고 하면,
　　1년에 400조 원
　　1달에 약 33조 원
　　1일에 1조 1,000억 원
　　1시간(10시간 노동기준/일)에 1,100억 원
　　1분에 약 18억 원
　　1초에 3,000만 원의 매출액을 올려야 가능한 금액이다.
　또, 이와 같은 매출규모는 100만 종업원(평균 월급 500만 원)이 매달 1인당 약 3,000만 원이라는 매출규모를 달성해야 가능한 수치이다.
　더 이상 기대효과에 대하여 말할 필요가 없다는 뜻이다.

공장 건설 계획 개요 (60만 대/연)

(1) 공장부지 : 193만 ㎡ (약 60만 평)
- **광양만권경제자유구역 내에 산단 부지 활용**
  (광양, 순천, 여수, 하동, 남해 경제자유구역 면적 : 1억㎡)

▲ 광양항과 배후단지 전경

(2) 생산규모 : 60만 대/연

(3) 총소요자금 규모 : 6조 5,846억 원

(부지 매입비는 포함되어 있지 않음)

※ 추후 광활한 광양만권경제자유구역 내의 산업
단지 부지를 활용하여 연간 100만 대 ~ 300
만 대 생산이 가능한 세계 최고의 친환경 자
동차 생산단지로 부상시키고자 함.

세계 최대의 친환경 자동차 산업단지 조성
- 광양만권경제자유구역 (광양, 순천, 여수, 하동, 남해 : 1억㎡) 내 부지 및 인프라(광양제철소 등) 활용

※첨부자료

① 사업자등록증 사본 〈우주자동차〉

② 「무변출력 무정류자 직류전동기를 이용한 발전장치」특허등록증

③ 「전동발전장치를 구비하는 전기차량 및 그 구동방법」특허등록증

④ 「제동발전장치 및 이를 구비하는 차량(1)」특허등록증

⑤ 「제동발전장치 및 이를 구비하는 차량(2)」특허등록증

⑥ 「제자리 회전이 가능한 차량」특허결정서

⑦ 「전기차량의 회전수단에 대한 제어방법」특허결정서

⑧ 「제동발전장치 및 이를 구비하는 차량(3)」특허등록증

⑨ 「무변출력 무정류자 직류전동기를 이용한 발전장치(CONSTANT-POWER BRUSHLESS DC MOTOR AND THE GENERATOR THEREBY)」미국 특허등록증 표지

⑩ 「무변출력 무정류자 직류전동기를 이용한 발전장치」미국 특허등록증

⑪ 「무변출력 무정류자 직류전동기를 이용한 발전장치」중국 특허등록증 표지

⑫ 「무변출력 무정류자 직류전동기를 이용한 발전장치」중국 특허등록증

⑬ 「전기 차량의 미세 전동을 위한 장치와 방법」특허 출원

⑭ 「회전수단에 대한 개별적 제어가 가능한 차량 및 그 제어 방법」특허 출원

⑮ 「제동발전장치 및 이를 구비하는 차량」일본 특허 등록증

⑯ 사업자등록증 사본 〈(주)우주모터스〉

⑰ 국토해양부 자동차 및 이륜자동차 제작자 허가증 (자동차 제작자)

⑱ 국토해양부 자동차 및 이륜자동차 제작자 허가증 (이륜자동차 제작자)

<첨부자료①>

사 업 자 등 록 증

(일반과세자)

등록번호 : 313-05-61024

상　　　　호 : 우주자동차

성　　　　명 : 이옥재　　　　주민등록번호 : 550415-16*****

개업 년월일 : 2009 년 10 월 09 일

사업장소재지 : 전라남도 광양시 성황동 514-1

사업의 종류 : [업태] 제조　　　　[종목] 전기자동차부품(모터,발전기
　　　　　　　 서비스　　　　　　　 자연순환동력연구,개발

교부 사유 : 신규

공동 사업자 :

2009 년 10 월 09 일

순천 세무서장

<첨부자료②>

특 허 증
CERTIFICATE OF PATENT

특 허 제 10-0815429 호　(PATENT NUMBER)

제 2005-0122818 호 (APPLICATION NUMBER)
2005년 12월 14일 (FILING DATE:YY/MM/DD)
2008년 03월 14일 (REGISTRATION DATE:YY/MM/DD)

발명의명칭 (TITLE OF THE INVENTION)
무변출력 무정류자 직류전동기를 이용한 발전장치

특허권자 (PATENTEE)
　이옥재(550415-1******)
　전남 광양시 성황동 89번지

발명자 (INVENTOR)
　이옥재(550415-1******)
　전남 광양시 성황동 89번지

위의 발명은 「특허법」 에 의하여 특허등록원부에 등록
되었음을 증명합니다.
(THIS IS TO CERTIFY THAT THE PATENT IS REGISTERED ON THE REGISTER OF THE KOREAN
INTELLECTUAL PROPERTY OFFICE.)

2008년 03월 14일

특 허 청
COMMISSIONER, THE KOREAN INTELLECTUAL PROPERTY OFFICE

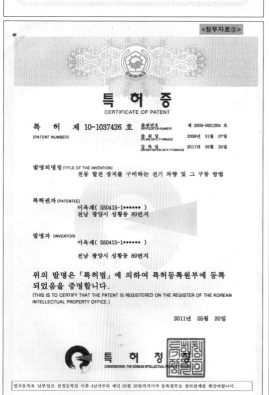

<첨부자료③>

특 허 증
CERTIFICATE OF PATENT

특 허 제 10-1037426 호　(PATENT NUMBER)

제 2009-0001304 호 (APPLICATION NUMBER)
2009년 01월 07일 (FILING DATE:YY/MM/DD)
2011년 05월 20일 (REGISTRATION DATE:YY/MM/DD)

발명의명칭 (TITLE OF THE INVENTION)
　전동 발전 장치를 구비하는 전기 차량 및 그 구동 방법

특허권자 (PATENTEE)
　이옥재(550415-1******)
　전남 광양시 성황동 89번지

발명자 (INVENTOR)
　이옥재(550415-1******)
　전남 광양시 성황동 89번지

위의 발명은 「특허법」 에 의하여 특허등록원부에 등록
되었음을 증명합니다.
(THIS IS TO CERTIFY THAT THE PATENT IS REGISTERED ON THE REGISTER OF THE KOREAN
INTELLECTUAL PROPERTY OFFICE.)

2011년 05월 20일

특 허 청
COMMISSIONER, THE KOREAN INTELLECTUAL PROPERTY OFFICE

연차등록료 납부일은 설정등록일 이후 4년차부터 매년 05월 20일까지이며 등록원부로 권리관계를 확인하시기 바랍니다.

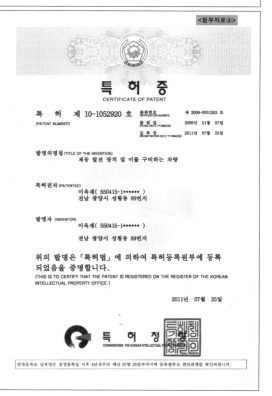

<첨부자료④>

특 허 증
CERTIFICATE OF PATENT

특 허 제 10-1052920 호　(PATENT NUMBER)

제 2009-0001303 호 (APPLICATION NUMBER)
2009년 01월 07일 (FILING DATE:YY/MM/DD)
2011년 07월 25일 (REGISTRATION DATE:YY/MM/DD)

발명의명칭 (TITLE OF THE INVENTION)
　제동 발전 장치 및 이를 구비하는 차량

특허권자 (PATENTEE)
　이옥재(550415-1******)
　전남 광양시 성황동 89번지

발명자 (INVENTOR)
　이옥재(550415-1******)
　전남 광양시 성황동 89번지

위의 발명은 「특허법」 에 의하여 특허등록원부에 등록
되었음을 증명합니다.
(THIS IS TO CERTIFY THAT THE PATENT IS REGISTERED ON THE REGISTER OF THE KOREAN
INTELLECTUAL PROPERTY OFFICE.)

2011년 07월 25일

특 허 청
COMMISSIONER, THE KOREAN INTELLECTUAL PROPERTY OFFICE

연차등록료 납부일은 설정등록일 이후 4년차부터 매년 07월 25일까지이며 등록원부로 권리관계를 확인하시기 바랍니다.

<첨부자료⑤>

특 허 증
CERTIFICATE OF PATENT

특 허 제 10-1132278 호
(PATENT NUMBER)

출원번호 제 2011-0007055 호
(APPLICATION NUMBER)

출 원 일 2011년 01월 24일
(FILING DATE:YY/MM/DD)

등 록 일 2012년 03월 26일
(REGISTRATION DATE:YY/MM/DD)

발명의명칭 (TITLE OF THE INVENTION)
제동 발전 장치 및 이를 구비하는 차량

특허권자 (PATENTEE)
이옥재(550415-1******)
전라남도 광양시 정산길 14-1 (성황동)

발명자 (INVENTOR)
이옥재(550415-1******)
전라남도 광양시 정산길 14-1 (성황동)

위의 발명은 「특허법」에 의하여 특허등록원부에 등록
되었음을 증명합니다.
(THIS IS TO CERTIFY THAT THE PATENT IS REGISTERED ON THE REGISTER OF THE KOREAN INTELLECTUAL PROPERTY OFFICE.)

2012년 03월 26일

  특 허 청 장
COMMISSIONER, THE KOREAN INTELLECTUAL PROPERTY OFFICE

연차등록료 납부일은 설정등록일 이후 4년차부터 매년 03월 26일까지이며 등록원부로 권리관계를 확인바랍니다.

<첨부자료⑥>

발송번호: 9-5-2012-072597975
발송일자: 2012.11.29

수신 서울특별시 강남구 논현로 523, 2층 (역상동,노바빌딩)(특허법인 수)
특허법인 수[윤경민]

135-080

YOUR INVENTION PARTNER
특 허 청
특허결정서

출 원 인 성 명 이옥재 (출원인코드: 419950906454)
주 소 전라남도 광양시 정산길 14-1 (성황동)
대 리 인 명 칭 특허법인 수
주 소 서울특별시 강남구 논현로 523, 2층
(역삼동,노바빌딩)(특허법인 수)
지정된변리사 윤경민
발 명 자 성 명 이옥재
주 소 전라남도 광양시 정산길 14-1 (성황동)
출 원 번 호 10-2010-0092515
발 명 의 명 칭 제자리 회전이 가능한 차량
청 구 항 수 4

이 출원에 대하여 특허법 제66조에 따라 특허결정합니다.
(특허권은 특허료를 납부하여 특허법 제87조에 따라 설정등록을 받음으로써 발생하게 됩니다.) 끝.

[참고문헌]
1. KR1019930012407 A

※ 등록번호 : 특허 제10-1212192호

<첨부자료⑦>

발송번호: 9-5-2013-004101387
발송일자: 2013.01.21

수신 서울특별시 강남구 논현로 523, 2층 (역상동,노바빌딩)(특허법인 수)
특허법인 수[윤경민]

135-080

YOUR INVENTION PARTNER
특 허 청
특허결정서

출 원 인 성 명 이옥재 (출원인코드: 419950906454)
주 소 전라남도 광양시 정산길 14-1 (성황동)
대 리 인 명 칭 특허법인 수
주 소 서울특별시 강남구 논현로 523, 2층
(역삼동,노바빌딩)(특허법인 수)
지정된변리사 윤경민
발 명 자 성 명 이옥재
주 소 전라남도 광양시 정산길 14-1 (성황동)
출 원 번 호 10-2011-0013803
발 명 의 명 칭 전기 차량의 회전 수단에 대한 제어 방법
청 구 항 수 4

이 출원에 대하여 특허법 제66조에 따라 특허결정합니다.
(특허권은 특허료를 납부하여 특허법 제87조에 따라 설정등록을 받음으로써 발생하게 됩니다.) 끝.

[참고문헌]
1. KR1020080015972 A
2. KR100506102 B1
3. JP10196427 A
4. EP0220862 9 A1

※ 등록번호 : 특허 제10-1227638호

<첨부자료⑧>

특허증
CERTIFICATE OF PATENT

특 허 제 10-1490875 호
Patent Number

출원번호 제 10-2011-0111654 호
Application Number

출원일 2011년 10월 28일
Filing Date

등록일 2015년 02월 02일
Registration Date

발명의 명칭 Title of the Invention
제동 발전 장치 및 이를 구비하는 차량

특허권자 Patentee
이옥재(550415-1******)
전라남도 광양시 성황길 54-8 (성황동)

발명자 Inventor
이옥재(550415-1******)
전라남도 광양시 성황길 54-8 (성황동)

위의 발명은 「특허법」에 따라 특허등록원부에 등록되었음을 증명합니다.
This is to certify that, in accordance with the Patent Act, a patent for the invention has been registered at the Korean Intellectual Property Office.

2015년 02월 02일

특허청장
COMMISSIONER,
KOREAN INTELLECTUAL PROPERTY OFFICE

<첨부자료⑨>

The Director of the United States Patent and Trademark Office

Has received an application for a patent for a new and useful invention. The title and description of the invention are enclosed. The requirements of law have been complied with, and it has been determined that a patent on the invention shall be granted under the law.

Therefore, this

United States Patent

Grants to the person(s) having title to this patent the right to exclude others from making, using, offering for sale, or selling the invention throughout the United States of America or importing the invention into the United States of America, and if the invention is a process, of the right to exclude others from using, offering for sale or selling throughout the United States of America, or importing into the United States of America, products made by that process, for the term set forth in 35 U.S.C. 154(a)(2) or (c)(1), subject to the payment of maintenance fees as provided by 35 U.S.C. 41(b). See the Maintenance Fee Notice on the inside of the cover.

Director of the United States Patent and Trademark Office

<첨부자료⑩>

US007884580B2

(12) **United States Patent** (10) Patent No.: **US 7,884,580 B2**
Lee (45) Date of Patent: **Feb. 8, 2011**

(54) CONSTANT-POWER BRUSHLESS DC MOTOR AND THE GENERATOR THEREBY

(76) Inventor: Ook-Jae Lee, 740-11 Doryang-dong, Gumi-si, Gyeongsangbuk-do 730-909 (KR)

(*) Notice: Subject to any disclaimer, the term of this patent is extended or adjusted under 35 U.S.C. 154(b) by 220 days.

(21) Appl. No.: 12/097,712
(22) PCT Filed: Dec. 14, 2006
(86) PCT No.: PCT/KR2006/005465
§ 371 (c)(1), (2), (4) Date: Nov. 17, 2008
(87) PCT Pub. No.: WO2007/069859
PCT Pub. Date: Jun. 21, 2007

(65) Prior Publication Data
US 2010/0052451 A1 Mar. 4, 2010

(30) Foreign Application Priority Data
Dec. 14, 2005 (KR) 10-2005-0122818

(51) Int. Cl.
H02K 47/14 (2006.01)
H02P 11/00 (2006.01)
(52) U.S. Cl. .... 322/39; 310/113; 310/68 B; 322/26; 318/400.4
(58) Field of Classification Search .... 318/400.4, 318/432, 463, 400.29, 721; 322/31, 39; 310/68 B, 310/113
See application file for complete search history.

(56) References Cited

U.S. PATENT DOCUMENTS

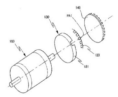

OTHER PUBLICATIONS

International Search Report, dated Mar. 30, 2007, corresponding to PCT/KR2006/005465.

* cited by examiner

Primary Examiner—Burton Mullins
(74) Attorney, Agent, or Firm—Christie, Parker & Hale, LLP

(57) ABSTRACT

The present invention relates to a constant-power brushless DC motor and a generator using the same, and in particular, to a constant-power brushless DC motor and a generator using the same, which stably generates power upon load fluctuation. Since the stator is wound in parallel by phases and poles, the motor is realized to generate high power with low voltage and since the stator's winding is performed without interconnection, automatic production is realized to reduce costs and enable mass production. Accordingly, a generator constituted by using the above-described motor supplies high efficient power.

3 Claims, 12 Drawing Sheets

<첨부자료⑪>

发明专利证书

Certificate of Invention Patent

中华人民共和国国家知识产权局

<첨부자료⑩>

证书号第1055489号

发明专利证书

发明名称：恒定功率无刷DC电动机和发电机

发明人：李玉辛

专利号：ZL 2006 8 0050672.0

专利申请日：2006年12月14日

专利权人：李玉辛

授权公告日：2012年10月03日

本发明经过本局依照中华人民共和国专利法进行审查，决定授予专利权，颁发本证书并在专利登记簿上予以登记。专利权自授权公告之日起生效。

本专利的专利权期限为二十年，自申请日起算。专利权人应当依照专利法及其实施细则规定缴纳年费。本专利的年费应当在每年12月14日前缴纳。未按照规定缴纳年费的，专利权自应当缴纳年费期满之日起终止。

专利证书记载专利权登记时的法律状况。专利权的转移、质押、无效、终止、恢复和专利权人的姓名或名称、国籍、地址变更等事项记载在专利登记簿上。

局长

2012年10月03日

第1页（共1页）

출원번호통지서

관인생략

출 원 번 호 통 지 서

<첨부자료⑬>

출 원 일 자   2011.04.06
특 기 사 항   심사청구(유) 공개신청(무)
출 원 번 호   10-2011-0031741 (접수번호 1-1-2011-0250400-74)
출 원 인 성 명   이옥재(4-1995-090645-4)
대 리 인 성 명   윤경민(9-2003-000492-3)
발 명 자 성 명   이옥재
발 명 의 명 칭   전기 차량의 미세 전동을 위한 장치와 방법

특   허   청   장

<< 안내 >>

1. 귀하의 출원은 위와 같이 정상적으로 접수되었으며, 이후의 심사 진행상황은 출원번호를 통해 확인하실 수 있습니다.
2. 출원에 따른 수수료는 접수일로부터 다음날까지 동봉된 납입영수증에 성명, 납부자번호 등을 기재하여 가까운 우체국 또는 은행에 납부하여야 합니다.
 ※ 납부자번호 : 0131(기관코드) + 접수번호
3. 귀하의 주소, 연락처 등의 변경사항이 있을 경우, 즉시 [출원인코드 정보변경(경정), 경정신고서]를 제출하여야 출원 이후의 각종 통지서를 정상적으로 받을 수 있습니다.
 ※ 특허로(patent.go.kr) 접속 > 민원서식다운로드 > 특허법 시행규칙 별지 제5호 서식
4. 특허(실용신안등록)출원은 명세서 또는 도면의 보정이 필요한 경우, 등록결정 이전 또는 의견서 제출기간 이내에 출원서에 최초로 첨부된 명세서 또는 도면에 기재된 사항의 범위 안에서 보정할 수 있습니다.
5. 국내출원 건을 외국에도 출원하고자 하는 경우에는 국내출원일로부터 일정한 기간 내에 외국에 출원하여야 우선권을 인정 받을 수 있습니다.
 ※ 우선권 인정기간 : 특허·실용신안은 12월, 상표·디자인은 6월 이내
 ※ 미국특허상표청의 선출원을 기초로 우리나라에 우선권주장출원 시, 선출원이 미공개상태이면, 우선일로부터 16개월 이내에 미국특허상표청에 [전자적교환허가서(PTO/SB/39)]를 제출하여 우리나라에 우선권 증명서류를 제출하여야 합니다.
6. 본 출원사실을 외부에 표시하고자 하는 경우에는 아래와 같이 하여야 하며, 이를 위반할 경우 관련법령에 따라 처벌을 받을 수 있습니다.
 ※ 특허출원 10-2010-0000000, 상표등록출원 40-2010-0000000
7. 기타 심사 절차에 관한 사항은 동봉된 안내서를 참조하시기 바랍니다.

<첨부자료⑭>

관인생략

출 원 번 호 통 지 서

출 원 일 자   2010.11.23
특 기 사 항   심사청구(유) 공개신청(무)
출 원 번 호   10-2010-0116865 (접수번호 1-1-2010-0764723-37)
출 원 인 성 명   이옥재(4-1995-090645-4)
대 리 인 성 명   윤경민(9-2003-000492-3)
발 명 자 성 명   이옥재
발 명 의 명 칭   회전 수단에 대한 개별적 제어가 가능한 차량 및 그 제어 방법

특   허   청   장

<< 안내 >>

1. 귀하의 출원은 위와 같이 정상적으로 접수되었으며, 이후의 심사 진행상황은 출원번호를 통해 확인하실 수 있습니다.
2. 출원에 따른 수수료는 접수일로부터 다음날까지 동봉된 납입영수증에 성명, 납부자번호 등을 기재하여 가까운 우체국 또는 은행에 납부하여야 합니다.
 ※ 납부자번호 : 0131(기관코드) + 접수번호
3. 귀하의 주소, 연락처 등의 변경사항이 있을 경우, 즉시 [출원인코드 정보변경(경정), 경정신고서]를 제출하여야 출원 이후의 각종 통지서를 정상적으로 받을 수 있습니다.
 ※ 특허로(patent.go.kr) 접속 > 민원서식다운로드 > 특허법 시행규칙 별지 제5호 서식
4. 특허(실용신안등록)출원은 명세서 또는 도면의 보정이 필요한 경우, 등록결정 이전 또는 의견서 제출기간 이내에 출원서에 최초로 첨부된 명세서 또는 도면에 기재된 사항의 범위 안에서 보정할 수 있습니다.
5. 국내출원 건을 외국에도 출원하고자 하는 경우에는 국내출원일로부터 일정한 기간 내에 외국에 출원하여야 우선권을 인정 받을 수 있습니다.
 ※ 우선권 인정기간 : 특허·실용신안은 12월, 상표·디자인은 6월 이내
 ※ 미국특허상표청의 선출원을 기초로 우리나라에 우선권주장출원 시, 선출원이 미공개상태이면, 우선일로부터 16개월 이내에 미국특허상표청에 [전자적교환허가서(PTO/SB/39)]를 제출하여 우리나라에 우선권 증명서류를 제출하여야 합니다.
6. 본 출원사실을 외부에 표시하고자 하는 경우에는 아래와 같이 하여야 하며, 이를 위반할 경우 관련법령에 따라 처벌을 받을 수 있습니다.
 ※ 특허출원 10-2010-0000000, 상표등록출원 40-2010-0000000
7. 기타 심사 절차에 관한 사항은 동봉된 안내서를 참조하시기 바랍니다.

<첨부자료⑮>

特 許 証
(CERTIFICATE OF PATENT)

特許第5953351号
(PATENT NUMBER)

発明の名称
(TITLE OF THE INVENTION)
制動発電装置およびこれを備える車両

特許権者
(PATENTEE)
大韓民国 545-050 チョルラナムード クァンヤンーシ ソンファンードン 89
国籍 大韓民国
イ、オク ジェ

発明者
(INVENTOR)
イ、オク ジェ

出願番号
(APPLICATION NUMBER)
特願2014-205029

出願日
(FILING DATE)
平成21年 7月 7日(July 7, 2009)

登録日
(REGISTRATION DATE)
平成28年 6月17日(June 17, 2016)

この発明は、特許するものと確定し、特許原簿に登録されたことを証する。
(THIS IS TO CERTIFY THAT THE PATENT IS REGISTERED ON THE REGISTER OF THE JAPAN PATENT OFFICE.)

平成28年 6月17日(June 17, 2016)

特許庁長官
(COMMISSIONER, JAPAN PATENT OFFICE)
小宮義則

<첨부자료⑯>

사 업 자 등 록 증

(법인사업자)

등록번호 : 416-81-77644

법인명(단체명) : 주식회사 우주모터스
대 표 자 : 이옥재
개 업 년 월 일 : 2011년 05월 10일   법인등록번호 : 204611-0034933
사업장 소재지 : 전라남도 광양시 성황동 514-1
본 점 소 재 지 : 전라남도 광양시 성황동 514-1
사 업 의 종 류 : [업태]제조업   [종목]전기자동차
                      도소매   무역
                      서비스   전기자동차연구개발

교 부 사 유 : 정정

사업자단위과세 적용사업자 여부: 여( ) 부(V)

2011 년 05 월 09 일

순천 세무서장 (인)

국세청

[별지 제19호 서식]

제 11-2-0297 호

제작자등 등록증

신청인	제작자명	(주)우주모터스	법인(사업자)등록번호	2046110034933
	대표자명	이옥재	주민등록번호	550415-1******
	주 소	전라남도 광양시 성황동 514-1	(전화번호 : 061-7191-6500)	

제작자등록번호	BS3	자기인증 능력	☐ 확보 ☑ 미확보

제작자구분	구 분 1	☑ 자동차 제작자	☐ 이륜자동차 제작자
	구 분 2	☑ 국내 제작·조립자	☐ 수입자

제작등을 하는 자동차 종별	☑ 승용 ☐ 승합 ☐ 화물 ☐ 특수 ☐ 이륜

「자동차관리법」 제30조제2항 및 동법시행규칙 제33조제1항(제2항)의 규정에 의하여 위와 같이 등록을 수리하고 제작자등록번호를 배정합니다.

2011 년 06 월 07 일

국토해양부장관 (인)

※ 자기인증능력 미확보 제작자는 성능시험대행자로부터 기술검토 및 안전 검사를 받아야 합니다.

[별지 제19호 서식]

제 11-2-0298 호

제작자등 등록증

신청인	제작자명	(주)우주모터스	법인(사업자)등록번호	2046110034933
	대표자명	이옥재	주민등록번호	550415-1******
	주 소	전라남도 광양시 성황동 514-1	(전화번호 : 061-7191-6500)	

제작자등록번호	X2W	자기인증 능력	☐ 확보 ☑ 미확보

제작자구분	구 분 1	☐ 자동차 제작자	☑ 이륜자동차 제작자
	구 분 2	☑ 국내 제작·조립자	☐ 수입자

제작등을 하는 자동차 종별	☐ 승용 ☐ 승합 ☐ 화물 ☐ 특수 ☑ 이륜

「자동차관리법」 제30조제2항 및 동법시행규칙 제33조제1항(제2항)의 규정에 의하여 위와 같이 등록을 수리하고 제작자등록번호를 배정합니다.

2011 년 06 월 07 일

국토해양부장관 (인)

※ 자기인증능력 미확보 제작자는 성능시험대행자로부터 기술검토 및 안전 검사를 받아야 합니다.

국가정책
project
2

세계 제1탑
프로젝트(888m)

−대한민국의 새로운 세계적 랜드마크 : DMZ세계평화공원

대한민국의 새로운 세계적 랜드마크 DMZ세계평화공원

저작권 등록 번호 : 제 C-2003-000164 호

1. 세계 제1탑 프로젝트 제안 배경

'세계 제1탑 프로젝트'는 사실 동서통합 차원에서 전라도 출신인 본 제안자 이옥재(李玉宰)가 박정희 전 대통령의 고향인 경북 구미시에 있는 '천생산(天生山)'에 세우려고 한 국가 정책급 프로젝트였다.

그래서 이 '세계 제1탑' 조감도를 가지고 본 제안자는 박정희 전 대통령의 묘소(서울 동작동 국립묘지)까지 가서 참배했다. 심지어 본 제안자는 당시 국회의원이었던 박근혜 대통령께도 직접 전화를 걸어, 동서 통합 의미로 '세계 제1탑'을 경북 구미에 세우는 것에 대한 자문을 구하기도 했다. 당시 김관용 구미시장(현 경북도지사)도 큰 관심을 갖고 '세계 제1탑' 건설에 대하여 "국책사업으로 진행합시다! 도로는 구미시에서 내도록 하겠습니다!"라고 답할 정도였다.

그래서 본 제안자는 앞에서도 언급한 대로 본적(등록기준지)을 경상북도에 있는 '독도'로 옮기고, 경북 구미에 있는 『'하늘이 낳았다'는 신비의 산, 天生山』이라는 책까지 집필하기도 했던 것이다(자료 참조 : 본 제안자가 집필한, 경북 구미에 있는 『'하늘이 낳았다'는 신비의 산, 天生山』, 필명 이대로).

'하늘이 낳았다'는 신비의 山

天生山

李大路 著

⬆ 본 제안자가 집필한 『'하늘이 낳았다'는 신비의 산, 天生山』.

본 '세계 제1탑 프로젝트'는 세계에서 현재 가장 높은 888m 높이의 탑을 건설하는 것인데, 인간존중(人間尊重), 세계사상(世界思想), 초일류국가 건설(超一流國家建設)의 3가지 상징성이 있고, 그 프로젝트 효과에는 국가적 상징 효과, 민족 자긍심 효과, 경제적 효과 등이 내포되어 있다.

그리고 그 '세계 제1탑' 주위에는 6대륙관(아시아관, 유럽관, 북아메리카관, 남아메리카관, 오세아니아관, 아프리카관)이 배치되어 있고, 그 6개의 대륙관에는 각 대륙의 특성과 민속 등이 잘 나타나게 설계되어 있어, 세계 신혼여행 집결지가 되는 등 그곳은 대한민국의 세계적 국가 랜드마크로 격상될 것이다.

이 '세계 제1탑'을 이제 '세계 평화'와 '생태 관광적 가치'가 큰 '비무장지대(DMZ) 세계평화공원'에 세움으로써, 남북 통일과 평화공존으로 한반도의 발전은 물론 세계가 하나 되어 '세계 대통합'을 이루는 초석이 될 것이 분명하다.

'동서 통합'은 다음에 기술하는 '경전특별도(경전도)'를 건설함으로써 마무리할 수 있기 때문에, 본 '세계 제1탑 프로젝트'는 '세계 대통합'을 이루는 상징물로 'DMZ세계평화공원'에 세우기를 제안한다.

그렇게 함으로써 우리 대한민국은 '초일류 국가 건설'과 더불어 지구촌 복리와 인류 공영을 실제로 실현시키는 '세계 대지도국'으로 분명히 급부상하게 될 것이다.

2. 세계 제1탑 프로젝트 정면도 · 평면도

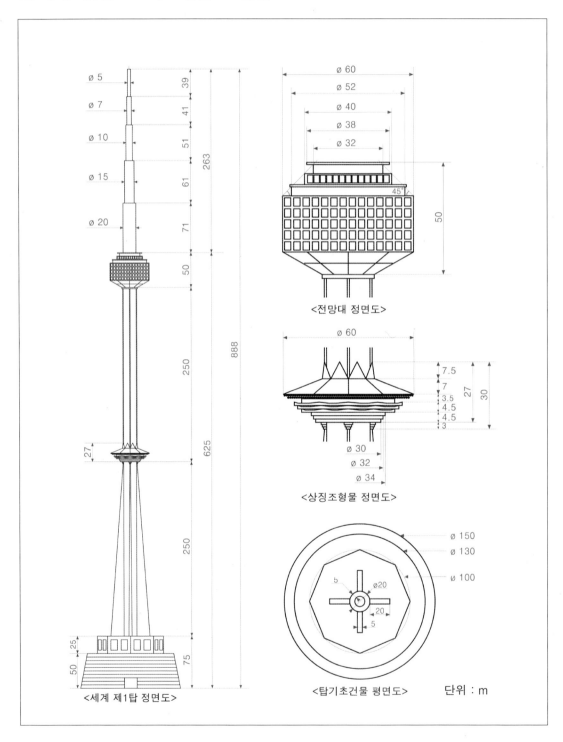

<세계 제1탑 정면도>

<전망대 정면도>

<상징조형물 정면도>

<탑기초건물 평면도>   단위 : m

3. 세계 제1탑 프로젝트 조감도 · 투시도 · 야경

人間尊重・世界思想・超一流國家建設

■ 세계 제1탑 프로젝트

세게 제1탑 프로젝트

4. 세계 제1탑 건설의 의의

지구촌에서 현재 높은 탑 또는 건물 경쟁이 일어나고 있는 것은 주지의 사실이다. 이는, 높은 건축물은 그 나라의 국력이나 국민의 의식 수준 그리고 문화와 과학기술, 심지어 부의 상징으로 나타나고 있기 때문이다.

대한민국의 국민은 세계 최고 IQ(지능지수)를 갖고 있는 민족이다. 그리고 프랑스 언어학자 장 폴 데스구트 교수는 "한글은 인류 언어사의 중대사건"이라고 주장했다.

그런 만큼 세계 문자 중 가장 과학적이고 위대한 문자를 발명하여 상용화에 성공함으로써, 현재 문맹률이 3~5% 정도인 미국에서는 우리 한국을 지칭하여 문맹률 0%라며 놀라고 있는 상황이다.

세계 제1의 IQ와 가장 위대한 문자를 지닌 한국은 반드시 미국이나 영국 등이 부러워하는 초일류 국가를 건설할 수 있다는 국민적 자신감과 자긍심을 갖게 하고 국가와 국민적 의식을 높여서 결국은 우리 대한민국이 세계를 이끌어 가는 지도국으로 성장하고 발전하게 하는 크나큰 계기를 마련하고자 세계 제1탑을 건설하는 것이다.

5. 세계 제1탑 건설 개요

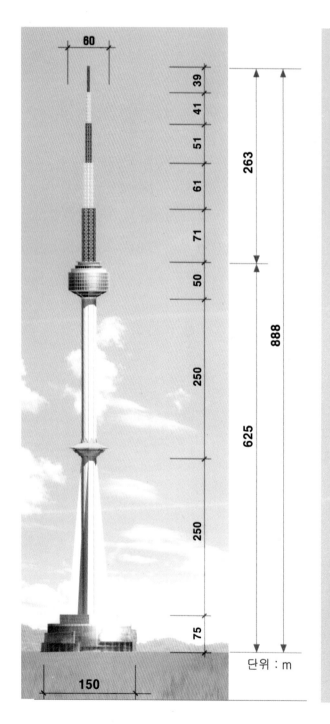

(1) 높이 : 888m

(기초 건물 : 75m + 탑주축 : 500m + 전망대 : 50m + 철탑 : 263m)

(2) 총연건평 : 103,382평 (341,759㎡)

① 토대 5층 : 5,343평(17,663㎡) × 5층 = 26,715평(88,314㎡)

② 지상 15층 : 58,630평(193,818㎡)

(a) 원형 10층 : 4,678평(15,464㎡) × 10층 = 46,780평(154,645㎡)

(b) 팔각 5층 : 2,370평(7,835㎡) × 5층 = 11,850평(39,174㎡)

③ 탑주축 : 95평(314㎡) × 100층 (500m) = 9,500평(31,405㎡)

④ 전망대 : 6,175평(20,413㎡)

(a) 주전망대 : 855평(2,826㎡) × 5층 = 4,275평(14,132㎡)

(b) 보조전망대 : 380평(1,256㎡) × 5층 = 1,900평(6,281㎡)

⑤ 철탑 : 1,330평 + 648평 + 240평 + 96평 + 48평 = 2,362평(7,808㎡)

(3) 실사용 평수 : 91,520평 (302,545㎡)

① 토대 5층 : 26,715평(88,314㎡)

② 지상 15층 : 58,630평(193,818㎡)

③ 전망대 : 6,175평(20,413㎡)

(4) 세계 제1탑 건설비 : 5,169억 원

6. 세계 유명탑 개요

(1) 유명탑 개요

현재 세계에서 가장 높은 탑은 일본 도쿄에 있는 도쿄 스카이트리(Tokyo Skytree)로 높이 634m 이다. 도쿄의 스카이트리가 세워지기 전까지는 중국의 카튼 타워(Canton Tower)가 600m로 1위였 고, 그 다음이 캐나다 토론토의 CN 타워(CN Tower)가 높이 553m로 2위였다. 그리고 일본의 도쿄 타워(Tokyo Tower)는 333m, 서울 남산에 세워진 서울타워(Seoul Tower)의 높이는 237m이다.

(2) 세계에서 높은 탑 순위(List of tallest towers in the world)

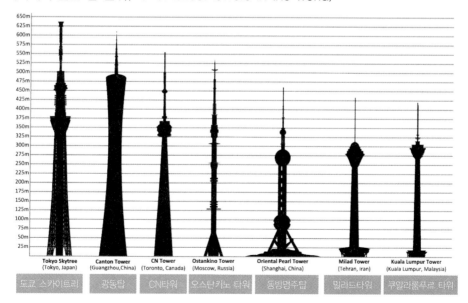

7. 세계 제1탑 프로젝트의 상징성

(1) 인간 존중(人間尊重)

우리 대한민국은 건국이념 및 교육이념으로 '홍익인간(弘益人間)'을 제창하고 있다. 홍익인간은 널리 인간을 이롭게 한다는 의미를 가지고 있다. 세상에서 사람처럼 존귀한 것이 또 있겠는가! 인간에 대한 존중 없이 어떠한 사상이나 이념도 꽃을 피울 수 없는 것이다. 정치 · 경제 · 사회 · 문화도 마찬가지이다. 인간 존중이야말로 나 자신을 바로 알게 할 뿐만 아니라, 사회와 국가는 물론 이 지구촌과 광활한 우주에 대한 깊은 이해와 만물에 대한 감사와 사랑을 가능하게 하는 것이다.

(2) 세계사상(世界思想)

세계는 지금 서로가 싸우고 다투고 그것도 모자라 서로를 죽이는 전쟁을 아직도 일삼고 있다. 그들은 정치적 이념이나 종교적 가치관으로 인해 오히려 그 정치와 종교의 본질을 흐리게 하고 있다. 결국은 우리 모두가 '하나'인 것을 아직도 깨닫지 못하고 아무 유익도 보람도 없는 상쟁만을 계속 일삼고 있으니 지구촌을 한 가족으로 만드는 통합된 '세계사상' 출현은 반드시 필요한 일이다.

(3) 초일류 국가 건설(超一流國家建設)

세계 지도국 달성을 목표로 하는 초일류 국가 건설을 이룩하는 것과 세계 최고의 IQ와 가장 위대한 문자를 보유하고 세계 어느 곳에서도 찾을 수 없는 '홍익인간'이라는 이념과 사상으로 세계를 이끌어 가는 것은 우리 대한민국이 반드시 성취시킬 수 있는 실현 가능한 목표이다. 우리 민족의 우수한 두뇌로 과학기술대국을 이루어 그것이 곧 경제대국으로 연결되게 하여 세계평화와 지구촌 복리를 주도해 나가는 상징으로 '세계 제1탑 프로젝트'가 완성된 것이다.

8. 세계 제1탑 프로젝트의 효과

(1) 국가적 상징 효과

세계에서 가장 높은 탑은 그 나라의 최고의 기술과 문화 그리고 경제적 성과를 과시할 수 있는 상징물이므로 국가의 위상이 최고로 올라가는 효과가 있다. 따라서 한국의 대외 브랜드 이미지가 높아져서 후술한 바와 같이 민족의 자긍심은 물론 국가 이미지 제고로 인한 대외 경제적 효과가 두드러지게 나타날 것이다.

(2) 민족 자긍심 효과

따라서 그러한 업적을 이룬 민족이나 국민은 생활 수준과 문화 의식을 더욱 높이게 하는 계기가 됨은 물론 실제로 그러한 결과가 나타나게 되어 대단한 민족의 자부심과 자긍심을 갖게 되어 찬란한 생활문화까지 꽃을 피우게 될 것이다.

(3) 경제적 효과

'세계 제1탑'은 그 자체가 최고의 명성을 얻게 됨으로 새로운 문화가 창조되어 세계적 관광 명소로 변모하게 될 것이므로 내국인은 물론 외국인의 방문이 끊이지 않을 것이기 때문에 그로 인한 경제적 효과는 상상을 초월할 것이다. 뿐만 아니라 세계 제1탑으로 인해 국가적 발전은 물론 그 지역의 연관 산업이나 경제는 더욱 크게 활성화될 것이다.

9. 세계 제1탑 저작권 및 저작권자

(1) 세계 제1탑 저작권

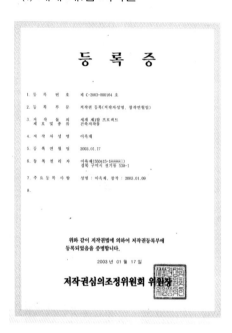

● 저작물의 제호 및 종류:
  세계 제1탑 프로젝트 건축저작물
● 저작권 등록번호 :
  제 C-2003-000164 호

(2) 세계 제1탑 저작권 자 : 이옥재(李玉宰)

● 저작권자 약력

- 1955년 광양 출생
- 광양진상중학교 수석졸업
- 순천매산고등학교 수석졸업
- 한국방송통신대학교 법학과 졸업
- 한국신학연구원 입학
- 서울선교부 기독교선교사업
- 구미불교대학 졸업
- 대진대학교 법무행정대학원 최고경영자 과정 수료

- 제18대 국회의원 후보자
- 제20대 국회의원 새누리당 예비후보
- 제20대 국회의원 친반평화통일당 공천 후보
- 자유수호 구국국민연합 공동총재
- 21세기 선진포럼 최고위원
- 한겨레대연합 공동대표
- 대한민국사이버국회 부의장
- 국가정책연구소 소장

- 우주산업 대표
- 우주자동차 대표
- (주)우주모터스 대표이사
- 아이씨모터스(주) 대표이사/사장
- 한국청소년신문사 이사
- 학교폭력 신고센터 본부장
- (사)농촌경제살리기 국민운동본부 본부장
- (사)자연환경 국민운동 부본부장
- 가정문제연구소 소장
- 인간연구소 소장

- 조선제일향 문화위원회 회장
- 세계제일향 건설위원회 회장
- 세계제일향 인성재능학교 교장
- 발명가 · 작가 · 사상가

10. 세계 제1탑 프로젝트
'세계 최고의 종합 관광 · 쇼핑 · 레저 · 산업 단지' 건설

(1) '세계 최고의 종합 관광 · 쇼핑 · 레저 · 산업 단지' 조감도

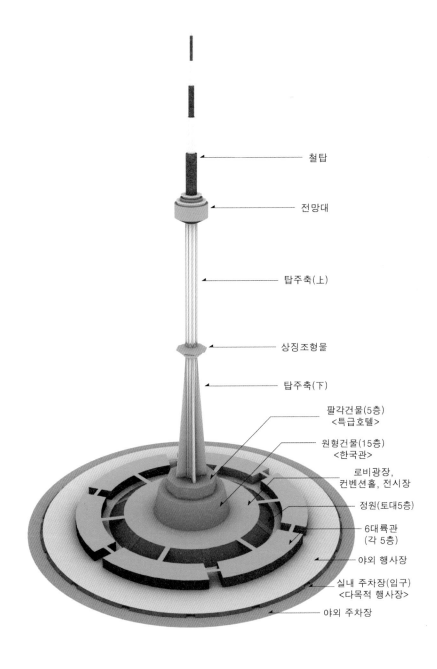

철탑

전망대

탑주축(上)

상징조형물

탑주축(下)

팔각건물(5층)
<특급호텔>

원형건물(15층)
<한국관>

로비광장,
컨벤션홀, 전시장

정원(토대5층)

6대륙관
(각 5층)

야외 행사장

실내 주차장(입구)
<다목적 행사장>

야외 주차장

(2) '세계 최고의 종합 관광·쇼핑·레저·산업 단지' 평면도

단지 조성부지 총면적 : 10만328평 (331,663m²)

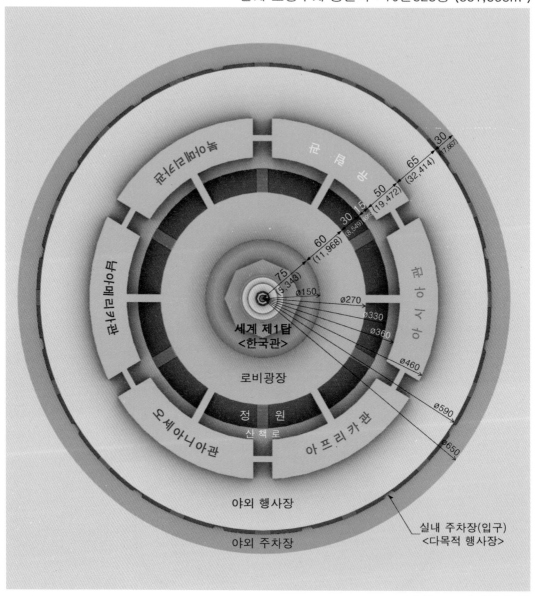

단위 : m, ( )안은 평

(3) '세계 최고의 종합 관광 · 쇼핑 · 레저 · 산업 단지' 정단면 골격도

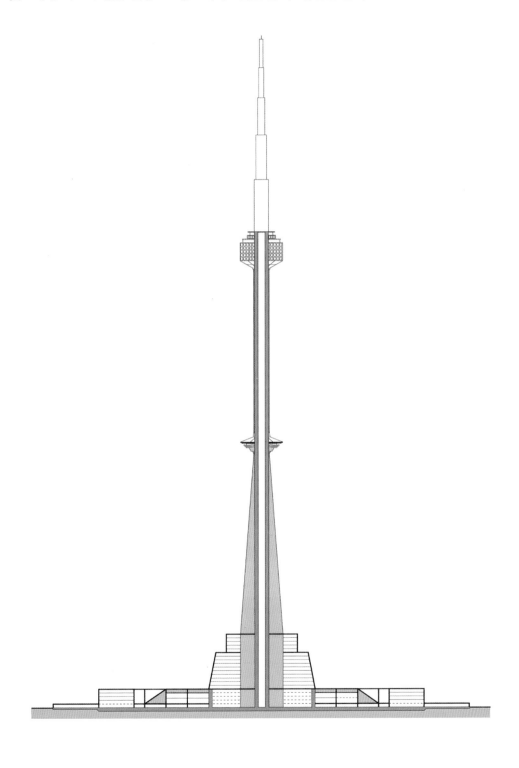

(4) '세계 최고의 종합 관광 · 쇼핑 · 레저 · 산업 단지' 기초 골격도

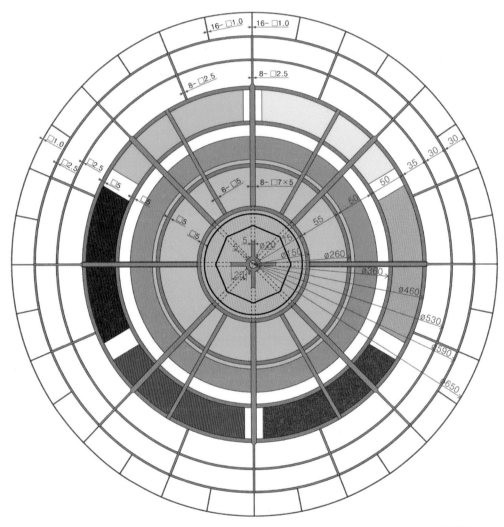

단위 : m

11. 세계 제1탑 '한국관' 시설 개요

(1) 세계 제1탑의 중심 '한국관'
'세계 제1탑'에는 '한국관' 위주로 시설을 운영하되 세계통합관, 전망대, 종합관리관을 둔다.

① 쇼핑관

② 문화관(역사 · 전통 · 의식 등)

③ 오락관(노래 · 춤 · 민속놀이 · 영화 등)

④ 교제관(交際館) – 회의실(大 100명 : 5개, 小 50명 : 10개)

⑤ 산업관(비지니스 등) – 전시실(大 300평, 中 200평 : 2개, 小 100평 : 3개)

⑥ 건강관(건강음식 · 보약 · 건강예방 · 치료센터 등)

⑦ 음식관   ⑧ 숙박관

※ '한국관'에는 한국식 '대형 찜질방' 시설이 추가됨.

(2) 세계 제1탑의 세계통합관
① 국제 컨벤션홀(大 5000명, 中 2000명 : 2개, 小 500명 : 3개)

② 국제 전시장(大 5000평, 中 3000평, 小 1000평)

③ 세계 금융관

④ 세계 종교관

⑤ 국제 사교관(社交館)

⑥ 특급호텔(팔각건물 2개 층, 객실 300개)

(3) 세계 제1탑의 전망대
① 일반 전망대   ② 회전 전망 레스토랑   ③ VVIP실 등

(4) 세계 제1탑의 종합 관리관
'종합 관리관'은 세계 제1탑과 6대륙관 등 '세계 제1탑 프로젝트' 전반에 관한 체계적인 관리와 통제 그리고 조정을 한다.

12. 세계 제1탑 프로젝트 '6대륙관' 시설 개요

(1) 세계 최고의 종합 관광 · 쇼핑 · 레저 · 산업 단지 '6대륙관'

세계 제1탑 프로젝트 '6대륙관'에는 다음 6개의 대륙관이 각 5층 규모로 세워진다.

번 호	대륙관	특화시설
1	아프리카관	대형 수영장
2	아시아관	카지노, Game장
3	유럽관	종합 스포츠센터
4	북아메리카관	아이스링크장
5	남아메리카관	대형 복합문화센터
6	오세아니아관	대형 아쿠아리움(수족관)

※ 각 대륙관 4, 5층은 호텔로 운영되며 각 대륙관에는 650개의 객실이 있고, 6대륙관에는 총 3,900여 객실이 갖추어진다.

각 대륙관에는 다음 8개의 소관을 공통적으로 설치 · 운영한다.

① 쇼핑관

② 문화관(역사 · 전통 · 의식 등)

③ 오락관(노래 · 춤 · 민속놀이 · 영화 등) ④ 교제관(交際館)- 회의실(大 100명 : 5개, 小 50명 : 10개)

⑤ 산업관(비지니스 등) - 전시실(大 300평, 中 200평 : 2개, 小 100평 : 3개)

⑥ 건강관(건강음식 · 보약 · 건강예방 · 치료센터 등)

⑦ 음식관 ⑧ 숙박관

※ 본 소관에서는 각 대륙과 나라의 특성과 민속 혹은 각 국가적 특성을 잘 살리는 것을 제1원칙으로 하여 시설 · 운영한다.

13. 세계 제1탑 프로젝트
'세계 최고의 종합 관광 · 쇼핑 · 레저 · 산업 단지' 조성부지 및 건축면적

(1) 단지 조성부지 총면적 : 10만 328평 (331,663㎡)

번 호	조성 부지명	면 적
1	세계 제1탑	5,343평(17,662.5㎡)
2	로비광장, 컨벤션홀, 전시장	11,968평(39,564㎡)
3	정 원	8,549평(28,260㎡)
4	산책로	4,915평(16,249.5㎡)
5	6대륙관	19,472평(64,370㎡)
6	야외 행사장	32,414평(107,152.5㎡)
7	야외 주차장	17,667평(58,404㎡)

(2) 단지 건축 총면적(연건평) : 30만 6,787평 (1,014,172㎡)

번 호	조성 부지명	면 적
1	세계 제1탑	연건평 103,382평(341,759㎡)
2	로비광장, 컨벤션홀, 전시장	연건평 59,840평(197,818㎡)
3	정 원	건평 8,549평(28,260㎡)
4	산책로	건평 4,915평(16,249.5㎡)
5	6대륙관	연건평 86,020평(284,364㎡)
6	야외 행사장	건평 32,414평(107,152.5㎡)
7	야외 주차장	건평 17,667평(58,404㎡)
8	실내 주차장	77,318평(255,596.7㎡)

14. '세계 최고의 종합 관광 · 쇼핑 · 레저 · 산업 단지' 건설비, 예상 매출, 예상 수익, 고용 창출 및 고용 파급 효과

◆ 세계 최고의 조경과 시설을 제공한다! ◆

(1) 단지 건설비 총액 : 1조 646억 원(세계 제1탑 : 5,169억 원 + 부대시설 : 5,477억 원)

번 호	건 설 명	건평(연건평)	건설단가(평당)	건 설 비
1	세계 제1탑	연건평 103,382평	500만원	5,169억 원
2	로비광장, 컨벤션홀, 전시장	연건평 59,840평	200만원	1,197억 원
3	정원	건평 8,549평	150만원	128억 원
4	산책로	건평 4,915평	100만원	49억 원
5	6대륙관	연건평 86,020평	400만원	3,440억 원
6	야외 행사장	건평 32,414평	150만원	86억 원
7	야외 주차장	건평 17,667평	100만원	177억 원

※ 단, 본 조성비에는 부지 매입자금은 포함되어 있지 않음.

(2) 예상 매출 총액 : 5,500억 원/연

    ① 입장료

        (a) 세계 제1탑 '한국관' : 3만원 × 500만 명/연 = 1,500억 원/연

        (b) 각 6대륙관 : 1만원 × 300만 명/연 × 6대륙관 = 1,800억 원/연

    ② 매출액

        (a) 쇼핑관 매출: 5만원 × 100만 명/연 = 500억 원/연

        (b) 건강관 매출: 5만원 × 100만 명/연 = 500억 원/연

        (c) 음식관 매출: 1만원 × 400만 명/연 = 400억 원/연

        (d) 숙박관 매출: 10만원 × 50만 명/연 = 500억 원/연

    ※ 입장료 및 매출액은 최소 예상 금액으로 산출한 것임.

(3) 예상 수익(이익) 총액

예상 수익(이익) 총액 : 5,500억 원/연 × 20% = 1,100억 원/연

(4) 고용 창출 효과

① 건설 단계 : 매일 2,000여 명, 연 250일 작업, 건설 기간 3년

연 인원 : 2,000명×250일×3년=150만 명

② 상시 종업원 수 : 5,000여 명

(a) 각 대륙관 500여 명 × 6 = 3,000여 명

(b) 세계 제1탑(한국관) 1,000여 명

(c) 각 행사장 및 주차관리 등 500여 명

(d) 기타 500여 명

③ 연관 산업 종사자 수 : 50,000여 명

– 세계 제1탑 프로젝트의 각종 관광, 쇼핑, 레저, 산업관련 주 종사자 수

(5) 고용 파급 효과

고용 파급 효과는 150,000여 명으로, 경제특구가 조성되어 새로운 신흥도시가 건설됨으로써 지역 경제 및 국가 경제는 물론 세계 경제까지 긍정적으로 성장하게 되는 특별한 계기가 될 것이다.

세계 제1탑 프로젝트의 기대효과

대한민국의 새로운 세계적 랜드마크 : DMZ세계평화공원

세계에서 가장 높은 탑(888m)을 세우고, 그 주위에 6대륙관(아시아관, 유럽관, 북아메리카관, 남아메리카관, 오세아니아관, 아프리카관)을 배치 · 건설하여, 그 6개의 대륙관에는 각 대륙의 특성과 민속 및 특산물이 소개되거나 판매되는 초대형 건설 프로젝트로써, 객실이 총 4,200여 개, 국제컨벤션홀, 국제전시관, 세계금융관, 세계종교관, 국제사교관 등이 포진되어 있을 뿐만 아니라, 각 6개 대륙관에는 쇼핑관, 문화관, 오락관, 교제관, 산업관, 건강관, 음식관, 숙박관 등이 각 대륙의 전통과 특성에 맞게 설계 · 배치되어 있고, 또 대형 수영장, 카지노 · Game장, 종합스포츠센터, 아이스링크장, 대형 복합문화센터, 대형 아쿠아리움(수족관) 등이 각 대륙의 특화시설로 구비되어 있어, 그야말로 세계에서 가장 높은 세계 제1탑 프로젝트답게 모든 시설이 광대하고 다양하여 일반인은 물론 온 지구촌 세계 각지로부터 몰려드는 관광객 뿐 아니라 신혼여행 집결지가 될 것이다.

그리고, 예상매출 총액이 적게 잡아도 5,500억 원/연, 상시종업원수 5,000여 명, 연관 산업 종사자수 50,000여 명, 세계 제1탑 건설 및 고용파급효과 150,000여 명으로 나타나, 이 탑 하나로 인해 대단한 경제 특구가 조성되는 등 그 기대효과는 세계 탑들 중에서도 가장 크게 나타날 것이 분명하다 하겠다.

국가정책
project

3

터널형 저수
다단계 수력 발전 시스템

– 지류 관리로 홍수조절, 물 부족 국가 해결,
친환경·신재생 전기에너지 생산으로 전기세 인하!

터널형 저수 다단계 수력 발전 시스템 제안 배경

특허 등록 번호 : 특허 제10-0961733호

1. 지류 관리로 홍수와 물 부족을 해결하는 시스템이 필요하다

'터널형 저수 다단계 수력 발전 시스템' 특허 등록 기술은 이명박 정부 때 '4대강 사업'의 대안 사업으로 강력히 건의를 시도했던 친환경·신재생 전기에너지 생산 기술이며, 아울러 지류 관리로 만년 홍수 조절 능력을 갖게 됨은 물론, 이미 국제기구에서 우리 한국에 대하여 경고한 물 부족 국가 해결에도 지대한 영향을 미칠 수 있는 새로운 국부 창출 아이디어이다.

토목사업 성격을 띤 본 '터널형 저수 다단계 수력 발전 시스템' 특허 기술은 앞서 언급한 유익성 외에도 일자리 창출, 관광산업 발전, 후에 기술할 '전 국토 정원화 사업' 등에도 막대한 영향을 끼칠 수 있는 대단히 중요한 창의적 아이디어이다.

이는, 우리나라 국토 중 약 70%가 산악 지대이기 때문에 더욱 빛나는 기술이다(이 기술은 사막 지대나 평야 지대에서는 적용할 수 없는 기술임). 우리나라 강수량이 대부분 여름철에 집중적으로 나타나는데다가 국토의 약 70% 정도가 급경사의 산지로 이루어져 있어 많은 양의 물이 곧바로 바다로 흘러 들어가는 한편, 높은 인구 밀도로 인해 1인당 강수량은 많지 않아 가용 수자원이 부족하고 또 물 사용량이 향후 지속적으로 증가할 전망이기 때문에 '터널형 저수 다단계 수력 발전 시스템'은 댐 건설 사업처럼 문제의 수몰 지역이 나타나지 않으면서 물 부족을 해소할 수 있는 등 우리 대한민국의 지형이나 여러 가지 여건에 맞는 매우 중요한 기술이다.

또한 우리나라는 급경사의 산악 지대가 많기 때문에 홍수는 주로 지류에서 일어나며, 그 지류를 잘 관리하면 본류(4대강)에서는 홍수가 일어날 리가 없다. 때문에 이 특허 기술은 지류 관리 시스템으로써는 최적이며, 전남 테크노파크의 이정관 박사도 이 기술에 대하여 극찬을 아끼지 않을 정도였다. 뿐만 아니라 물은 인간에게 있어 가장 기본적인 권리이고 지속 가능한 인류 발전에 없어서는 안 될 매우 중요한 자원이며, 인류 생존에 필수불가결한 요소이고 대체 불가 자원이기 때문에, 깨끗하고 안전한 물을 충분히 확보하는 효율적인 정책을 마련하는 것은 국가 발전에 있어서 긴요한 과제이기도 하다.

그래서 본 제안자는 물의 확보가 엄청난 부가가치를 창출하고, 기업 및 국가 여러 산업과 밀접하게 연결되어 있다는 사실, 또 당시 '4대강 사업' 의 위험성을 해소할 수 있는 대안사업으로, 모 신문사를 직접 찾아가는 등 강력한 건의를 시도했으나 성사되지 않아, 현재 '4대강 사업' 은 돌이킬 수 없는 늪에 빠진 상태가 된 것에 대하여 매우 안타깝게 생각하고 있다.

만약, 이명박 정부가 이 특허 시스템을 중요 국가 정책으로 시행했다면 이명박 前 대통령은 길이길이 역사에 빛나는 위대한 지도자로 남았을 수도 있었다. 하지만 물고기들의 떼죽음, 걷잡을 수 없는 4대강 녹조, 피폐해져 버린 농토 등 4대강 주변 환경과 막대한 국가부채와 가계부채 및 경제 침체로 인한 고통스런 국민들의 삶 등등…… 이명박 정부는 헤아릴 수 없는 실정을 저지르고 말았다.

이미 온 국토를 무모한 토목공사로 허덕이게 만들어 버린 이 시점에서, 다시 토목공사를 당장 대대적으로 실시하라는 건의는 아니지만, 국가는 본 제안자가 제시하는 '터널형 저수 다단계 수력 발전 시스템' 이 어떻게 하여 만년 홍수 조절 능력을 갖게 되는 것인지, 또 어떻게 물 부족 국가 시대를 해결할 수 있는 것인지, 무엇보다도 어떻게 하여 친환경 · 신재생 전기에너지가 생산되어 심지어 국민들의 전기세까지 되레 인하시킬 수 있게 되는 것인지를 알아야 한다.

그것뿐만 아니라, 지구촌 관광 시대에 이 특허 시스템이 어떻게 하여 관광산업을 발전시키고 또 극대화할 수 있는지 등에 관하여 전문가들을 동원하여(아니면 미래창조과학부에서) 긍정적이고 적극적으로 검토하고 검증하여서 가급적 박근혜 대통령 정권이 끝나기 전에, 이 사업에 대한 청사진을 세밀히 마련하여 국익 · 국부 창출 사업인 국가 정책 기본 틀로 확정한 후 적극 시행해 주기를 강력히 제안하는 바이다.

2. 터널형 저수 다단계 수력 발전 시스템의 발명 자료

(1) 출원인
이옥재 | 전남 광양시 성황동 89

(2) 발명자
이옥재 | 전남 광양시 성황동 89

(3) 대리인
윤경민 | 서울 강남구 역삼동 641-3 노바빌딩 2층(수특허법률사무소)

(4) 발명의 명칭
'터널형 저수 다단계 수력발전'

(5) 발명의 요약
본 발명은 다수의 지하 저수 터널을 개설하여 많은 저수량을 확보하면서도 수몰 지역이 거의 나타나지 않으면서 수로식 발전의 자연낙차와 댐식 발전의 저수된 수위 차를 동시에 이용할 수 있는 고효율 자연동력(수력)에 의한 수력발전에 관한 것으로, 이를 순차적으로 여러 개의 다단계로 설치하여 이미 이용했던 수력을 다시 여러 번 발전력으로 재사용할 수 있는 시스템을 갖출 수가 있어 전력을 보다 값싸게 많은 양을 얻을 수 있는 터널형 저수 다단계 수력발전에 관한 것이다.

본 발명은, 특히 산이 많은 지역(예:대한민국은 국토의 75%가 산지임)의 자연낙차가 잘 발달된 골짜기에 다단계로 설치 가능함으로, 다수의 지하 터널에 다량의 저수를 확보할 수 있음으로 홍수로 인한 피해가 없어지고, 뿐만 아니라 위치에너지를 지닌 다량의 자연 수력을 확보하여 다단계 발전으로 인하여 다량의 전력을 확보함으로써 허비되는 자연 재생에너지 손실을 없게 하고, 높은 산지부터 많은 수원(水源)이 확보되어 경제 지역(과수원, 야채, 맥류 등의 재배가 가능해짐)과 경제 수역(양어장, 풀장 등의 시설이 가능해짐)이 상당량 확보됨으로써 전력 생산과 농림수산물 생산이 극대화되고, 또 국민의 문화생활 및 관광지 확보가 용이해짐으로 국민 삶의 질이 크게 향상되는 유익이 있다.

그리고 다량의 토목공사 및 댐·발전소·경제지역·경제수역 등의 운영 관리로 인하여 국민 일자리 창출의 효과도 크게 나타나는 특징이 있다.

① 대표도
도면5

② 특허 청구의 범위
청구항1.
지형이 높은 산지의 골짜기에 수몰 지역이 거의 나타나지 않고 다량의 수원(水源)을 확보할 수 있는 수개의 지하 저수 터널 개설을 특징으로 하는 터널형 저수 다단계 수력발전.

청구항2.
하천의 기울기가 큰 수로에 의하여 낙차를 얻기 쉬운 장소이면 어디든지 상류로부터 하류까지 계속하여 다단계로 발전 시스템을 가설하여 위치에너지의 수력을 극대화하는 것을 특징으로 하는 터널형 저수 다단계 수력발전.

청구항3.
지형이 높은 산지의 골짜기부터 수몰 지역이 거의 없이 다량의 수원을 다단계로 확보할 수 있어 높은 산지부터 아래로 경제 지역(과수원, 야채, 맥류 등 재배)과 경제 수역(양어장, 풀장 등 시설)을 용이하게 확보할 수 있음으로 농림수산물의 생산을 극대화하는 것을 특징으로 하는 터널형 저수 다단계 수력발전.

청구항4.
지형이 높은 산지의 골짜기부터 거의 모든 강수량을 저장할 수 있는 다수의 지하 저수 터널로 인하여 홍수 피해 등의 자연재해를 근원적으로 예방할 수 있는 시스템을 특징으로 하는 터널형 저수 다단계 수력발전.

청구항5.

　지형이 높은 산지의 골짜기부터 거의 모든 강수량을 저장할 수 있는 다수의 지하 저수 터널을 통하여 위치에너지를 지닌 다량의 자연 재생 수력을 허비하지 않고 저장하여 여러 번 재활용함으로 자연 재생에너지 손실을 최소화함을 특징으로 하는 터널형 저수 다단계 수력발전.

(6) 발명이 속하는 기술 및 그 분야의 종래 기술

　본 발명은 수몰 지역이 거의 나타나지 않는, 서로 연결된 다수의 저수 터널을 갖는 터널형 저수 다단계 수력발전에 관한 것으로, 주로 낙차가 좋은 산골짜기에 설치가 용이하고 그 골짜기로 모이는 최대 강수량을 계산하여 그 강수량에 맞게 저수 터널을 설계 개설하므로 홍수 피해가 거의 없을 뿐만 아니라 낭비되는 자연 재생에너지(수력)를 다량 확보할 수 있고, 또 다단계 수력 발전 시설에 의하여 이미 사용했던 수력을 다시 몇 번이고 재사용함으로 인하여 재생에너지 활용의 극대화를 기할 수 있음을 특징으로 한다.

　이 분야의 종래의 기술은 대규모의 댐을 건설하여 저수된 수위 차를 이용하는 댐식 발전 기술인데, 이는 대규모의 농지와 생산지 및 주거 지역 심지어는 문화 관광지까지 영구적으로 수몰시킴으로써 그 손해가 극심하였고, 이러한 대규모의 댐은 산악 지대보다 거의 평야에 가까운 낮고 넓은 지역에 물을 저수하므로 저수된 수위 차를 이용한다 해도 높은 낙차를 얻기 어려울 뿐만 아니라 단 한 번만 수력을 사용함으로 자연 재생에너지의 효율을 높이기 어려운 기술이다.

　그러나, 본 발명은 터널형 저수 다단계 수력발전 원리를 사용하기 때문에 다량의 수원(水源)을 확보하면서도 다수의 지하 저수 터널 기술을 이용함으로 인하여 수몰 지역이 거의 나타나지 않고, 또 다단계 수력발전 시스템에 의하여 한 번 사용한 수력을 여러 번 재활용할 수 있으므로 자연 재생에너지 효율의 극대화를 도모할 수 있는 기술이다.

　또, 높은 산지 골짜기부터 다량의 수원을 확보함으로 낭비되는 자연 재생에너지를 그대로 보존할 수 있고 그 수원을 활용하는 경제 지역 및 경제 수역이 높은 산지에서부터 가능하게 되어 경제 발전 및 국민 삶의 풍요를 크게 가져올 수 있는 획기적인 아이디어이다.

(7) 발명이 이루고자 하는 기술적 과제

본 발명은, 대규모 댐 건설에 따르는 농지와 생산지 및 주거 지역, 심지어는 문화 관광지까지 영구적으로 수몰시키는 문제점과 낮은 지역에서의 댐 건설로 인한 낙차의 한계 때문에 단 한 번의 수력 사용으로 인한 자연 재생에너지 효율을 높일 수 없는 문제점을 동시에 해결할 뿐만 아니라, 새로운 발전 시스템과 새로운 경제 지역(과수원, 야채, 맥류 등의 재배 가능) 및 경제 수역(양어장, 풀장 등의 시설 가능)의 발생으로 인하여 다량의 값싼 전력 생산과 농림수산물의 증산으로 국민 경제력의 향상과 함께 국민 삶의 질이 크게 향상되는 효과를 기대할 수 있다.

(8) 도면의 간단한 설명

도면1은 본 발명에 따른 댐 형태 및 지하 저수 터널 배치도이다.

도면2는 도면1의 A-A′ 단면도이다.

도면3은 본 발명에 따른 댐의 집수구(集水口) 형태와 배치의 한 예를 도시한 것이다.

도면4는 도면3의 A-A′ 단면도이다.

도면5는 본 발명에 따른 터널형 저수 수력발전의 평면도이다.

도면6은 본 발명에 따른 터널형 저수 수력발전의 측면도이다.

도면7은 본 발명에 따른 수압관과 노즐 및 수차의 한 예를 도시한 것이다.

도면8은 본 발명에 따른 터널형 저수 다단계 수력발전의 구성도이다.

(9) 도면의 주요 부분에 대한 설명

● 저수 터널 : 수력발전소가 위치한 댐으로 몰리는 최대 강수량을 저수할 수 있는 용량에 해당하는 여러 개의 저수 터널을 지하에 개설함.

● 댐 : 저수지 둘레에 둑을 설치하여 저수된 수위 차를 높임으로써 댐식 발전의 장점을 극대화함.

● 집수입구(集水口) : 계곡 골짜기 수로의 물이 댐 안에 있는 저수 터널(저수지)로 들어오는 수로의 길목.

● 침석구(沈石區) : 수로의 물이 집수입구로 들어올 때, 물에 밀려서 따라 들어오는 돌·자갈들이 가라앉는 곳.

● 1차·2차 침사구(沈砂區) : 수로에서 댐으로 물이 들어올 때, 같이 밀려서 따라 들어오는 모래 등이 가라앉는 곳.

- 3차 침사구 : 댐 안에 들어온 물이 저수 터널 안으로 들어가기 전에 모래 등이 가라앉는 곳.
- 4차 침사구 : 댐의 물이 취수구를 통하여 수압관으로 들어가기 전에 모래 등이 가라앉는 곳.
- 수문 : 댐에 물이 넘치거나 경제 지역에 물을 공급할 때 사용하는 물 통로를 개폐하는 장치.
- 취수구 : 수차를 돌리기 위하여 수압관으로 물이 들어가는 입구.
- 수압관 : 고압으로 수차를 돌리기 위하여 수압을 높이는 관.
- 발전소 : 수력의 위치에너지를 수차에 의하여 기계에너지로, 다시 수차에 연결된 발전기에 의하여 전기에너지로 전환시키는 장소.
- 방수로 : 수차를 돌려 발전을 일으킨 물이 빠져나가는 곳.
- 경제 지역 : 지형이 높은 산지의 골짜기에 수원이 확보됨으로써 형성된 새로운 농림 지역.
- 경제 수역 : 지형이 높은 산지의 골짜기에 수원이 확보됨으로써 형성된 새로운 수산 · 문화 · 관광 지역.
- 수차 : 노즐에서 나오는 높은 수압의 물에 의하여 수력의 위치에너지를 기계에너지로 바꾸는 장치. 이 수차에 연결된 발전기가 기계에너지를 전기에너지로 바꿈.
- 노즐 : 수압관 끝에 가늘게 붙어 있어 수압을 더욱 강하게 하여 수차를 돌리게 하는 부분.

(10) 도면

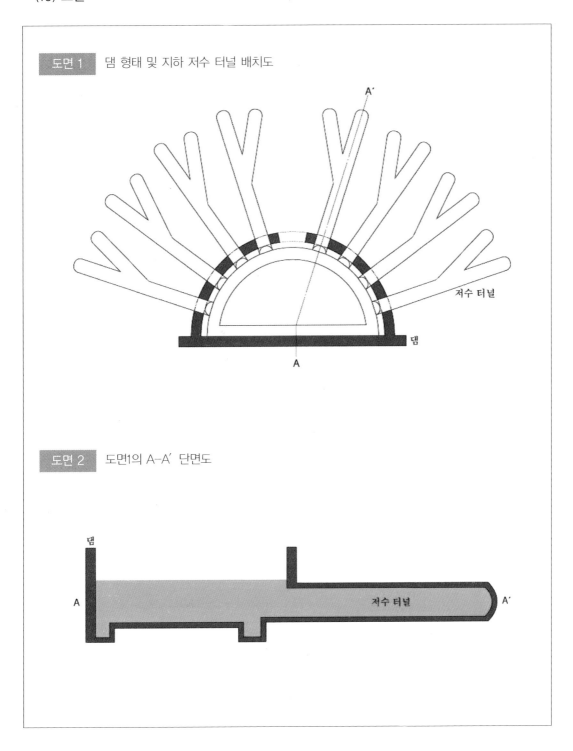

도면 1 댐 형태 및 지하 저수 터널 배치도

저수 터널

A

댐

도면 2 도면1의 A-A′ 단면도

댐

A

저수 터널

A′

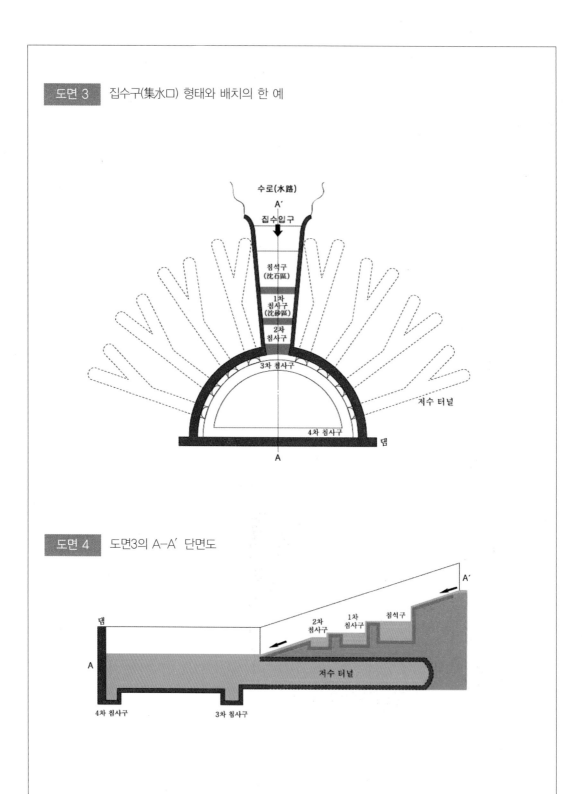

도면 3   집수구(集水口) 형태와 배치의 한 예

수로(水路)
A′
집수입구

침석구
(枕石區)

1차
침사구
(枕砂區)

2차
침사구

3차 침사구

저수 터널

4차 침사구
댐

A

도면 4   도면3의 A-A′ 단면도

댐

2차
침사구

1차
침사구

침석구

A

저수 터널

4차 침사구   3차 침사구

A′

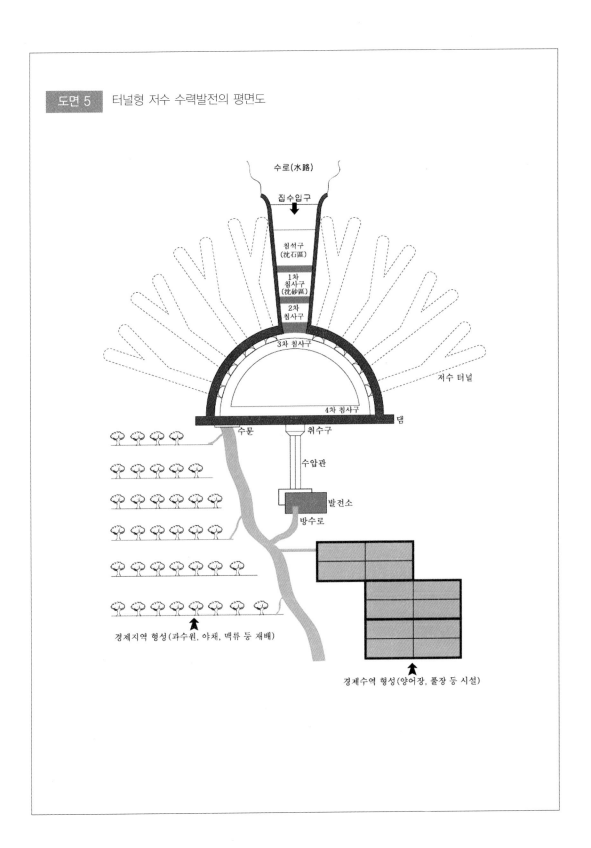

도면 5 　터널형 저수 수력발전의 평면도

수로(水路)

집수입구

침석구
(沈石區)

1차
침사구
(沈砂區)

2차
침사구

3차 침사구

저수 터널

4차 침사구

댐

수문

취수구

수압관

발전소

방수로

경제지역 형성(과수원, 야채, 맥류 등 재배)

경제수역 형성(양어장, 풀장 등 시설)

터널형 저수 수력발전의 측면도

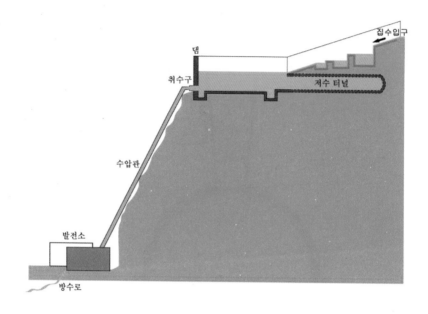

압관과 노즐 및 수차

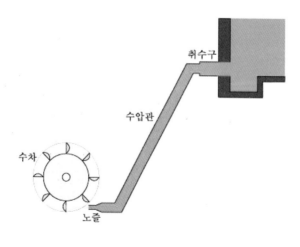

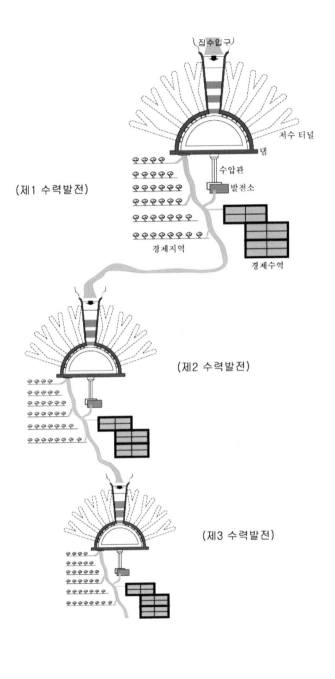

집수입구

저수 터널

댐

수압관

발전소

(제1 수력발전)

경제지역

경제수역

(제2 수력발전)

(제3 수력발전)

3. 터널형 저수 다단계 수력 발전 시스템 '특허증' 및 '특허 자료'

특 허 증
CERTIFICATE OF PATENT

특 허 제 10-0961733 호
(PATENT NUMBER)

출원번호 (APPLICATION NUMBER) 제 2008-0024043 호

출원일 (FILING DATE:YY/MM/DD) 2008년 03월 14일

등록일 (REGISTRATION DATE:YY/MM/DD) 2010년 05월 28일

발명의명칭 (TITLE OF THE INVENTION)
　　　터널형 저수 설비를 갖는 다단계 수력 발전 시스템

특허권자 (PATENTEE)
　　　이옥재(550415-1******)
　　　전남 광양시 성황동 89번지

발명자 (INVENTOR)
　　　이옥재(550415-1******)

　　　전남 광양시 성황동 89번지

위의 발명은 「특허법」에 의하여 특허등록원부에 등록
되었음을 증명합니다.
(THIS IS TO CERTIFY THAT THE PATENT IS REGISTERED ON THE REGISTER OF THE KOREAN
INTELLECTUAL PROPERTY OFFICE.)

2010년 05월 28일

특 허 청
COMMISSIONER, THE KOREAN INTELLECTUAL PROPERTY OFFICE

(19) 대한민국특허청(KR)	(45) 공고일자　　2010년06월10일
(12) 등록특허공보(B1)	(11) 등록번호　　10-0961733
	(24) 등록일자　　2010년05월28일

(51) 　Int. Cl.

　　　F03B 13/08 (2006.01)　*F03B 13/00* (2006.01)

(21) 출원번호　　10-2008-0024043
(22) 출원일자　　2008년03월14일
　　　심사청구일자　2008년03월14일
(65) 공개번호　　10-2009-0081304
(43) 공개일자　　2009년07월28일
(30) 우선권주장
　　　1020080007237　2008년01월23일　대한민국(KR)
(56) 선행기술조사문헌
　　　JP09310329 A
　　　KR1019980069895 A
　　　JP2003172243 A
　　　JP2005214187 A

전체 청구항 수 : 총 3 항

(73) 특허권자
　　　이옥재
　　　전남 광양시 성황동 89번지
(72) 발명자
　　　이옥재
　　　전남 광양시 성황동 89번지
(74) 대리인
　　　윤경민

심사관 ：　이기성

(54) 터널형 저수 설비를 갖는 다단계 수력 발전 시스템

(57) 요 약

본 발명은 터널형 저수 설비를 갖는 수력 발전 시스템에 관한 것이다. 본 발명의 일 태양에 따르면, 물을 저장하기 위하여 수로를 횡단하여 형성되는 댐, 및 상기 댐의 상류 지역의 지하에 저수 장소를 형성하기 위해 마련되는, 말단이 폐쇄된 터널 형태인 적어도 하나의 저수 설비를 포함하는 수력 발전 시스템이 제공된다.

또한, 본 발명의 다른 태양에 따르면, 물을 저장하기 위하여 수로를 횡단하여 형성되는 다수의 댐, 및 상기 다수의 댐 각각의 상류 지역의 지하에 저수 장소를 형성하기 위해 마련되는, 말단이 폐쇄된 터널 형태인 다수의 저수 설비를 포함하는 수력 발전 시스템이 제공된다.

대 표 도 - 도5

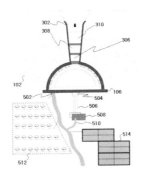

특허청구의 범위

청구항 1

수력 발전 시스템으로서,

물을 저장하기 위하여 수로를 횡단하여 형성되는 댐,

상기 댐과 함께 저수 공간을 형성하는 차수벽, 및

상기 댐에 대하여 있는, 상기 차수벽의 면으로부터 소정의 길이만큼 뚫어져서 형성되는 적어도 3개의 터널형 저수 설비

를 포함하고,

상기 적어도 3개의 터널형 저수 설비의 각각은 상기 저수 공간으로부터 방사상으로 형성되며,

상기 적어도 3개의 터널형 저수 설비의 각각은 상기 댐으로부터 먼 부분의 말단이 폐쇄되어 있는 것

을 특징으로 하는 수력 발전 시스템.

청구항 2

제1항에 있어서,

상기 적어도 3개의 터널형 저수 설비 중 적어도 일부는 상기 댐으로부터 먼 부분의 말단 근방에 가지 형태의 추가적인 터널형 저수 설비를 더 포함하는 수력 발전 시스템.

청구항 3

제1항 또는 제2항에 따른 수력 발전 시스템을 다수 포함하는 다단계 수력 발전 시스템.

청구항 4

삭제

명 세 서

발명의 상세한 설명

기 술 분 야

[0001] 본 발명은 터널형 저수 설비를 갖는 수력 발전 시스템에 관한 것으로서, 더욱 상세하게는 댐 건설 및 저수지 형성 시에 저수 지역의 지하에 터널형 저수 설비를 구비하여 보다 큰 저수 용량을 확보할 수 있도록 함으로써, 저수지 형성으로 인한 수몰 지역의 면적을 줄이고, 산지의 골짜기와 같은 지형을 이용하여서도 수력 발전을 할 수 있도록 하는 신규한 시스템에 관한 것이다.

[0002] 또한, 본 발명은 터널형 저수 설비를 갖는 상기와 같은 수력 발전 시스템을 다단계로 설치함으로써, 이미 발전에 이용된 물을 다시 사용할 수 있도록 하는 개량된 수력 발전 시스템에 관한 것이다.

배 경 기 술

[0003] 일반적으로 중력의 영향을 받는 물이 가지고 있는 위치 에너지를 운동 에너지로 변환시키는 과정에서 전력을 생산하는 발전 방법을 수력 발전이라고 한다. 이러한 수력 발전은 여러 지표수 중에서도 하천에 흐르는 물에 의존하는 경우가 많기 때문에, 물의 유량이 풍부하고 낙차가 큰 지형일수록 경제성이 좋은 수력 발전의 후보지로 평가될 수 있다.

[0004] 보통, 수력 발전은 지형 조건에 따라 그 구체적인 발전 방법이 달라진다. 보다 자세하게는, 수력 발전은 저수지의 저수 용량의 크기 및 낙차를 조성하는 방법에 따라 수로식 발전, 댐식 발전, 댐·수로식 발전, 유역 변경식 발전, 양수 발전, 조력 발전 등으로 분류되고 있다.

[0005] 이 중에서, 수로식 발전은 높은 곳에 위치한 물의 위치 에너지를 발전기 터빈의 운동 에너지로 변환하고, 발전

[0020] 그리고, 본 발명에 따르면, 산지의 골짜기와 같이 높은 지역에서도 수력 발전을 수행할 수 있게 되므로, 수력 발전을 위한 수원을 용이하게 확보할 수 있고, 큰 위치 에너지를 갖는 물을 이용할 수 있게 되는 효과가 달성된다.

[0021] 한편, 본 발명에 따르면, 높은 지역에서도 수력 발전을 수행할 수 있게 되므로, 낮은 지역에 댐을 건설할 때에 발생되는 낙차의 한계 문제를 극복할 수 있게 된다.

[0022] 또한, 본 발명에 따르면, 고지대로부터 저지대로 다단계 수력 발전 시스템을 구축할 수 있게 되므로, 이미 사용한 물을 여러 번 다시 활용할 수 있어 수자원 이용 효율을 극대화할 수 있다.

[0023] 그리고, 본 발명에 따르면, 수력 발전 시스템이 구축되는 지역마다 그 지역의 최대 강수량을 고려한 설계가 가능하게 되므로, 댐 건설로 인한 홍수 피해의 발생을 막을 수 있게 된다.

[0024] 한편, 본 발명에 따르면, 우리나라와 같이 물이 부족한 국가에서도 보다 큰 저수 용량을 확보하기가 용이하게 되므로, 물 부족 현상이 완화될 수 있게 된다.

[0025] 마지막으로, 본 발명에 따르면, 새로운 경제 지역(과수원, 야채, 맥류 등의 재배가 가능한 지역) 및 경제 수역(양어장, 풀장 등의 운영이 가능한 지역)이 조성될 수 있으므로, 전력 생산뿐만이 아니라 더 다양한 용도로 수력 발전 시스템 인근 지역을 이용할 수 있게 된다.

발명의 실시를 위한 구체적인 내용

[0026] 후술하는 본 발명에 대한 상세한 설명은, 본 발명이 실시될 수 있는 특정 실시예를 예시로서 도시하는 첨부 도면을 참조한다. 이들 실시예는 당업자가 본 발명을 실시할 수 있기에 충분하도록 상세히 설명된다. 본 발명의 다양한 실시예는 서로 다르지만 상호 배타적일 필요는 없음이 이해되어야 한다. 예를 들어, 여기에 기재되어 있는 특정 형상, 구조 및 특성은 일 실시예에 관련하여 본 발명의 정신 및 범위를 벗어나지 않으면서 다른 실시예로 구현될 수 있다. 또한, 각각의 개시된 실시예 내의 개별 구성요소의 위치 또는 배치는 본 발명의 정신 및 범위를 벗어나지 않으면서 변경될 수 있음이 이해되어야 한다. 따라서, 후술하는 상세한 설명은 한정적인 의미로서 취하려는 것이 아니며, 본 발명의 범위는, 적절하게 설명된다면, 그 청구항들이 주장하는 것과 균등한 모든 범위와 더불어 첨부된 청구항에 의해서만 한정된다. 도면에서 유사한 참조부호는 여러 측면에 걸쳐서 동일하거나 유사한 기능을 지칭한다.

[0027] 이하에서는, 본 발명이 속하는 기술분야에서 통상의 지식을 가진 자가 본 발명을 용이하게 실시할 수 있도록 하기 위하여, 본 발명의 바람직한 실시예들에 관하여 첨부된 도면을 참조하여 상세히 설명하기로 한다.

[0028] [본 발명의 바람직한 실시예]

[0029] 도 1은 본 발명의 일 실시예에 따른, 터널형 저수 설비(102)를 갖는 수력 발전 시스템(100)의 구성을 나타내는 개략도로서, 보다 상세하게는, 하나 이상의 터널형 저수 설비(102), 차수벽(104) 및 댐(106)의 배치 상태를 개략적으로 나타낸다. 도 2는 도 1의 A-A′ 단면을 나타내는 도면이다.

[0030] 도 1에 도시된 바와 같이, 본 발명의 일 실시예에 따른 수력 발전 시스템(100)은, 수로를 차단하여 물을 저장하고, 토사 유출을 방지하며, 수위를 상승시키는 등의 목적을 달성하기 위한 댐(106)과 저장된 물이 새는 것을 막아 저수지를 형성하기 위한 차수벽(104)과 함께, 큰 저수 용량을 확보하기 위한 터널형 저수 설비(102)를 포함하여 구성될 수 있다.

[0031] 도 1 및 도 2를 참조하여 본 발명의 일 실시예에 따른 수력 발전 시스템(100)의 구성을 상술하면, 댐(106)은 산지의 골짜기에 형성된 수로를 횡단하는 형태로 건설되고, 차수벽(104)은 댐(106)의 맞은 편 부분에 집수구(108)가 형성되어 있는 아치 형태의 벽으로서, 댐(106)의 양측으로부터 연장되는 형태로 댐(106)의 상류 측에 구축될 수 있다.

[0032] 그리고, 터널형 저수 설비(102)는, 일측은 수구(110)로서 댐(106)을 향하여 개방되고, 타측은 폐쇄되는 구성을 갖도록, 댐(106)의 상류 지역의 지하에 바람직하게는 수면과 평행하도록 다수 구축될 수 있는데, 이때, 각각의 터널형 저수 설비(102)에 의해 확보된 물이 발전을 위한 낙수 전에 한 곳에 모일 수 있도록, 수구(110)가 차수벽(104)을 관통하는 구조로 구성되는 한편, 다수의 터널형 저수 설비(102)가 차수벽(104)에 의해 서로 연결되어 있는 형태로 구성되는 것이 바람직하다. 또한, 이러한 터널형 저수 설비(102)는 많은 양의 물을 저장할 수 있도록 그 단말이 Y자 또는 2개 이상의 가지를 갖도록 구성될 수 있다. 터널형 저수 설비(102)의 단말의 형태 및/또는 가지의 개수는 수력 발전 시스템(100)이 구축되는 지역의 최대 강수량을 고려하여 결정되는 것이 바람직

하다.

[0033] 도 3은 본 발명의 다른 실시예에 따른, 터널형 저수 설비(102)를 갖는 수력 발전 시스템(100)의 구성을 나타내는 개략도이다. 보다 상세하게는, 수력 발전 시스템(100)은 집수로(302) 및 토사 유출을 막기 위한 다른 구성 요소를 포함한다. 한편, 도 4는 도 3의 A-A' 단면을 나타내는 도면이다.

[0034] 도 3에 도시된 바와 같이, 본 발명의 일 실시예에 의하면, 댐(106)과 차수벽(104)보다 상류 쪽의 지역에 집수로 (302)가 형성될 수 있다. 여기서, 집수로(302)는 상류 쪽 수로의 물이 댐(106) 안쪽에 있는 저수지로 들어 오 도록 하는 수로로서, 집수로 입구(304)로부터 집수구(108) 사이에 형성되어 물이 집수구(108)로 용이하게 유입 될 수 있도록 유도할 뿐만 아니라, 물의 침식 작용에 의하여 수중에 포함되어 있을 수 있는 돌, 토사 등의 물질 을 가라 앉혀 상기 물질이 수차에 유입되는 것을 방지하는 기능을 한다.

[0035] 도 3 및 도 4를 참조하여 터널형 저수 설비(102)를 구비하는 수력 발전 시스템(100) 및 집수로(302)의 저면 구 조를 상술하면, 먼저 집수로(302)의 저면에는, 침석구(310), 1차 침사구(308), 2차 침사구(306) 등과 같이, 돌 이나 토사 등의 물질을 입자 크기에 따라 단계적으로 용이하게 침적시키기 위한 다수의 침적용 구성요소가 포함 될 수 있다.

[0036] 한편, 댐(106)과 차수벽(104)에 의하여 형성되는 저수지의 저면으로도 수중에 포함되어 있을 수 있는 상기 물질 을 침적시키기 위하여, 차수벽(104) 둘레에 형성되는 3차 침사구(112)와 댐(106)의 둘레에 형성되는 4차 침사구 (114) 등의 침적용 구성요소가 더 포함될 수 있다.

[0037] 상기와 같은 침적용 구성요소에 대하여 상술하면, 침석구(310)는 수로의 물이 집수로 입구(304)로 들어올 때에, 물에 밀려서 따라 들어오는 돌·자갈 등 입자가 비교적 큰 물질을 가라앉히기 위하여 형성한 웅덩이이고, 1차 및 2차 침사구(308, 306)는 집수로(302)로부터 댐(106)으로 물이 들어가기 전에, 함께 밀려서 저수지로 들어가 려고 하는 모래 등의 입자가 비교적 작은 물질을 가라앉히기 위하여 형성한 웅덩이이다. 또한, 3차 침사구 (112)는 저수지 안에 들어온 물이 터널형 저수 설비(102) 안으로 들어가기 전에 모래 등의 물질을 가라앉히기 위하여 형성한 웅덩이이며, 4차 침사구(114)는 저수지의 물이 댐(106) 밖으로 흘려 보내지기 전에 모래 등의 물 질을 가라앉히기 위하여 형성한 웅덩이이다.

[0038] 도 5 및 도 6은 각각 본 발명의 일 실시예에 따른, 터널형 저수 설비(102)를 갖는 수력 발전 시스템(100)의 상 면과 측면을 개략적으로 도시한 도면이다.

[0039] 도 5 및 도 6에 도시된 바와 같이, 본 발명의 수력 발전 시스템(100)은 댐(106), 차수벽(104) 및 터널형 저수 설비(102)뿐만이 아니라, 집수로(302)와 발전소(508) 등을 더 포함하여 구성될 수 있다.

[0040] 도 5를 참조하면, 댐(106)의 소정 위치에는 수문(502)이 형성되어 있을 수 있는데, 수문(502)은 저수지의 물을 하류로 흘려 보낼 수 있도록 하는 개폐 장치로서, 저장된 물이 넘칠 우려가 있는 경우나 하류 지역에 형성되어 있는 경제 지역(512) 및 경제 수역(514)에 물을 공급해야 하는 경우에 수위를 조절하거나 저장된 물을 하류로 흘려 보내는 기능을 하게 된다. 여기서, 경제 지역(512)이란, 높은 산지의 골짜기에 수원이 확보됨으로써 형성 된 새로운 농림 지역을 의미하며, 경제 수역(514)이란, 높은 산지의 골짜기에 수원이 확보됨으로써 형성된 새로 운 수산·문화·관광 지역을 의미한다.

[0041] 또한, 도 5 내지 도 6을 참조하면, 본 발명에 따르면, 산지의 골짜기의 상류 쪽에 주요 구성요소를 구비하고 하 류 지역에 발전소(508)를 설치하고, 저수지와 발전소(508) 사이에 수압관(506)을 배치함으로써 보다 큰 낙차를 달성할 수도 있다.

[0042] 한편, 도 6의 일부 구성요소를 포함하여 수차(702)의 구동 과정을 도시하는 도 7을 참조하면, 댐(106)의 소정 위치에는 취수구(504)가 형성될 수 있다. 이러한 취수구(504)는 수차(702)를 구동하기 위한 물을 수압관(506) 을 통하여 발전소(508)로 흘려 보낼 수 있도록 하기 위한 입구로서의 역할을 하게 된다. 여기서, 수압관(506) 은 취수구(504)와 발전소(508) 사이에 배치되어 발전소(508)의 수차(702)가 구동될 수 있도록 한다(본 명세서에 서, 발전소란, 물의 위치 에너지를 수차에 의하여 기계 에너지로 변환하고, 다시 수차에 연결된 발전기에 의하 여 이를 전기 에너지로 변환하는 장소를 말한다). 한편, 수차(702)를 구동하여 전력을 생산한 물은 방수로 (510)를 통하여 하류로 빠져 나가게 된다.

[0043] 도 8은 본 발명의 일 실시예에 따라 다단계로 구축된 수력 발전 시스템을 도시한다. 도 8에 도시된 바와 같이, 본 발명에 따르면, 수력 발전 시스템이 상류 지역으로부터 하류 지역으로 다단계에 걸쳐 구축되므로, 한 번 사 용된 물을 여러 번 재활용하여 전력 생산의 효율을 극대화할 수 있게 된다.

[0044] 이상에서 본 발명이 구체적인 구성요소 등과 같은 특정 사항들과 한정된 실시예 및 도면에 의해 설명되었으나, 이는 본 발명의 보다 전반적인 이해를 돕기 위해서 제공된 것일 뿐, 본 발명이 상기 실시예들에 한정되는 것은 아니며, 본 발명이 속하는 분야에서 통상적인 지식을 가진 자라면 이러한 기재로부터 다양한 수정 및 변형을 꾀할 수 있다.

[0045] 따라서, 본 발명의 사상은 상기 설명된 실시예에 국한되어 정해져서는 아니되며, 후술하는 특허청구범위뿐만 아니라 이 특허청구범위와 균등하게 또는 등가적으로 변형된 모든 것들은 본 발명의 사상의 범주에 속한다고 할 것이다.

도면의 간단한 설명

[0046] 도 1은 본 발명의 일 실시예에 따른, 터널형 저수 설비(102)를 갖는 수력 발전 시스템(100)의 구성을 나타내는 개략도이다.

[0047] 도 2는 도 1의 A-A' 단면을 나타내는 도면이다.

[0048] 도 3은 본 발명의 다른 실시예에 따른, 터널형 저수 설비(102)를 갖는 수력 발전 시스템(100)의 구성을 나타내는 개략도이다.

[0049] 도 4는 도 3의 A-A' 단면을 나타내는 도면이다.

[0050] 도 5는 본 발명의 일 실시예에 따른, 터널형 저수 설비(102)를 갖는 수력 발전 시스템(100)의 상면을 개략적으로 도시한 도면이다.

[0051] 도 6은 본 발명의 일 실시예에 따른, 터널형 저수 설비(102)를 갖는 수력 발전 시스템(100)의 측면을 개략적으로 도시한 도면이다.

[0052] 도 7은 도 6의 일부 구성요소를 포함하여 수차(702)의 구동 과정을 도시하는 도면이다.

[0053] 도 8은 본 발명의 일 실시예에 따라 다단계로 구축된 수력 발전 시스템을 도시하는 도면이다.

[0054] <도면의 주요부분에 대한 설명>

[0055] 100: 수력 발전 시스템   102: 터널형 저수 설비

[0056] 104: 차수벽   106: 댐

[0057] 108: 집수구   110: 수구

도면

도면1

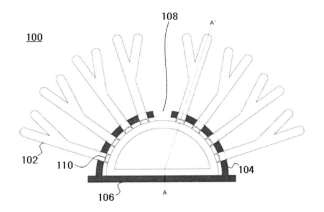

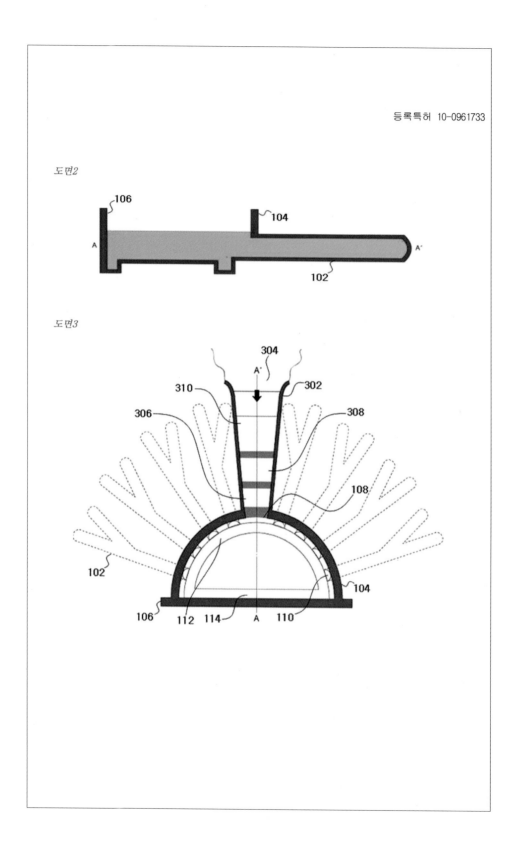

도면2

도면3

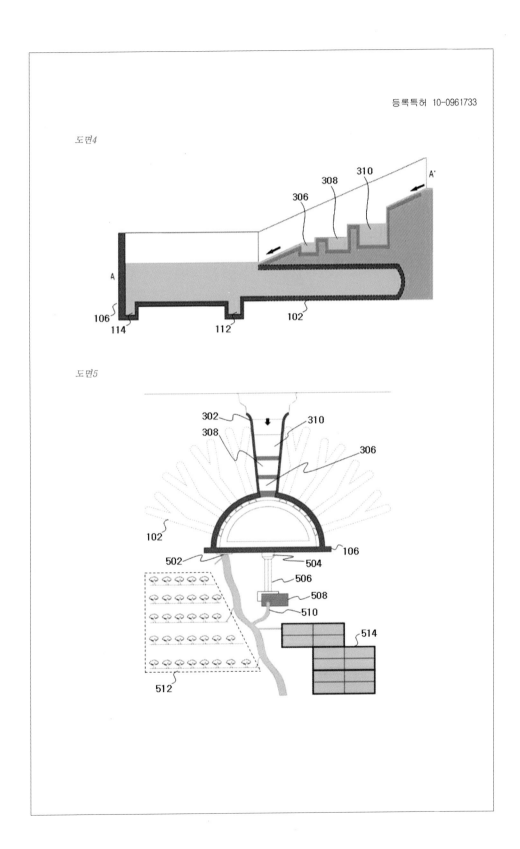

도면4

도면5

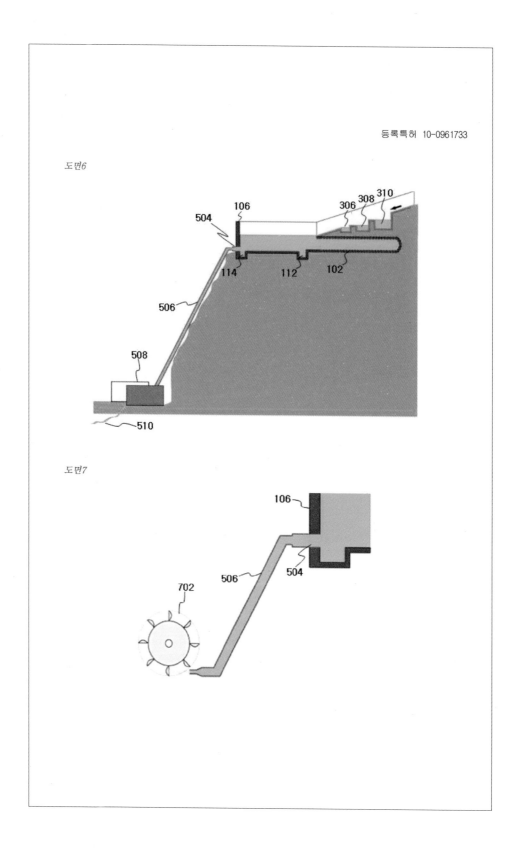

도면6

도면7

도면8

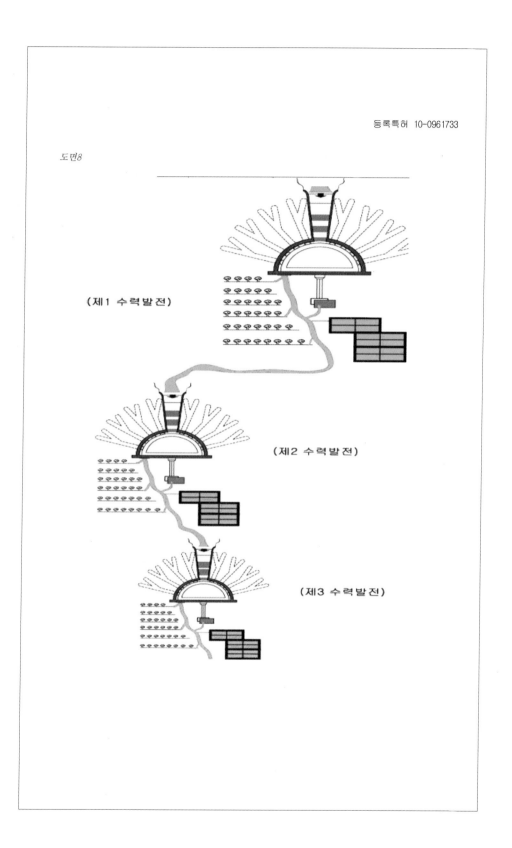

(제1 수력발전)

(제2 수력발전)

(제3 수력발전)

터널형 저수 다단계 수력 발전 시스템의 기대효과

지류관리로 홍수조절, 물 부족국가 해결, 친환경 · 신재생 전기에너지 생산으로 전기세 인하!

22조 원이라는 천문학적인 재원을 투입하여 국가 정책으로 시행한 이명박 정부의 4대강 사업은 오히려 많은 문제점과 부작용을 일으키고 있다.

물 관리의 대표적인 것이 바로 '홍수조절'인데, 4대강 사업을 해봐도 해마다 홍수는 터지고 있다. 왜냐하면 우리나라의 홍수는 본래 급경사로 이루어진 산맥으로 인하여 본류보다 지류에서 많이 나타나고 있기 때문이다. 본디 지류(支流) 관리만 잘하면 본류(本流: 4대강)는 범람하지 않는 법이다.

본 제안자의 특허 등록 기술인 '터널형 저수 다단계 수력 발전 시스템'은 최고의 지류관리 시스템으로써, 홍수조절 능력이 뛰어날 뿐만 아니라, '다단계 수력 발전 시스템'으로 인하여 친환경 · 신재생 에너지로 막대한 전기를 생산하기 때문에 전기세가 인하되는 효과는 물론, 국제인구행동연구소(PAI)에서 한국에 대하여 '물 부족국가'로 분류했는데 물 부족 해결도 본 제안의 핵심 기대 효과라 할 수 있다.

터널 뚫는 기술은 대한민국이 일본을 제치고 세계 1위이다. '터널형 저수 다단계 수력 발전 시스템' 특허 기술은, 이러한 세계 최고의 터널 뚫는 기술을 이용하여, 비가 와도 바로 바다로 물이 내려가지 않고 터널에 저장되어 있어, 그 물을 이용하여 과수원·고산 야채 등을 재배할 수 있는 '경제지역'이 새롭게 생기고, 뿐만 아니라 그 물을 이용하여 양어장·풀장 등을 경영할 수 있는 '경제수역'이 새롭게 나타남으로 인하여 물의 이용을 극대화할 뿐 아니라, 수량 조절로 인하여 홍수 및 물 부족 문제까지 해결할 수 있다.

본 항목 즉 '터널형 저수 다단계 수력 발전 시스템'을 국가 정책으로 그 특허 기술을 상용화한다면,

① 지류관리로 홍수조절 효과

② 물 부족국가 해결

③ 친환경 에너지 ⎤
  ⎟ 전기세 인하 효과
④ 신재생 에너지 ⎦

⑤ 경제지역 확보

⑥ 경제수역 확보

⑦ 전 국토 정원화 사업의 일환 – 관광수입 극대화

등으로 자그마치 1석7조의 기대효과를 얻을 수 있게 될 것이다.

글로벌 문자 '새한글'

- '한글'과 더불어 세계 최고의 글로벌 문자 체계 완성!

‘새한글’ 제안 배경

특허 등록 번호 : 특허 제10-1400934호

1. ‘새한글’은 이렇게 만들게 되었다

한글!

아! 위대한 우리 한글!

『훈민정음 해례본』에는 한글의 창제원리와 그 사용법이 상세히 설명되어 있고, 또한 세계에서 창제자를 아는 유일한 문자일 뿐 아니라, 세계 언어학계에서도 "한글은 가장 과학적이고 독창적이며 진화된 문자"라고 평가할 정도로 한글은 우리의 자랑이요 세계의 으뜸이다.

다시 말해, 세상 모든 문자 중에서 만든 날짜와 만든 이유 그리고 만든 원리를 알 수 있는 유일한 문자인 우리 한글의 우수성과 체계성은 이제 전 세계가 인정하고 있다는 사실이다.

"지혜로운 자는 아침 먹기 전에, 어리석은 자라도 열흘이면 깨칠 수 있다"라고 말하고 있을 정도로 한글은 누구나 쉽게 익히고 쓸 수 있는 새로운 문자이다.

따라서 한글은 세상에서 가장 익히기 쉬운 문자로서, 유네스코는 1989년 문맹 퇴치에 기여한 이에게 주는 상을 ‘세종대왕상’이라 이름하였다. 또한 1997년에 유네스코는 우리 ‘훈민정음’을 ‘세계기록유산'으로 등재하기도 했다.

뿐만 아니라, 창제의 우수성과 세계사적 의미가 있는 우리 한글은 21세기 정보의 총아로써 컴퓨터 자판 사용 및 첨단의 스마트폰 글자 입력 방식에 최적이라고 할 수 있다. 디지털 문화와도 너무나 잘 어울리는 인류사에 가장 위대한 문자임이 틀림없다. 이는 세종대왕이 한글을 만들면서 꿈꿔 왔던 문자세계일 것이다.

한편, 이와 같은 오늘날의 찬란한 우리 한글 문자세계는 세종대왕이 '왕과는 비교도 안 될 만큼 막강한 상대'였던 당시의 '한자 한문 중심 역사 그리고 세계'와 정면으로 맞서지 않았다면 불가능한 일이었다. 참으로 한글 창제는 '혁명이자 목숨을 건 비약'이었다고 표현되고 있을 정도이다. 2013년 10월 9일자 『한겨레』의 「한글이라는 기적」이라는 기사를 읽어 보면 훈민정음의 위대함을 더 자세하게 알 수 있다. 그래서 기사의 전문을 이 자리를 빌어 실어 보고자 한다.

[15세기의 조선은 지식의 수용·정리와 확장·활용이라는 면에서 세계 최고 수준이었다고 할 수 있다. 인문학은 물론이고 자연과학·기술학 등도 이 시기에 집대성됐다. 그 한가운데에 훈민정음(한글) 창제가 자리한다. 훈민정음은 문자 체계를 가리키는 말이자 창제 원리를 담은 책의 이름이기도 하다. 『훈민정음』은 지구촌에서 '문자 자신이 문자 자신을 말하는' 유일한 책이다. 1997년에 유네스코 세계기록유산으로 등재된 것은 오히려 때늦다.

한글의 우수성과 창제의 세계사적 의미를 잘 보여 주는 책 가운데 하나가 노마 히데키 일본 국제교양대 교수가 쓴 『한글의 탄생 : 문자라는 기적』이다. 한글은 입 모양을 본떠 음(소리)에 분명한 형태(게슈탈트)를 부여했고, 자음 자모뿐 아니라 다양한 모음 자모에도 형태를 줬으며, 자음과 모음을 합쳐 만드는 음절도 형태화한 점에서 특별하다. 문자 구조로 볼 때 알파벳은 기본적으로 자음만을 나타내는 문자였으며 아랍문자 역시 모음 문자가 없고 필요에 따라 기호를 사용했다. 『훈민정음』은 언어학이 20세기가 돼서야 마침내 만난 '음소'(낱말의 의미를 구별 짓는 최소 소리 단위)라는 개념에 이미 도달해 있었다. 이는 세종이 '왕과는 비교도 안 될 만큼 막강한 상대'였던 당시의 '한자 한문 중심 역사·세계'와 정면으로 맞서지 않았다면 불가능한 일이었다. 한글 창제는 '혁명'이자 '목숨을 건 비약'이었다.

안타깝게도 2005년 시작돼 순조롭게 진행되던 '겨레말큰사전 남북공동편찬사업'의 회의가 2009년 12월 이후 열리지 못하고 있다. 이 사전에는 남쪽의 『표준국어대사전』과 북쪽의 『조선말대사전』에서 추출한 표제어에다 현지 조사 등을 통해 새로 찾은 어휘를 합쳐 33만 개를 수록할 예정이다. 이들 어휘를 절반으로 나

눠 남북이 각각 뜻풀이 작업을 하고 공동회의에서 합의하는 방식으로 진행된다. 이 사업의 근거인 법의 유효 기간이 얼마 전 2014년에서 2019년 4월로 연장되긴 했으나, 남북이 만나지 않으면 사전은 완성될 수가 없다.]

그래서 우리의 자랑이며 위대한 문자인 한글을 우리는 21세기의 전 지구촌 글로벌 시대에 맞추어 더욱 가꾸고 발전시켜야 할 의무와 책임을 갖고 있다. 이미 우리 한글은 글로벌 문자로써 세계 속으로 뻗어 가고 있다. 인도네시아 찌아찌아족에게 우리 한글을 선물한 것이 그 대표적인 예이다. 『충청투데이』에 배재대학교 국어국문학과 백낙천 교수가 쓴 「다시 돌아온 한글날」의 기사는 이를 잘 보여 주고 있다.

[10월 9일은 23년만에 공휴일로 우리 앞에 다시 돌아온 한글날이다. 올해 567돌을 맞이한 한글날은 일제 강점기에 한글을 통해 민족의 자긍과 민족혼을 되찾기 위해 1926년 '가갸날'이라는 이름으로 시작됐다가 1928년 한글날로 이름을 바꾸어 오늘에 이르고 있다. 1946년에는 한글날을 공휴일로 정해 기념하기 시작했지만, 1990년에 경제 논리를 앞세운 단체들의 요구로 공휴일에서 제외됐다. 그러다 보니 민족의 자긍심을 높이고 한글의 참된 가치를 되새기기 위한 한글날 기념 의식이 점점 희박해져 갔다. 이에 한글 관련 단체의 '한글날 국경일 승격 운동'으로 2005년에 한글날이 국경일로 승격, 지정됐으며, 드디어 2013년에는 한글날이 공휴일로 재지정됐다. 단순한 경제 논리로 훼손된 나라의 문화적 품격이 다시 회복된 것이다.

한글은 독창적이고 과학적으로 만든 것으로 세계에서 유래를 찾아볼 수 없는 뛰어난 문자다. 그러나 우리가 얼마나 한글의 가치를 소중하게 여기고 있는지 되돌아볼 일이다. 세계적인 언어학자로서 촘스키의 제자였던 고 제임스 맥콜리 교수는 생전에 10월 9일이면 제자들을 집에 초청해 한글날 잔치를 벌였으며, 영국의 제프리 샘슨 교수는 한글이 소리 문자를 넘어 한글 자모 하나하나가 음성학적 자질을 갖고 있는 문자라고 칭송한 바 있다. 더욱이 2009년 인도네시아 부톤 섬 남부 바우바우시에 거주하는 소수 민족 찌아찌아족이 자신들의 언어가 소멸될 위기에 처하자 자신들의 언어를 기록하기 위해 한글 사용을 도입하기도 했다. 이러한 사실들은 우리가 한글에 대하여 한없는 자부심을 갖게 만드는 충분한 근거들이다. 한글이 컴퓨터 자판 사용에 최적이며, 첨단의 스마트폰 글자 입력 방식이 한글 창제의 가획 원리를 따르고 있으며, 한글 글꼴이 갖는 맵시와 직선과 곡선의 아름다움은 21세기 한글 미학의 재발견이다.

그런데 우리가 한글이 갖는 의미와 가치를 깊이 자각하지 못하다 보니 한국어에 대한 우리 스스로의 대접도 자연히 형편없는 것이 요즘 세태다. 한글을 몇 자 틀리게 쓰고도 이것을 인터넷 언어의 습관 탓으로 돌린다면 더 이상 교양 있는 사람이 아니며, '현대판 이두'라고 할 정도로 과도하게 영어를 사용한다고 해서 세계 시민이 되는 것은 더더욱 아니다. 일제 강점기에 한글을 지키는 것이 우리말과 우리의 정신을 지키는 길이라는 역사적 경험으로 인해 오늘날 한글과 한국어를 떼어 놓고 얘기하기도 어렵다. 나라 밖에서 한류 열풍이 불고 한국 문화에 대한 관심이 고조되고 있는 중심에는 한글과 한국어가 있으며, 이것이 우리 문화에 대한 자부심의 표상이 된다는 점을 잊지 말아야 할 것이다.]

2009년 당시 최혜실 경희대 교수(국어국문학)는 『세계일보』에 「한글 세계화 초석을 다졌다」는 제목의 시론을 썼다. 최혜실 교수는 '한글을 세계화하는 데는 많은 노력과 기반 조성이 필요하다'고 전제한 후, 다양한 국가가 수용하기 위해서 광범위한 외국어의 발음이 기록 가능한 범용 문서작성기를 만들 수 있도록 한글 표기체계를 재정비해야 한다고 주장했다. 이를 위해 '기본 표준'과 '국가별 응용체계'를 나누어 개발해야 한다. 우선 한글의 기본 자음과 모음을 정하고 국가별로 실제 표기법을 구체적으로 연구해야 한다고 주장하면서, "기본 글자가 특정 국가에서는 필요 없을 수가 있고 한글 기본 표기법에는 없는 발음이 있을 수 있다"고 언급하면서 "새로운 문자 발명의 필요성"을 역설했다.

2013년 10월 9일에는 동국대 컴퓨터공학부 변정용 교수는 『조선일보』에 「한글맞춤법에 '훈민정음' 창제 원리 반영하라」라는 기사에 "한글맞춤법으로는 로마자의 R과 L, B와 V, F와 P를 구별할 수 없다"고 주장했다. 그 기사의 전문은 이렇다.

[올해부터 한글날이 법정 공휴일로 복원되어 좋다. 한글날 기념식에선 훈민정음해례의 어제 서문을 낭독하는데 "내 이를 어엿삐 여겨 새로 '스물여덟 자'를 맹가노니"라는 부분이 나온다. 반면, 식이 끝날 무렵 참석자들이 부르는 한글날 노래 2절 가사에는 '스물넉 자'라고 돼 있다. 이는 1933년 지금의 한글학회 전신인 조선어학회에서 '한글맞춤법 통일안'이 제정되면서 · ㅿ ㆁ ㆆ 넉 자를 제외한 결과다. 이후 1940년 훈민정음해례가 안동에서 발견되어 우리는 훈민정음의 창제원리를 자세히 알게 됐다. 그러나 그뿐 훈민정음해례에 나오는 원리를 한글맞춤법 통일안에 반영하지는 않았다.

컴퓨터 이용이 일반화되면서 훈민정음 창제 이래 출판된 모든 문서를 컴퓨터로 표현해야 하는 요구가 생기고 있다. 이른바 '옛 한글'을 표현하려니 여러 가지 문제가 발생하고 있다. 최근 기술표준원에서 만든 'KS X 2016-1:2007 정보기술 : 국제문자-한글 처리'에는 1992년에 반영된 '옛 한글' 자소를 포함한 240자에 그 후 추가로 발견된 117자를 추가하여 조합하면 약 150만 음절자를 표현할 수 있게 되어 컴퓨터를 이용한 한글 처리 문제는 완전히 해결된 것으로 발표하고 있다.

하지만 이는 사실이 아니다. 일종의 '화장술'을 통한 해결에 불과하다. 한글맞춤법으로 '옛 한글'을 표현하는 것은 근본적으로 불가능한 일이다. 한글맞춤법은 생성할 수 있는 음절의 수가 1만 1172자인 데 반해 옛 한글은 약 399억 음절이다. 이는 유조선에 실을 수십만 배럴의 기름을 조그만 나룻배에 싣는 것만큼이나 무모한 일이다. 반면, 훈민정음해례가 정의한 원리를 따르면 지금 같은 혼란 없이 1만 1172음절을 비롯해 150만 음절을 모두 포함시킬 수 있다.

1999년 타계한 시카고대학의 매콜리 교수는 매년 한글날을 기념했다. 그가 인정한 것은 한글맞춤법이 아니라 훈민정음해례다. 한글맞춤법으로는 로마자의 R과 L, B와 V, F와 P를 구별할 수 없다. 외국 인명과 지명은 원어 음차를 하는데 한글맞춤법으로는 어려움이 많지만 훈민정음은 모두 가능하다. 훈민정음해례 정인지 서문의 '천지자연의 소리가 있으면 곧 천지자연의 문자가 반드시 있다'도 훈민정음이 모든 언어를 표기할 수 있음을 뜻한다.

우리는 문자 생활에서 아직도 1933년 상황에 있다. 1940년 훈민정음해례가 발견된 후 노력하지 않은 결과다. 정인지 선생은 말한다. "(배우기 쉽기로는) 지혜로운 이는 아침 먹기 전에, 어리석은 이라도 열흘이면 깨칠 수 있다." 과학적 원리 없이는 이렇게 쉬울 수 없다. 발성기관 상형설이나 가획 원리도 과학적이지만 훈민정음의 '과학'은 기본 자소만으로 천문학적인 숫자의 음절을 생성하는 원리가 핵심이다. 기본 28자와 종성부용초성, 합자해에서 연서법, 합용병서법, 부서법, 성음법으로 구성된 훈민정음해례의 과학성이 재조명되어야 한다. 이를 위해 한글맞춤법 대신 훈민정음 맞춤법으로 바꿀 필요도 있다. 1940년 이래 70여년간 방치하고 있는 훈민정음의 창제 원리를 복원해 국민들이 자부심을 갖도록 해야 한다. 그래야 한글날을 법정 공휴일로 복원한 진정한 가치를 찾을 수 있을 것이다.]

그리하여, 본 제안자는 그 동안 오랜 기간 연구해 온 글로벌 문자 '새한글' 열 자를 2009년에 「특수기호를 이용하여 '새한글' 문자를 입력하기 위한 방법 및 장치」를 특허청에 특허 출원하면서 세상에 내놓게 되었다(현재 특허 등록 완료).

'새한글'은 한글 창제의 가획 원리를 그대로 응용하여 점(•) 하나를 더하여 만들어 냈다.

대덕연구단지 장 모 연구원은 "이 새로운 문자 발명은 '무충전·무공해 꿈의 자동차' 보다도 더 위대하다"라고 놀라워하면서, "우리나라 고대 문자가 34자였는데, 현재 '한글 24자' 와 '새한글 10자' 를 더하면 34자로써 우리 고유의 문자가 회복되었다"며 매우 기뻐하며 경탄할 정도였다.

글로벌 문자인 '새한글' 은 자음이 7자, 모음이 3자로 도합 10자를 발명한 것이다. 이를 간단히 소개하면 다음과 같다.

구 분	자 음							모 음		
새한글	ㄷ̇	ㄸ̇	ㄹ̇	ㅂ̇	ㅅ̇	ㅊ̇	ㅍ̇	ㅏ̇	ㅓ̇	ㅗ̇
이름	점디귿	점쌍디귿	점리을	점비읍	점시옷	점지읒	점피읖	점아	점어	점오
음가	[ð]	[θ]	[r]	[v]	[ʃ]	[ʒ]	[f]	[ar]	[ər]	[ɔr]

이어서 글로벌 문자 '새한글' 의 발명 자료와 특허증 및 특허 자료를 공개하니 국가는 이를 검토하고 검증하여 한류 열풍과 더불어 우리의 '한글' 을 '새한글' 과 더불어 온 지구촌의 '글로벌 문자' 로 승화하고 발전시킬 수 있도록 국가 정책화하도록 제안한다.

2. 글로벌 문자 '새한글'의 발명 자료

(1) 출원인

이옥재 | 전남 광양시 성황동 89

(2) 발명자

이옥재 | 전남 광양시 성황동 89

(3) 대리인

윤경민 | 서울 강남구 역삼동 641-3 노바빌딩 2층(수특허법률사무소)

(4) 발명의 명칭

새한글

(5) 요약

본 발명은 외국어를 표기하는 데 있어서 될 수 있으면 원어민 발음과 같거나 가깝게 표기하기 위하여 만들어진 새로운 문자 발명에 관한 것으로, 외국어를 원어민 발음대로 표기하기 위해 한글의 자모에 점(·)을 추가하여 쉽게 사용할 수 있는 특성이 있다. 뿐만 아니라 이 새로운 문자는 국제음성기호와 상응한 발음을 그대로 부여하므로 원어민 발음과 같은 소리가 나는 특성이 있는 새한글에 관한 것이다.

현재 한국에서 사용되고 있는 한글의 자모 수는 총 24자(자음:14자, 모음:10자)로써 외국어를 표기하고 발음하는데 많은 장애가 나타나고 있다. 특히 알파벳의 f, v, th(θ, ð), r 계통의 발음 등은 현용 한글로는 거의 표기할 수가 없다.

따라서 본 발명은 현재 사용하고 있는 한글의 자모에 간단한 점(·)을 통일적으로 추가하여 사용함으로 그 표기가 일관되고 간단하며 발음 역시 국제음성기호에 그대로 대응시킴으로써 해당 외국어 발음을 원어민 발음과 같이 표현할 수 있는 이점이 있다. 그리하여 외국어 공부에 획기적인 전환점이 될 수 있는 매우 유익하고 실용적인 신발명 문자인 것이다.

(6) 대표도
도면1.

(7) 특허 청구의 범위

청구항1.
현재 사용하고 있는 한글의 자모에 간단한 점(·)을 통일적으로 추가한 문자에 국제음성기호를 대응시켜서 발음하도록 표기하게 함으로써 외래어 및 외국어를 원어민 발음과 같거나 가깝게 표현할 수 있음을 특징으로 하는 새한글.

청구항2.
ㄷ(점디귿)을 국제음성기호 [ð]와 같은 음가를 나타내게 표기하는 것을 특징으로 하는 새한글.

청구항3.
ㄸ(점쌍디귿)을 국제음성기호 [θ]와 같은 음가를 나타내게 표기하는 것을 특징으로 하는 새한글.

청구항4.
ㄹ(점리을)을 국제음성기호 [r]와 같은 음가를 나타내게 표기하는 것을 특징으로 하는 새한글.

청구항5.
ㅂ(점비읍)을 국제음성기호 [v]와 같은 음가를 나타내게 표기하는 것을 특징으로 하는 새한글.

청구항6.
ㅅ(점시옷)을 국제음성기호 [ʃ]와 같은 음가를 나타내게 표기하는 것을 특징으로 하는 새한글.

청구항7.

ㅊ (점지읏)을 국제음성기호 [ʒ]와 같은 음가를 나타내게 표기하는 것을 특징으로 하는 새한글.

청구항8.

ㅍ (점피읖)을 국제음성기호 [f]와 같은 음가를 나타내게 표기하는 것을 특징으로 하는 새한글.

청구항9.

ㅏ (점아)를 r계열의 모음 [ar], [aːr], [ɑːr], [ɑːr]와 같은 음가를 나타내게 표기하는 것을 특징으로 하는 새한글.

청구항10.

ㅓ (점어)를 r계열의 모음 [ər], [əːr]와 같은 음가를 나타내게 표기하는 것을 특징으로 하는 새한글.

청구항11.

ㅗ (점오)를 r계열의 모음 [ɔr], [ɔːr]와 같은 음가를 나타내게 표기하는 것을 특징으로 하는 새한글.

(8) 명세서
발명의 상세한 설명
발명의 목적

(9) 발명이 속하는 기술 및 그 분야의 종래 기술
외래어의 원음에 가까운 표기뿐만 아니라 외국어의 원어민 발음에 가깝게 표기하려면 새로운 자모음 개발의 필요성이 크게 대두되고 있다.

본 발명은 외국어(다른 나라의 말)와 외래어(다른 언어를 마치 국어처럼 쓰는 단어)를 원어민 발음과 같거나 가깝게 표기할 수 있는 새로운 문자 발명에 따른 새한글에 관한 것이다.

외국어 및 외래어의 원어민 발음 표현에 많은 제약을 갖고 있는 현용 한글의 자모에 간단한 점(ㆍ)을 추가한 각 문자와 국제음성기호의 각 발음 1개씩을 대응시킴으로써 외래어를 원어민 발음에 가깝게 표기할 수 있을 뿐만 아니라 외국어도 원어민 발음처럼 표현할 수 있는 특성이 있다.

종래의 이 분야의 표기법은 국어의 현용 24자모만으로 적게 되어 있는데다가 이는 외래어 즉, 다른 언어로부터 빌려 마치 국어처럼 쓰는 단어를 표기하는 방법(따라서, 우리말이나 글의 표현 방식을 거의 그대로 적용함)을 외국어 즉, 다른 민족이나 국가의 말을 표기하는 방법에 그대로 적용시킴으로써, 즉 외국어는 원어민 발음과 같거나 가깝게 표현해야 함에도 불구하고 국어처럼 굳어 쓰고 있는 외래어 표기법에다가 다른 나라의 말을 공부하는, 그래서 원어민 발음과 같이 표현해야 하는 외국어 표기법을 그대로 적용시킴으로써 다른 나라말을 배우는 것이 아니라 국내에서 국어처럼 굳어 쓰고 있는 외래어로 전락시킴으로 인해, 이러한 방식으로 외국어를 배우는 학생들은 수년 동안 공부하여도 원어민 발음 하나 제대로 못할 뿐만 아니라 원어민과의 의사소통도 요원한 일이 되게 하는 큰 문제점을 가지고 있다. 그러나 본 새한글은 외래어 및 외국어의 종래 표기법 문제를 쉽게 해결할 수 있다.

(10) 발명이 이루고자 하는 기술적 과제

국어처럼 굳어 쓰고 있는 외래어 표기법(그래서, 초성ㆍ중성ㆍ종성에 맞추는 한국인의 한글 표기법)을 다른 나라의 말인 외국어 표기법에 그대로 적용(그래서, 외국어를 한국인이 사용하는 한국어 형태로 발음)함으로써 우리는 여태까지 외국어 공부에 치명적인 잘못과 실수를 거듭해 왔다.

예를 들면, 현행 외래어 표기법에 의하면 [베이스]라고 하면 base인지 vase인지를 알 수 없다. 그나마 base는 [베이스]로 소리 나지 않고 [베이시]로 발음된다. 또 한 예로, [피쉬]라고 하면 fish인지 pish인지를 알 수 없다. 그런데 사실 [피쉬]는 fish의 발음도 pish의 발음도 모두 아니다.

또 외래어 표기법에 의하면 '외래어 1음운은 원칙적으로 1기호로 적는다'라고 해놓고서 외래어 1음운에 'ㅡ'나 'ㅣ'를 첨가하여 표기ㆍ발음함으로써 외국어 발음 공부에 심각한 지장을 초래하고 있다.

즉, 외래어 표기법에 의하면 '어말 또는 자음 앞의 자음'에는 'ㅡ'나 'ㅣ'를 덧붙여 표기하게 되어 있어, 이는 한국인의 외국어 공부에 치명적인 습관성 'ㅡ' 부착증과 습관성 'ㅣ' 부착증의 증세로 나타나 외국어의 원어민 발음을 상실하게 됨으로써 듣고 말하는 언어 공부에 치명적인 결함을 던지고 있는 것이다.

따라서 본 발명은 현행 외래어 표기법이 아닌 외국어를 원어민 발음과 같거나 가깝게 표현 또는 표기할 수 있는 외국어 표기법에 관한 새로운 문자 발명이다(이를 '외래어 표기법'에도 적용하면 더욱 좋다).

이는 현용 국어의 24자모에 간단한 점(·)을 통일적으로 일관되게 추가함으로써 사용이 편리할 뿐만 아니라, 국제음성기호의 각 발음과 대응시켰기 때문에 외국어 및 외래어를 원어민 발음과 같거나 가깝게 표기할 수 있으므로 외국어를 아주 수월하게 공부할 수 있는 기술적 특성이 있다.

본 발명 새한글을 '1음운 1기호 표기 원칙'과 함께 사용하면 위에 예시했던 문제의 단어는 다음과 같은 표기로 간단히 해결된다.

base[beis] 베이ㅅ, vase[veis] 베이ㅅ

pish[piʃ] 피ㅅ, fish[fiʃ] 피ㅅ

(11) 발명의 구성

문자는 오랜 세월을 두고 소멸되거나 새롭게 만들어지기도 하는 특성이 있다. 따라서 본 문자 발명을 보다 체계적으로 이해하고 그 구성을 깊이 있게 파악하기 위해 우리 한글의 옛 자음과 모음의 쓰임의 예를 살펴보기로 한다. 이는 새로 발명한 '새한글'이 현용 한글 자모의 윗부분에 간단한 점을 통일적으로 추가하여 만든 문자이기 때문에 옛 한글의 아래아(·)와 혼돈할 우려가 있어, 그 쓰임과 음가가 확연히 다름을 알리기 위해 옛 한글의 아래아(·)의 쓰임과 지금은 없어지거나 다른 문자로 변하여 쓰이고 있는 자음 등을 살펴봄으로써 문자구성의 특성과 새로운 신문자(새한글) 구성을 쉽게 이해하기 위함이다.

금 → 감. 재료.

ᄌᆞᆽᄒ다 → 깨끗하다.

ᄀᆞᆺ볼기 → 막 밝을 무렵. 갓밝이.

ᄀᇀ다 → 같다.

ᄂᆞᆯ다 → 날다.

ᄂᆞᆾ(ㄴ+ㆍ+ㅊ) → 낯.

ㄴㄴ(쌍니은) : 'ㄴ'의 된소리. 세종 때 쓰이다가 쓰이지 않게 됨.

ᄃᆞᆯ → 달.

ᄃᆞᆯ다 → 달다.

ᄃᆞᆰ → 닭.

ᄃᆞᆰ의알 → 달걀.

ᄅᆞᆯ → 를.

ᄆᆞᆾ(ㅁ+ㆍ+ㅊ)다 → 마치다.

ㅱ(옛 자음의 한 가지) : 'ㅁ'의 순경음. 〔개신(改新) 한자음 표기에 씌었음. 국어에서는 사용 례가 없어 음운단위라 볼 수 없음〕

ㅲ(비읍디귿) : 초성으로만 쓰임. 뒷날 'ㄸ'으로 변함.

ㅲ다 → 따다.

ㅴ(비읍시옷기역) : 초성으로만 쓰임. 뒷날 'ㄲ'소리로 변함.

ㅴ애다 → 깨다.

ㅵ(비읍시옷디귿) : 초성으로만 쓰임. 뒷날 'ㄸ' 소리로 변함.

ㅵ]다 → 찌다.

ㅶ(비읍지읒) : 초성으로만 쓰임. 뒷날 'ㅉ'으로 변함.

ㅶ아다 → 짜다.

ㅳ(비읍티읕) : 초성으로만 쓰임.

ㅳ어지다 → 터지다.

ㅸ(순경음비읍) : 옛 자음의 하나. 'ㅂ'의 순경음. 아래위 입술이 닿을락 말락한 상태에서 나 는 유성음. 15세기 중엽에 소멸됨.

ᄉᆞᆺ → 사뭇.

ᄉᆞᆲ다 → 삶다.

ᄉᆞᆲ → 살.

ᄉᆞᆺ → 사이.

ㅺ(시옷기역) : 초성으로만 쓰임. 뒷날 'ㄲ'으로 변함.

ㅼ(시옷디귿) : 초성으로만 쓰임. 뒷날 'ㄸ'으로 변함.

△(반시옷) : 옛 한글 자음의 하나. 'ㅅ'의 울림소리. 반치음으로, 임진왜란 이후부터 쓰이지
않았음.
ᅀᅡ → 야(체언이나 용언의 어미에 붙어, 뜻을 강조하게 하던 말).

ᅌᅵ(옛 이응) : 옛 한글 자음의 하나. 아음. 지금의 'ㅇ'받침소리와 같은 음가로 쓰였음. 오늘
날 글자는 쓰이지 않게 되고 음가만이 받침소리로 남아 'ㅇ'자로 적음.
ㆀ(쌍이응) : 'ㅇ'의 각자 병서.

ᄎᆞᆽ(ㅊ+ㆍ+ㅈ)다 → 찾다.

ᄑᆞ다 → 파다.
ᄑᆞ리 → 파리.
ㅸ(순경음피읖) : 옛 자음의 하나. 'ㅍ'의 순경음. 두 입술을 닿을락 말락하게 대어 그 사이로
숨길을 세게 불어낼 때 나는 소리.

ㆅ(쌍히읗) : 'ㅎ'의 된소리.
ㆆ(여린히읗) : 옛 한글 자모의 하나. 'ㅎ'과 'ㅇ'의 중간음. 성문 폐쇄음. 15세기 중엽에 소멸.

  현용 한글 자음은 거의 모두가 초성과 종성으로 쓰이는데 옛 한글 자음은 초성으로만 쓰인 특성도
같이 살펴봄으로써 문자 구성의 여러 형태를 파악하였다.
  이제 '새한글(10자)'에 대하여 하나하나 그 구성과 특성, 그리고 쓰임의 예를 자세히 설명하면 다
음과 같다.

ㅌ(점디귿) : 국제음성기호 [ð]와 같은 음가를 나타낸다. 윗니와 혀끝 사이에서 발음되는
유성마찰음이다. 한글 현용 자음 'ㅌ(티읕)'은 획 모두가 붙어있으므로 ㅌ(점디
귿)과의 구별이 용이하다. 가끔 'ㅌ'을 필기체로 'ㄷ'으로 쓰는 경우가 있으나
이는 신문자 ㅌ(점디귿)의 출현으로 인하여 'ㅌ'은 필기체에서도 모두 인쇄체와
마찬가지로 'ㅌ'으로 통일하면 그 구별이 쉽게 나타난다.
<표기예시> the [ðə] 더

ㅌ(점쌍디귿) : 국제음성기호 [θ]와 같은 음가를 나타낸다. 윗니와 혀끝 사이에서 발음되는
무성마찰음이다. 혀끝이 놓이는 위치와 입모양은 ㅌ(점디귿)과 같다.
이 신문자는 현용 한글 자모의 어떤 문자와도 그 구별성이 뚜렷하다.
<표기예시> thing [θiŋ] 떵

ㄹ(점리을) : 국제음성기호 [r]와 같은 음가를 나타낸다. 혀끝을 위로 약간 마는 것처럼 구부
려 입안 공간에서 발음되는 유음이다. 혀끝은 입안의 어느 부위에도 닿지 않아
야 한다.
　　　　이 신문자는 현용 한글 자모의 어떤 문자와도 그 구별성이 뚜렷하다.
　　　　<표기예시> real [riəl] 리얼

ㅂ(점비읍) : 국제음성기호 [v]와 같은 음가를 나타낸다. 윗니와 아랫입술 사이에서 발음되
는 유성마찰음이다. 혀끝이 놓이는 위치는 아랫니와 아랫잇몸 사이이다.
　　　　이 신문자는 현용 한글 자모의 어떤 문자와도 그 구별성이 뚜렷하다.
　　　　<표기예시> van [væn] 뺀

ㅅ(점시옷) : 국제음성기호 [ʃ]와 같은 음가를 나타낸다. 혀끝을 위로 약간 마는 것처럼 구
부려 입안 공간에서 발음되는 무성마찰음이다. 혀끝은 입안의 어느 부위에도
닿지 않아야 한다.
　　　　이 신문자는 현용 한글 자모의 어떤 문자와도 그 구별성이 뚜렷하다.
　　　　<표기예시> shine [ʃain] 사인

ㅊ(점지읒) : 국제음성기호 [ʒ]와 같은 음가를 나타낸다. 혀끝을 위로 약간 마는 것처럼 구
부려 입안 공간에서 발음되는 유성마찰음이다. 혀끝이 놓이는 위치와 입모양은
ㅅ(점시옷)과 같다.(혀끝은 입안의 어느 부위에도 닿지 않아야 한다)
　　　　이 신문자는 현용 한글 자음 'ㅊ(치읓)'과 그 구별이 혼돈할 여지가 있으나 이
도 역시 ㄷ(점디귿)과 'ㅌ'의 차이처럼 구별하면 쉽다. 'ㅊ'은 인쇄체처럼 필기할
때도 'ㅊ'의 'ㅡ'을 옆으로 그으면서 쓰고, ㅊ(점지읒)은 위의 점을 그대로 '·'으로
표시하여 'ㅊ'으로 쓰든지 아니면 'ㅊ'처럼 위의 점을 아래로 그어 현용 한글 자
음 'ㅊ(치읓)'과 구별하여 쓰면 된다.
　　　　[이는 ㄷ(점디귿)도 필기할 때는 위의 점을 아래도 그어 'ㄷ'로 표기 할 수도
있어 현용 한글 자음 'ㅌ(티읕)'과 구별을 쉽게 할 수 있다]
　　　　<표기예시> usual [júːʒuəl] 유주얼

ㅍ(점피읖) : 국제음성기호 [f]와 같은 음가를 나타낸다. 윗니와 아랫입술 사이에서 발음되는
무성마찰음이다. 혀끝이 놓이는 위치와 입모양은 ㅂ(점비읍)과 같다.
　　　　이 신문자는 현용 한글 자모의 어떤 문자와도 그 구별성이 뚜렷하다.
　　　　<표기예시> fan [fæn] 뺀

ㅏ(점아) : r계열의 모음 [aɹ]와 같은 음가를 나타낸다. 혀끝은 위로 약간 마는 것처럼 구부
리고 입모양은 크게 만든다. 턱도 많이 내려온다. 혀끝이 입안의 어느 부위에도
닿지 않은 상태에서 우리말의 '아~'처럼 발음한다.
　　　　ㅏ(점아)에는 [aːɹ] 발음도 같이 포함되며 [ɑɹ], [ɑːɹ]도 모두 같은 ㅏ(점아)로

표시된다.

<표기예시> arm [aːɾm] 암

ㅓ(점어) : ɾ계열의 모음 [əɾ]와 같은 음가를 나타낸다. 혀끝을 위로 약간 마는 것처럼 구부
리고 입모양은 ㅏ(점아)보다 약간 오므린다. 혀끝이 입안의 어느 부위에도 닿지
않은 상태에서 우리말의 '어-'처럼 발음한다.
ㅓ(점어)에는 [əːɾ]발음도 같이 포함된다.
<표기예시> hear [hiəɾ] 히어

ㅗ(점오) : ɾ계열의 모음 [ɔɾ]와 같은 음가를 나타낸다. 혀끝은 위로 약간 마는 것처럼 구부
리고 입모양은 오므린다. 혀끝이 입안의 어느 부위에도 닿지 않은 상태에서 우리
말 '오-'처럼 발음한다.
ㅗ(점오)에는 [ɔːɾ]발음도 같이 포함된다.
<표기예시> more [mɔːɾ] 모

(12) 발명의 효과

현재 외래어 표기법은 이미 국어처럼 굳어 쓰고 있는 외래어를 한국인의 한글 표기법(초성, 중성, 종성)에 맞추어 국어의 현용 24자모만으로 표기하게 되어 있어 원어민 발음을 제대로 반영할 수 없고, 뿐만 아니라 이 외래어 표기법으로 외국어인 외국의 인명, 지명까지 표기하게 되어 있어 이는 국어처럼 쓰고 있는 외래어 표기보다 더 큰 문제를 갖고 있다.

다시 말해, 현용 외래어 표기법은 외래어도 제대로 표기하기 어려운데 외국어를 같은 방식으로 표기하게 되어 있어 외국어 발음 공부에 심각한 지장을 초래하고 있다.

그러나 본 발명 '새한글' 열 자를 병용하게 되면 외국어의 표기를 원어민 발음에 거의 가깝게 표기할 수 있는 유익이 크게 나타난다.

한글의 자모 음가에는 없는 국제음성기호 f, v, θ, ð, r, ʃ, ʒ, aɾ, əɾ, ɔɾ의 발음 음가와 똑같은 ㅍ, ㅂ, ㄸ, ㄷ, ㄹ, ㅅ, ㅊ, ㅏ, ㅓ, ㅗ의 발음을 가진 '새한글' 사용은 외국어 공부 및 원어민 발음에 한층 더 가깝게 접근할 수 있어 듣기는 물론 일반 외국어 말하기 공부에 획기적인 발전을 가져올 수 있다.

(13) 도면의 간단한 설명

도면1은 '새한글(10자)'의 이름과 음가 및 국제음성기호와 대조한 표이다.

도면2는 '새한글(10자)'의 발음법을 설명하고 도시한 표이다.

도면3은 '새한글(10자)'의 표기를 예시한 표이다.

3. '새한글(10자)'의 이름과 음가 및 국제음성기호 대조표

구 분	자 음							모 음		
새한글	ㄷ	ㄸ	ㄹ	ㅂ	ㅅ	ㅈ	ㅍ	ㅏ	ㅓ	ㅗ
이름	점디귿	점쌍디귿	점리을	점비읍	점시옷	점지읒	점피읖	점아	점어	점오
음가	[ð]	[θ]	[r]	[v]	[ʃ]	[ʒ]	[f]	[ar]	[ər]	[ɔr]

4. '새한글(10자)'의 발음법

자 음	
	ㆄ[f] : 윗니와 아랫입술 사이에서 발음되는 무성마찰음이다. 혀끝이 놓이는 위치는 아랫니와 아랫잇몸 사이이다.(그림참조)
	ㅸ[v] : 윗니와 아랫입술 사이에서 발음되는 유성마찰음이다. 혀끝이 놓이는 위치와 입모양은 ㆄ[f]와 같다.
	ㄸ[θ] : 윗니와 혀끝 사이에서 발음되는 무성마찰음이다. 혀끝이 놓이는 위치는 윗니와 아랫니 사이이다.
	ㄷ[ð] : 윗니와 혀끝 사이에서 발음되는 유성마찰음이다. 혀끝이 놓이는 위치와 입모양은 ㄸ[θ]와 같다.
	ㄹ[r] : 혀끝을 위로 약간 마는 것처럼 구부려 입안 공간에서 발음되는 유음이다. 혀끝은 입안의 어느 부위에도 닿지 않아야 한다.
	ㅅ[ʃ] : 혀끝을 위로 약간 마는 것처럼 구부려 입안 공간에서 발음되는 무성마찰음이다. 혀끝은 입안의 어느 부위에도 닿지 않아야한다.
	ㅊ[ʒ] : 혀끝을 위로 약간 마는 것처럼 구부려 입안 공간에서 발음되는 유성마찰음이다. 혀끝이 놓이는 위치와 입모양은 ㅅ[ʃ]와 같다.
모 음	
	ㅏ[ɑr] : 혀끝은 위로 약간 마는 것처럼 구부리고 입모양은 크게 만든다. 턱도 많이 내려온다. 혀끝이 입안의 어느 부위에도 닿지 않은 상태에서 우리말의 '아-'처럼 발음한다.
	ㅓ[ər] : 혀끝은 위로 약간 마는 것처럼 구부리고 입모양은 ㅏ[ɑr]보다 약간 오므린다. 혀끝이 입안의 어느 부위에도 닿지 않은 상태에서 우리말의 '어-'처럼 발음한다.
	ㅗ[ɔr] : 혀끝은 위로 약간 마는 것처럼 구부리고 입모양은 오므린다. 혀끝이 입안의 어느 부위에도 닿지 않은 상태에서 우리말의 '오-'처럼 발음한다.

5. '새한글(10자)' 표기 예시

자 음	
ㅍ[f]	① fan [fæn] 퐨, ② fall [fɔːl] 폴, ③ fat [fæt] 퐤트(퐽), ④ fail [feil] 풰일, ⑤ family [fǽməli] 풰멀리
ㅂ[v]	① van [væn] 퐨, ② vine [vain] 바인, ③ venus [víːnəs] 비너ㅅ, ④ veil [veil] 풰일, ⑤ violin [vàiəlín] 바이얼린
ㄸ[θ]	① thin [θin] 뜬, ② thumb [θʌm] 뜸, ③ thank [θæŋk] 뗑ㅋ, ④ thing [θiŋ] 뜽, ⑤ thumping [θʌmpiŋ] 뜸핑
ㄷ̃[ð]	① the [ðə] 떠, ② then [ðen] 뗀, ③ that [ðæt] 뗘트(뗉), ④ they [ðei] 떼이, ⑤ this [ðis] 띠ㅅ
ㄹ[r]	① real [riəl] 리얼, ② ready [rédi] 뤠디, ③ rabbit [rǽbit] 뤠비트(뤠빝), ④ rail [reil] 뤠일, ⑤ theory [θíːəri] 뜨어리
ㅅ̇[ʃ]	① she [ʃiː] 시, ② shine [ʃain] 샤인, ③ shade [ʃeid] 셰이드(셰일), ④ shell [ʃel] 셸, ⑤ vacation [veikéiʃən] 베이케이션
ㅊ̇[ʒ]	① usual [júːʒuəl] 유쭈얼, ② vision [víʒən] 비쳔 ③ decision [disíʒən] 디시쳔, ④ occasion [əkéiʒən] 어케이쳔, ⑤ television [téləviʒən] 텔러비쳔
모 음	
ㅏ[ar]	① are [aːr] 아, ② arm [aːrm] 암, ③ art [aːrt] 아트(앝), ④ article [áːrtikl] 아티클, ⑤ far [faːr] 퐈
ㅓ[ər]	① here [hiər] 히어, ② dear [diər] 디어, ③ beggar [bégər] 베거, ④ number [nʌ́mbər] 넘버, ⑤ farmer [fáːrmər] 퐈머
ㅗ[ɔr]	① more [mɔːr] 모, ② born [bɔːrm] 본, lord [lɔːrd] 로드(롣), ④ morning [mɔ́ːrniŋ] 모닝, ⑤corner [kɔ́ːrmər] 코너

6. '새한글' 특허증 및 특허 자료

발명의 명칭 : 특수 기호를 이용하여 '새한글' 문자를 입력하기 위한 방법 및 장치

특 허 증
CERTIFICATE OF PATENT

특 허 제 10-1400934 호
(PATENT NUMBER)

출원번호 (APPLICATION NUMBER) 제 2009-0013537 호

출 원 일 (FILING DATE:YY/MM/DD) 2009년 02월 18일

등 록 일 (REGISTRATION DATE:YY/MM/DD) 2014년 05월 22일

발명의명칭 (TITLE OF THE INVENTION)

특수 기호를 이용하여 새한글 문자를 입력하기 위한 방법 및 장치

특허권자 (PATENTEE)

이옥재(550415-1******)

전라남도 광양시 정산길 14-1 (성황동)

발명자 (INVENTOR)

이옥재(550415-1******)

전라남도 광양시 정산길 14-1 (성황동)

위의 발명은 「특허법」에 따라 특허등록원부에 등록 되었음을 증명합니다.

(THIS IS TO CERTIFY THAT THE PATENT IS REGISTERED ON THE REGISTER OF THE KOREAN INTELLECTUAL PROPERTY OFFICE.)

2014년 05월 22일

특 허 청 장 김 영
COMMISSIONER, THE KOREAN INTELLECTUAL PROPERTY OFFICE

연차등록료는 2017년부터 매년 05월 22일까지 납부하여야 하며, 등록원부로 권리관계를 확인바랍니다.

등록특허 10-1400934

 (19) 대한민국특허청(KR)
(12) 등록특허공보(B1)

(45) 공고일자   2014년06월02일
(11) 등록번호   10-1400934
(24) 등록일자   2014년05월22일

(51) 국제특허분류(Int. Cl.)
    H04M 1/23 (2006.01) *H04B 1/38* (2006.01)
    H04M 1/272 (2006.01)
(21) 출원번호   10-2009-0013537
(22) 출원일자   2009년02월18일
    심사청구일자   2012년08월20일
(65) 공개번호   10-2009-0089272
(43) 공개일자   2009년08월21일
(30) 우선권주장
    1020080014540 2008년02월18일 대한민국(KR)
(56) 선행기술조사문헌
    KR1020010100112 A
    KR1020060079291 A
    KR1020030070802 A
    KR1020020051651 A
전체 청구항 수 : 총 7 항

(73) 특허권자
    이옥재
    전라남도 광양시 정산길 14-1 (성황동)
(72) 발명자
    이옥재
    전라남도 광양시 정산길 14-1 (성황동)
(74) 대리인
    특허법인 수

심사관 :   오성환

(54) 발명의 명칭 **특수 기호를 이용하여 새한글 문자를 입력하기 위한 방법 및 장치**

(57) 요 약

본 발명은 특수 기호를 이용하여 새한글 문자를 입력하기 위한 방법 및 장치에 관한 것이다. 본 발명의 일 태양에 따르면, 다수의 자음 키와 다수의 모음 키를 포함하는 문자 입력 장치에서 문자를 입력하기 위한 방법으로서, 사용자가 적어도 하나의 자음 키 및 적어도 하나의 모음 키를 선택한 것에 관한 입력 정보를 획득하는 단계, 사용자가 상기 적어도 하나의 자음 키 또는 상기 적어도 하나의 모음 키와 연관하여 특수 기호를 입력한 것에 관한 입력 정보를 획득하는 단계, 및 상기 적어도 하나의 자음 키, 상기 적어도 하나의 모음 키 및 상기 특수 기호의 선택 또는 입력에 따라 문자를 조합하여 입력하는 단계를 포함하고, 상기 적어도 하나의 자음 키가 한글 자음 'ㄷ', 'ㄸ', 'ㄹ', 'ㅂ', 'ㅅ', 'ㅈ', 'ㅍ' 중 하나에 대응되거나, 상기 적어도 하나의 모음 키가 한글 모음 'ㅏ', 'ㅓ', 'ㅗ' 중 하나에 대응되는 것을 특징으로 하는 문자 입력 방법이 제공된다.

대 표 도 - 도1

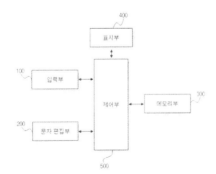

글로벌 문자 '새한글' ●161

특허청구의 범위

청구항 1

다수의 자음 키와 다수의 모음 키를 포함하는 문자 입력 장치에서 문자를 입력하기 위한 방법으로서,

사용자가 적어도 하나의 자음 키 및 적어도 하나의 모음 키를 선택한 것에 관한 입력 정보를 획득하는 단계,

사용자가 상기 적어도 하나의 자음 키 또는 상기 적어도 하나의 모음 키와 연관하여 특수 기호를 입력한 것에 관한 입력 정보를 획득하는 단계, 및

상기 적어도 하나의 자음 키, 상기 적어도 하나의 모음 키 및 상기 특수 기호의 선택 또는 입력에 따라 문자를 조합하여 입력하는 단계

를 포함하고,

상기 적어도 하나의 자음 키가 한글 자음 'ㄷ', 'ㄸ', 'ㄹ', 'ㅂ', 'ㅅ', 'ㅈ', 'ㅍ' 중 하나에 대응되거나, 상기 적어도 하나의 모음 키가 한글 모음 'ㅏ', 'ㅓ', 'ㅗ' 중 하나에 대응되며,

상기 문자 입력 장치는 초성 띄움 키를 더 포함하고,

사용자에 의해 상기 초성 띄움 키가 선택된 후 상기 다수의 자음 키 중 하나가 선택되면, 상기 하나의 자음 키에 대응되는 자음만으로 구성된 문자를 입력하는 단계를 더 포함하는 것

을 특징으로 하는 문자 입력 방법.

청구항 2

제1항에 있어서,

상기 특수 기호는 사용자가 소정의 키를 연속적으로 선택한 횟수 또는 소정의 키를 지속적으로 선택한 시간에 기초하여 입력되는 것을 특징으로 하는 문자 입력 방법.

청구항 3

제1항에 있어서,

상기 특수 기호는 ' · '(발음점)인 것을 특징으로 하는 문자 입력 방법.

청구항 4

제3항에 있어서,

상기 조합된 문자는 ㄷ̇ (점디귿), ㄸ̇ (점쌍디귿), ㄹ̇ (점리을), ㅂ̇ (점비읍), ㅅ̇ (점시옷), ㅈ̇ (점지읒), ㅍ̇ (점피읖), ㅏ̇ (점아), ㅓ̇ (점어), ㅗ̇ (점오) 중 적어도 하나를 포함하는 것을 특징으로 하는 문자 입력 방법.

청구항 5

제4항에 있어서,

상기 ㄷ̇ (점디귿)은 국제 음성 기호 [ð]와 동일한 음가를 나타내고,

상기 ㄸ̇ (점쌍디귿)은 국제 음성 기호 [θ]와 동일한 음가를 나타내며,

상기 ㄹ̇ (점리을)은 국제 음성 기호 [r]과 동일한 음가를 나타내고,

상기 ㅂ̇ (점비읍)은 국제 음성 기호 [v]와 동일한 음가를 나타내며,

상기 ∧̇ (점시읏)은 국제 음성 기호 [ʃ]와 동일한 음가를 나타내고,

상기 ∧̇ (점지읏)은 국제 음성 기호 [ʒ]와 동일한 음가를 나타내며,

상기 ㅍ̇ (점피읖)은 국제 음성 기호 [f]와 동일한 음가를 나타내고,

상기 ㅏ̇ (점아)는 국제 음성 기호 [ar]와 동일한 음가를 나타내며,

상기 ㅓ̇ (점어)는 국제 음성 기호 [ᵊr]와 동일한 음가를 나타내고,

상기 ㅗ̇ (점오)는 국제 음성 기호 [ᵓr]와 동일한 음가를 나타내는 것

을 특징으로 하는 문자 입력 방법.

청구항 6

제1항에 있어서,

상기 문자 입력 장치는 보조 키와 띄움 기능 키를 더 포함하고,

사용자에 의해 상기 보조 키와 상기 띄움 기능 키가 동시에 선택된 후 상기 다수의 자음 키 중 하나가 선택되면, 상기 하나의 자음 키에 대응되는 자음만으로 구성된 문자를 입력하는 단계를 더 포함하는 것

을 특징으로 하는 문자 입력 방법.

청구항 7

삭제

청구항 8

문자 입력 장치로서,

다수의 자음 키와 다수의 모음 키를 포함하고, 사용자가 적어도 하나의 자음 키 및 적어도 하나의 모음 키를 선택한 것에 관한 입력 정보를 획득하며, 사용자가 상기 적어도 하나의 자음 키 또는 상기 적어도 하나의 모음 키와 연관하여 특수 기호를 입력한 것에 관한 입력 정보를 획득하기 위한 입력부, 및

상기 적어도 하나의 자음 키, 상기 적어도 하나의 모음 키 및 상기 특수 기호의 선택 또는 입력에 따라 문자를 조합하여 입력하기 위한 문자 편집부

를 포함하고,

상기 적어도 하나의 자음 키가 한글 자음 'ㄷ', 'ㄸ', 'ㄹ', 'ㅂ', 'ㅅ', 'ㅈ', 'ㅍ' 중 하나에 대응되거나, 상기 적어도 하나의 모음 키가 한글 모음 'ㅏ', 'ㅓ', 'ㅗ' 중 하나에 대응되며,

초성 띄움 키를 더 포함하고, 사용자에 의해 상기 초성 띄움 키가 선택된 후 상기 다수의 자음 키 중 하나가 선택되면, 상기 하나의 자음 키에 대응되는 자음만으로 구성된 문자를 입력하는 것

을 특징으로 하는 문자 입력 장치.

명 세 서

발명의 상세한 설명

기 술 분 야

[0001] 본 발명은 특수 기호를 이용하여 새한글 문자를 입력하기 위한 방법 및 장치에 관한 것으로서, 보다 상세하게는, 특수 기호(예를 들면, ' ˙ '(이하, 발음점이라고도 함))를 이용하여 새한글의 기초 자모 10 자(예를 들면, ㄷ, ㄸ, ㄹ, ㅂ, ∧, ∧, ㅍ, ㅏ, ㅓ, ㅗ)를 입력하기 위한 방법 및 장치에 관한 것이다.

배 경 기 술

[0002] 통신과 교통의 발달로 인한 세계화가 진행됨에 따라 영어 습득의 필요성은 계속적으로 증가하고 있다. 따라서, 영어를 우리말(한글)로 표기해야 하는 경우도 증가하고 있는데, 한글로 표기된 영어의 발음은 실제 영어의 발음 과는 큰 차이가 있는 것이 현실이다(물론, 영어 외의 외국어를 표기하는 경우에도 기본적으로는 마찬가지이다).

[0003] 이는 영어를 한글의 24 자모만으로 표기하여 나타내고자 하는 표기법의 한계 때문이다. 이에 따라, 종래의 한글 표기법으로 영어를 표기하면, 본래의 영어의 발음을 정확하게 반영하지 못하는 이상한 외래어가 생기는 현상이 발생하고 있다.

[0004] 특히, 세계적으로 공용어로서 사용되고 있는 영어의 알파벳 내지는 발음 기호 중에서 f, v, th(ð, θ), r, ʃ, ʒ, ar, ɚr, ɚr에 해당하는 발음을 기존의 한글의 자모로 표기하고 발음하는 데에는 한계가 있었다. 예를 들면, 기존의 외래어 표기법에 의해 base를 [베이스]라고 표기하면, 해당 단어가 base와 vase 중 어느 것을 나 타내는 것인지 구별할 수 없으며, 실제 base의 발음은 [베이스]보다는 [베이스]에 가까움에도 불구하고 이러한 점을 한국인은 제대로 알 수 없게 되는 문제점이 있었다. 또한, 외래어 표기법에 의해 fish를 [피시]나 [피쉬] 로 표기하면, 해당 단어가 fish인지 pish인지 pisi인지 등을 구별할 수 없었으며, 실제 fish의 발음을 알기 어 려웠다.

[0005] 또한, 기존의 외래어 표기법 제2항에는 '외래어의 1 음운은 원칙적으로 1 기호로 적는다'라고 되어 있으나, 실 제로는 어말이나 자음 앞의 자음에는 'ㅡ'나 'ㅣ'를 덧붙여 표기하고 있기 때문에, 영어의 발음을 나타내는 데 에 있어서 불필요한 'ㅡ'나 'ㅣ'를 더 사용하게 되기도 하였다.

[0006] 이상과 같은, 종래의 외래어 표기와 이에 따른 문자 입력 장치 등은 결국 영어를 학습하는 한국인들에게 혼란을 주고 때로는 한국인들이 올바른 영어 발음을 습득하는 데에 방해가 되기도 한다. 따라서, 이러한 문제점을 해결 하기 위해 창안된 새한글과 이를 이용한 문자 입력 방법 및 장치가 필요한 실정이다.

발명의 내용

해결 하고자하는 과제

[0007] 본 발명은 상술한 종래 기술의 문제점을 모두 해결하는 것을 그 목적으로 한다.

[0008] 또한, 본 발명은 특수 기호를 이용하여 새한글 문자를 입력할 수 있도록 하는 방법 및 장치를 제공하는 것을 다 른 목적으로 한다.

[0009] 또한, 본 발명은 국제 음성 기호에 따른 발음을 한글로 명확하고 알기 쉽게 표기할 수 있도록 하는 방법 및 장 치를 제공하는 것을 또 다른 목적으로 한다.

[0010] 또한, 본 발명은 자음만으로도 소정의 발음 표기를 수행할 수 있도록 하는 방법 및 장치를 제공하는 것을 또 다 른 목적으로 한다.

과제 해결수단

[0011] 상기 목적을 달성하기 위한 본 발명의 대표적인 구성은 다음과 같다.

[0012] 본 발명의 일 태양에 따르면, 다수의 자음 키와 다수의 모음 키를 포함하는 문자 입력 장치에서 문자를 입력하 기 위한 방법으로서, 사용자가 적어도 하나의 자음 키 및 적어도 하나의 모음 키를 선택한 것에 관한 입력 정보 를 획득하는 단계, 사용자가 상기 적어도 하나의 자음 키 또는 상기 적어도 하나의 모음 키와 연관하여 특수 기 호를 입력한 것에 관한 입력 정보를 획득하는 단계, 및 상기 적어도 하나의 자음 키, 상기 적어도 하나의 모음 키 및 상기 특수 기호의 선택 또는 입력에 따라 문자를 조합하여 입력하는 단계를 포함하고, 상기 적어도 하나 의 자음 키가 한글 자음 'ㄷ', 'ㄸ', 'ㄹ', 'ㅂ', 'ㅅ', 'ㅈ', 'ㅍ' 중 하나에 대응되거나, 상기 적어도 하나의 모음 키가 한글 모음 'ㅏ', 'ㅓ', 'ㅗ' 중 하나에 대응되는 것을 특징으로 하는 문자 입력 방법이 제공된다.

[0013] 이 외에도, 본 발명을 구현하기 위한 다른 방법 및 장치가 더 제공된다.

효과

[0014] 본 발명에 의하면, 특수 기호를 이용하여 새한글 문자를 입력할 수 있게 된다.

[0015] 또한, 본 발명에 의하면, 국제 음성 기호에 따른 발음을 한글로 명확하고 알기 쉽게 표기할 수 있게 된다.

[0016] 또한, 본 발명에 의하면, 자음만으로도 소정의 발음 표기를 수행할 수 있게 된다.

[0017] 또한, 본 발명에 의하면, 특히 한국인의 영어 습득에 유리한 도구를 획득할 수 있게 된다.

발명의 실시를 위한 구체적인 내용

[0018] 후술하는 본 발명에 대한 상세한 설명은, 본 발명이 실시될 수 있는 특정 실시예를 예시로서 도시하는 첨부 도면을 참조한다. 이들 실시예는 당업자가 본 발명을 실시할 수 있기에 충분하도록 상세히 설명된다. 본 발명의 다양한 실시예는 서로 다르지만 상호 배타적일 필요는 없음이 이해되어야 한다. 예를 들어, 여기에 기재되어 있는 특정 형상, 구조, 및 특성은 일 실시예에 관련하여 본 발명의 정신 및 범위를 벗어나지 않으면서 다른 실시예로 구현될 수 있다. 또한, 각각의 개시된 실시예 내의 개별 구성요소의 위치 또는 배치는 본 발명의 정신 및 범위를 벗어나지 않으면서 변경될 수 있음이 이해되어야 한다. 따라서, 후술하는 상세한 설명은 한정적인 의미로서 취하려는 것이 아니며, 본 발명의 범위는, 적절하게 설명된다면, 그 청구항들이 주장하는 것과 균등한 모든 범위와 더불어 첨부된 청구항에 의해서만 한정된다. 도면에서 유사한 참조부호는 여러 측면에 걸쳐서 동일하거나 유사한 기능을 지칭한다.

[0019] 이하에서는, 본 발명이 속하는 기술분야에서 통상의 지식을 가진 자가 본 발명을 용이하게 실시할 수 있도록 하기 위하여, 본 발명의 바람직한 실시예들에 관하여 첨부된 도면을 참조하여 상세히 설명하기로 한다.

[0020] 문자 입력 장치

[0021] 도 1은 본 발명의 일 실시예에 따라 특수 기호를 이용하여 새한글 문자를 입력하기 위한 장치의 구성도이다.

[0022] 도 1을 참조하면, 본 발명의 일 실시예에 따른 문자 입력 장치는 입력부(100), 문자 편집부(200), 메모리부(300), 표시부(400) 및 제어부(500)를 포함하여 구성될 수 있다.

[0023] 먼저, 본 발명의 일 실시예에 따른 입력부(100)는 다수의 키(또는, 버튼)가 배열된 키보드 또는 키패드를 포함하는 구조로서, 사용자에 의해 소정의 키가 선택되면 키마다 할당된 입력 정보(예를 들면, 한글의 자모에 관한 정보)를 문자 편집부(200)로 제공하는 기능을 수행할 수 있다.

[0024] 다음으로, 본 발명의 일 실시예에 따른 문자 편집부(200)는 입력부(100)로부터의 입력 정보 중 문자 정보와 본 발명에 따른 특수 기호에 관한 정보를 판별하여 문자를 입력, 편집하는 기능을 수행할 수 있다.

[0025] 또한, 본 발명의 일 실시예에 따른 문자 편집부(200)는 자음만으로도 발음이 표기되도록 하는 기능을 더 수행할 수 있다.

[0026] 이상과 같은 문자 편집부(200)에 대하여는 도 2 내지 도 5를 참조한 이하의 상세한 설명에 의해 더 잘 이해될 수 있을 것이다.

[0027] 다음으로, 본 발명의 일 실시예에 따른 메모리부(300)는 입력부(100)로부터의 입력 정보를 저장하거나, 문자 편집부(200)에서 입력, 편집되는 문자에 관한 정보를 저장할 수 있는 구성요소로서, 버퍼나 문자 데이터 레지스터와 같은, 하나 이상의 공지의 기록 매체를 수반하는 구성요소일 수 있다.

[0028] 다음으로, 본 발명의 일 실시예에 따른 표시부(400)는 디지털 연산 처리 결과를 표시하는 기능을 수행할 수 있다. 이러한 표시부(400)는, 바람직하게는 광을 방출하여 영상을 표시할 수 있는 디스플레이 수단으로서, 문자 편집부(200)를 통한 문자의 입력, 편집 과정을 디스플레이할 수 있다. 표시부(400)는, 예를 들면, 액정 표시 장치(Liquid Crystal Display; LCD), 유기 전계 발광 표시 장치(Organic Light Emitting Diode display; OLED) 및 플라즈마 표시 장치(Plasma Display Panel; PDP) 중 어느 하나일 수 있으나, 이에 한정되는 것은 아니며, 디지털 데이터를 표시할 수 있는 공지된 구성요소라면 본 발명에 따른 표시부(400)로서 제한 없이 채용될 수 있다.

[0029] 마지막으로, 본 발명의 일 실시예에 따른 제어부(500)는 입력부(100), 문자 편집부(200), 메모리부(300) 및 표시부(400) 간의 데이터의 흐름을 제어함으로써, 입력부(100), 문자 편집부(200), 메모리부(300) 및 표시부(400)에서 각각 고유한 기능을 수행하도록 제어할 수 있고, 별도의 통신 수단(미도시됨)을 이용하여 문자 입력 장치의 구성요소와 외부의 구성요소 간의 데이터 흐름을 제어할 수도 있다.

[0030] 새한글 문자

[0031] 이하에서는, 특수 기호의 일 예인 '·'(발음점)을 한글 자모인 'ㄷ', 'ㄸ', 'ㄹ', 'ㅂ', 'ㅅ', 'ㅈ', 'ㅍ', 'ㅏ', 'ㅓ', 'ㅗ'에 조합하여 본 발명에 따른 새한글 문자를 입력, 편집하는 것에 관하여 설명하지만, 본 발명의 특수 기호가 '·'(발음점)에 한정되는 것은 아니며, '-', '^'과 같이 발음점을 대신할 수 있는 다른 기호도 얼마든지 본 발명에 따른 특수 기호로서 이용될 수 있음은 자명할 것이다.

[0032] 도 2는 본 발명의 일 실시예에 따른 문자 편집부(200)에 의해 입력, 편집될 수 있는 새한글 문자를 나타내는 도면이다. 그리고, 도 3은 본 발명의 일 실시예에 따른 문자 편집부(200)에 의해 입력, 편집될 수 있는 새한글 문자의 발음과 활용 예를 나타내는 도면이다.

[0033] 도 2 및 도 3을 참조하면, 본 발명의 일 실시예에 따른 특수 기호인 '·'(발음점)을 이용한 새한글 문자는 자음 7자(ㄷ, ㄸ, ㄹ, ㅂ, ㅅ, ㅈ, ㅍ)와 모음 3자(ㅏ, ㅓ, ㅗ)를 포함하는 총 10자로 구성되는데, 보다 상세하게는 아래와 같다. 이하에서 순서대로 살펴보기로 한다.

[0034] 먼저, 본 발명의 일 실시예에 따른 ㄷ(점디귿)은 국제 음성 기호 [ð]와 동일한 음가를 나타내는 새한글의 자음이다. 이것은 윗니와 혀끝 사이에서 발음되는 유성 마찰음으로서 혀끝이 놓이는 위치는 윗니와 아랫니 사이이다. 이러한 ㄷ(점디귿)은 현용되고 있는 한글 자음 'ㄷ'에 본 발명의 일 실시예에 따른 특수 기호인 '·'(발음점)을 조합하여 표기할 수 있다.

[0035] 예를 들면, 영어 단어 the[ðə]를 종래의 한글로 표기하면 '더'가 되지만, 본 발명에 따른 새한글로 표기하면 '·'(발음점)을 추가하여 '더'로 표기할 수 있다.

[0036] 이와 같은 원리로, then[ðen]을 '뗀'으로, that[ðæt]을 '때트(땥)'으로, they[ðei]를 '떼이'로, this[ðis]를 '디ㅅ'로 표기할 수 있다. 이로써, 국제 음성 기호 [d]에 해당하는 'ㄷ'과 국제 음성 기호 [ð]에 해당하는 ㄷ(점디귿)을 명확하게 구별함으로써, 영어 단어의 발음을 더 정확하게 반영하면서도 한국인이 이해하기 쉬운 표기를 할 수 있다. 이때, 때트(땥)나, 디ㅅ에서 볼 수 있듯이, 한글 자음만으로도 하나의 발음을 나타낼 수 있다는 점이 특히 이해되어야 한다(다른 자음도 마찬가지이다).

[0037] 다음으로, 본 발명의 일 실시예에 따른 ㄸ(점쌍디귿)은 국제 음성 기호 [θ]와 동일한 음가를 나타내는 새한글의 자음이다. 이것은 윗니와 혀끝 사이에서 발음되는 무성 마찰음으로서 혀끝이 놓이는 위치와 입 모양은 ㄷ(점디귿)과 동일하다. 이러한 ㄸ(점쌍디귿)은 현용되고 있는 한글 자음 'ㄸ'에 본 발명의 일 실시예에 따른 특수 기호인 '·'(발음점)을 조합하여 표기할 수 있다.

[0038] 예를 들면, 영어 단어 thin[θin]을 종래의 한글로 표기하면 '신'이 된다. 하지만, [θ]의 실제 발음은 'ㅅ'과는 상이하다. 그러나, 본 발명에 따른 새한글에서는 '·'(발음점)을 추가하여 '띤'으로 표기할 수 있다.

[0039] 이와 같은 원리로, thumb[θʌm]을 '떰'으로, thank[θæŋtk]를 '땡ㅋ'로, thing[θiŋ]을 '떵'으로, thumping[θʌmpiŋ]을 '떰핑'으로 표기할 수 있다.

[0040] 다음으로, 본 발명의 일 실시예에 따른 ㄹ(점리을)은 국제 음성 기호 [r]과 동일한 음가를 나타내는 새한글의 자음이다. 이것은 혀끝을 위로 약간 마는 것처럼 구부린 입 안 공간에서 발음되는 유음(liquid sound)으로서 혀끝은 입 안의 어느 부위에도 닿지 않아야 한다. 이러한 ㄹ(점리을)은 현용되고 있는 한글 자음 'ㄹ'에 본 발명의 일 실시예에 따른 특수 기호인 '·'(발음점)을 조합하여 표기할 수 있다.

[0041] 예를 들면, 영어 단어 real[riəl]을 종래의 한글로 표기하면 '리얼'이 되지만, 본 발명에 따른 새한글에서는 '·'(발음점)을 추가하여 '리얼'로 표기할 수 있다.

[0042] 이와 같은 원리로, ready[redi]를 '레디'로, rabbit[ræbit]을 '래비트(래빝)'으로, rail[reil]을 '레일'로, theory[θi:ᵊril]를 '띠어리'로 표기할 수 있다. 이로써, 국제 음성 기호 [l]에 해당하는 'ㄹ'과 국제 음성 기호 [r]에 해당하는 ㄹ(점리을)을 명확하게 구분할 수 있다.

[0043] 다음으로, 본 발명의 일 실시예에 따른 ㅂ(점비읍)은 국제 음성 기호 [v]와 동일한 음가를 나타내는 새한글의 자음이다. 이것은 윗니와 아랫입술 사이에서 발음되는 유성 마찰음으로서 혀끝이 놓이는 위치는 아랫니와 아랫 잇몸 사이이다. 이러한 ㅂ(점비읍)은 현용되고 있는 한글 자음 'ㅂ'에 본 발명의 일 실시예에 따른 특수 기호 인 '‥'(발음점)을 조합하여 표기할 수 있다.

[0044] 예를 들면, 영어 단어 van[væn]을 종래의 한글로 표기하면 '밴'이 되지만, 본 발명에 따른 새한글에서는 '‥' (발음점)을 추가하여 '밴'으로 표기할 수 있다.

[0045] 이와 같은 원리로, vine[vain]을 '바인'으로, venus[vi:nᵊs]를 '비너스'로, veil[veil]을 '베일'로, violin[vaiᵊlin]을 '바이얼린'으로 표기할 수 있다. 이로써, 국제 음성 기호 [b]에 해당하는 'ㅂ'과 국제 음성 기호 [v]에 해당하는 ㅂ(점비읍)을 명확하게 구분할 수 있다.

[0046] 다음으로, 본 발명의 일 실시예에 따른 ㅅ(점시옷)은 국제 음성 기호 [ʃ]와 동일한 음가를 나타내는 새한글의 자음이다. 이것은 혀끝을 위로 약간 마는 것처럼 구부린 입 안 공간에서 발음되는 무성 마찰음으로서 혀끝은 입 안의 어느 부위에도 닿지 않아야 한다. 이러한 ㅅ(점시옷)은 현용되고 있는 한글 자음 'ㅅ'에 본 발명의 일 실 시예에 따른 특수 기호인 '‥'(발음점)을 조합하여 표기할 수 있다.

[0047] 예를 들면, 영어 단어 she[ʃi:]를 종래의 한글로 표기하면 '시'가 된다. 하지만 [ʃ]의 실제 발음은 'ㅅ'와는 상이하다. 그러나, 본 발명에 따른 새한글에서는 '‥'(발음점)을 추가하여 '시'로 표기하여 한글 자음 'ㅅ'과 명확하게 구별하면서도 국제 음성 기호 [ʃ]의 음가를 정확하게 나타낼 수 있다.

[0048] 이와 같은 원리로, shine[ʃain]을 '사인'으로, shade[ʃeid]를 '셰이드(셰읻)'로, shell[ʃell]을 '셸'로, vacation[veikeiʃᵊn]을 '베이케이천'으로 표기할 수 있다.

[0049] 다음으로, 본 발명의 일 실시예에 따른 ㅈ(점지읒)은 국제 음성 기호 [ʒ]와 동일한 음가를 나타내는 새한글의 자음이다. 이것은 혀끝을 위로 약간 마는 것처럼 구부린 입 안 공간에서 발음되는 유성 마찰음으로서 혀끝이 놓 이는 위치와 입 모양은 ㅅ(점시옷)과 동일하다. 이러한 ㅈ(점지읒)은 현용되고 있는 한글 자음 'ㅈ'에 본 발 명의 일 실시예에 따른 특수 기호인 '‥'(발음점)을 조합하여 표기할 수 있다.

[0050] 예를 들면, 영어 단어 usual[ju:ʒuᵊl]을 종래의 한글로 기재하면 '유주얼'이 되지만, 본 발명에 따른 새한글 에서는 '‥'(발음점)을 추가하여 '유주얼'로 표기할 수 있다.

[0051] 이와 같은 원리로, vision[viʒᵊn]을 '비천'으로, decision[disiʒᵊn]을 '디시천'으로, occasion[ᵊkeiʒᵊn]을 '어케이천'으로, television[telᵊviʒᵊn]을 '텔리비천'으로 표기할 수 있다. 이로 써, 국제 음성 기호 [ʤ]에 해당하는 'ㅈ'와 국제 음성 기호 [ʒ]에 해당하는 ㅈ(점지읒)을 명확하게 구분할 수 있다.

[0052] 다음으로, 본 발명의 일 실시예에 따른 ㅍ(점피읖)은 국제 음성 기호 [f]와 동일한 음가를 나타내는 새한글의 자음이다. 이것은 윗니와 아랫입술 사이에서 발음되는 무성 마찰음으로서 혀끝이 놓이는 위치와 입 모양은

ㅓ(점비읍)과 동일하다. 이러한 ㅍ(점피읖)은 현용되고 있는 한글 자음 'ㅍ'에 본 발명의 일 실시예에 의한 특수 기호인 '·'(발음점)을 조합하여 표기할 수 있다.

[0053] 예를 들면, 영어 단어 fan[fæn]을 종래의 한글로 기재하면 '팬'이 되지만, 본 발명에 따른 새한글에서는 '·'(발음점)을 추가하여 '팬'으로 표기할 수 있다.

[0054] 이와 같은 원리로, fall[fɔːl]을 '폴'로, fat[fæt]를 '패트(팯)'로, fail[feil]을 '페일'로, family [fæməli]를 '패밀리'로 표기할 수 있다. 이로써, 국제 음성 기호 [p]에 해당하는 'ㅍ'과 국제 음성 기호 [f]에 해당하는 ㅍ(점피읖)을 명확하게 구분할 수 있다.

[0055] 한편, 본 발명의 일 실시예에 따른 ㅏ(점아)는 국제 음성 기호 [ar]와 동일한 음가를 나타내는 새한글의 모음이다. 이것은 혀끝을 위로 약간 마는 것처럼 구부리고 입 모양은 크게 만들고 턱도 많이 내려온 상태로 발음된다. 이때, 혀끝이 입 안의 어느 부위에도 닿지 않은 상태에서 '아~'처럼 발음하게 된다. 이러한 ㅏ(점아)는 현용되고 있는 한글 모음 'ㅏ'에 본 발명의 일 실시예에 따른 특수 기호인 '·'(발음점)을 조합하여 표기할 수 있다.

[0056] 예를 들면, 영어 단어 are[aːr]를 종래의 한글로 표기하면 '아'가 되지만, 본 발명에 따른 새한글에서는 '·'(발음점)을 추가하여 '아'로 표기할 수 있다.

[0057] 이와 같은 원리로, arm[aːrm]을 '암'으로, art[aːrt]를 '아트(앝)'로, article[aːrtikl]을 '아티클'로, far[faːr]를 '파'로 표기할 수 있다. 이로써, 국제 음성 기호 [a]에 해당하는 'ㅏ'와 국제 음성 기호 [ar]에 해당하는 ㅏ(점아)를 명확하게 구분할 수 있다.

[0058] 다음으로, 본 발명의 일 실시예에 따른 ㅓ(점어)은 국제 음성 기호 [ər]와 동일한 음가를 나타내는 새한글의 모음이다. 이것은 혀끝을 위로 약간 마는 것처럼 구부리고 입 모양은 ㅏ(점아)보다 약간 오므린 상태로 발음된다. 이때, 혀끝이 입 안의 어느 부위에도 닿지 않은 상태에서 우리말의 '어~'처럼 발음하게 된다. 이러한 ㅓ(점어)는 현용되고 있는 한글 모음 'ㅓ'에 본 발명의 일 실시예에 따른 특수 기호인 '·'(발음점)을 조합하여 표기할 수 있다.

[0059] 예를 들면, 영어 단어 here[hiər]를 종래의 한글로 기재하면 '히어'가 되지만, 본 발명에 따른 새한글에서는 '·'(발음점)을 추가하여 '히어'로 표기할 수 있다.

[0060] 이와 같은 원리로, dear[diər]를 '디어'로, beggar[begər]를 '베거'로, number[nʌmbər]를 '넘버'로, farmer[faːrmər]를 '파머'로 표기할 수 있다. 이로써, 국제 음성 기호 [ʌ]에 해당하는 'ㅓ'와 국제 음성 기호 [ər]에 해당하는 ㅓ(점어)를 명확하게 구분할 수 있다.

[0061] 마지막으로, 본 발명의 일 실시예에 따른 ㅗ(점오)은 국제 음성 기호 [ər]와 동일한 음가를 나타내는 새한글의 모음이다. 이것은 혀끝을 위로 약간 마는 것처럼 구부리고 입 모양은 오므린 상태에서 발음된다. 이때, 혀끝이 입안의 어느 부위에도 닿지 않은 상태에서 우리말의 '오~'처럼 발음하게 된다. 이러한 ㅗ(점오)는 현용되고 있는 한글 모음 'ㅗ'에 본 발명의 일 실시예에 따른 특수 기호인 '·'(발음점)을 조합하여 표기할 수 있다.

[0062] 예를 들면, 영어 단어 more[mɔːr]를 종래의 한글로 표기하면 '모'가 되지만, 본 발명에 따른 새한글에서는 '·'(발음점)을 추가하여 '오'로 표기할 수 있다.

[0063] 이와 같은 원리로, born[bɔ:rn]을 '본'으로, lord[lɔ:rd]를 '로ㄷ(롣)'로, morning[mɔ:rniŋ]을 '모닝'으로, corner[kɔ:rnərr]를 '코너'로 표기할 수 있다. 이로써, 국제 음성 기호 [o]에 해당하는 'ㅗ'와 국제 음성 기호 [ɔr]에 해당하는 ᅩ(점오)를 명확하게 구분할 수 있다.

[0064] 이상에서 설명된 새한글 문자의 입력은 아래와 같은 과정에 따라 실제로 수행될 수 있다.

[0065] <u>새한글 문자의 입력</u>

[0066] 이하의 상세한 설명에 있어서는, 설명의 편의를 위해 입력부(100)의 자판 배열이 이미 공지된 배열 구조 중 하나인 것으로 상정하여 설명하지만, 본 발명이 이에 한정되는 것은 아니다.

[0067] 도 4는 본 발명의 일 실시예에 따른 입력부(100)에서 입력되는 새한글 문자를 나타내는 도면이다.

[0068] 도 4를 참조하면, 입력부(100)의 다수의 자음 키 및 다수의 모음 키 중 'ㄷ', 'ㄸ', 'ㄹ', 'ㅂ', 'ㅅ', 'ㅈ', 'ㅍ', 'ㅏ', 'ㅓ', 'ㅗ'가 할당된 키를 사용자가 연속적으로 선택하는 횟수나 지속적으로 선택한 시간을 기초로 하여, 특수 기호를 각 문자에 조합할 수 있다. 즉, 상기 자음이나 상기 모음에 해당하는 키의 선택 횟수나 선택 시간이 일정한 설정치 이상이면, 특수 기호를 조합하여 본 발명에 따른 새한글 문자를 입력할 수 있다.

[0069] 일례로, 키의 선택 횟수를 기초로 하여 입력할 수 있는 본 발명의 새한글 자음 7자를 살펴본다. 먼저, 컴퓨터 키보드(100)에서 'ㄷ' 자음 키를 한 번 선택함으로써, 'ㄷ'을 입력할 수 있다. 또한, 'ㄷ' 자음 키를 연속으로 선택함으로써 '·'(발음점)이 조합된 ㄷ(점디귿)을 입력할 수 있다.

[0070] 다음으로, 'ㄷ' 자음 키를 'Shift' 키를 누른 상태에서 한 번 선택함으로써, 'ㄸ'을 입력할 수 있다. 또한, 'Shift' 키를 누른 상태에서 'ㄷ' 자음 키를 연속으로 선택함으로써 '·'(발음점)이 조합된 ㄸ(점쌍디귿)을 입력할 수 있다.

[0071] 이 외의 다른 자음인 'ㄹ', 'ㅂ', 'ㅅ', 'ㅈ', 'ㅍ'에 관하여도, 해당되는 자음 키를 위에서와 마찬가지의 요령으로 선택함으로써, '·'(발음점)이 조합된 새한글 자음을 입력할 수 있게 된다.

[0072] 한편, 키의 선택 횟수를 기초로 하여 입력할 수 있는 본 발명의 새한글 모음 3자를 살펴본다. 모음의 경우에도 위에서와 마찬가지로, 'ㅏ' 모음 키를 한 번 선택함으로써, 'ㅏ'를 입력할 수 있다. 또한, 'ㅏ' 모음 키를 연속으로 선택함으로써 '·'(발음점)이 조합된 ㅏ(점아)를 입력할 수 있다. 이러한 요령은 ㅓ(점어)나 ᅩ(점오)를 입력하는 경우에도 마찬가지이다.

[0073] 한편, 상술된 자음 키 및 모음 키의 연속 선택은 n회 이상의 선택일 수 있는데, 여기서, n은 2 이상의 자연수일 수 있다.

[0074] 또한, 키의 선택 횟수와 관련하여 설명한 것과 마찬가지로, 키의 선택 지속 시간이 m초 이상인 경우에 새한글 문자가 입력되도록 할 수도 있다. 여기서, m은 양의 실수일 수 있다.

[0075] 한편, 본 발명의 일 실시예에 따르면, 자음만으로 발음을 표기하는 기능을 더 구현할 수 있는데, 입력부(100)의 키 중 보조 키인 'Shift' 키와 띄움 기능 키인 스페이스 바(space bar)를 함께 선택하고, 다수의 자음 키 중 어느 하나를 통해 자음을 입력하면, 문자 편집부(200)에서는 상기 자음만으로 발음이 표기되도록 할 수 있다.

[0076] 일례로, 상술된 바와 같이 this[ðis]를 표기하는 경우, '디ㅅ'가 될 수 있는데, 이러한 경우, 'ㄷ' 자음 키를 2회 연속 선택함으로써 '·'(발음점)이 조합된 ㄷ(점디귿)을 입력하고, 모음 'ㅣ'를 입력하여 '디'를 조합할 수 있다.

[0077] 이어서, 'Shift' 키와 함께 스페이스 바를 선택한 후 'ㅅ'을 선택함으로써 공백이 생기지 않도록 하면서 '디ㅅ'가 표기되도록 할 수 있다.

[0078] 도 5는 본 발명의 다른 일 실시예에 따라 입력부(100)에서 입력되는 새한글 문자를 나타내는 도면이다.

[0079] 도 5를 참조하면, 표시부(400)에 디스플레이되는 특수 기호 버튼(11)의 입력에 의해 새한글 문자를 표기할 수도

있다. 즉, 한글의 모음 또는 자음을 선택한 후 특수 기호 버튼(11)을 선택함으로써 특수 기호가 조합된 새한글 문자를 입력할 수 있다.

[0080] 하나의 예를 들면, 우선, 입력부(100)에서 'ㄷ' 자음 키를 한 번 선택함으로써 'ㄷ'을 입력하고 나서, '‥'(발음점)이 할당된 특수 기호 버튼(11)을 선택 키(21)로 선택하여 입력함으로써, 새한글 문자 ㄷ̈(점디귿)을 조합할 수 있다. ㄷ̈(점디귿) 외의 다른 새한글 문자도 이상에서와 동일한 원리로 조합할 수 있음은 자명하기 때문에 더 이상의 상세한 설명은 생략한다.

[0081] 한편, 본 발명의 일 실시예에 따라 자음만으로 발음을 표기하는 기능을 더 수행하기 위해서는, 표시부(400)에 디스플레이되는 키인 초성 띄움 키(12)를 선택 키(22)로 선택하여 입력하고, 다수의 자음 키 중 어느 하나를 입력하면, 문자 편집부(200)에서는 상기 자음만으로 발음 표기를 할 수 있다.

[0082] 이상 설명된 본 발명에 따른 실시예들은 다양한 컴퓨터 구성요소를 통하여 수행될 수 있는 프로그램 명령어의 형태로 구현되어 컴퓨터 판독 가능한 기록 매체에 기록될 수 있다. 상기 컴퓨터 판독 가능한 기록 매체는 프로그램 명령어, 데이터 파일, 데이터 구조 등을 단독으로 또는 조합하여 포함할 수 있다. 상기 컴퓨터 판독 가능한 기록 매체에 기록되는 프로그램 명령어는 본 발명을 위하여 특별히 설계되고 구성된 것들이거나 컴퓨터 소프트웨어 분야의 당업자에게 공지되어 사용 가능한 것일 수도 있다. 컴퓨터 판독 가능한 기록 매체의 예에는, 하드 디스크, 플로피 디스크 및 자기 테이프와 같은 자기 매체, CD-ROM, DVD와 같은 광기록 매체, 플롭티컬 디스크(floptical disk)와 같은 자기-광 매체(magneto-optical media), 및 ROM, RAM, 플래시 메모리 등과 같은 프로그램 명령어를 저장하고 수행하도록 특별히 구성된 하드웨어 장치가 포함된다. 프로그램 명령어의 예에는, 컴파일러에 의해 만들어지는 것과 같은 기계어 코드뿐만 아니라 인터프리터 등을 사용해서 컴퓨터에 의해서 실행될 수 있는 고급 언어 코드도 포함된다. 상기 하드웨어 장치는 본 발명에 따른 처리를 수행하기 위해 하나 이상의 소프트웨어 모듈로서 작동하도록 구성될 수 있으며, 그 역도 마찬가지이다.

[0083] 이상에서 본 발명이 구체적인 구성요소 등과 같은 특정 사항들과 한정된 실시예 및 도면에 의해 설명되었으나, 이는 본 발명의 보다 전반적인 이해를 돕기 위해서 제공된 것일 뿐, 본 발명이 상기 실시예들에 한정되는 것은 아니며, 본 발명이 속하는 기술분야에서 통상적인 지식을 가진 자라면 이러한 기재로부터 다양한 수정 및 변형을 꾀할 수 있다. 따라서, 본 발명의 사상은 상기 설명된 실시예에 국한되어 정해져서는 아니되며, 후술하는 특허청구범위뿐만 아니라 이 특허청구범위와 균등하게 또는 등가적으로 변형된 모든 것들은 본 발명의 사상의 범주에 속한다고 할 것이다.

도면의 간단한 설명

[0084] 도 1은 본 발명의 일 실시예에 따라 특수 기호를 이용하여 새한글 문자를 입력하기 위한 장치의 구성도이다.

[0085] 도 2는 본 발명의 일 실시예에 따른 문자 편집부(200)에 의해 입력, 편집될 수 있는 새한글 문자를 나타내는 도면이다.

[0086] 도 3은 본 발명의 일 실시예에 따른 문자 편집부(200)에 의해 입력, 편집될 수 있는 새한글 문자의 발음과 활용 예를 나타내는 도면이다.

[0087] 도 4는 본 발명의 일 실시예에 따른 입력부(100)에서 입력되는 새한글 문자를 나타내는 도면이다.

[0088] 도 5는 본 발명의 다른 일 실시예에 따라 입력부(100)에서 입력되는 새한글 문자를 나타내는 도면이다.

[0089] <주요 도면부호에 관한 간단한 설명>

[0090] 100: 입력부

[0091] 200: 문자 편집부

[0092] 300: 메모리부

[0093] 400: 표시부

[0094] 500: 제어부

등록특허 10-1400934

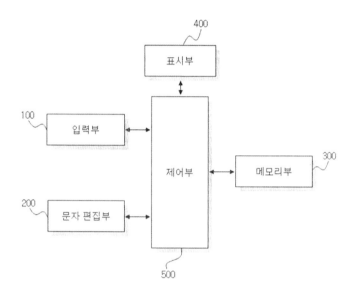

구 분	자 음							모 음		
새한글	ㄷ	ㄸ	ㄹ	ㅂ	ㅅ	ㅊ	ㅍ	ㅏ	ㅓ	ㅗ
이 음	점디귿	점쌍디귿	점리을	점비읍	점시옷	점지읒	점피읖	점아	점어	점오
국제 음성 기호(음가)	[ð]	[θ]	[r]	[v]	[ʃ]	[ʒ]	[f]	[ɐr]	[ɐr]	[ɒr]

자 음	
	ㄷ[ð] : ① the[ðə]더, ② then[ðen]덴, ③ that[ðæt]대ㅌ(댙), ④ they[ðei]데이, ⑤ this[ðis]디ㅅ
	ㄸ[θ] : ① thin[θin]띤, ② thumb[θʌm]떰, ③ thank[θæŋtk]땡ㅋ, ④ thing[θiŋ]띵, ⑤ thumping[θʌ́mpiŋ]떰핑
	ㄹ[r] : ① real[riəl]리얼, ② ready[rédi]레디, ③ rabbit[ræbit]래비ㅌ(래빝), ④ rail[reil]레일, ⑤ theory [θi : əri]띠어리
	ㅂ[v] : ① van[væn]밴, ② vine[vain]바인, ③ venus[ví : n əs]비너ㅅ, ④ veil[veil]베일, ⑤ violin [vài əlín]바이얼린
	ㅅ[ʃ] : ① she[ʃi :]시, ② shine[ʃain]사인, ③ shade[ʃeid]세이ㄷ(세읻), ④ shell[ʃel]셀, ⑤ vacation [veikéiʃən]베이케이션
	ㅊ[ʒ] : ① usual[jú : ʒuəl]유주얼, ② vision[víʒən]비전, ③ decision[disíʒən] 디시전, ④ occasionl[əkéiʒən]어케이전, ⑤ television[téləviʒən]텔러비전
	ㅍ[f] : ① fan[fæn]팬, ② fall[fɔ : l]폴, ③ fat[fæt]패ㅌ(퍁), ④ fail[feil]페일, ⑤ family [fǽm əli]패멀리
모 음	
	ㅏ[ar] : ① are[a : r]아, ② arm[a : rm]암, ③ art[a : rt]아ㅌ(앝), ④ article[á : rtikl]아티클, ⑤ far [fa : r]파
	ㅓ[ər] : ① here[hiər]히어, ② dear[diər]디어, ③ beggar[bégər]베거, ④ number[nʌ́mbər] 넘버, ⑤ farmer [fá : rm ər]파머
	ㅗ[ɔr] : ① more[mɔ : r]모, ② born[bɔ : rn]본, ③ lord[lɔ : rd]로ㄷ(롣), ④ morning[mɔ́ : rniŋ]모닝, ⑤ corner[kɔ́ : rnər]코너

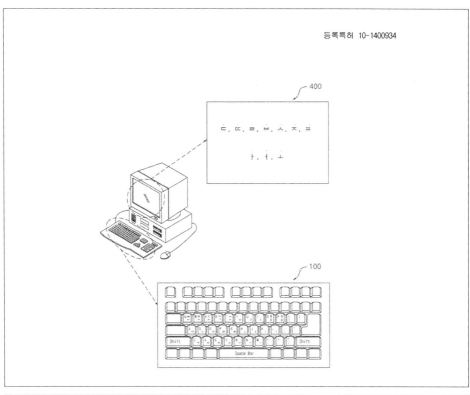

등록특허 10-1400934

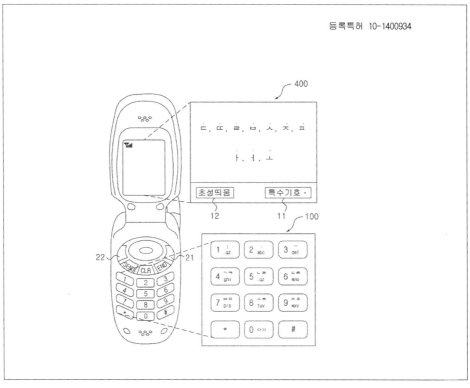

글로벌 문자 '새한글'의 기대효과

'한글'과 더불어 세계 최고의 글로벌 문자 체계 완성!

동물과 다른 인간의 특성에는 '언어적 특성'과 '문자적 특성'이 있다고 한다. 그러나 '언어적 특성'은 동물들에게도 어느 정도 나타나고 있는데 반해, '문자적 특성'은 오직 인간만이 갖고 있는 귀중한 특성이다.

즉, 지구상에 오직 인간만이 문자를 사용하여, 온갖 문화와 사상과 사랑과 아름다움을 창조해낸다. 그 만큼 '문자'는 인간사회에서 없어서는 아니 될 귀중한 자원이다.

그런데, 이 귀한 문자 자원 중에서, 한글이 세계 문자 중 가장 과학적이고 위대한 문자라는 것은 이미 세계 언어학자들까지도 다 알고 또 인정하고 있는 주지의 사실이다.

그런데 한글은 국제 음성 기호를 모두 표기할 수 없는 한계를 지니고 있다. 따라서 「글로벌 문자 '새한글'」항목에서는, 현행 한글로는 표기할 수 없는 국제 음성 기호 중에서 10자를 심도 있게 분석하여, 그 국제 음성 기호 10자와 똑같이 발음할 수 있는 표기법을 창안해 놓은 것을 설명하고 있다.

즉 새로운 글로벌 문자를 만들어낸 것이 '새한글' 이다.

이「글로벌 문자 '새한글」자모 10자(자음: 7자, 모음: 3자)를 한글과 더불어 사용하면, 글로벌 시대에 우리글은 우리의 한류문화와 함께 세계 곳곳에 전파되어, 우리 대한민국의 위상은 역사 이래 이 지구상에서 가장 위대하게 급상승하게 될 것이다.

즉, 한글로 표기할 수 없는 국제 음성 기호 10자를 정확하게 발음할 수 있는 '새한글' 은 한글 세계화 초석을 확고히 다지는 계기가 됨은 물론 유구한 우리 대한민국의 문화를 전 세계에 전파하는 효과와 더불어 '백의민족 홍익인간 대한민국' 은 세계를 지도해나가는 세계지도국으로 부상하게 되는 막대한 기대효과가 더욱 크게 나타나게 될 것이다.

국가정책
project 5

동서 대통합
〔경전특별도(경전도)〕 건설

– 국제 해양 시대에 세계 중심축으로 격상, 해양강국 건설

동서 대통합으로 가는 길

1. 〔경전특별도(경전도)〕로 해양강국을 건설하다

국토교통부는 2013년 5월 1일, 전남 광양과 경남 하동 등 섬진강 연안 일대에 '동서 통합'과 '남부 경제권' 성장 거점을 육성하기 위한 〔동서 통합 지대〕 구상을 발표했다.

박근혜 정부의 국정 과제로 추진되는 〔동서 통합 지대〕는 지난 4월 '국토연구원'이 '동서 통합 지대 조성 기본 구상'을 위한 용역에 착수함으로써 구체화되고 있다. 잠정 설정된 〔동서 통합 지대〕 지역 범위는 '경남'의 하동군·남해군·사천시·진주시, '전남'의 광양시·구례군·순천시·여수시 등이다.

한편, 이명박 정부가 2010년 5월에 확정·고시한 '남해안권 발전 종합 계획(남해안 선벨트)'의 핵심 권역인 '남중권(남해 중심권)'으로 광양·순천·여수·고흥·보성 등 전남의 5개 시·군과 하동·남해·사천·진주 등 경남의 4개 시·군 등 모두 9개 시·군을 설정했다. 당시 영호남 연계·협력 사업인 '남해안 선벨트(남해안권 발전 종합 계획)'의 핵심 권역인 '남중권'이 박근혜 정부의 〔동서 통합 지대〕의 핵으로 부상하고 있는 것이다.

그런데, 여기에서 박근혜 정부의 〔동서 통합 지대〕에 대한 새로운 국가 정책을 제안하고자 한다.

동서 대통합 – 경전특별도(경전도) 건설 추진!

(광양시, 구례군, 순천시, 여수시, 고흥군, 보성군 / 하동군, 남해군, 사천시, 고성군, 통영시)

경전도 면적 : 5,942km²
→ 싱가포르 면적(697km²)의 약 8.5배

경전도 인구 : 128만 명
→ 싱가포르 인구(500만 명)의 약 1/4배

世界第一鄕 建設 ⇒ 세계의 중심축으로 격상

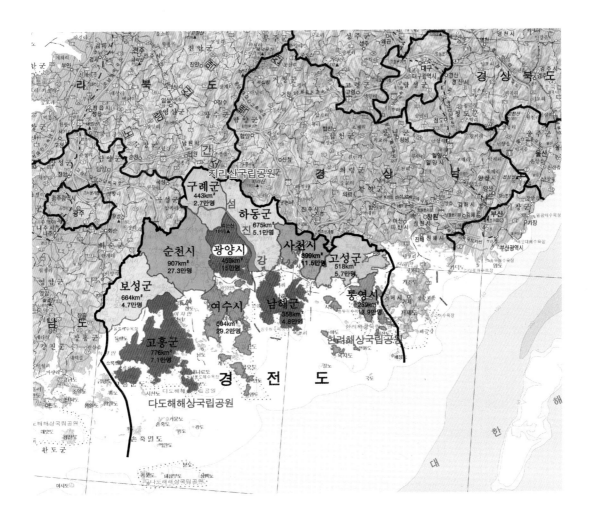

◆한반도의 남북통일 ⇒ ◆초일류국가 건설 ⇒ ◆세계지도국 달성 ⇒ ◆지구촌복리와 인류공영 실현

♠주최 : 世界第一鄕建設委員會   ♠주관 : 國家政策硏究所   ♠후원 : 人間硏究所

국토해양부가 동서 통합의 상징으로 '섬진강 권역 선정'한 것을 두고, 일부 민간단체에서는 섬진강 양안에 위치한 광양(전남) – 하동(경남) 두 지역만을 중심으로 한 '섬진강 통합시'가 건설되어야 한다고들 주장하고 있다. 틀린 얘기는 아니다.

그러나, 우리는 이를 긴 안목으로 '시대적 사안'에 대하여 글로벌·지구촌적인 큰 틀을 가지고 '시대적 사명'으로 접근해 볼 필요가 있다고 생각한다.

대한민국은 세계 최고의 IQ(지능지수) 국가로서, 우리는 또한 '한글'이라는 세계 최고의 과학적이며 체계적이고 또 가장 익히기 쉬운 문자를 지닌 세계 으뜸 국민이다. 그 실증으로, 이제 우리나라의 수출입 규모가 1조 달러 시대로 진입하여 무역 규모로는 세계 8위(수출 7위)에 해당하나, 이는 절대적 수치로 세계 8위이지, 상대적 평가로 볼 때 세계 1위이다.

다시 말해, 5,000만 인구가 1조 달러의 무역 규모라면(대한민국 인구 : 약 5,000만 명, 무역 규모 : 1조 675억 달러, 2012년 기준) 이는 인구 1억, 2억 국가라면 2조, 4조 달러의 무역 규모에 해당하기 때문이다.

현재, 세계 최고 무역 규모는 미국과 중국이다(2012년 기준). 미국은 인구 약 3억 1,579만 명에 3조 8,824억 달러, 중국은 인구 약 13억 5,360만 명에 3조 8,668억 달러에 그치고 있다.

즉, 무역 단위 규모가 미국은 인구 5,000만 명당 약 6,160억 달러, 중국은 인구 5,000만 명당 약 1,430억 달러 규모 수준밖에 되지 않기 때문에, 대한민국은 인구 5,000만 명이 1조 달러를 이루어 낸 상대적 수치로는 단연 세계 1위 무역 규모라는 뜻이다.

이와 같이 세계 최고 IQ 국가에서 무역 규모 세계 최고의 나라를 이루어 낸 한국은 반드시 세계 중심축·세계 지도국으로 급부상할 수 있다는 확실한 증거인 것이다.

2. '동서 대통합'을 확실히 이뤄 '국민 대통합'을 이끌다

본 제안자는 '국민 대통합'을 선언한 박근혜 정부에서 '동서 대통합'을 확실히 이루어 내고, 또 이어서 '세계 중심축'으로 격상될 〔경전특별도(경전도)〕를 건설할 것을 강력히 제안한다!

'동서 대통합'을 반드시 이끌어 낼 수 있는 새로운 동서 통합 지대인 〔경전특별도(경전도)〕가 과연 '세계 중심축'으로 격상될 수 있을까?

먼저, 〔경전특별도(경전도)〕의 설정 지역부터 살펴보자!

현재 단일 제철소로는 세계 최고 규모인 광양제철소가 자리 잡고 있고, 물동량으로는 인천을 제치고 부산 다음으로 국내 2위이지만 '항구 시설 규모'로는 단연 국내 최고인 '광양항(컨테이너 및 일반부두)' 그리고 세계 최고 높이 콘크리트 주탑 270m인 '이순신 대교'와 전남에서는 가장 높은 산인 '백운산'이 자리 잡고 있는 '광양시'를 중심으로, 전남 지역 5개 시·군(구례군·순천시·여수시·고흥군·보성군)과 경남 지역 5개 시·군(하동군·남해군·사천시·고성군·통영시) 등 도합 11개 시·군이다.

여기에서 [동서 통합 지대] 조성을 '시(市)'가 아닌 '도(道)'로 설정한 이유가 있다.

국토연구원에서 잠정 설정한 [동서 통합 지대]는 경남 4개 시·군(하동군·남해군·사천시·진주시)과 전남 4개 시·군(광양시·구례군·순천시·여수시) 등 도합 8개 시·군인데, 이러한 설정 지역을 다 합한다면 '시(市)' 단위로는 너무 넓고 크다.

그리고 '국민 대통합'을 이루어야 할 '동서 대통합'은 하나의 '시(市)' 단위로는 부족하다. 또, 영호남 동서는 1,000년이 넘도록 대립의 골이 깊어져 역사적으로나 정치적으로 오랜 기간 동안 대립적·경쟁적으로 양분되어 견지해 왔기 때문에, 그러한 관계를 완전히 융합할 수 있는 '광범위한 조치'가 아니면 동서 통합은 형식적이고 말뿐일 뿐, 실제로는 분열되어 있는 동서 국민들의 가슴에 절절히 다가오기가 쉽지 않다.

다시 말해, 한두 지역을 합한 소규모 '시(市)' 단위이거나 몇 가지 사업을 연계한다 해서 1,000년이 넘게 지속되어 온 동서 분열과 대립이 쉽게 융합된다는 것은 어려운 일이고 또 그것이 실제 동서 국민의 현 정서이고 상황이다.

따라서, '국민 대통합'을 이루어 내려면 '동서 대융합'을 확실히 성취시킬 수 있는 '동서 대통합'에 대한 새로운 설계가 반드시 나와야 한다는 논리이다. 그리하여 좁고 작은 '시(市)' 단위가 아닌 '동서 대융합'을 가져올 수 있을 정도의 크고 넓은 '도(道)' 단위를 [동서 통합 지대]로 국가 정책화하도록 새롭게 제안하는 바이다.

앞서 언급한, 국토연구원에서 잠정 설정한 [동서 통합 지대]의 경남 4개 시·군 중에 '진주시'는 경상남도를 대표하는 도시이기 때문에 그대로 '경남'에 남겨 두고 그 대신 [동서 통합 지대]에 고성군과 통영시를 추가하고, 전남은 4개 시·군에 고흥군과 보성군을 추가한다.

다음, 〔경전특별도(경전도)〕가 세계 중심축으로서의 기능이 정말 가능할까를 본격적으로 짚어 보자!

첫째, 11개 시·군의 전체 면적은 5,942km²로써 싱가포르 면적(697km²)의 약 8.5배이다. 세계 중심축으로서 충분한 면적이다.

둘째, 11개 시·군 중에 구례군만 빼고 나머지 10개 시·군 모두가 바다를 끼고 있다. 국제 해양 시대에 맞는 천혜적 입지 조건이다. 그런데 구례 지역은 우리나라에서 최고의 유기농 청정 농업이 발달한 곳이다.

셋째, 〔경전특별도(경전도)〕에는 남서해 9개 지구의 '다도해 해상 국립공원' 중에서 4개 지구의 '다도해 해상 국립공원'이 포함되어 있고, 남해동부 6개 지구의 '한려 해상 국립공원' 중에서 역시 5개 지구의 '한려 해상 국립공원'이 끼어 있어 도합 9개 지구의 해상 국립공원이 배치되어 있다. 특히 통영은 '아시아의 나폴리'로 불리울 만큼 수려한 경관을 지니고 있다.

우리나라 남서해안의 다도해는 세계에서도 보기 드문 명물 중의 명물 관광명소이다. 따라서 〔경전특별도(경전도)〕는 대한민국을 '세계 해양 강국 건설'에 이어 '해양 관광대국'으로 성장시킬 것이다.

넷째, 〔경전특별도(경전도)〕는 우리나라 최초의 국립공원인 지리산 국립공원을 끼고 있다. '해상 국립공원'에 이어 지리산의 '산악 국립공원'은 세계 중심축으로서의 기능을 한층 더 강화시킬 것이다.

다섯째, 〔경전특별도(경전도)〕는 우리나라 5대강(한강, 금강, 영산강, 섬진강, 낙동강) 중에서 가장 깨끗하고 맑고 청정한 '섬진강'을 끼고 있다. 남해에 있는 수려한 해상 국립공원과 '하류의 맑은 물'로 세계에서도 보기 드문 섬진강은 '강수욕장' 신설까지 계획하고 있을 정도이니 감히 '세계 제1향'으로 꼽힐 만하다. 사실 광양에는 조선의 영조 때 암행어사 박문수가 지칭한 조선제1향(朝鮮第一鄕) 비석이 자리 잡고 있다(자료 참조 : 조선제1향(朝鮮第一鄕) 비석).

또한 '세계제1향(世界第一鄕)'을 상징하는 '광양천하만복지지(光陽天下萬福之地)'라는 큰 돌비석이 광양읍사무소 정원에 자리 잡고 있어 '세계 중심축' 의미를 더욱 크게 하고 있다(자료 참조 : '세계제1향(世界第一鄕)'을 상징하는 '광양천하만복지지(光陽天下萬福之地)'라는 큰 돌비석).

여섯째, 당시 국토해양부와 '동서남해안 및 내륙권 발전기획단'은 광양만권 경제 자유 구역(광양에는 '광양만권 경제자유구역청'이 있음) 내 하동 갈사만 조선산업단지를 중심으로 여수·광양에 해양 플랜트 신산업벨트를 조성하고, 경남 사천의 '항공 산업'과 전남 고흥의 '우주 산업'을 연계한 '항공 우주 신산업벨트' 조성, 광양만권 '미래형 소재 산업' 육성 등을 계획하고 있다.

이미 계획된 이러한 국가 정책이 차질 없이 추진되어지는 것만 해도 〔경전특별도(경전도)〕는 세계를 선도해 나가는 '특별도(特別道)'가 될 것이다.

일곱째, 국제 해양 시대에 맞추어 〔경전특별도(경전도)〕는 세계 중심축으로서의 안성맞춤인 입지 조건을 갖추고 있다. 세계지도를 보라! 한반도 남부 해안은 세계로 뻗어나가는 세계 중심부 핵심에 위치하고 있지 않은가!

로마제국은 조그마한 부족연합으로 시작되었다. 경남·전남의 11개 시·군 연합은 21세기 세계를 주도해 나가는 대한제국으로 발전하게 될 것이 분명하다 할 것이다.

따라서 〔동서 통합 지대〕 구상이 박근혜 정부의 국정 과제로 선정된 만큼, 단순히 영호남을 잇는 섬진강 인근의 조그마한 동서 통합 조성이 아니라(사실 이러한 소규모 동서 통합으로는 실제로 융합된 '국민 대통합'을 기대하기가 어려움), 세계 중심축으로서의 기능까지 수행할 수 있는 '동서 대통합'을 실현하는 대대적인 구상으로 〔경전특별도(경전도)〕 건설을 전개시켜 나가야 할 것이다.

이러한 '동서 대통합'은 박근혜 정부의 또 하나의 국정 과제인 '국민 대통합'을 반드시 이끌어 내게 될 것이며 이어서 국민 대통합을 위한 지역 균형 발전에도 크게 기여하게 될 것이다.

그리고 〔경전특별도(경전도)〕 건설은 우리 대한민국이 '세계 해양강국'으로 가는 초석을 단단히 다지는 계기가 될 것이기 때문에 이는 역사적 의미가 깊은 대단히 중요한 국가 정책이 될 것임이 분명하다 할 것이다.

또한, '동서 대통합'에 이은 '국민 대통합'은 분명히 '통일 대한민국'을 성취시킬 것이다. 통일 한국은 곧바로 세계가 부러워하는 초일류 국가 건설로 이어질 것이며, 그리하여 결국 우리 대한민국은 평화를 사랑하는 '백의민족'과 건국이념인 '홍익인간' 답게 '지구촌 복리와 인류 공영'의 새로운 시대를 직접 실현시켜 나가는 '세계 지도국'으로 반드시 급부상하게 될 것이다.

⬆ 조선의 영조 때 암행어사 박문수가 '광양'을 '조선제1향(朝鮮第一鄕)'으로 지칭함을 기념하여 세운 비석
  으로 원문은 '조선지전라도(朝鮮之全羅道), 전라도지광양(全羅道之光陽)' 이다.

⬆ 광양천하만복지지(光陽天下萬福之地) 비석으로 이는 '세계제1향(世界第一鄕)' 즉, '세계 중심축'을 상징
  하고 있다. 이 비석의 뜻은 '광양은 하늘아래 가장 복된 땅이로다' 이다.

동서 대통합 – 〔경전특별도(경전도)〕 건설의 기대효과

국제 해양시대에 세계 중심축으로 격상, 해양강국 건설!

　'동서통합'은 한반도의 '남북통일'에 앞서 반드시 성취되어야 할 과제이다.

　그러나, 1000년이 넘게 골이 깊어진 동서 대립 구도는 쉽게 동서 대통합으로 이어지기가 어렵게 하고 있는 것이 현실이다.

　그렇다고 한반도의 남북통일의 전제가 되는 동서통합을 미루거나 흐지부지하게 다루어서는 절대 아니 될 것이다.

　동서통합이 그처럼 어려운 만큼, 우리는 오히려 더욱 큰 열정을 갖고 새로운 아이디어로 그 접근법을 사명적·역사적·세계사적인 시각을 갖고 대대적으로 확대하지 않으면 안 된다.

　그리하여 본 제안자는 감히 세계 중심축 기능으로 아무 손색이 없을 새로운 동서통합 구상을 국가 정책으로 실현하도록 제안한 것이다. 그것이 바로 '동서 대통합 – 경전특별도(경전도) 건설 추진!' 구상도이다.

본문에서도 이미 밝힌 대로, 실제로 동서 대통합 즉, 새로운 '경전도'가 만들어진다면, 그야말로 '세계 제1향'이 건설되어 세계를 지도해나가는 세계 중심축으로서의 기능을 충분히 해내는 효과가 반드시 나타나게 될 것이다.

새로운 동서 대통합 '경전도'에는 경관이 빼어난 해상 국립공원이 다수 자리 잡고 있고, 지리산 국립공원에 이어 5대강 중에서 가장 깨끗하고 아름다운 섬진강이 자리 잡고 있으며, 우리나라에서 가장 청정농업이 발달한 구례군이 북쪽에 지리산을 안고 터 잡고 있는데다가, 구례군만 빼고 나머지 10개 시·군은 모두 바다를 접하고 있고, 고흥은 우주기지로, 사천은 항공기지로 이미 터 잡고 있어, '조선 제1향' 비석이 서있는 광양을 중심으로 한 총11개 시·군(광양시, 구례군, 순천시, 여수시, 고흥군, 보성군 / 하동군, 남해군, 사천시, 고성군, 통영시)의 새로운 동서 대통합 [경전특별도(경전도)]는 반드시 '세계 제1향'으로 급부상하게 될 것이다.

또 이러한 영·호남의 새로운 시·군 연합으로 새롭게 출발하는 '경전도'는 동서 대통합에 이어 한반도 통일, 이어서 미국이나 영국 등이 부러워하는 초일류국가 건설, 결국은 지구촌 복리와 인류 공영을 실제로 실현하면서 세계를 지도해나가는 세계지도국 달성을 가져오게 하는 대단한 기대효과로 나타나게 될 것이 분명하다 할 것이다.

국가정책
project **6**

전 국토 정원화 사업

– 금수강산 전 국토를 정원화하여 세계적인 관광대국 건설

금수강산 전 국토 정원화 사업

1. 금수강산 전 국토를 정원화하여 국민 의식 개혁의 장으로 승화시키다

  본 항에서 다루어지는 〔전 국토 정원화 사업〕 제안은, 마침 정원 또는 경관에 관한 법령이 있어 그 법령들의 목적과 정의 그리고 기본원칙 등을 잠시 살펴보고 진행하고자 한다. '자연공원법', '수목원·정원 조성 및 진흥에 관한 법률', '경관(景觀)법' 등이 그 대표적인 법령이라 할 수 있다.

  우선, '자연공원법'은 자연 생태계와 자연 및 문화 경관 등을 보전하고 지속 가능한 이용을 도모할 목적으로, 국립공원·도립공원·군립공원·지질공원 등을 지정하고 보전 및 관리에 관한 사항을 규정한 법령이다.

  다음, '수목원·정원의 조성 및 진흥에 관한 법률'은 국가적으로 유용한 수목유전자원의 보전 및 자원화를 촉진하고 정원을 체계적으로 관리하여 국민 삶의 질 향상과 국민 경제의 발전에 이바지함을 목적으로 하며, 수목원으로는 국립수목원·공립수목원·사립수목원·학교수목원 등으로 구분하고, 정원으로는 국가정원·지방정원·민간정원·공동체정원 등으로 구분하여 관리하고 있다.

  끝으로, '경관(景觀)법'은 국토의 경관을 체계적으로 관리하기 위하여 경관의 보전·관리 및 형성에 필요한 사항을 정함으로써 아름답고 쾌적하며 지역 특성이 나타나는 국토 환경과 지역 환경을 조성하는 데 이바지함을 목적으로 제정되었다.

본 항 〔전 국토 정원화 사업〕은 경관법의 경관 관리의 기본원칙에서도 밝힌 바와 같이 '국민이 아름답고 쾌적한 경관을 누릴 수 있도록' 하기 위하여, 뿐만 아니라 국민 삶의 질 향상은 물론 국민 의식까지 세계 최고로 높이기 위하여 더욱 세밀하고 구체적인 실천 방안을 제안한 것이다.

위 세 가지 법령 중, 정원법과 경관법이 본 제안과 가장 가깝게 접근할 수 있는 법령이라 생각되어지나, 차라리 세계 최고의 경관을 살려 세계 최고의 정원을 조성하여 세계 최고로 국민 삶의 질을 향상시켜 세계 최고의 초일류 국가를 건설하여 최고의 세계 지도국을 달성하려 한다면 〔전 국토 정원화 사업법〕을 특별히 제정해서 더욱 체계 있고 세밀하게 추진해야 할 것이다.

먼저, 〔전 국토 정원화 사업〕에서 왜 '공원'이라는 말보다 '정원'이라는 말을 사용했는지를 살펴볼 필요가 있다. '정원(庭園)'의 의미를 보다 쉽게 파악하기 위하여 '공원(公園)'이라는 말과 비교하여 사전적 의미를 설명해 보겠다.

- 정원(庭園) : 미관(美觀) · 위락(慰樂) 또는 실용(實用)을 목적으로 화초 · 수목을 심거나 그밖에 특별히 설계한 땅. 주로 집채의 둘레 · 교회 · 절 등의 경내에 만듦. 영어로는 Garden으로 표현된다.
- 공원(公園) : 공중의 보건(保健) · 미화 · 휴양 · 유락(遊樂) 등을 위하여 시설된 동산. 주로 국가 또는 지방 공공 단체가 설치하거나 관리함. 영어로는 Park로 표현된다.

본 제안자가 〔전 국토 정원화 사업〕프로젝트에서 '공원'보다 '정원'을 적시한 것은 다음의 의미가 있다.

'정원'은 '공원'보다 더 세밀하며 더 아름답고 인간의 정신세계에 더 크게 영향을 미치며 인간의 의식구조와 삶의 질을 더 크게 향상시키는 더욱 특별하게 설계 · 시설된 땅.

『경찰학사전』에는 '깨진 유리창 이론(Broken-window theory)'이 나온다. 이 이론은 깨어진 유리창을 방치해 두면 그 지점을 중심으로 점점 슬럼(Slum)화가 진행되기 시작한다는 이론으로, 이 이론은 경찰과 지역 공동체의 관계에 착안하여, 기존의 시점을 전환하는 것에 의하여, 범죄를 감소시키고 생활의 질적 향상을 도모하는 것을 목적으로 하고 있다. 1982년 미국의 사회학자 제임스 윌슨(James Q. Wilson)과 범죄학자 조지 켈링(George L. Kelling)이 미국의 종합 월간지인 『애틀랜틱

먼슬리(Atlantic Monthly)』에 게재한 논문 「Broken window」에 의하여 제창된 이론이다(네이버 지식백과 자료 참조).

1969년 스탠포드대학의 심리학자 필립 짐바르도 교수는 매우 흥미 있는 실험을 했다. 우선 치안이 비교적 허술한 골목을 고르고, 거기에 보존 상태가 동일한 두 대의 자동차를 보닛을 열어 놓은 채로 1주일간 방치해 두었다. 다만 그 중 한 대는 보닛만 열어 놓고, 다른 한 대는 고의적으로 창문을 조금 깬 상태로 놓았다.

약간의 차이만이 있었을 뿐인데, 1주일 후 두 자동차에는 확연한 차이가 나타났다. 보닛만 열어 둔 자동차는 1주일간 특별히 그 어떤 변화도 일어나지 않았다. 하지만 보닛을 열어 놓고 차의 유리창을 깬 상태로 놓아 둔 자동차는 그 상태로 방치된 지 겨우 10분 만에 배터리가 없어지고 연이어 타이어도 전부 없어졌다. 그리고 계속해서 낙서나 투기, 파괴가 일어났고 1주일 후에는 완전히 고철 상태가 될 정도로 파손되고 말았던 것이다.

단지 유리창을 조금 파손시켜 놓은 것뿐인데도, 그것이 없던 상태와 비교해서 약탈이 생기거나, 파괴될 가능성이 매우 높아진 것이다. 게다가 투기나 약탈, 파괴 활동은 단기간에 급격히 상승하게 된다는 것을 알 수 있었다.

여기서 본 제안자가 갑자기 '깨진 유리창 이론'을 꺼내 자세히 설명하는 이유가 있다. 주위 환경이 더러우면 범죄뿐만 아니라 빈민화가 가속화되며 심지어 그러한 곳에 사는 사람들은 생활의 질도 나빠질 수밖에 없는 반면, 주위 환경이 깨끗하게 정화되고 정리되면 범죄가 줄어들거나 없어질 뿐만 아니라 그러한 깨끗한 환경은 사람들의 의식구조마저 고품격으로 끌어올려 생활의 질도 높아질 수밖에 없다는 철칙을 천명하기 위해서이다.

여기에 본 제안자가 [전 국토 정원화 사업]을 제창하면서 국가 정책으로 강력하게 제안하는 이유가 있는 것이다.

따라서 본 제안자가 언급하는 [전 국토 정원화 사업]은 '정형화된 일반 정원'은 물론, 전 국토를 국민 의식 개혁의 장으로 승화시켜 질 높은 국민 행복 시대를 만들어 보자는 특별한 의미가 내포되어 있는 국가 정책 제안이다.

2. 전 국토 정원화 사업을 힐링 문화운동으로 발전시키다

이것을 '새로운 새마을운동' 으로 승화시켜서 이제는 복지와 환경 그리고 공동체 생활 공간 확대와 더불어 행복한 국민 삶의 질적 향상에 역점을 둔 정신문화 운동으로 발전시켜, 범국민적 국가 정책으로 추진하여 세계 제일의 21세기형 '힐링 문화운동' 으로 펼쳐 나가자는 제안이다.

본 제안자가 십수 년 전부터 주장해 온 〔전 국토 정원화 사업〕은 때마침 지난 2013년 10월 20일, 박근혜 대통령이 전남 순천에서 개최된 '2013 전국 새마을 지도자 대회' 에서 밝힌 '제2의 새마을운동' 제안과 그 맥을 같이하고 있다고도 볼 수 있다.

본 제안자는, 지난날 주거 환경 사업이 주로 지붕 등의 '껍질 개량' 이었다면 이제는 새로운 주택 개념을 도입한 현대식 '속살 개량' 을 주창한 적이 있다. 이러한 현대식 '속살 개량' 과 더불어, 〔전 국토 정원화 사업〕의 일환으로 먼저 '가정 정원화' 를 고급스럽게 진행시킬 것을 제안한다.

'가정 정원화' 의 방법으로는 여러 가지가 거론될 수 있겠다. 화초 심기는 기본이요, 아름다운 수목과 정원수, 심지어 유실수 심기와 '텃밭 가꾸기' 도 '가정 정원화' 에 포함될 수 있다.

이는, '1인 1스마트폰' 시대가 도래하여 각인이 스마트폰을 거의 모두 소지하고 있듯이, 또는 반려동물이라 하여 애완동물을 많이 기르고 있듯이, 본 제안자는 각인이 '1인 1과 1채 1화 운동(一人一果一菜一花運動)', 즉 1인이 한 가지 이상의 과수(果樹: 유실수)·채소(菜蔬)·화초(花草)를 재배하자는 계몽운동을 주창한 적이 있다. '가정 정원화' 는 그것과 맥을 같이 하고 있다고 볼 수 있다.

이러한 '가정 정원화' 사업은 단순히 주위 주거 환경을 정화하는 수준을 넘어, 각 가정으로 하여금 보다 높은 품격의 새로운 가정 문화를 갖게 하여 가정의 평화와 가족의 화합 심지어 자녀들의 정신·교양 교육 및 인성 교육 함양에도 크게 기여하게 될 것이다.

이와 같이 품격 있는 '가정 정원화' 는 당연히 '동네 정원화' 로 이어질 것이다. '동네 정원화' 는 마을 주민의 수준 높은 화합은 물론 우리 고유의 '이웃사촌' 문화의 의미를 더욱 크게 향상시켜 새로운 21세기 동네문화와 이웃 간의 삶의 질을 더욱 풍요롭게 해줄 것임이 분명하다.

따라서 이러한 '가정 정원화' 와 '동네 정원화' 는 다음에 언급하는 〔전 국토 정원화 사업〕의 초석을 이루게 될 것이다. 즉, 〔전 국토 정원화 사업〕은 반드시 '가정 정원화' 와 '동네 정원화' 의 초석 위에 이루어져야 함을 뜻한다.

3. 전 국토 정원화 사업을 구체적으로 제안하다

〔전 국토 정원화 사업〕의 구체적 제안은 크게 다음 세 가지로 축약할 수 있다.

첫째, '정형화된 일반 정원'을 조성하는 일이다. 그 대표적인 모형이 '2013 순천만 국제정원박람회' 장이다. '순천만 국제 정원박람회'는 6개월 기간 동안(4월 20일 ~ 10월 20일), 하루 평균 2만 3천여 명이 넘게 방문해 최종 432만 명이 넘는 관람객이 찾아오는 등 대성황을 이루었다.

순천정원박람회 성공 요인과 파급 효과에 대하여 조경전문가인 최정민 순천대 교수는 "'정원'이라는 새로운 테마를 발굴해 지방자치단체의 '창조경영' 모델을 제시했다"고 평가했다.

한편, 2013 순천만 국제정원박람회의 사후 활용 명칭이 '순천만정원'으로 결정될 계획이다. 또한, 순천시는 정원박람회장을 '제1호 국가정원'으로 지정하고 한국의 대표적인 정원 도시로 브랜드를 구축할 방침이다. 이를 위해 현재 '수목원 조성 및 진흥에 관한 법률' 적용 대상에 국립수목원, 공립수목원, 학교수목원 외에 식물원과 정원을 포함시키는 법 개정을 추진하고, 국가정원 제도를 마련해 '순천만정원'의 국가정원 지정을 촉구할 방침이다.

'순천국제정원박람회' 폐막일(10월 20일)에 때마침 방문한 박근혜 대통령은 정원박람회의 성공적 유치와 진행을 축하하면서, '순천만정원'을 '제1호 국가정원'으로 지정하는 건의에 대하여 "주무부처인 '산림청'과 잘 협의하라"고 지시하는 등 긍정적 평가를 표했다(현재는 '순천만정원'이 '제1호 국가정원'으로 지정되어 있음).

따라서, 〔전 국토 정원화 사업〕의 첫 제안인 '정형화된 일반 정원'은 전국 각 도·시·구·군 단위로 각 지역의 특성과 개성에 맞게 설계하여 진행시킨다면 아름다운 우리 금수강산 산천과 더불어 세계 최고의 관광대국은 물론, 민족 자긍심과 국가 브랜드 가치가 한층 높아져 환경뿐만 아니라 정신문화 승화 등 국민 삶의 질 향상에 반드시 크게 기여하게 될 것이다.

둘째, '정형화된 일반 정원'의 범위를 넓혀 '전 국토를 정원화'하는 대프로그램에 착수하기를 제안한다. '정형화된 일반 정원' 설계는 도·시·구·군 각 지역의 특성에 맞게 제한된 장소와 구역에 조성되는 사업(국가정원·지방정원·민간정원·공동체정원 등)인데 반해, 〔전 국토 정원화 사업법〕의 두 번째 구체적 제안은 광역적으로 전 국토를 대상으로, 21세기에 중요하게 부각되는 환경 문제와 관련하여 매우 청결하고 깨끗하며 정리정돈이 된 국토 모습을 재창조하는 단계이다.

어느 나라에서도 시행되지 않는 [전 국토 정원화 사업]은 금수강산 한반도를 세계 제1의 관광대국으로 반드시 승화시키게 될 것이다.

따라서, 이 범국가적·범국민적 사업은 '수목원·정원의 조성 및 진흥에 관한 법률', '경관법' 등을 통하여 추진할 것이 아니라, 앞에서 이미 언급한 대로 아예 차원이 다른 [전 국토 정원화 사업법]을 특별히 치밀하게 분석하고 제정하여 시행한다면 글로벌 21세기 관광 시대에 맞게 대한민국을 세계적 관광대국으로 발전시켜 나가게 될 것이다.

셋째, '정형화된 일반 정원'과 '전 국토를 정원화' 하는 [전 국토 정원화 사업] 진행은 품격 높은 공동체 생활 공간 확보 등으로 행복한 국민 삶의 질 향상에 크게 기여할 뿐만 아니라, 결국 이러한 격조 높은 국토 정화 작업으로 인하여 대한민국 전 국민 정신세계를 세계 최고 수준으로 끌어올리게 될 것이다.

[전 국토 정원화 사업]으로 인해 전 국토는 청결과 질서의 아름다운 조화로 장식될 것이며 이와 같은 조화로운 청결과 질서 속의 아름다운 환경은 앞서 언급한 대로 인간의 정신세계와 의식구조에 그대로 반영되어 수준 높은 의식과 고품격적인 인격 형성에도 직접 영향을 미쳐 대한민국(大韓民國) 국민은 명실 공히 그 이름 그대로 '대한국인(大韓國人)'이 되어 세계에서 가장 인정받고 존경받는 홍익인간의 평화 시민으로 성장하여, 세계를 주도적으로 지도해 나가는 세계 최고 수준의 모범 국민이 되어 자연스럽게 "세계지도국" 면모를 우리 스스로 갖추게 될 것이다.

우리의 위대한 '한글'로 인하여 한국인은 문맹률이 세계에서 가장 낮아 누구나 쉽게 글을 읽고 쓸 수 있는 가장 높은 문자문화를 형성하였듯이, [전 국토 정원화 사업]은 국민 모두에게 수준 높은 정신의식을 형성하게 하여 대한민국은 지구상에서 가장 질서 있고 조화로운 생활 품격과 안정된 의식구조를 정착시키게 되어 '초일류 국가 건설'에 이어 결국 세계를 이끌어 가는 '세계 지도국'으로 급부상하게 될 것이다.

따라서 국가는 [전 국토 정원화 사업]을 인간의 외면적·내면적·정신적 세계에 깊이 영향을 줄 수 있는 대프로젝트로 심도 있게 연구하고 체계화하여 이 아름다운 지구에서 가장 아름다운 금수강산(錦繡江山) 국가로 발전시키는 대단히 중요한 정책으로 추진해 나갈 것을 강력히 제안하는 바이다.

아울러 [전 국토 정원화 사업]은, 한국 현대사의 정신 혁명이었던 '새마을운동'을 시대적 변화와 발전에 따른 새로운 시대 '정신운동'으로 승화시키는 새로운 국가 정책으로 발전시켜 나간다 해도 아무 손색이 없을 것임을 다시 한 번 명시해 둔다.

전 국토 정원화 사업의 기대효과

금수강산 전 국토를 정원화하여 세계적인 관광대국 건설!

'질서 · 진실 · 청결'은 새천년의 새로운 시대사상으로 정착되어야 할 것이다.

그중에 '청결'은 외면적 청결과 내면적 청결로 구분될 수 있으나 환경과 건강으로 축약할 수도 있다. 여기에서 '환경' 즉, '위대한 주위환경'은 실로 인간의 외적 · 내적 · 정신적 · 정서적, 심지어 사상에까지 깊이 있게 영향을 미치게 된다.

'주위환경' 앞에 '위대한'을 붙인 이유가 있다. 세계가 놀라고 후세 1,000년이 넘도록 아름답게 보존되고 가꾸어지는 '세계 최고의 환경'을 조성하는 계획이기 때문이다.

본문에서 제안한 '전 국토 정원화 사업'은 결국 다음과 같은 진행단계로 요약될 수 있다.

★ 가정 정원화

⇒ 동네 정원화

⇒ 정형화된 일반 정원(도 · 시 · 구 · 군)

⇒ 전 국토를 정원화함

그리하여 '전 국토 정원화 사업'은 실로 많은 변화를 가져오게 될 것이다.

그 변화는 먼저, 가장 존귀한 인간에게 나타날 것이다. 만물의 영장이라 하는 인간은 무한한 가능성을 지니고 있기 때문에 위대한 주위환경은 위대한 인간의 가능성을 최대로 성취하고 발전시키게 도와주는 대단한 효과로 나타날 것이다.

따라서 우리나라는 반드시 세계를 지도해 나가는 세계지도국이 될 것이다. 세계지도국 건설은 먼저 국민이 세계지도국에 걸맞게 성장되어 있어야 가능한 일이다. 세계지도국에 걸맞은 국민은 먼저 외적 환경이 질서와 청결로 도배되어 있지 않으면 결코 그 목적을 달성할 수 없는 것이다.

그 만큼 '위대한 주위환경'은 지구촌 복리와 인류공영 실현을 위한 외적 요건을 충족시키는 것은 물론, 오히려 그것은 내적요건까지도 강화시키고 정화시키는 핵심 무기로 등장하게 될 것이다.

이 '위대한 주위환경 조성'이 곧 '전 국토 정원화 사업'이다. 이미 앞에서도 언급한 대로 세계 최고의 국토 정원화 사업은 인간의 모든 외면 · 내면 · 정신적 · 정서적 수준과 의식을 높이고 국민 삶의 질을 더욱 고품격으로 끌어 올릴 것이기에 그 기대효과는 말로 다 표현할 수 없을 정도로 크다 할 것이다.

현대의학의 맹점과
한계 극복을 위한
세계 최고 수준의
대체의학 확립

— 중증 질환을 포함한 '생활습관병' 예방 및 새로운 치료 프로젝트

현대의학의 맹점과 한계 극복을 위한 세계 최고 수준의〔대체의학〕확립

1. 중증 질환을 해결하기 위한 예방 및 새 치료 프로젝트를 펼치다

국가는 국민의 행복 증진을 위해 최선의 정책을 펴야 한다. 따라서 박근혜 정부의 '국민행복시대' 선언은 21세기의 민주국가 · 민주사회 · 민주시민을 위한 매우 희망적인 슬로건이다.

그러면 그러한 '국민행복시대'를 구체적으로 무엇으로 어떻게 열어 가야 할 것인가? 여러 가지 방법이 있을 수 있겠다. 그러나 무엇보다도 중차대한 일이 있으니 그것이 바로 개개인의 '국민 건강'이다.

어느 누구도, 어떤 권력자도 건강하지 않으면 행복할 수 없을 뿐만 아니라, 특히 권력자라면 자신이 수행해야 할 어떤 임무조차도 제대로 능히 수행하지 못할 것이다. 따라서, 국가 지도자는 물론 국민 모두에게 '건강'은 행복지수를 나타내는 가장 중요한 자리를 차지한다고 볼 수 있다.

자, 그런데 어떠한가? 지금의 의료 체계와 국민의 건강 상황은 어떠한가? 오죽했으면 박근혜 정부에서조차 '국민 4대 중증질환(암, 심장병, 뇌질환, 희귀성난치질환)'에 대한 선전포고를 했겠는가!

이번 국가 정책 제안에서는 그러한 국민의 건강과 질병 극복을 위한 현 실태와 상황을 짚어 보고 바람직한 해결 방법을 모색하는 항목을 마련해 보았다.

2. 현대의학의 맹점과 한계는 무엇인가?

현대의학의 발전은 실로 놀랄 만하게 진보되어 왔다고들 말한다. 특히 질병의 진단법에 있어서 X-ray, CT, MRI, 초음파를 비롯하여 요즘엔 방사선 동위원소를 이용한 PET에 이르기까지 실로 다양한 진단법이 개발되고 또 그러한 것들이 실제로 진단과 치료에 응용되고 있다.

이와 같이 발전에 발전을 거듭해 온 현대의학에 비례해 아픈 환자들이 계속 넘쳐나는 것은 최첨단 의료를 자랑하는 '현대의학의 맹점이자 한계' 가 아닐 수 없다. 특히 현대의학은 '성인병' 에 대한 특별한 대책을 세울 수 없는 것이 어쩔 수 없는 현실이다.

심지어 암에 걸린 암환자 전문의사가 암환자를, 당뇨병에 걸려 자신도 치료하지 못하는 당뇨병자인 전문의사가 당뇨병 환자를, 고혈압 환자인 전문의사가 고혈압 환자를 치료한다고 하니 이러한 아이러니가 어디에 또 있을까!

우리는 이제 현대의학에 대하여 좀 더 솔직해 볼 필요가 있다. 현대의학(서양의학)은 대증요법, 즉 증상만을 완화하는 치료의 한계를 극복하지 못하고 있는 것이 사실이다. 다시 말해, 질병의 근본적인 치유에는 이르지 못하고 있는 것이 현대의학의 현 실정인 것이다.

최첨단 의료 기술의 혜택을 누리고 있는 오늘날에도 사람들은 여전히 원인 모를 질병으로 고통을 받고 있는 것이 현실 아닌가! 오죽했으면 당시 울산지방법원 부장판사까지 나서서 『의사가 못 고치는 환자는 어떻게 하나?』라는 책까지 펴내면서 '현대의학의 맹점 및 한계' 에 대해서 강력히 비판까지 하게 되었을까!

현대의학이 발병의 원인을 명확히 찾지 못하는 이유는 '질병 중심의 획일적인 의학' 이기 때문이다. 같은 질병을 가진 사람이라고 해도 타고난 체질과 나이, 생활습관, 환경, 면역력 등이 모두 다르므로 병의 원인과 치료법이 달라야 하는데도 현대의학은 같은 병명을 가진 수많은 환자들에게 천편일률적인 치료법을 쓰고 있다. 다시 말해 복잡한 발병 원인을 찾아 바로잡는 근원적인 치유에는 관심을 두지 않은 채, '증상' 만을 다스리고 관리하는 것이다. 이와 같은 결과로 현대의학은 오히려 많은 '원인 불명 환자'를 만들어 내고 있는 것이다.

예방 중심보다 치료 중심 의료 정책을 채택하고 있는 현대의학은 주로 '투약' 중심 처방인데, 이는 환자로 하여금 더욱 병을 키우는 결과를 낳게 할 뿐만 아니라, 항생제 투약에 의해 '세균'은 그에 대항할 방어무기를 진화시키면서 내성을 키워 나감으로써, 현대의학은 또다시 더 진화된 무기를 들고 나와야 하는 반복되는 세균전쟁으로 인하여 결국 환자의 몸은 망가져 가고 심지어는 어떤 무기(항생제)도 감당할 수 없는 '슈퍼박테리아' 탄생을 낳게 하고 있다. 이것 또한 항생제 생산에 열을 올리고 있는 현대의학의 맹점이자 한계라 지적하지 않을 수 없다.

『당신의 병이 낫지 않는 진짜 이유』라는 책을 보면 먼저 '약의 위험성'에 대해 경고한다. 약이 우리 몸에서 약효를 낸다는 것은 기본적으로 독작용이 있다는 말이다. 치료 작용이 있다면 그에 상응하는 부작용이 있는 것이 약의 속성이기 때문이다. 문제 중의 문제는 그 부작용을 키우는 것이 오늘날의 의료 환경, 그것도 최첨단 의료 기술을 자랑하고 있는 '현대의학'의 의료 환경인 것이다.

근본적인 치유가 아닌 증상만을 완화하는 극소적인 문제에 집중하는 증상 치료에 의한 현대의학의 질병관리는 환자로 하여금 계속적으로 약을 쓰게 하고 결국은 장기복용으로 인해 부작용과 새로운 병을 낳게 된다고 위 책의 저자는 강력히 주장하고 있다.

우리는 이러한 현대의학의 맹점과 한계를 이제 절대로 좌시해서도 안 되고 가볍게 넘겨서도 아니되며, 오히려 철저하게 새로운 의료 대책을 세워서 중요 국가 정책으로 추진함으로써 국민 삶의 질을 높여 건강하고 행복한 '국민행복시대'를 새롭게 열어 가야 할 것이다.

3. 성인병, 만성병, 생활습관병의 치료는?

이제 의료 종사자들은 현대의학의 현실을 직시하고 더욱 솔직해져서 자신들의 인식부터 획기적으로 전환하는 계기를 마련하지 않으면 안 될 시기가 도래한 것이다. 인간과 질병의 관계는 우리들이 흔히 알고 있는 것보다 훨씬 복잡하다. 질병 치료 관계자들은 이제 인식과 사고를 새롭게 전환하여 진정한 인간 삶의 방향과 더불어 건강을 유지하기 위한 질병 정복의 방향을 전적으로 바꾸어야 할 시점에 와 있음을 깊이 반성하면서 새롭게 인지해야 한다.

그 이유가 우리나라 연간 의료비 48조 원에 해당하는 질병, 특히 성인병에 대한 해결책을 찾아야 하기 때문이다. 성인병 또는 만성병 대부분은 발병 원인이 불확실하거나 매우 복합적이다.

그런데 1997년부터 성인병(또는 만성병)이란 더 이상 성인에게만 나타나는 병이 아니라 연령에 상관없이 '잘못된 생활습관' 으로 발생하기 때문에 성인병(또는 만성병)이란 용어 대신 '생활습관병' 이라는 새로운 명칭을 사용하기 시작했다.

'생활습관병' 에는 4대 중증질환을 포함하여 당뇨병, 고혈압, 고지혈증, 관절염, 비만 등이 여기에 속한다. 사실 현대의학의 발전 덕분에 일부 급성기 질환과 특정 질환의 치료에 많은 도움이 되고는 있지만, 인구 노령화와 함께 급속히 증가하고 있는 각종 성인병과 퇴행성 만성 질환의 치료에는 아직도 부족한 면이 많이 있을 뿐만 아니라 오히려 역행하는 사례도 많이 나타나고 있는 실정이다. 특히 재발 암이나 전이된 말기 암 치료율에서는 완전히 답보 상태에 있는 것이 현대의학의 현 실정인 것이다. 사망원인 35%로 1위를 차지하는 것이 바로 암이다.

즉, 현대의학은 이러한 '생활습관병' 에 대해서는 특별한 대책을 세울 수 없는 것이 사실이다. 현대의학이 치료할 수 없는 이유 중의 하나가, 바로 잘못된 생활습관이나 환경은 환자 스스로 바꾸어야지 그것을 의사나 병원이 대신해 줄 수 없기 때문이다.

다시 말해, '병든 나' 를 치유해 줄 수 있는 것은 의사가 아니라 나 자신이며, 의학이 아니라 병을 부르는 생활을 바로잡는 것이 '근원적인 치유법' 이라는 대 인식 전환이 지금은 꼭 필요한 시점이다.

즉, 병을 완치하기 위해서는 반드시 환자와 가족이 치료의 주체가 되어서 병에 대해 공부하고 생활을 점검하면서 발병 원인부터 찾아가야 하는 것이다. 발병 원인부터 해결해 나가는 것이 곧 '예방 중심 의료' 이며, '예방 중심 의료' 가 곧 대체의학의 핵심 의료 정책인 것이다.

4. 대체의학은 현대의학과는 다른 의료 체계를 가지고 있다

대체의학은 '예방 중심 의료체계' 이며 병의 '근원적인 치유' 에 집중하여 관심을 두고 발전하여 왔다. 그렇기 때문에 대체의학은 질병을 극소적인 부분의 문제로 집중하여 증상만을 완화하는 증상치료(대증요법)의 한계를 극복하지 못하고 있는 현대의학(서양의학)과는 판이하게 다른 의료 체계를 가지고 있다.

뿐만 아니라, 대체의학은 현대의학이 전혀 관심을 두고 있지 않은 우리 신체의 '자연치유력'의 향상에 역점을 두고 있다. 현대의학이 오히려 면역력 약화를 초래하고 있는 동안, 대체의학은 몸의 면역력을 더욱 강화시킴으로써, 고대 그리스 '의학의 아버지인 히포크라테스'의 "인체에는 100명의 의사가 있다"고 말한 그 위대한 '자연치유력'으로 만병을 다스리게 하는 '근원적 · 예방적 치료 방법'을 택하고 있다.

그래서 대체의학은 현대의학이 해결하지 못하는 질병에 대한 한계와 맹점을 말끔히 해결할 수 있는 의료 체계인 만큼, 이제 국가는 현대의학의 '치료 중심의 의료정책'에서 벗어나 대체의학의 '예방 중심의 의료정책'을 적극적으로 펴지 않으면 안 된다.

유럽에서는 이미 오래전부터 숲의 자연 치유 효과를 인정해 환자들에게 숲속 휴양병원의 자연치유 프로그램과 검증된 대체요법들을 의료보험에 적용하고 있는 등, 선진국들도 이제는 '치료 중심의 의료정책'에서 병의 근원적인 치료법을 제시하는 '예방 중심의 의료정책'을 펴 나가고 있다.

『자연치유력』이라는 책 서문 초반부에 '신의학 선언문(新醫學宣言文)'이 나온다. 본 제안자는 대체의학을 더 논하기 전에 이것을 먼저 인용해 보고자 한다. 이는 현대의학의 한계와 맹점을 더욱 분명히 확인하게 해준다.

[신의학 선언문

예부터 병은 자연이 고치고, 돈은 의사가 먹는다고 했다. 현대의학은 생명의 본질인 자연치유력에 대해서는 가르치지 않고 약물요법만 중시하는 우(愚)를 범하고 있다. 이것이 현대의학의 맹점이다.

고대 희랍의 의성 히포크라테스는 "우리 인간의 체내에는 100명의 명의가 있다. 의사가 할 일은 오로지 그들을 도와주는 것 뿐"이라고 말했다. 실제로 암, 당뇨병, 심장병, 고혈압, 치매, 정신질환 같은 각종 생활습관병은 현대의학으로는 고치지 못한다. 환자의 병을 고쳐야 하는 현대의학이 병을 고칠 수 없다니 도대체 어찌된 것일까? 기가 찰 노릇이다.

오히려 병을 고치기는커녕 병을 악화시키는 경우가 다반사로 일어난다고 하면 믿겠는가? 뿐만 아니라 고의는 아닐지라도 결과적으로 환자를 죽게 만드는 너무나 가슴 아픈 사태가 전 세계 의료 현장에서 연일 속출하고 있다.

이런 참상을 더 이상 방관할 수 없어서 일본에서 '신의학 선언' 신의학 세계현인회의 발기취지문을 작성한 바 있다. 한국에서도 발기인 대표인 기준성 회장(자연식 동호인 회장)과 필자(김용태 약사)가 공동으로 주선하여 2009년 1월 10일 서울 하얏트호텔에서 전세일 대학원장(포천중문의대 대체의학 대학원), 신현대 교수(경희대, 전 한방병원장), 이상희(과학기술처 장관, 국회의원), 박병호 법학박사(서울대 법대학장), 기준성 자연식 동호회 회장, 김용태 약사(부산시약사회장) 등 20여 명이 한국 발기인 모임을 가진 바 있다.

이에 필자(김용태 약사)는 이 운동을 자손만대로, 땅 끝까지 펼치기 위하여 그 선언문을 발췌하여 게재하는 바이다.

중략

현대의학은 병을 고치지 못하고 악화시켜 죽음에 이르게 한다. 의료 현장에서 벌어지는 한편의 '비극'과도 같은 참상을 더 이상 방관할 수 없었던 의식 있는 의사들, 그들이 고충을 무릅쓰고 내부 고발에 나섰다.

지금 이 순간도 현대의학은 뿌리 깊숙이 병들어 가고 있다. 아니 지칠 대로 지쳐 있는 상황이다. 그러나 어쨌든 서양의학이 일본 개화기의 근대화 과정에 크게 기여한 공로가 있었음은 부인할 수 없는 사실이다.

다만 그럼에도 불구하고 그에 반하는 입장에서 보면 현대 고도산업사회에서 선진국일수록 더욱 격증 추세에 있는 암, 당뇨병, 심장병, 고혈압, 치매, 정신질환 같은 각종 생활습관병에 대해서는 현대의학이 대증요법(對症療法) 외에는 뚜렷한 치료법이 없고 한없이 무력한 것이 엄연한 사실임을 또한 어찌하랴.

이처럼 현대의학을 좀먹게 한 치명적인 병근(病根)은 다름 아닌 '병을 고칠 수 없다'는 현실이다. 환자의 병을 고쳐야 하는 의학이 병을 고칠 수 없다니 도대체 어떻게 된 일일까.

실상은 더욱 비극적이니 기가 찰 노릇이다. 병을 고치기는커녕 도리어 악화시키는 경우가 일상다반사로 일어난다. 한 술 더 떠 환자를 죽음에 이르게 한다. 고의가 아닐지라도 결과적으로 환자를 죽게 만드는 너무나 가슴 아픈 최악의 사태가 전 세계 의료 현장에서 연일 속출하고 있다.]

『죽은 의사는 거짓말을 하지 않는다』라는 책에서는 미국에서 '병원에서만 매년 미국인 30만 명을 의료태만 행위로 죽인다'고 선언하고 있기도 하다. 뿐만 아니라 『항암제로 살해당하다』라는 책에서는 "암환자의 80%는 항암제로 살해되고 있다"는 주장이 제기되기도 하였다.

5. 대체의학이란 무엇인가?

한마디로 대체의학(Alternative Medicine)이란 '인체의 자연치유력을 높이는 예방 중심의 의료체계'를 말한다.

여기에서 '자연치유력'이란 '몸에 병균이 침입하였을 때 몸 스스로 그 병균을 물리치는 힘, 즉 면역력'을 말한다. 그러함으로 자연치유력(면역력)이 강화되면 인간은 자연히 무병장수 상태로 살아가게 되는 것인데, 우리는 잘못된 식습관과 생활습관 등으로 우리 몸의 자연치유력을 약화시키고, 더불어 대중요법에 의한 투약 중심의 증세 완화 의료 체계인 현대의학으로 몸의 면역력을 더욱 약화시키게 되어 우리 인체는 결국 치유 불가능한 반면역체계로 돌입하게 되기 때문에, 자연치유력과 면역력을 높여 모든 병의 근원적인 치유법을 시행하는 대체의학을 현 시점에서 의료 및 정부 관계자들은 절대로 소홀히 다루어서는 아니 될 것이다.

면역력, 즉 자연치유력이란 쉽게 말하면 우리 몸의 세포가 세균이나 노폐물을 먹고 소화하는 힘이다. 따라서 우리 몸 안에는 세균을 스스로 처리할 수 있는 힘이 있으며 이를 잘 이용하면 누구나 병원이나 약에 의존하지 않아도 스스로 건강을 지킬 수 있다.

그런데도 대부분의 사람들이 약과 병원을 선호하고 있는 이유는 그것이 가장 빠르고 효율적인 방법이라고 믿기 때문인데, 천만의 말씀이다! 그것이 오히려 우리 몸을 심각한 병증에 시달리게 하는 지름길인 것이다! 지금의 약제 치료는 오히려 병을 악화시킨다.

예부터 "병은 사람을 죽이지 않으나 약은 사람을 죽일 수 있다(病不能殺人, 藥可能殺人)"라는 말까지 전해지고 있을 정도이다.

대부분의 만성질환은 면역병인데, 면역병이란 쉽게 말해 세포가 세균에게 점령당한 것이다. 항생물질은 오히려 면역력을 약화시킨다. 따라서 현대인은 스스로 성가신 병을 만들어 가고 있는 것이다.

반면에 우리는 생활습관만 바꿔도 건강해진다. 즉 건강한 생활습관이 면역력을 높인다. 면역력을 높이면 난치병도 고칠 수 있다. 시중에는 이미 우리 생활 속에서 실천할 수 있는 면역생활 지침서가 많이 소개되고 있다. 큰 도움이 될 것이다.

학문적으로 대체의학이란 '법적으로 허용하는 병원의 표준화된 치료 이외에 환자들이 이용하는 요법'을 말한다. 즉, '서양의학(현대의학)'과 '한의학'을 제외한 모든 의술을 대체의학으로 간주하고 있는 것이다.

　여기에서 '법적으로 허용하는 병원의 표준화된 치료' 라는 정의에서 현대의학의 한계와 맹점을 드러내고 있다. 질병의 치료 범위를 왜 '법' 으로 묶어 놓아야 하는가 하는 얘기이다. 또한 질병의 치료를 '표준화된 치료' 로 도대체 왜 묶어 놓아야 하는 것인가 하는 얘기이다.

　질병을 예방 및 치료할 수만 있으면 그만이지 무슨 '법' 이 필요하며, 복잡한 현대 산업사회에서 새롭게 나타나는 여러 가지 병 증세에 대하여 치료 및 예방법이 때에 따라 새롭게 나타나야 할진대, 무슨 케케묵은 '표준화된 치료법' 으로 한정시켜 놓은 채, 특히 현대병 또는 만성병이라 하는 '생활습관병' 에는 아무 힘도 못 쓰는 서양의학이 주류인 현대의학의 '표준화된 치료' 만을 고집해야 하는 이유가 도대체 어디에 있단 말인가!

　이는 기득권 의료집단(의사, 약사, 제약사 등)들의 저급한 밥그릇 챙기기 외에 더한 것이 있는가! 고귀한 인간의 생명과 건강을 그들의 밥그릇 챙기기에만 맡겨 놓고 방관만 해서 될 일인가!

　국민 행복과 건강을 도모해야 하는 정부 관계자들은 이러한 의료 현실에 대한 큰 각성과 반성은 물론 새로운 의료 체계 즉 '치료 중심 의료정책' 인 현대의학의 맹점과 한계를 벗어나는 '예방 중심 의료정책' 으로 확실하게 전환하는 대국민 인식 체계의 큰 변화를 일으켜야 할 것이다.

　여기에 현재의 공식의료권에 대한 이해와 대체의학에 대한 이해를 돕기 위하여 『완전한 몸, 완전한 마음, 완전한 생명』의 저자 전홍준 의학박사의 주장을 정리해 보겠다.

　[오랫동안 (현대의학의)약물 치료에 반응이 없던 만성 질환자들이 단식이나 생식 같은 자연요법을 통해서 건강 상태가 극적으로 좋아진 경우를 나는 많이 보아 왔습니다. 따라서 근본적으로 심신을 개조시키고 면역체계를 강화시켜 주는 이러한 대체의학의 방법들이 미래의학의 주요 주제로 채택될 것이라는 점을 믿어 의심치 않습니다.

　중략

　여러 해 동안 나는 이런 요법들의 뛰어난 효능을 경험하면서 공식의학권 밖의 대체의료나 민간요법 가운데 여기저기 귀중한 방법들이 있다는 것을 실감했습니다. 대체의료나 민간요법 가운데는 확실히 우수한 효능을 발휘하는 방법들이 더러 있고 또한 이들이 현실적으로 환자들에게 도움을 주고 있지만 공식의료권에서는 이들을 지나치게 무시하는 경향이 있습니다.

중략

모든 의학적 원리와 치유의 힘이 꼭 과학적으로 증명될 수 있는 것은 아니며 꼭 증명되어야만 하는 것도 아닙니다. 의학은 과학과 동의어가 아닙니다. 모든 의학적 원리와 방법들이 과학의 체계로 정리되는 것이 가장 바람직하겠지만 과학적인 증거를 아직 찾아내지 못했다고 해서 경험적으로 그 가치가 확인되고 있는 것들을 편견으로 대하는 것은 과학자로서의 성실한 태도라고 보기 어렵겠지요.

공식의료권에서 대체의학이나 민간의료의 내용을 잘 탐색해 본다면 뜻밖의 훌륭한 아이디어와 힌트를 얻을 수 있는 가능성이 많습니다. 좋은 내용이 발견된 때는 적극적으로 이를 수용하여 현대의학의 체계로 세련시킨다면 공식의학의 내용을 더욱 풍부하게 해줄 것입니다. 장구한 의학의 역사 속에서 하찮은 민간요법이 공식적 의학으로 크게 부각된 사례들이 흔히 있습니다.]

6. 미국의 대체의학은?

이제 대체의학의 실증적 자료와 그 필요성을 더욱 크게 이해할 수 있도록 미국에서의 대체의학 실태를 간단히 짚어 보고자 한다. 미국에서는 서양의학을 제외한 모든 치료 방법을 대체의학으로 통칭하고 있으며 여기에는 우리의 전통적인 한의학도 포함되어 있다. 우리나라의 대체의학에서 서양의학(현대의학)과 한의학을 제외하는 것과는 약간 다른 개념이다.

미국 성인의 40% 가량이 대체의학을 이용한 적이 있다는 결과도 나왔다. 미국의 대체의학 시장은 연간 340억 달러(약 36조 4,000억 원) 규모인 것으로 추산되고 있다. 미국은 의과대학도 대체의학을 더 이상 외면하지 않고 적극 연구하는 쪽으로 입장을 바꾸었다(한국에서도 많은 대학에서 대체의학을 연구하고 있음).

한편, 미국에서 2010년 3월 전국민 건강보험제도인 '오바마 케어법'이 제정됐다. 여기에는 대체의학 시술의 차별을 금지하는 내용도 포함됐다. 일반 병원 치료와 마찬가지로 대체의학 시술 비용도 건강보험 적용 대상에 포함된다는 것이다. 이는 최근 급성장한 대체의학의 위상을 상징적으로 보여주는 사건이다.

또한 '오바마 케어법'은 대체의학 종사자들이 확고한 입지를 굳힐 수 있는 계기를 제공하고 있다는 평가가 나오고 있다. 미국에서 환자들이 대체의학에 깊은 관심을 보임에 따라 그 효능을 과학적으로 입증하려는 노력이 활발하게 전개되고 있다. 대체의학은 통증, 스트레스성 장애, 우울증, 심장혈관질환, 비만, 중독 등에 확실한 효과가 있다고 미국 의학계가 인정하고 있다.

그리고 미국에서는 '건강보조식품'도 대체의학의 한 방편으로 큰 인기를 끌고 있다. 미국 은퇴자협회(AARP)가 실시한 조사에 따르면 50세 이상 성인 가운데 3분의 1 이상이 건강보조식품을 먹는 것으로 드러났다. 그러나 건강보조식품을 사용하는 사람은 병원 등에서 이 같은 사실을 알리지 않는 경향을 보이고 있다고 AARP가 강조했다. 이것은 한국의 환자들이 효과 있는 건강보조식품을 먹고 있으면서도 의사 등에게 말하지 않는 경우와 비슷한 상황이다.

7. 건강보조(기능)식품

우리 몸은 우리가 먹는 대로 간다고 했다. 건강에 좋은 것을 먹으면 건강한 삶으로, 건강에 좋지 않은 것을 먹으면 병든 자의 삶으로 가는 것은 당연한 이치이다. 그러나 우리는 먹는 것에 대하여 소홀히 다루어 왔다. 대체의학의 대세는 '먹는 것'에 관한 것이다. 실은 '먹는 것'에 평소 신경을 쓰면 건강보조식품이니 대체의학이니 하는 것을 화두에 올릴 필요도 없이 건강하게 살아갈 수 있을 것이다.

하지만 우리의 현실은 그러하지 못하기 때문에 질병이 나타나는 것이요, 그 질병은 여러 가지 이유에서 비롯되는 복합적인 것이 대부분인데, 결국은 '먹는 것'으로 인해 혈(피)을 맑게 해준다든지 부족했던 영양을 보충해 준다든지 하여 우리 몸의 '면역력' 즉 '자연치유력'을 강화시켜 주면 그것이 곧 만점 질병 치료법이요, 동시에 예방 의학 치료체계인 것이다.

앞서 언급했던 '고대 희랍의 의성 히포크라테스'는 "음식으로 치료하지 못하는 병은 약으로도 치료할 수 없다"는 명언을 남겼는데, 이는 '먹는 것'의 중요성을 그대로 대변해 주는 대선언이라 할 수 있겠다.

이곳에서 '먹는 것' 특히 '건강보조식품'의 중요성을 이해하기 위해 『죽은 의사는 거짓말을 하지 않는다』의 책에서 언급된 내용을 잠깐 살펴보고자 한다. 이 책의 저자 닥터 월렉(Dr. Wallach)은 「인간의 생명연장과 영양소와의 관계」 항목과 「자연사의 원인은 영양 부족」이라는 항목에서 "모든 사람과 동물의 자연사의 원인은 영양의 결핍(영양의 불균형)이다"라고 힘주어 주장하고 있다. 그는 또 1977년 1월 4일, '미국인의 식생활 지침위원회'의 맥거번 위원장의 말을 다음과 같이 인용하고 있다.

"미국인의 치명적인 10대 질병 가운데 6가지는 그 원인이 우리들의 식생활과 연관되어 있습니다. 암, 당뇨, 심근경색 등등의 성인병은 물론 정신병까지도 잘못된 식생활에 기인하는 식원병입니다."

이것뿐만 아니라 닥터 월렉은 식물과 미네랄의 관계를 언급하면서 "미네랄에 관해서라면 얘기가 달라집니다. 퍽 참담한 얘기를 해야 되겠습니다. 식물은 자체적으로 미네랄을 생산해 내지 못하기 때문에 토양에 더 이상 미네랄이 없으면 식물에도 미네랄이 없게 됩니다"라고 지적하고 있다.

또 그는 "미네랄이 부족하면 비타민도 쓸모가 없다"라고 밝히면서 건강보조식품 섭취의 중요성을 심도 있게 거론하는 미 국회 「상원문서 264호」의 내용을 다음과 같이 인용하고 있다.

"이 「상원문서 264호」는 제74차 국회 제2회기 때 나온 것인데, 우리의 농토와 강우, 토양은 미네랄이 고갈되어 거기서 나는 곡식이나 과일 채소 및 나무열매 등에는 미네랄이 부족하기 때문에, 이것을 먹는 사람들은 미네랄 결핍증에 걸린다고 되어 있습니다. 단, 이 병을 예방하고 치료하려면 미네랄 (건강)보조식품을 섭취해야 한다고 했습니다."

이와 같이 '먹는 것' 즉 '건강보조식품' 등으로 자연치유력(면역력)을 증강시키는 예방요법 중심의 대체의학을 확립하고 이를 실천해야 하는 중요성을, 닥터 월렉은 많은 실증자료와 연구보고서 등을 인용하고 제시하며 강력히 주장하고 있음을 알 수 있다.

외국에서 뿐만 아니라 국내에서도 '먹는 것' 즉 '건강보조식품'으로 자연치유력(면역력)을 증강시켜 당뇨·암·비만을 고친 놀라운 사례들이 속속 나타나고 있어 대체의학의 대단한 위력을 과시하고 있을 정도이다!

따라서 국가는 국민을 위하여 '먹는 것'에 대해 특별한 관심을 두고 그것에 대한 심도 있는 성과를 내놔야 할 것이다. 왜냐하면 국민 건강은 '먹는 것'에 달려 있고, 건강은 행복의 가장 중요한 요건이요, 국민행복시대의 가장 핵심과제이기 때문이다.

그래서 정부는 '건강식품', '건강보조식품' 또는 '건강기능식품'에 대해 규제만 가할 것이 아니라, 차라리 민간 차원의 연구와 좋은 결과물을 적극 유도하고 또 정부는 그러한 연구 결과물에 대한 보증차원의 실효성을 검토해 주는 제도와 정책을 활성화한다면 우리나라의 건강 지수는 마땅히 세계 제1의 길을 걷게 될 것이 분명하다고 말할 수 있겠다.

8. 우리나라의 대체의학

우리나라의 태양 일조량은 유럽의 약 1.5배이다. 일조량은 식물의 영양성(동시에 그 식물을 먹고 사는 동물의 영양성)과 밀접한 관계가 있기 때문에 많은 일조량은 세계 최고 양질의 영양을 포함하는 자연 생산물을 우리나라 온 산야 전역에서 만들어 내고 있는 것이다. 우리나라 국민 평균 지능지수가 세계 1위인 것도 이러한 우리 국토의 자연환경과 무관하지 않을 것이다. 특히 우리의 한반도는 국토 삼 면이 바다와 접해 있어 양질의 농·임산물과 더불어 고영양 물질인 수산물까지 생산되고 있으니, 우리나라는 세계 최고의 먹거리 즉 대체의학의 핵심인 뛰어난 고기능성의 '건강식품', '건강보조식품' 또는 '건강기능식품'을 개발할 수 있을 것이다.

이미 우리나라에서 제조되고 있는 모 민간업체의 건강신소재와 고품질 건강제품은, 한 가지 제품 속에 '당뇨 치료 및 예방용 조성물', '간 기능 개선용 조성물', '뇌질환 예방 및 개선용 조성물', '면역력 증강, 암 예방 및 개선용 조성물', '모발 성장 촉진 조성물' 등이 특허 물질로 특허청에 5개 특허로 각각 등록되어 있을 정도이니, 정부 및 의료관계자들은 이러한 정보나 결과물을 소홀히 다루지 말고, 또 의료 세력들의 기득권 싸움에만 휘말리지도 말고 진정한 국민 건강 및 국민행복시대를 열 수 있는 계기로 만들어 나가야 할 것이다.

앞서 언급한 5개 특허 등록 물질 자료에 의하면, 현재 불치병으로 알려진 암, 당뇨, 치매를 포함한 뇌질환 등이 예방 내지는 치료가 될 수 있다는 선포이니 만큼 이러한 쾌거를 민간업체 차원의 결과물이긴 하지만 국민 건강 증진 차원에서도 국가적 축제로 승화시켜야 하지 않을까!

한편, 현대의학과 한의학 그리고 대체의학을 통합한 '통합의학'이 뜨고 있다. 우리의 국민 건강 혹은 세계인의 건강을 위해서도 아주 바람직한 현상이다. 이러한 통합의학에서도 빼놓을 수 없는 것이 역시 대체의학이다. 즉 대체의학 발전 없이 통합의학의 발전은 무의미한 것이다. 왜냐하면, 현대의학과 한의학이 공존하고 있는 현 의료체계 하에서도 성인병 또는 만성병이라고 하는 '생활습관병'을 완치하고 있지 못하기 때문이다.

여기에서, 대체의학은 통합의학의 핵심 과제로 떠오르고 있고 또 그렇게 해야만 통합의학 철학이 완성될 수 있다는 것이다. 이래저래 '예방 중심 의료정책'의 핵심인 대체의학의 발전은 분명한 시대의 요구이기 때문에 건강 100세 시대의 핵심 의료 체계로 확고히 정착될 수 있도록 모든 건강·의료 관계자들과 국가 정책 입안자들이 이를 위해 분연히 일어나야 할 것이다.

※자료 참조

『자연치유력』(전 부산시약사회장 김용태 약사 지음)

『의사가 못 고치는 환자는 어떻게 하나?(상, 중, 하)』(전 울산지방법원 부장판사 황종국 지음)

『당신의 병이 낫지 않는 진짜 이유』(박태선·이송미 지음)

『아파야 산다』(샤론 모알렘 지음)

『죽은 의사는 거짓말을 하지 않는다』(닥터 월렉 강연/박우철 번역)

『항암제로 살해당하다』(후나세슌/기준성 감수)

『면역력을 높이는 효소건강법』(김태호 지음)

『면역력을 높이는 생활』(니시하라 가츠나리 지음 / 권오길 감수 / 윤혜림 옮김)

『완전한 몸, 완전한 마음, 완전한 생명』(의학박사 전홍준 지음)

『김용태 약사의 당뇨·암·비만을 고친 사람들』(약사 김용태 엮음)

세계 최고 수준의 〔대체의학〕 확립의 기대효과

4대 중증질환(암, 심장병, 뇌질환, 희귀난치질환)을 포함한 당뇨, 고혈압 등 '생활습관병' 예방 및 새로운 치료 프로젝트

사람의 생명보다 더 귀중한 것이 세상에 어디 또 있을까?

그 생명과 건강을 다루는 것이 의학일진대, 이미 현대의학은 그 한계와 맹점을 드러내 놓은 지 오래 이건만, 왜 법을 만드는 위정자들이나 그 법을 집행하는 통치자들이 이를 소홀히 하고 있단 말인가?

혹 그들이 현대의학이 안고 있는 문제의 심각성을 모르고 있는 것일까? 본 제안자는 그러한 시대적 과제인 질병과 건강 확보를 위하여 현대의학이 어떤 맹점과 한계를 갖고 있으며, 따라서 그러한 문제를 극복하기 위해서는 대체의학 혹은 통합의학이 왜 필요한지, 그러한 개념들이 무엇을 지칭하는지 그리고 그것을 어떻게 발전시켜야 하는지를 본문에서 좀 구체적으로 살펴보았다.

대증요법에 의한 현대의학은 질병의 약 30% 정도밖에 치료할 수 없다! 심지어 암, 당뇨, 고혈압 등 성인병 내지 생활습관병에 대해서는 속수무책이다.

그러나 예방요법 또는 자가면역요법에 의한 대체의학 또는 통합의학은 아예 우리 몸에 질병이 나타나지 않도록 예방 또는 면역력을 증강시키는 요법이기에, 이미 몸이 다 망가진 후에 그 증상을 보고 치료하는 대증요법에 의한 현대의학은 이제 고대의학이 되어 버린 지 오래이건만, 새천년 21세기의 새로운 정보과학 기술시대가 도래했는데도, 아직도 당시의 현대의학이 지금도 현대의학이라 착각하고, "오히려 병원에 가면 병만 생긴다. '병원'은 '병'의 '원' 천이다"라는 말이 이미 사회 곳곳에 회자되고 있는데도, 법을 만드는 위정자들이나 그러한 법을 집행하는 집행자들은 가장 중요한 인명과 질병 그리고 건강을 다루는 의학에 왜 그렇게도 무관하고 방관만 하고 있는지 신랄한 비판과 함께 강하게 질문을 던지지 않을 수 없다!

따라서, 본 항목에서 제안한 '세계 최고 수준의 대체의학 확립'은 현대의학이 손을 쓰지 못하는 질병뿐 아니라, 현대의학에서 다루고 있는 질병이라 할지라도, 질병의 예방 및 우리 몸의 자연치유력(면역력)을 증강시키는 프로그램으로써, 즉 어떤 대체의학은 질병의 치료효과나 건강증진 면에서 감히 현대의학이 상상도 못할 정도로 아주 좋게 나타나므로, 가장 귀중한 인명과 질병, 그리고 건강을 다루는 막중한 임무를 갖고 있는 의학에 대한 기대효과는 꼭 수치로 표현할 수 없을 정도로 크게 나타날 수 있다고 하겠다.

현대의학이 전혀 필요 없다는 것이 아니다. 현대의학은 현대의학대로 발전시키되, 그것으로 모든 질병을 치료할 수 있다거나, 현대의학이 치료하지 못하는 질병은 다른 대책이 없다는 식으로 생각해서는 아니 된다는 뜻이다.

오히려 대체의학 혹은 통합의학이 인간의 질병극복이나 건강증진을 위해 더 중요한 역할을 할 수 있다는 대인식(大認識) 전환이 꼭 필요하다는 말이다.

따라서, 본문에서 언급한 대로 가장 귀중한 인간 생명을 다루는 현대의학이 그 한계에서 벗어나 새로운 차원, 즉 질병의 예방이나 자가면역 증강으로 방향을 적극적으로 틀어 그 개선이나 발전에 온 힘을 기울인다면, 우리 인간생활의 질적 향상은 물론 '인간존중'에 입각한 품격 있고 아름다우며 찬란하고 새로운 인류발전이 반드시 새롭게 전개될 것이다. 이것보다 더한 기대효과가 어디 또 있을까!

국가정책
project
8

국가 정책
'헌법'이 그 첫째이다

대한민국의 '국민'과 '영토'의 헌법 및 법률적 해석

1. 국가의 기본법인 헌법

　헌법이란 국민의 기본권 보장과 통치 구조를 규정하는 '국가의 기본법'이다. 즉 헌법은 '모든 법의 기본'이다. 따라서 국가 통치자나 국가 정책 입안자들은 모든 법의 기본인 헌법의 틀에서 벗어나서는 아니 된다. 그리하여 국가 고위급 위정자들은 반드시 헌법을 숙지하고 그 깊은 뜻을 파악하여 국가를 운영하는 기본 사상과 이념으로 삼아야 한다.

　이번 항목에서는 그 모든 법의 기본이 되는 헌법을 잠시 살펴보면서 국가 정책의 기본 틀과 구체적인 사안, 특히 '국민'과 '영토', '통일' 및 대통령의 헌법수호 책무와 평화통일 의무 등에 대하여 몇 가지 짚어 보고자 한다.

　대통령이 헌법만 제대로 집행해도 우리는 잘 살 수 있다. 헌법을 치밀하게 분석하여 철저히 시행하는 대통령이 되어 주시길 기대해 본다.

2. 대한민국의 '국민'과 '영토'의 헌법 및 법률적 해석

분단된 조국의 현실 속에서 우리는 대한민국의 '국민(내국인)'과 '영토(대한민국 영역)'에 대한 개념과 범위를 확실하게 정의하고 이해해 둘 필요가 있다.

과연 북한 주민도 '내국인'인가? 또 북한지역도 '대한민국 영역'에 속하는가 하는 정의와 이해는 국가 통치자는 물론 모든 공무원, 군인을 포함한 모든 국민들이 누구나 똑같은 개념으로 파악하여서 반드시 분명하게 알고 있어야 한다. 그래야 혼란이 없다. 국정을 운영하는 위정자도 주권을 갖고 있는 국민도 우리 대한민국 '국민'과 '영토'에 대한 정의와 개념을 분명히 파악하여 똑같이 알고 있을 때 적어도 그것에 대한 혼란은 없게 될 것이다. 효율적인 국가 운영을 위해서는 너무나 중요한 사안이기 때문에, 그러나 누구나 쉽게 짚어 넘김으로 해서 심지어 국민 개개인으로부터 나오는 국력의 손실까지 나타나는 혼란을 막기 위해서라도 여기서 헌법과 법률적 해석 및 판단에 근거하여 '국민'과 '영토'에 대한 분명한 답을 제시하고자 한다.

(1) 헌법 제2조(국민의 요건, 재외국민의 보호의무)
헌법 제2조(국민의 요건, 재외국민의 보호의무)는 이렇다.

[제2조 : ① 대한민국의 국민이 되는 요건은 법률로 정한다.
　　　　　② 국가는 법률이 정하는 바에 의하여 재외국민을 보호할 의무를 진다.]

먼저 헌법에 의한 '국민'이란 법률이 정한 대로 '대한민국의 국적을 가진 자'를 말한다. 우리 한국에서도 이제 타민족으로 구성된 다문화 시대가 도래하게 되었는데, 타민족 즉 다른 나라로부터 한국에 들어와 '대한민국의 국적'을 취득하게 되면 헌법에 명시된 대한민국의 '국민'이 되는 것이다.

상기 제②항에서 '국가는…… 재외국민을 보호할 의무를 진다'고 적시하고 있는데 이는 아주 중요한 국가 의무이다. 재외국민을 보호하는 것은 국가의 당연한 의무이기 때문에 그러한 기본적인 의무를 넘어, 본 제안자는 지구촌 각지에 흩어져 살고 있는 우리 재외국민들을 우리 조국의 '세계화' 전략에 적극 참여시키는 정책을 펴도록 강력히 제안한다.

다시 말해, 국가는 재외국민에 대한 복지 정책에 더하여 필요한 교육을 더욱 알차게 실시하고, 또 보다 더 체계적이고 적극적으로 조국의 발전에 참여할 수 있는 구체적 프로젝트를 개발하여 제시해야 할 것이다. 세계 각처에서 그 나라 언어와 문화를 배우고 익힌 재외국민들에 대한 가치를 더욱 높게 평가하여 그들의 노하우나 저력을 조국의 발전에 적극 기여할 수 있는 정책들을 구체화하여 실시함으로써, 이 나라 대한민국이 초일류 국가를 이루고 세계를 지도해 나가는 세계 지도국의 '최첨단 역군'이 되도록 재외국민들에 대한 인식 전환과 더불어 그들이 발전하는 조국은 물론 세계 각지에서 전 지구촌 복리와 인류 공영 실현을 위해 헌신할 수 있는 기회와 분위기를 국가는 반드시 조성해 주어야 할 것이다.

(2) 헌법 제3조(영토)

헌법 제3조(영토)는 이렇다.

[제3조 : 대한민국의 영토는 한반도와 그 부속도서로 한다.]

우리 대한민국은 삼 면이 바다로 둘러싸인 반도국이므로, '한반도'란 '우리 국토의 전체를 포괄하고 있는 반도'를 일컫는 말이다. 그리고 '부속도서'는 그것에 딸린 크고 작은 여러 섬들을 일컫는 말이므로 대한민국의 영토는 한반도 전체와 바다에 있는 여러 섬들을 지칭한다.

여기에서 '한반도'를 어디까지 규정할 것인가? 그렇다면 북한도 대한민국 영토인가 하는 문제이다. 이러한 '영토' 문제가 아주 기본적이고 쉬운 개념인 것 같지만, 실제로는 지도자들 뿐 아니라 우리 국민 대다수가 헷갈려 하는 부분이기도 하다. 이와 같은 '영토' 부분에까지 헷갈려 한다면 이러한 혼란 역시 막대한 국력 손실로까지 이어질 수 있기 때문에, 이것을 명확히 정의하기 위하여 다음의 법률과 그 해석(판례)을 인용하고자 한다.

(3) 법률 : 형법 제2조(대한민국 영역)

형법 제2조(대한민국 영역)는 이렇다.

[제2조 : 본 법은 '대한민국 영역' 내에서 죄를 범한 내국인과 외국인에게 적용한다.]

「'대한민국 영역'은 영토 · 영해 · 영공을 포함하며, 북한도 대한민국 영역에 속한다(판례).」[1]

대한민국 법원은 판례로써 '북한도 대한민국 영역에 속한다'고 판시하였다.

자! 그러면 우리 국민들, 특히 국가 통치자나 위정자들은 과연 북한을 대한민국 영토로 확실히 인지하면서 알고는 있는 것인가? 왜 이 질문이 중요한가 하면, '만약 북한도 헌법이나 법률적으로 대한민국 영토가 분명하다면 왜 국가 통치자나 위정자들은 대한민국 영토인 북한에 대해 그렇게도 소홀히 하고 있는 것인가?' 하는 문제가 제기될 수 있기 때문이다.

그런데 헌법 또는 법률 해석 판례에 의하면, '만약'이 아니라 '실제로' 북한도 대한민국 영역에 속하는 대한민국 영토가 확실하므로 이제 국가 통치자나 위정자들은 그러한 입장에 대한 현실적이고 구체적인 대안이나 국가 정책들을 만들어 내서 실행에 착수해야 할 것이다. 다시 말해, 대한민국 대통령은 북한에 대해서도 대통령의 직분을 수행해야 한다는 뜻이다.

자! 어떠한가?

아니 법적으로 소유가 확실시된 내 땅과 집을 관리하지 못하고 권한 없는 자가 마음대로 휘둘러도 된단 말인가! 주인은 무엇을 하고 있는가! 그 권한 없는 자가 그것으로 인하여 많은 민폐를 끼치고 있다면 소유권자는 그것을 방치만하고 있어서 될 일인가! 우리는 이를 깊이깊이 생각해 볼 일이다.

(4) 법률 : 형법 제3조(내국인)

형법 제3조(내국인)는 이렇다.

[제3조 : 본 법은 대한민국 영역 외에서 죄를 범한 '내국인'에게 적용한다.]

「여기에서 '내국인'이란 대한민국의 국적을 가진 자를 말하며, 북한 주민도 내국인에 포함된다(대판, 1996. 11. 12, 96누1221).」[2]

---

1) 『형법총론』, 김순태 · 장영민 공저, 한국방송통신대학교출판부, 2001, p71쪽

2) 『형법총론』, 김순태 · 장영민 공저, 한국방송통신대학교출판부, 2001, p71, 72쪽

'북한도 대한민국 영역에 속한다' 는 판례에 이어 이번에는 대법원 판례로써 '북한 주민도 내국인에 포함된다' 는 선포는 우리로 하여금 '영토' 와 '국민' 에 대하여 다시 한 번 생각하게 한다. 특히 위정자들은 이러한 내용에 대한 분명한 태도를 확립해야 할 것이다.

그러면 내 영토 내 국민 즉 북한과 북한 주민에 대한 우리들의 태도는 지금까지 어떠했는가? 내 식구가 굶어 죽고 있다면 방관만 하고 있었겠는가? 방관이 아니라 아예 굶어 죽지 않도록 온갖 방법을 다 동원했을 것 아닌가!

북한과 북한 주민들에 대해서 내 영토요, 내 국민이라는 생각을 위정자들은 정말 가슴 깊이 느껴 보았는가? 현 북한과 북한 주민들에 대한 실태는 제대로 파악하고는 있는 것인지? 유엔(국제연합)이 나서서 북한 인권 실태의 심각성을 조사하러 이 나라 저 나라를 쫓아다니며 애를 쓰고 있는데도 정작 북한의 내 영토 내 국민을 대하는 우리의 태도는 어떠한가?

특히 위정자들은 반성하라! 그리고 영토와 국민에 대한 그리고 인간 존엄에 입각한 북한 인권에 대한 각성을 하라!

당리당략에 의한 '내 당' 이나 찾고 사리사욕에 사로잡혀 자기 눈앞만 가리고 있는 정치인들! 큰 틀로 큰 정치, 위대한 인류사를 창조해 나가야 할 정치인들이여! 그들에 대한 대각성(大覺醒)을 본 제안자는 강력히 부르짖는다!

남한은 남한대로 북한은 북한대로 기득권 세력들이 자신들의 정권 유지나 안위만을 생각하고 있다고 하면 지나친 표현일까?

본 제안자가 국가 정책을 제안하면서 왜 국가의 기본법인 헌법을 들춰내고 있으며, 그 헌법 중에 왜 '영토' 와 '국민' 에 관한 내용을 강하게 언급하고 있는지를 우리 국민들은 물론 위정자들은 깊이 음미해 봐야 할 것이다.

음미해 볼 뿐만 아니라 북한과 북한 주민에 대한 정책을 가장 존엄한 인권을 생각하며 구체적이고 현실적이고, 또 실제로 북한과 북한 주민의 안위와 복리에 도움을 줄 수 있는 깊은 역사적 · 민족적 사명의식으로 새로운 정책이나 법률을 입안하여, 온 국민의 열의와 지지 속에서 대단한 추진력으로 실천에 옮겨 조국 통일의 번영을 이룩해 나가야 할 것이다!

'통일'에 관한 헌법적 고찰

이제 전 항에서 파악한 대로 '북한'과 '북한 주민'에 대하여 헌법 및 법률 해석에 의한 '내 영토'와 '내 국민'에 관한 이해가 깊어졌을 것이다. 다음 단계는 바로 조국의 '통일'에 대한 시각과 그것을 위한 실천적 방안이다.

이제 북한과 북한 주민을 내 영토, 내 국민으로 보는 분명한 시각으로 '통일'에 관한 시각을 가져야 한다는 뜻이다. 막연한 통일이 아닌 실제적이고 구체적인 통일 방안을 세워야 한다는 말이다. 이것이 '통일에 관한 헌법적 고찰'을 해봐야 하는 이유이다.

(1) 헌법 제4조(통일정책)

헌법 제4조(통일정책)는 이렇다.

[제4조 : 대한민국은 통일을 지향하며, 자유민주적 기본질서에 입각한 평화적 통일정책을 수립하고 이를 추진한다.]

대한민국은 '통일' 을 목표로 정하여 나아간다고 헌법에는 분명히 명시되어 있다. 뿐만 아니라 통일정책을 (구체적으로) 수립하고 이를 추진한다고 적시되어 있는데, 우리는 정말 '통일' 을 위한 확고한 목표를 정하여 구체적으로 점검하며 추진해 나가고 있는가?

우리는 아직 구체적이고 실천적인 통일정책을 수립하여 실질적으로 추진하고 있지 않다고, 본 제안자는 생각하고 있는데 틀린 말인가?

물론 정권을 잡은 각 정부에서는 "통일, 통일" 말하며 통일을 위한 업무를 진행하고 있는 것은 사실이다. 정부 조직에 '통일부' 까지 등장하지 않았는가!

그러나, 본 제안자가 말하고자 하는 것은 그러한 구태의연한 통일정책이 아니다. 헌법 제4조를 천천히 그리고 또박또박하게 깊이 음미를 하며 한번 다시 읽어 보기 바란다. 이는 그 내용이 살아 숨쉬는 듯한 느낌을 느껴 보면서 읽어 보란 말이다. 대한민국은 통일을 목표로 정하여 어느 정도로 나아가고 있는가? 그리고 어떤 구체적 통일정책을 수립하여 어떻게 실제적으로 '추진' 하고 있는가? '추진' 이란 말 속에는 일반 진행과는 달리 일이 잘 되도록 애써 힘쓰고 변화와 발전이 있게 앞으로 밀고 나간다는 실행적 깊은 뜻이 담겨 있는 말이다.

국가는 헌법에 적시된 분명한 언급대로 통일에 대한 진전을 보이고 있는가?

국가 통치자를 비롯한 위정자들은 헌법 제4조를 깊이 인지하고 통일에 대한 구체적 실행 방법을 찾아 실효성 있는 정책을 입안하여 좋은 결과가 나타날 수 있도록 힘차게 실천해 나가야 할 것을 강력히 제안하는 바이다.

단, 그 통일은 반드시 '자유민주적 기본질서에 입각한 평화적 통일정책' 으로 이루어져야 할 것이다!

(2) 헌법 제66조(대통령) ③항(조국의 통일을 위한 의무)
헌법 제66조 ③항(조국의 통일을 위한 의무)은 이렇다.

[제66조 ③항 : 대통령은 조국의 평화적 통일을 위한 성실한 의무를 진다.]

'대통령' 은 헌법기관이다. 헌법 제66조부터 85조까지는 헌법기관인 '대통령' 의 지위 · 책무 · 의무 등을 분명하게 적시해 놓았다. 우리는 그러한 대통령의 중요한 업무 중에 '조국의 평화통일' 이 대통령의 의무, 그것도 '성실한 의무'로 명시되어 있음을 알 수 있다.

'의무'라 함은 '마땅히 해야 할 직분'인데, 그동안 대통령들은 이 마땅히 해야 할 직분을 얼마나 성실한 의무감을 갖고 수행해 왔는가? 이는 헌법의 명령이다. 그리고 헌법은 이를 '의무'라고 명령한다. 모든 국민이 다 통일을 지향하고 그를 위해 성실히 노력해야 하지만, 이곳에서 본 제안자는 특히 헌법기관인 '대통령'에게 주어진 통일에 관한 의무와 책무를 강하게 지적하고 있는 것이다. 대통령은 헌법이 '의무'라고 명령한 조국의 통일을 위한 성실한 노력을 수행하지 않는 한 '위헌자'가 될 것이다.

어떠한 국정을 성공적으로 잘 수행했다 하더라도, 만약 헌법이 규정한 분명한 대통령의 의무인 통일을 위한 노력을 게을리했다면 대통령으로서의 직분을 성실히 수행했다고 볼 수 없을 것이므로, 국가 통치자로서의 대통령님께 본 제안자는 이 '조국의 통일'에 관한 의무만은 성실히 그리고 분명하게 지켜 주기를 강력히 제안한다.

(3) 헌법 제69조(대통령의 취임선서) - 조국의 평화적 통일 노력
헌법 제69조(대통령의 취임선서)는 이렇다.

> [제69조 : 나는…… 조국의 평화적 통일(을 위해)…… 노력하여 대통령으로서의 직책을 성실히 수행할 것을 국민 앞에 엄숙히 선서합니다.]

헌법에는 대통령이 취임 시에 그대로 따라 선언하도록 '대통령 취임선서문'을 분명하게 적시해 놓았다. 이 취임선서에도 대통령은 '조국의 평화적 통일을 위해 성실히 노력하고 수행'할 것을 명시해 놓았는데, 역대 대통령들은 통일을 위한 구체적 진전을 보지 못했고 그리하여 아직도 우리는 통일을 이루지 못했을 뿐만 아니라, 오히려 통일은 요원한 미래 일로 막연하게 제쳐 놓고 있는 듯이 보인다.

배고픔에 굶주리고 있을 뿐만 아니라 기아에 허덕이며 심지어 처참하게 아사(餓死)하고 있는 북한 주민들의 참혹한 현 처지를 생각한다면 우리가 왜 통일을 위한 성실한 노력을 경주하지 않으면 안 되는지를 알게 될 것이다.

국가 통치권자인 대통령은 북한에서 주민들이 어떤 고통에 시달리고 있는지를 확연하게 파악하어 북한 주민을 위한 구제책을 반드시 내놓아야 할 것이다. 내 식구가 굶어 죽고 있다면 가만 두겠는가! 북한 주민은 내 식구가 아닌가? 역시 '내 국민'이기에 더욱 그러하다. 이러한 일 역시 통일을 위한 구체적 정책이 될 수 있고, 또 헌법의 대통령 취임선서에도 적시된 대로 "나는…… 조국의 평화적 통일(을 위해)…… 대통령으로서의 직책을 성실히 수행"하는 결과를 만들어 낼 수 있는 일이기 때문에, 국가 통치자인 대통령은 이를 위해 분명한 결과물을 내놓을 수 있도록 구체적 실천 방안을 제시하고 또 필히 수행할 것을 본 제안자는 강력히 주장하는 바이다.

(4) 헌법 제92조(민주평화통일 자문회의) ①항(평화통일정책 수립)

헌법 제92조 ①항(평화통일정책 수립)은 이렇다.

[제92조 ①항 : 평화통일정책의 수립에 관한 대통령의 자문에 응하기 위하여 민주평화통일 자문회의를
둘 수 있다.]

'민주평화통일 자문회의'는 현재 자문위원 7,000명 이상의 규모로, 헌법기관이자 대통령 직속 자문기구로 1988년 3월에 제정·공포된 '민주평화통일 자문회의법'에 의해서 설치된 평화통일정책의 수립 및 추진에 관한 기구이다. 이 자문위원은 아래의 조건에 맞는 사람 중에서 대통령이 위촉한다.

① 〈지방자치법〉에 의하여 지역 주민이 선출한 서울특별시·도 및 구·시·군 의회의 의원인 인사.
② 서울특별시·광역시·도 및 구·시·군 지역의 지도급 인사, 이북 5도 대표, 해외동포 대표 등 국내외 각 지역에서 민족의 통일 의지를 대변할 수 있는 인사.
③ 정당의 대표가 추천한 정당의 지도급 인사.
④ 주요 사회단체 및 직능단체의 대표급 인사 또는 구성원으로서 민족의 통일 의지를 대변할 수 있는 인사.
⑤ 기타 조국의 민주적 평화통일을 위한 의지가 확고하고 통일과업의 수행에 기여하였거나 할 수 있는 대표급 인사.

대통령이 의장이 되는 전체회의 등 방대한 조직을 갖고 있고, 행정사무를 위한 사무처까지 가동하고 있는 '민주평화통일 자문회의'는 매월 기관지 「통일시대」라는 책까지 발간하고 있다고 한다.

그런데 '평화통일정책 수립'에 관한 대통령의 자문에 응하기 위한 이 방대한 조직은 과연 그 목적을 성실히 수행하고 있는지 묻지 않을 수 없다.

회의는 2년에 1회 의장(대통령)이 소집하도록 규정이 되어 있는 것으로 알고 있는데, 본 제안자는 평화통일정책을 수립하고 이를 실제로 추진해야 하는 헌법의 명령(제4조)을 구체적으로 실행하기 위해서 회의를 1년에 1회 소집하여도 부족함이 있다고 본다. 적어도 상·하반기로 나누어 1년에 2회 또는 분기로 나누어 1년에 4회 정도까지 회의를 확대 소집하여 조국의 '통일'을 위한 긴급성을 발휘해야 한다고 본 제안자는 강력히 주장하는 바이다.

즉, 평화통일정책 수립에 관해 '민주평화통일 자문회의'가 구체적으로 결과물을 내놓을 수 있도록, 의장인 대통령은 이 자문회의를 적극적으로 활용하여 하루빨리 통일의 꽃이 활짝 필 수 있도록 특별한 노력을 기울이지 않으면 아니 될 것이다.

'민주평화통일 자문회의'의 자문위원들도 하나같이 '통일'이라는 시대적·역사적·민족적 대 사명을 깊이깊이 인지하여 통일정책 수립에 관한 자문에 더욱 적극적으로 임하여 국가 통치자와 함께 하루빨리 조국 통일이라는 역사적 과업이 달성될 수 있도록 각자가 최선의 노력을 다 기울여야 할 것을 본 제안자는 강력히 주문한다.

대통령의 '헌법수호 책무'와 '평화통일 의무' 및 대통령령에 관한 헌법적 고찰

1. 대통령의 헌법수호 책무

"대통령은 헌법을 잘 집행함으로써 헌법을 수호한다"

최고 통치권자인 대통령에게 주어진 '헌법수호 책무'를 확인해 보고, 또 효율적이고 강직한 통치력 그리고 안정적으로 국가를 관리하기 위하여 '대통령령'을 발할 수 있는데 그 중요성과 신중성을 짚어 보고자 한다.

(1) 헌법 제66조(대통령) ②항(헌법수호 책무)

헌법 제66조 ②항(헌법수호 책무)은 이렇다.

[제66조 ②항 : 대통령은 국가의 독립 · 영토의 보전 · 국가의 계속성과 '헌법을 수호할 책무'를 진다.]

대통령의 많은 책무 중에서 여기에서는 주로 '헌법수호 책무'에 관하여 언급하고자 한다. 앞에 기술한 대로, 대통령이 헌법을 가장 잘 수호할 수 있는 방법은 '헌법을 제대로 집행하는 것'이 그 첫 번째이다.

헌법은 '국가의 통치체제에 관한 근본원칙을 정한 기본법'이기 때문에 국가의 최고 통치권자인 대통령은 그 '통치체제에 관한 국가 기본법'인 헌법을 잘 지키고 제대로 집행하는 것이 헌법수호 책무를 가장 잘 수행할 수 있는 방법이다.

헌법은 '정치적 공동체의 형태와 국민의 기본권 보장과 국가의 통치구조 등 기본적 가치구조를 정립한 국가의 기본법'으로 이해되기 때문에, 민주국가에서의 헌법을 수호할 책임과 임무를 최고 통치권자인 대통령에게 부과한 것은 너무나 당연한 이치이다. 따라서 대통령은 많은 책무 중에서 '헌법 수호 책무'를 반드시 통치철학의 기본으로 삼아 국가 운영을 치밀하게 잘 관리해 나가야 할 것이다.

(2) 헌법 제69조(대통령의 취임선서) - 헌법 준수
헌법 제69조(대통령의 취임선서)는 이렇다.

[제69조 : 대통령은 취임에 즈음하여 다음의 선서를 한다. "나는 헌법을 준수하고……."]

이미 전 항에서 헌법을 잘 지키는 것이 헌법을 가장 잘 수호하는 것이라고 언급하였는데, 똑같은 명령을 헌법에서는 '대통령 취임선서'에서도 확고하게 적시해 놓았다.

대통령의 취임선서 첫 문장은 "나는 헌법을 준수하고……"로 시작된다. 그만큼 대통령의 헌법 준수는 대통령의 많은 책무 중에서 가장 중요하기 때문이다. 이 '헌법 준수'가 곧바로 '헌법 수호'로 직결되기 때문에 헌법에서는 대통령의 취임선서 첫 문장에 그 내용을 못 박아 명시해 놓은 것이다.

국가가 존립하고 있는 한, 국가의 기본법인 헌법은 반드시 수호되어야 하고, 역으로 헌법이 강력히 수호될 시는 국가의 존립은 물론 그러한 국가는 더욱 안정적으로 계속 번영해 나갈 것이다. 이것이 헌법의 대통령 취임선서 서두에 헌법 준수를 분명하게 명시해 놓은 이유이다.

그 선서 첫 문장에 헌법 준수 명령을 명문화해 놓은 것에 대해 국민은 물론 최고 통치권자인 대통령은 그 의미를 더욱 깊이 가슴에 새기고 헌법 준수 책무를 엄숙히 실천해 나가야 할 것이다.

여기에서 한 가지 더 언급할 것이 있다.

헌법을 잘 준수하기 위해서는 대통령이 그 헌법 내용을 잘 숙지하고 깊이 있는 이해를 곁들어야 한다는 것이다. 알지 못한다거나 특히 헌법만큼 그 깊은 의미를 파악하지 못한 상황에서는 헌법을 잘 준수한다고 볼 수 없기 때문이다. 마치 교통법규를 잘 알지 못하면 그 법규를 잘 준수하지 못하는 것과 같은 이치이다. 따라서 국가 통치자인 대통령은 무엇보다도 헌법에 관한 분명한 지식을 확고히 확보해야 할 것이다. 그것은 크게 어려운 일이 아니다. 130개 조항밖에 되지 않는 헌법을 그저 자주 잘 읽어 보기만 해도 헌법 내용을 확연히 파악할 수 있게 된다.

그리하여 본 『국가 정책 제안서』에서는 「국가정책 −헌법이 그 첫째이다」라는 항목을 마련하여, 헌법 중에서 본 제안자가 현 시대에 필요하고 중요하다고 생각되는 헌법 조항 일부를 소개하면서 또 그 중요성을 강조하고 있는 것이다.

부디 대통령을 포함하여 국가 위정자들은 누구라도 이 '헌법'을 잘 공부하고 숙지하여 국가 경영에 차질이 없도록 해야 함은 물론 그 헌법 정신을 잘 함양하고 실천함으로써 지구촌에서 가장 아름다운 나라, 금수강산 대한민국을 활기차게 건설해 나가야 할 것이다. 그리하여 세계 지도국 달성을 향한 초일류 국가를 반드시 건설해 내는 영광을 이룩해야 할 것이다.

2. 대통령의 '평화통일 의무'

(1) 헌법 제66조(대통령) ③항(평화통일 의무)
헌법 제66조 ③항(대통령의 평화통일 의무)은 이렇다.

[제66조 ③항 : 대통령은 조국의 '평화적 통일을 위한 성실한 의무'를 진다.]

대통령은 행정부의 최고의 수반으로서 많은 책무와 의무가 있다. 그 많은 의무 중에서 '조국의 평화적 통일을 위한 의무를 진다'고 헌법에 명기해 놓은 이유에 대하여 우리들은 깊이 음미해 볼 필요가 있는 것이다. 그것도 단순한 의무가 아니라 '성실한 의무'를 진다고 적시해 놓고 있다. 또 특별히 '무력 통일'이 아닌 '평화적 통일'이라고 적시해 놓은 이유에 대해서도 우리들은 그냥 간과해서는 아니 될 일이다.

국가의 최고 기본법인 헌법에 조국의 통일, 그것도 '평화적 통일'을 '대통령의 의무'라고 적시해 놓은 이상, 대통령은 다른 어떤 의무보다도 헌법에 적시해 놓은 '조국의 평화통일'을 위해 온 심혈을 다 기울여 분명한 결과를 내놓을 수 있도록 실질적인 최선의 노력을 다 기울여야 할 것이다.

(2) 헌법 제69조(대통령의 취임선서) – 조국의 평화적 통일

헌법 제 69조(대통령의 취임선서)는 이렇다.

[제69조 : 대통령은 취임에 즈음하여 다음의 선서를 한다. "나는 헌법을 준수하고…… 조국의 평화적 통일……에 노력하여 대통령으로서의 직책을 성실히 수행할 것을 국민 앞에 엄숙히 선언합니다."]

앞에서도 이미 언급했듯이, 심지어 '대통령의 취임선서문'에도 헌법에서는 '대통령의 평화통일 책무'를 분명하고 강하게 적시하면서 이를 위해 그 직책을 성실히 수행하겠다고 국민 앞에서 엄숙히 선서하도록 분명히 못 박아 밝혀 놓았다.

자! 어떠한가?

우리는 최고의 국가 기본법인 헌법의 곳곳에 '조국의 평화적 통일'을 대통령의 책무로 중요하게 못 박아 언급해 놓은 이상, 국민들은 물론 최고의 국정책임자인 대통령은 더욱더 분명히 이와 같은 준엄한 헌법의 명령을 실천적으로 수행하도록 구체적인 계획과 목표를 세워서 반드시 역사에 길이 남는 대업을 이룩하도록 힘써야 할 것이다.

3. 법률 집행을 위한 대통령령

"대통령은 법률을 잘 집행하기 위하여 대통령령을 발한다"

(1) 헌법 제75조(대통령령)

헌법 제75조(대통령령)는 이렇다.

[제75조 : 대통령은 법률에서 구체적으로 범위를 정하며 위임받는 사항과 법률을 집행하기 위하여 필요

한 사항에 관하여 '대통령령'을 발할 수 있다.]

대통령은 '헌법'을 잘 집행하는 것도 중요하지만 국회가 입법한 '법률'도 잘 집행해야 할 중요한 책무를 가지고 있다. 그래서 헌법에서도 그러한 내용을 명확히 적시해 놓은 것이다.

일반적으로 행정부의 입법권을 말하는 '행정입법'은 법규의 성질을 지니는 '위임명령'과 '집행명령'이 있고, 법규의 성질을 지니지 않는 행정명령(행정규칙)이 있다. 다시 말해 헌법 제75조에서 적시해 놓았듯이, 법률에서 구체적으로 범위를 정하여 '위임' 받은 사항에 관한 규정을 마련하는 것이 '위임명령'이고, 법률을 '집행'하기 위하여 필요한 사항을 규정하는 것이 '집행명령'이다.

앞에서 언급한 대로, 이 두 가지 위임명령과 집행명령은 법규의 성질을 지니는 행정입법으로써 대통령령·총리령·부령이 여기에 속한다. 헌법 제95조에 명시된 총리령·부령은 이곳에서는 언급하지 않고 다만 더 상위 명령인 '대통령령'에 대해서 잠깐 언급하여 국가 정책 입안자들이 참고하도록 하고자 한다.

(2) 헌법 제89조(국무회의 심의) 3번(대통령령안)
헌법 제89조(국무회의 심의)는 이렇다.

[제89조 : 다음의 사항은 국무회의의 심의를 거쳐야 한다.
    1. 국정의 기본계획과 일반정책
    2. 선전·강화 기타 중요한 대외정책
    3. 헌법개정안·국민투표안·조약안·법률안 및 '대통령령안'
    4. ……]

이곳에서는 제안자가 특히 헌법의 대통령령 등 대통령 책무에 대하여 강조하는 이유가 있다. 국가 통치권자인 대통령은 국가의 최고 법인 헌법에서 대통령의 직무에 대하여 무엇을 규정하고 있는가에 대한 분명한 지식을 갖고 있어야 하기 때문이다. 그리고 대통령은 헌법과 법률을 잘 집행하기 위하여 그것과 관련된 헌법규정을 확실하게 파악해 두지 않으면 안 되기 때문이다.

'대통령령'은 무엇보다도 법률을 잘 집행하여 국가 관리를 치밀하게 하고 국태민안(國泰民安)을 성취시키기 위한 법규이므로 대통령은 이를 적극적으로 활용하여 국가 통치력을 더욱 심화할 필요가 있다. 국무회의 심의를 거치면 대통령령을 발할 수 있기 때문에, 대통령은 효율적인 국가 관리를 위하여 법률에서 '위임' 받은 사항(위임명령)과 법률을 '집행' 하기 위해 필요한 사항(집행명령)에 관해 헌법에서 부여한 권한을 최대한 발휘하여 국민의 안전과 행복 그리고 편안한 삶을 위하여 진취적으로 그리고 심도 있게 통치력을 잘 발휘해 나가야 할 것이다.

앞서 언급한 대로, 국민의 권리·의무에 관한 법규의 성질을 가지는 법규명령(위임명령, 집행명령)은 제정기관에 따라 대통령령·총리령·부령 등으로 나누는데, 이는 국민의 권리와 의무에 관한 것이기 때문에 매우 중요한 법적 지위를 갖게 되는 것이다.

한편 국민의 권리와 의무와는 무관하게 행정주체는 행정 내부 조직 등에 관해서 법의 형식을 취하여 정하는 것이 있는데 이것을 행정명령 또는 행정규칙이라고 한다. 행정명령은 법규의 성질을 지니지 않는데, 이에는 규정·고시·지시·훈령·명령·통첩 등이 포함된다. 이와 같은 행정처분(행정명령·행정규칙)은 행정관청의 행위 중 가장 중요하고 또 일반적으로 사용되는 형식이기도 하다.

중요한 것은, 법규명령(위임명령·집행명령)도 상위 법률에 근거하지 않은 위법명령이 나와서는 아니 되겠지만, 국민의 권리와 의무와는 무관한 사항에 관해서 정하는 행정명령과 행정규칙과 같은 행정처분도 반드시 상위법이 정한 바를 좇아서 행해야 한다. 이를 위반한 때는 그러한 처분은 무효가 되거나 취소가 되기 때문에 더욱 그러하다.

따라서 국가 위정자들은, 위와 같은 명령이나 처분 등이 상위 법률에 대해 갖추어야 하는 기본사항 만큼은 확실히 파악하여 무효 또는 취소 등으로 인한 국력 및 행정력 소모가 일어나지 않도록 필히 공부하고 노력해야 할 것이다.

즉, 행정주체로서 국태민안과 국민 복리를 위하여 적극적이고 진취적인 행정을 주도적으로 펼쳐 나가야 하되, 반드시 헌법이나 상위 법률에 위법되지 않는 행정주체가 되도록 노력함으로써 쓸데없는 국력 소모 등이 일어나지 않도록 본 제안자는 이에 대하여 각별한 당부를 올리는 바이다.

헌법을 최우선 국가정책으로 집행할 때의 기대효과

헌법은 모든 법의 기본이다.

그 '헌법' 속에는 인간의 존엄성에 대한 가치는 물론 '국가의 3대 요소' 인 국민 · 영토 · 주권에 관한 것부터 시작하여, 근래에 중요하게 정치적 화두로 떠오르고 있는 '경제민주화', 그리고 심지어는 '소비자 보호운동' 및 '농어촌 종합개발' 까지 적시되어 있다.

특히, 최고 통치권자이고 헌법 기관인 '대통령' 의 지위 · 책무 · 행정권에 대해서는 물론 '대통령의 취임선서문' 까지 못 박아 적시하고 있다.

그런데, 헌법 조항은 130개 조항 밖에 되지 않는다. 그러나 그 속에는 방대한 국가 기본 틀에 대한 사상이 함축적으로 요약되어 있다. 따라서 최고 통치권자인 대통령은 그 헌법 내용만을 충실히 집행해도 대통령의 충실한 직무수행을 다 할 수 있는 결과로 나타나게 될 것이다.

대통령에 출마할 사람조차도 오히려 헌법 속에서 밝힌 내용만을 선거공약으로 내세워도 빈틈없는 공약이 될 수 있고 또 아무 부족함 없는 공약 실천이 될 수 있을 것이다. 이 정도로 중요한 헌법이 국가 정책의 첫 번째로 등장한다 해서 부족함이 있겠는가?

아니다! 오히려 더욱 충실한 국가 정책이 될 수 있고 그 실행을 도모하는 국가지도자 혹은 위정자들은 역사에 길이 남는 위대한 지도자로 기록될 것이다.

그런데, 우리는 이 '모든 법의 기본'이고, 또 심지어 대통령에게는 '헌법수호 준수 책무'까지 적시해 놓은 헌법을 너무 소홀히 다루고 있다. 그래서는 아니 될 일이다.

'국민의 기본권 보장과 통치 구조를 규정하는 국가의 기본법'일 뿐 아니라 '정치적 공동체의 형태와 국가의 통치체제에 관한 근본 원칙 등 기본적 가치구조를 정립한 국가의 기본법'인 헌법을 국가 정책의 최우선으로 하여 공약사항처럼 철저히 시행한다면 우리 국민은 그것만으로도 충분히 행복해질 수 있고 또 어느 나라 못지않게 공히 잘 살 수 있게 될 것이다.

이것이 「국가정책 – '헌법'이 그 첫째이다」항을 설정하여 국가 위정자들에게 그 중요성을 강조하고 있는 이유이다.

국가의 기본법인 헌법을 제대로 집행하라는데 감히 누가 반대할 것인가? 감히 누가 이말 저말 말을 붙이며 시비를 걸 것인가? 아무도 그러할 자가 없을 것이다. 만약 그런 자가 나타난다면 오히려 위헌자로, 위법자로 처벌을 받게 될 것이다. 그만큼 헌법을 국가 정책으로 집행해야 하는 당위성이 있는 것이다.

이러한 대단한 당위성에 놓여있는 헌법을 국가 정책으로 잘 집행한다면 우리 국민들에게 주어지는 기대효과는 과연 어느 정도일까? 스스로 답을 구해보기 바란다.

끝으로, 제안 본문에서 '국민'과 '영토'의 범위, '통일'과 '통일정책' 및 행정부의 최고 수반인 대통령의 '평화통일 의무' 등을 강조하여 지적·제안함으로써 절체절명의 과제인 우리 조국 한반도의 평화통일을 앞당기는 계기가 되도록 노력했다.

'통일 한국'의 기대효과는 이미 전 세계 석학들까지 나서서 매우 긍정적으로 평가하고 있어 이곳에 더 이상 언급하지 않아도 충분히 이해하고 있으리라 믿어진다.

발명가 · 작가 · 사상가

이옥재 더 알기

李玉宰

1. 작시(作詩) 및 수필   235

2. 일기장 엿보기   250

3. 한국방송통신대학교−논픽션, 체험수기 및 논문 모음   449

4. 사회교육 선언문 및 발표문   546

5. 월간지 및 주간지 게재문   572

6. 인간연구소   593

7. 국가 상훈 인물 대전 「현대사의 주역들」   608

8. 한국 민족정신 진흥회 「현대 한국인물사」   609

9. 각종 자격증 및 이수증 · 임명 · 위촉장   610

ᏝᏋᎧ

  이 장에서는 본 제안서의 제안자에 대한 심층적인 이해를 돕고자 제안자와 관련된 여러 자료들을
편집하여 수록하였다. 제안자는 인간사의 모든 일에 있어서 시작은 '인간 존중'에서부터라고 말하
고 있다.

  그 '인간 존중'이라는 신념 아래 수십 년 전부터 남달리 인간 삶에 대한 가치와 방향을 갈구한 것
을 이 자료들을 통하여 엿볼 수 있다.

  또 갈구하는데 그치지 않고, 긴 세월동안 실제적으로 이 나라를 어떻게 발전시키고, 또 '지구촌복
리 · 인류공영'이라는 시대적 과제를 어떻게 실현시키며, 그리고 우리 삶의 터전인 이 대한민국을 어
떻게 세계에서 제일가는 금수강산으로 만들 것인가를 구체적으로 연구 · 계획한 것 또한 깊이 있게
들여다 볼 수 있다.

  오직 '경쟁' 논리에만 치여서, 우리 삶의 목표가 마치 '경쟁'이라고 착각하게 하는 작금의 현실에
서, 이제는 바로잡아야 하는 우리 삶의 방향과 국가의 방향이 어떻게 변해야 하는지를 제안자는 우
리에게 새로운 비전으로 던져 주고 있다.

1. 작시(作詩) 및 수필

(1) 社會 (사회)

(2) 하늘

(3) 우주

(4) 하나 되는 그 날이 오면

(5) 님

(6) 因緣歌(인연가)

(7) 아들

(8) 잊지 못하는……

(9) 我(나) – 교내 백일장 대회에서 '장원상'을 받았던 산문

(10) 저서『천생산』수록 수필 – 사람, 사람, 사람

社 會 (사회)

자기 몸을 중히 여기며 소중히 가꾸고
자기 몸을 중히 여기듯이 남을 중히 여기며
남의 좋은 점을 찾아내고 그들을 인정하라

남의 말에 귀를 기울이며 그들과 화합하라
남을 헐뜯거나 쉽게 비판하지 말며
그로 인해 마음에 상처 입게 하지 말라

오히려 남을 격려하고 도우며
그들로 하여금 용기를 갖게 하여
영영히 지울 수 없는 아름다운 추억이 되게 하라

자신과 자신의 주위를 언제나 겸손히 살피며
아름답고 가치 있는 것을
추하고 가치 없는 것으로 여기지 말라

모든 것을 긍정적으로 보고 생각하며
자신으로 인해 나타나는 모든 일에
스스로 책임져라

-1995년 8월 25일

하 늘

아! 감사합니다!
감사합니다!

나는 나의 아내를
사랑합니다.

그러나 나는
여러분도 나의 아내와
같이 사랑합니다.

나는 진실로
여러분을 나의 가족과
똑같이 사랑합니다.

우리는 모두 가족입니다!
우리는 모두 가족입니다!

The Heaven

Oh! Thanks!
Thanks!

I love my wife.

I love you
as much as my wife as well.

I love you
truly the same as my family.

We all are the same family!
We all are the same family!

우 주

아! 감사합니다!
감사합니다!

나는 당신을 사랑합니다.
나는 당신을
내 몸과 똑같이
사랑합니다.

나는 당신을 존중합니다.
나는 당신을
온마음 진실로
존중합니다.

오! 소중한 당신
내 영혼의 빛이여!
오! 위대한 당신
내 맘속의 우주여!

나는 당신을 위해 헌신합니다.

우리는 모두 하나입니다.
우리는
모두 하나입니다.

하나 되는 그 날이 오면

우리 모두 하나인 것을
너 나 없이 하나인 것을
왜 몰랐든가
왜 알지 못했든가

산천초목
하늘과 땅, 사람
온 우주가 하나인 것을
우리는 왜 알지 못 하는가

그 날이 오면
우리 모두 하나 되는
그 날이 오면

눈물도
한숨도
외로움도
그 어떤 슬픔도
하나 없는
하나가 되어

이 마음에
이 가슴에

기쁨이
행복이
한없는 사랑이

솟아나리
솟아오르리
우리 모두
하나 되는 그 날이 오면

-2006년 5월 1일 아침 7시

님

사랑하는 것이 죄가 된다면
차라리 지금 펜을 놓겠습니다.

이유는 알 수 없으되
마음 깊은 곳에서
끊임없이 솟아오르는 님에 대한 사랑의 힘을
이제는
끊을 수도, 뿌리칠 수도 없게 되었습니다.

그러나,
사랑하는 것이 죄가 된다면
그 솟아오르는 사랑의 샘물을
차라리 힘주어 막아 버리겠습니다.

허지만,
저기―, 마음 깊은 곳에서는
펜을 놓지도, 샘물을 막지도 말아 달라고
애원하고 있습니다.

사랑하는 것이 죄가 된다 해도
이제 저는
님을 향한 진실된 사랑의 노래를
계속하여 부르겠습니다.

―1996년 2월 16일 새벽

因緣歌 (인연가)

연 따라 흐름 따라
우리들도 인연이네
이 인연 잘 가꾸면
만만대에 빛이나리

으뜸인연 사랑이니
사랑으로 이어가세
귀한인연 믿음이니
믿음으로 이어가세

서로서로 존귀하게
우리인연 이어가세
길이길이 이어가서
영원무궁 보존하세

-2003년 4월 20일 일요일

아 들

아빠 의 아들사랑
아 들 의 아빠사랑
서로서로 사랑사랑
사랑으로 녹아있네

자식사랑 더크다고
어느누가 말했던고
아빠사랑 더욱크니
하늘인들 무심할까

하늘이여 하늘이여
우리부자 지켜주오
아빠보다 우리아들
더욱크게 복을주오

-2009년 4월 27일 월요일

잊지 못하는……

나의 인생이
당신을 만났더라면
당신과의 인연이 깊었더라면……

지금과는 달리
많은 변화 있었을 것이라
마음으로 그리워하고……

그러나 지금 나는 만족하오
그대와 인연 못 했어도
그 아픈 세월 동안……

그 아픔으로
그 그리움으로
그 많은 발전 있었으니까……

하지만 하나 미련 있지요
그 아픔, 그 그리움을
가슴으로 치유할 수 있다면……

나는 그것을 행복이라
부를 수 있으리라!
큰 기쁨, 큰 환희 가슴에 안고……

-2013년 10월 22일

我(나)

교내 백일장 대회에서 '장원상'을 받았던 산문

어느새 잠이 들어 버렸는지, 지금 희미하고 몽롱한 채, 책상 위에 엎드려 있음을 느낀다. "아차!" 하고 일어나야 할 판에 그대로 다시 눈을 감고 엎드려 본다. 더 지그시 눈을 감는다. 그리고 숨을 죽여 지금 이 순간이 무엇을 의미하는지 뚜렷하지도 않게 더듬거려 본다.

머리를 스치며 가슴을 몹시도 울렁이게 하는 것이 꿈인 듯, 환상인 듯 아련하게 떠오른다. 저기-백발 그대로 흰 머리의 늙어 버리신 할머니! 그리고, 아직은 젊었으나, 하루하루를 마냥 부엌의 연탄불만 갈며 지내는 옆방의 아주머니!

왜 그네들이 엎드려 있는 나의 가슴을 이렇게도 떨리게 할까? 멀지 않은 그 언젠가는 나도, 지금 이 제복의 시절이 꿈처럼 희미하게 연상되고, 그보다 더 세월이 흐르면 이제는 꿈도 아닌 아주 어디론가 사라져 버릴 생의 모습이 오늘도 숨을 죽일 수 없이 가슴을 울렁이게 하고 있다.

더 엎드려 있고 싶다. 그리하여 삶의 그 무엇을 찾으면서 가슴을 울렁이게 하고 싶다. 옆방의 늙지 않은, 그러나, 지금은 생생한 젊음의 아름다움과 신비를 찾아볼 수 없게 된 아주머니-. 삶이란 대체 무엇을 나타내기 위함인가? 그 삶이 나에게도 부여된 것이다. 이제 유치한 어린 시절이 지났고, 그래서, 내가 인정하고 주위 사람들이 시인하는 인생의 정점- 젊음의 시절에서, 훗날에는 도저히 찾지 못할 삶의 능력을 캐고 있는 것이다. 인간의 생을 부여해 주신 그 분에게 어쩔 수 없는 무한한 감사를 드리며……

고개를 들고 굽혔던 팔을 살며시 편다. 펼쳐 놓은 책 위에 흥건히 괸 침을 쳐다보니, 또 가슴이 울렁인다. 그것은 과연 무엇을 말해 주고 있는가?

"부여된 너의 삶을 왜 이렇게 나태한 생활로만 연속시키느냐?" 보기에도 짓궂게 흘러내린 침이 들리지 않게 외치고 있다. 안타까운 얼굴로, 그러나, 눈은 부릅뜬 채…….

선뜻 정신이 맑아지며 가슴이 트이는 것 같다. 무엇인지도 모르게 용기가 생긴다. 나도 모르는 자신감이 솟구친다. 생을 부여해 주신 그 분에 대한 의무감 내지 사명감이 미소 지으며 떠오른다. 방바닥에 떨어진 펜을 다시 집어 들고 고개를 숙인다. 이제는 책을 보기 위해…….

신이여! 감사하나이다!

1976년 11월 13일

순천매산고등학교 제2학년 이 옥 재

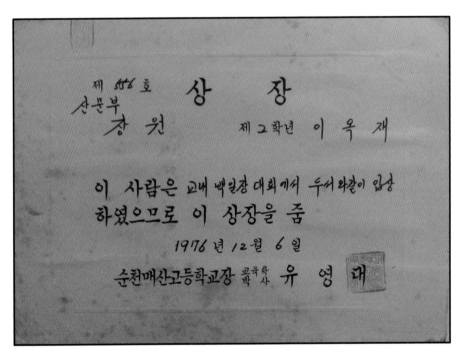

당시 수상했던 장원 상장

사람, 사람, 사람

저서 『천생산』 수록 수필

사람, 사람, 사람이 일을 하는 것이다.

사람, 사람, 사람이 사랑을 가지고 일을 해야 하는 것이다.

사람, 사람, 사람이 한 가족이라는 마음으로 일을 해야 하는 것이다.

사람, 사람, 사람이 모두 '하나'라는 마음으로 일을 해야 하는 것이다.

사람, 사람, 사람이 서로 믿음을 갖고 일을 해야 하는 것이다.

사람, 사람, 사람이 서로가 행복해지기를 바라는 마음으로 일을 해야 하는 것이다.

사람, 사람, 사람이 사랑으로 어우러져 우리 모두는 가족이요 하나라는 확실한 믿음 속에서 행복하게 살아가야 하는 것이다.

나는 이러한 생각과 마음과 믿음으로 천생산 연구에 참여했다. 나는 또 그렇게 하기 위해 많은 사람들을 천생산 연구에 참여시켰다. 그리고 그들도 열심히 참여했다.

우리는 먼저 사람에 대한 사랑을 가져야 자연에 대한, 우주에 대한, 천상천하 모든 만물에 대한 사랑을 갖게 된다. 근본이 사람에 대한 사랑이다. 사람에 대한 사랑을 갖게 되려면 사람에 대한 사랑을 알아야 된다. 사람에 대한 사랑을 알지 못하면 진실로 사람에 대한 사랑을 가질 수가 없다. 사람에 대한 사랑뿐 아니라 그러한 자는 자연에 대한 깊은 사랑도 갖지 못한다.

사람에 대한 사랑을 알려면, 정말 깊이 알기를 원한다면 우리는 모두 한 가족이요 '하나'라는 것을 알아야 한다. 우리가 '하나'라는 것을 알지 못하고서는 인간에 대한, 나의 이웃에 대한, 심지어 조국에 대한 진실 되고 깊은 사랑까지도 느끼지 못하게 된다. 느끼지 못하기 때문에 알지 못하고 알지 못하기 때문에 실천할 수 없다. 실천하지 못하기 때문에 우리가 하나라는 기쁨을 알 수 없고 그러한 사랑으로 인해 주어지는 한없는 깊은 행복의 맛도 도무지 느끼지 못하게 된다.

그런데, 사실 우리가 '하나' 라는 것을 안다는 것이 그리 쉽지 않다. 참으로 어려운 일 중의 하나이다. 내가 나를 잘 알지 못함과 같다. 깨달음, 즉 각(覺) 차원에서 가능한 일이기 때문이다. 그러나 우리 모두는 누구나 그러한 사랑을 알 수 있고 실천할 수 있고 그로 인해 한없는 행복을 느낄 수 있다. 알지 못하고 배우지 못하고 깨우치지 못하고 있을 뿐, 사유하는 능력을 갖고 있는 우리 모두는 누구나 그러한 경지에 도달할 수 있는 것이다.

종교라고 지칭하면서 특별한 것을 가르친다고 생각하는 사람들이 많이 있다. 그러나, 사실 종교도 근본적인 인간 삶의 가장 기초적인 것을 가르치고 있는 것이다. 기독교가 그렇고 불교도 그렇다. 예수는 "나와 아버지가 '하나' 인 것같이 너희도 '하나' 가 되라"고 했고 석가모니도 "온 우주 만물 삼천대천 세계가 다 하나"라고 가르치고 있지 않은가! 기독교에서 이웃을 네 몸과 같이 사랑하라 가르치고 있으며 불교에서도 모두 내 몸같이 살생하지 말라 하지 않는가!

우리는 모두 하나이다. 사람이 모두 하나이다. 사람이 모두 하나라는 것을 알게 되면 자연과 하나라는 것을 알게 된다. 사람이 하나라는 것을 인지하지 못하거나 받아들이지 못하면 자연과도 진실된 하나 됨을 알지 못하고 사람에 대한 사랑은 물론 자연에 대한 깊은 사랑도 알지 못한다. 그러기에 사람에 대한 사랑이 근본이다.

나는 천생산 현장연구 추억을 더듬으며 아름다움을 느낀다. 먼저는 사람에 대한 깊은 사랑이다. 그러할 때 천생산도 사랑으로 다가온다. 나의 삶도 사랑으로 채워진다.

우리는 한마음으로 천생산에 갔다. 어린이도 참여하고 할아버지, 할머니도 참여했다. 비가 올 때도 있었고 뙤약볕 속에서도 이곳저곳을 답사했다. 넘어질 때도 있었고 벼랑 아래로 미끄러져 떨어질 때도 있었다. 무릎에 피가 나고 손바닥에 선혈이 나타날 때도 있었다. 그러나, 그러하면서도 다들 좋아했다. 하늘이 낳은 이 명산, 천생산을 모두가 좋아했다. 우리뿐 아니라, 하늘이 낳은 이 명산에 대한 매력과 천혜적 관광요소와 그 가능성을 알게 되면 누구나 천생산을 사랑하고 관심을 갖게 될 것이다.

천생산 현장 연구 시에 가장 먼저 시작한 것이 천생산 규모를 확인하는 일이었다. 산 높이가 407m인 것은 주지의 사실이나, 천생산에는 그 정상에 아주 넓은 두 평원이 있는데 그것을 측정하는 일부터 시작했다. 나는 50m 줄자를 구입하여, 연구에 함께 참여한 사람들로 하여금 그 긴 줄자 한쪽 끝과 중간 지점들을 잡고 당기게 하며 정상에 있는 두 평원을 실측했다.

제1봉(內城)은 그 길이가 500m요, 너비(폭)가 평균 잡아 약 100m이다. 따라서 제1봉 정상 평원의 넓이는 약 50,000m²(15,125평)이다. 제2봉(外城)은 그 길이가 역시 500m요, 너비(폭)가 평균 잡아 약 200m이다. 따라서 제2봉 정상 평원의 넓이가 대략 100,000m²(30,250평)이다. 그리하여 천생산의 두 정상 넓이가 자그마치 약 5만 평 정도인데 우리들은 그 넓은 평원과 절벽 곳곳을 다니면서 천생산의 무한한 가능성과 그 명산 됨을 분명히 확인할 수 있었다. 많이 행복했다.

앞으로도 천생산은 세계적 명산으로 탈바꿈이 되어 이 하늘이 낳은 신비의 명산을 찾는 모든 사람들에게 큰 행복과 기쁨을 선사해 줄 것이다.

-2003년 7월 30일

2. 일기장 엿보기

(1) 1994년 10월 중순 : 바람

(2) 1994년 12월 15일(木) : 썩어빠진 한국의 교육정책

(3) 1995년 4월 6일 P.M. 6:30 : 대통령의 책

(4) 1995년 6월 29일(木) : 어처구니없는 대사고 / 가장 아름다운 국가 /

대기만성 / 작은 것

(5) 1995년 7월 4일 : 대통령이 된다면……

(6) 1995년 8월 3일(木) 날씨 맑음(36℃) : 기록 / 링컨 / 세종대왕 / 자원봉사자 접수 /

한심한 일 / 세계 정상의 길 / 道 – 대화 / 최고의 표준

(7) 1995년 8월 : '헌신'

(8) 1996년 5월 3일(金) : 도장(道場) / 도인(道人) / 전 국토 정원화 / 도정(道政) / 세계 초일류국

가·복지국가 건설 / 세계 지도국 달성

(9) 1997년 2월 15일(土) : 당당한 일 / 의로운 일 / 정당한 일 / 정직한 용기

(10) 1997년 3월 14일(金) : 성생활(性生活) / 소유(욕)

(11) 1997년 5월 1일 : 좋은 관계 – 좋지 않은 관계

(12) 1997년 5월 8일(木) : 아름다운 우리나라 대한민국 / 통일 / 정치인 / 통치자

(13) 1997년 5월 17일(土) : TAXI 운전 / 스타로 뜰 날

(14) 1997년 5월 18일(日) : 5·18 기념식 / 많은 느낌 / 시력

(15) 1997년 5월 26일(月) : 김대중 / 김영삼

(16) 1997년 7월 2일(水) : 독서 / 한글의 위대성 / 세계 제1의 국가 / 인류 사회 발전

(17) 1997년 7월 10일(木) : 전 북한 노동당 비서 황장엽 망명 기자 회견

(18) 1997년 7월 18일(金) : 아름다운 나라 – 한반도

(19) 1997년 7월 19일(土) : 독학(獨學) / 만학(晚學) / 정보이용

(20) 1997년 7월 19일(土) : 대통령

(21) 1997년 7월 26일(土) : 교육환경 / 영어단어 공부방법

(22) 1997년 7월 26일 : 혼자 할 수 없다

(23) 1997년 7월 27일(日) : 기도

(24) 1997년 8월 1일(金) : 꿈의 농촌 / 풍요로운 농촌 / 살기 좋은 아름다운 곳

(25) 1997년 8월 2일(土) : 집중력

(26) 1997년 8월 3일(日) : 문제해결 방법 / 축복의 단서 / 기록의 필요성

(27) 1997년 8월 7일(木) : 헌법 대통령

(28) 1997년 8월 14일(木) : 대통령 꿈의 연상

(29) 1997년 8월 19일(火) : 생활 원리(인간생활의 대원칙)

(30) 1997년 8월 23일(土) : 인생이란 무엇인가? / 세계 제1의 나라로!

(31) 1997년 8월 29일(金) : 김영삼 대통령 – 이회창 후보

(32) 1997년 9월 4일 : 음식물 쓰레기 / 인간의 기본욕구

(33) 1997년 9월 8일(火) : 세계 최고 발굴 – 세계 제1의 것으로 발전 유지

(34) 1997년 9월 23일(火) : 다산 정약용 / First-Lady(영부인) /

　　　모든 인간은 하나 – 다 같은 형제자매

(35) 1997년 10월 3일(金) 〈단기 4330년, 개천절〉 : 홍익인간

(36) 1997년 10월 5일(日) : (북한)신포 경수로 공사 중단 /

　　　국가지도자의 책임 – 지도력과 통치력 / 위대한 민족 지도자 / 중요한 민족 과제

(37) 1997년 10월 8일(水) : 김영삼 정권 말 '훈장 잔치'

(38) 1997년 10월 10일(金) : 문화 행사의 장 – 문예 진흥

(39) 1997년 10월 11일(土) : 금속활자 발명 / 위대한 민족지도자

(40) 1997년 10월 17일(金) : 홍익인간 – 건국이념 · 교육이념 / 위대하고 숭고한 사상

(41) 1997년 10월 17일(金) : 형법(刑法) / 인성개발 시스템 / 나라의 동량

(42) 1997년 10월 18일 : 허균(許筠)의 '호민론(豪民論)'

(43) 1997년 10월 18일(土) : 가정 / 부부 / 가족

(44) 1997년 10월 18일 : 인생 – 겸손 · 헌신

(45) 1997년 10월 21일(火) : 性 / 가정

(46) 1997년 10월 22일(水) : '느낌'

(47) 1997년 10월 22일(水) : 산불 / 위대한 선각자적인 지도자 / 아름다운 금수강산 / 위대한 지도자

(48) 1997년 11월 1일(土) : 고향 광양 / 나라의 지도자 / 빈틈없는 성격의 소유자 / 우수한 두뇌와 지

　　　도력 / 선견지명적인 예지 / 아름다운 조국 / 아름다운 강산 / 세계 제일의 낙원

(49) 1997년 11월 3일(月) : 위대한 발견

　　　 – 정신(精神)·정력(精力)·정기(精氣)·주인공론(主人公論)

(50) 1997년 11월 6일(木) : 내가 대통령이 되면

(51) 1997년 11월 16일(日) : 내가 태어난 곳 – 광양(光陽)

(52) 1998년 7월 15일(水) P.M. 3:40 : 기록

(53) 1998년 7월 22일(水) : 아! 사람!

(54) 1998년 7월 25일(土) : 영의 음성·영의 소리·영의 느낌 / 세계 제1의 나라 /

　　　가장 아름다운 세상 / 아름다운 나라 한국 – 세상의 큰 축복의 시작

(55) 1998년 7월 30일(木) : 인간의 차이 / 지도력의 차이 / 사람의 지도자

(56) 1998년 8월 6일(木) : 대한민국 – 위대한 동방의 아침의 나라

(57) 1998년 8월 11일(火) A.M. 10:30 : 도(道) / 남에게 주는 고통과 해 / 상응하는 고통 / 인간의

　　　존엄성 / 상응하는 보상 / 행복 / 유익과 발전 / 소망 / 홍익인간(弘益人間) / 세계인의 가치관 /

　　　권선징악(勸善懲惡) / 인과응보(因果應報)

(58) 1998년 8월 12일(水) P.M. 2:00, P.M. 4:45

　　　P.M. 2:00 : 인생의 목적 / 生의 위대함·찬란함·거룩함·아름다움

　　　P.M. 4:45 : 유익과 행복 / 홍익인간 / 위대한 하늘의 보상 / 나의 조국 대한 – 제일의 정신적 지

　　　　　　주 / 세계의 빛

(59) 1998년 8월 22일(土) : 지도자·인도자·안내자 / Leader가 되는 스타일 / 위대한 지도자상

(60) 1998년 8월 23일(日) : 우주의 신비 / 인간의 위대함 / 인간 삶의 소중함 / 선과 악 / 가치 있는

　　　인간 삶

(61) 1998년 8월 24일(月) : 신앙! / 위대한 꿈 / 위대한 신앙의 힘 / 꿈의 찬란한 완성

(62) 1998년 8월 25일(火) : 사람들에 대한 평가 / 지상생활의 의무·목적 /지도자적인 권위 / 타인

　　　의 발전

(63) 1998년 8월 30일(日) : 문제아

(64) 1998년 8월 31일(月) : 동(東)티모르

(65) 1998년 10월 1일(木) : 국군의 날 / 초등학교 과외 지도 / 교육 개혁자 / 교육 시설의 초현대화 /
교육의 질 / 세계 최고의 교육 / 위대한 교육 이념

(66) 1998년 10월 5일(月) : 행복 – 세계 대백과 사전 · 일간신문 / 정보와 지식 / 한국 최고의 지식 /
정신과 마음 / 인간 내면의 세계 완성

(67) 1998년 10월 28일(水) : 子에 대한 양육 및 교육 / 생명 탄생은 축복

(68) 1998년 11월 2일(月) : 성문화(性文化)의 재창출

(69) 1998년 12월 5일 : 간통죄

(70) 1998년 12월 26일(土) : 앞으로의 가정 조직

(71) 1999년 5월 21일(金) : 인간조각가(人間彫刻家)

(72) 1999년 6월 18일 : 옥상

(73) 1999년 6월 23일 : 우리의 관계

(74) 1999년 9월 30일(木) 〈기록: 10월 2일 저녁 7시 30분〉 :
국민과 국가와 세계에 대한 나의 비전

(75) 1999년 11월 7일(日) : 세계 제1의 국가 건설 / 위대한 지도자 / 위대한 사상 / 위대한 지도력 /
위대한 가능성 / 세계 제1탑 건설 / 지도자의 역할

(76) 1999년 12월 10일(金) : 나라의 지도자 – 인간 존중 사상

(77) 1999년 12월 13일(月) : 국립국어연구원 – 표준국어사전

(78) 1999년 12월 14일(火) : 폴신(신호범) 미 상원의원 / 한국인 대통령 / 우리 민족의 우수성 / 우수
한 두뇌력 / 훌륭한 정치 / 위대한 정치

(79) 1999년 12월 16일(木) : 세계적인 문자(文字) / 문자의 영향력 / 초일류 국가 / 세계선도 국가

(80) 1999년 12월 28일 : 독도(獨島)

(81) 2001년 6월 19일(火) : 세계 위의 한국 건설!

(1) 1994년 10월 중순

바람

나는 사람으로 이 세상에 태어나 인간으로 생활하고 있는 것이 참으로 감사하고, 때론 신기롭기만 할 때가 있다. 나는 내가 무엇을 성취하며 살아야 하는가를 깊이 생각하는 기회를 가끔씩 갖게 된다. 다음 기록은 나에게 주어진 능력과 힘을 한껏 발휘하여 성취했으면 하는 바람을 적은 것이다.

1. 인간은 존귀한 것, 세상은 아름다운 것
  : 모든 '거지'가 이곳을 통과하면 먼저 외모(외관)가 깨끗해지고 다음은 면밀한 접견과 분석을 통하여 그 '거지'들을 분류(예를 들면 가난한 자, 정신 이상자– 신들린 자·뇌 이상자 등 삶에 대한 동기부여가 필요한 자, 재교육을 실시해야 할 자 등등)하여 각자의 위치에 맞는 조치를 취해 재활의 기회를 부여하는 기구나 조직을 만들어 국가적, 혹은 세계적인 차원에서 관리하고 운영함.

2. 인간은 존귀한 것, 세상은 아름다운 것
  : 사람이 기본적으로 필요로 하는 욕구를 가치 있게 충족시켜 주는 일 – 휴식공간, 식욕을 만족시킴. 그리고 남녀 사랑의 아름다운 장을 마련해 주는 수준 높은 시설을 갖춘 야외 공간 마련.

3. 인간은 존귀한 것, 세상은 아름다운 것
  : 이곳 대한민국에 태어난 것을 자랑스럽게 생각하며 이 아름다운 국토를 더욱 아름답게 단장시킴 – 특히 일반도로, 국도, 고속도로 주위 및 관광 단지 주위에 있는 아름다운 나무(소나무가 그 대표적임)를 일류 조경기술로 다듬고 가꾸어 세상이 놀라게 자연 경관을 자연 그대로 살펴 보존함.

4. 인간은 존귀한 것, 세상은 아름다운 것
  : 아무런 경비 지출도 없이 그저 조금만 노력을 기울이면 값없이 줄 수 있는 위대한 힘 – 말 – 아름다운 말로 세상을 아름답게 장식함 – 특히 한글의 위대한 언어 특성을 살려 세상이 살아가고 싶고 살고 싶은 곳으로 되게, 아름다운 말의 언어 천국이 되게 대대적인 사회운동을 일으켜 아름다운 말

이 오감으로 해서 그야말로 아름다운 세상이 되게 함.

5. 인간은 존귀한 것, 세상은 아름다운 것

: 사람이 살아가는 데 편리하게 해주는 제조품 – 제조공장을 세워 인간에게 필요한 모든 유익한 상품을 개발 · 제조해 냄으로써 '인간은 존귀한 것, 세상은 아름다운 것'을 모두가 느끼며 생활하도록 함.

다음 나 자신 개인의 목표 성취로는

(1) 학문적인 욕구 성취.

(2) 종교적인 최고 성취.

(3) 나와 나의 아름다운 가족으로 인해 이웃이 더욱 아름답게 되고, 그러한 좋은 영향이 널리 전파되도록 하고 또 그렇게 되기를 희망함.

1994年 10月 중순.

나는 사람으로 이 세상에 태어나 인간으로 생활
하고 있는것이 잦으로 감사하고, 때로 신기롭기만
할 때가 있다.

나는 내가 무엇을 성취하며 살아야 하느가는
것에 생각 하면 가슴가 가끔씩 벅차게 된다.

나는 가진 나에게 주어진 능력과 힘을
한껏 발휘하며 성취했으면 하는 바램을
적는것이다.

1. 인간은 존귀한것. 세상은 아름다운것 ―
   모든 "거지"가 이웃을 둘러싸게 먼저 터모(터전)
   가 깨끗해지고
   다음은 면밀한 점검과 분석을 통하며 그 "거지"
   들을 분류 (예를 들면, 가난한자, 정신 이상자 ― 신듣린자,
   비이상자등, 삶에 재한 동기부여가 필요한자, 재고육을
   실시해야 한 자 등등) 하여 각자의 위치에 맞는
   조치를 취해 재활의 기회를 부여하는 기구나
   조직을 만들며 국가적, 혹은 세계적인 차원에서
   관리하고 운영함.

2. 인간은 존귀한것, 세상은 아름다운것 ―
   사람이 기본적으로 필요로 하는 욕구를 가치
   있게 충족 시켜 주는 일 ― 숙식공간. 식욕을
   만족 시킴, 그리고 넘어 사랑의 아름다운 장을
   마련해 주는 각종 좋은 시설을 갖춘 야외공간 마련

썩어빠진 한국의 교육정책

썩어빠진 한국의 교육정책!!!

한심스러운 이 나라의 정신교육 – 아니 전혀 시행하지도 않는 그러나 인간사회에서 가장 중요한 정신교육 – 도덕, 윤리, 질서, 예의, 사랑, 청결, 가치 기준.

왜 이 나라가 정신교육을 시키지 않느냐고(행하고 있다는 식으로) 반문하는 사람에게 나는 "물론 그들이 행하고 있다고 할 만큼 시행하고 있는 것은 사실이지만 그 교육 자체가 방법 면에서나 질적인 면 그리고 사회생활에 적용시키는 것 등 실질적인 효과 면에서는 아무 유익이 되지 않는 허수아비 교육을 시키고 있다"고 대답할 수밖에 없다.

우리는 지금까지(해방 이후) 주로 경제적인(물질적인) 성장 위주의 사회체제를 구상·실행해 왔다. 물론 그것도 우리 인간 생활에 큰 유익을 주었고 또 이룩(성취)할 만한 가치도 있는 것이었다.

문제는 앞으로 국가적 차원에서 행해야 할 한국인의 정신교육 – 물질적인 충족보다 인간의 내면적인 것을 교육시키고 보이지 않는 중요한 덕성을 향상시키는 참된 인간, 인본 위주의 교육정책이 인간을 사랑하고 사람을 사람답게 만들 수 있는 유능한 사람들에 의해 연구되고 개발되고 계획되고 조직화되어 이 나라를 아름답게, 풍요롭게, 더욱 가치 있는 삶에 열중할 수 있는 분위기로 조성되게 특별한 노력을 기울이지 않으면 안 되는 것이다.

이를 위해 사람을 교육시키는 교육자가 첫째로 잘 준비되어야 한다. 이 준비는 단순한 과정을 통하여 이루어지는 것은 결코 아니다. 나라의 지도자가 이 '교육'에 지대한 관심을 갖고 자신의 통치철학의 일부로 만들어 교육자의 질적 향상에 온 심혈을 다 쏟아야 하며, 교육자로 일할 사람은 그 인품이나 성품이나 능력이나 지적 수준이 타인의 존경을 듬뿍 받을 수 있도록 철두철미하게 자신을 관리·발전시켜야 한다. 그리고 교육자에게 주어지는 혜택이 다른 어떤 자보다 더욱 좋고 많아야 한다.

이 나라의 교육은 현재 엉터리이다. 교육이 교육이라 할 수 없을 정도로 너무나 빈약하고 기준도 없고 알맹이도 없고 심오한 가치도 없다. 그래서 이 사회는 흔들리고 있고 구석구석에서 썩어 가고 있다. 이것을 바로잡아야 한다.

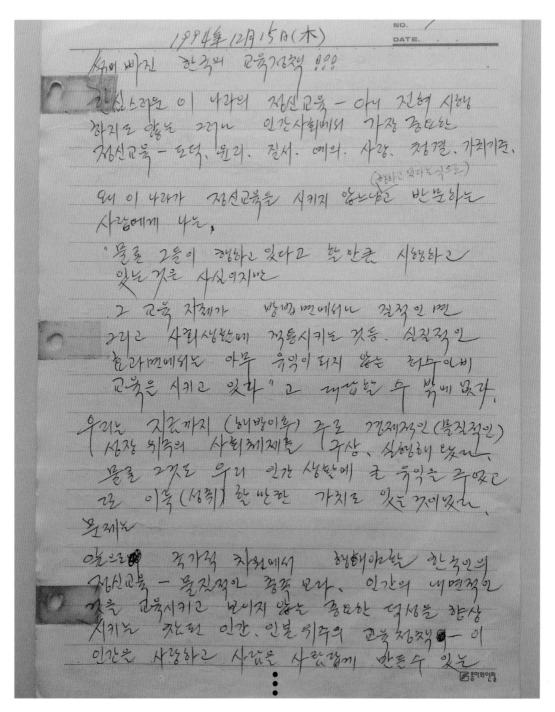

(3) 1995년 4월 6일 P.M. 6:30

대통령의 책

책을 쓰되,
내가 대통령이 되었다면
수행했을 온갖 아름다운 업적을 이룬 일을
가상적인 이름과 상황을 만들어 펴낸다.

어려운 어린 시절을 꿋꿋이 이겨내고
드디어 대통령이 된 그는
그가 평소에 꿈꾸고 있던 온갖
이 나라에 대한 아름다운 일을
성공적으로 수행해냄으로써 '금수강산,
동방예의지국' 대업적을 이루어
세계에 뚜렷이 빛나는 인물로 나타나
나라와 겨레와 온 세상 인간에게
위대한 표상과 교훈과 유익을 남긴다.

1998年 4月 6日 P.M. 6:30.

책을 쓰리.

내가 (대통령이) ~~되다면~~ 되었다면
수행했을 아름다운 업적을 이룰 일을
[단지]
가상적인 이름과 상황을 만들어 떠 본다.

어려운 여러 시련(들 정)을 꿋꿋이 이겨내고
드디어 대통령이 된 그는

그가 평소에 꿈꾸고 있던 모든것
이 나라에 대한 아름다운 일을
성공적으로 수행해 냄으로써 "큰 누랑산.

"홍방배의 지략" 덕 업적을 이루어
세계에 뚜렷이 빛나는 인물로 나타나
나라던 겨레는 온 세상 인간에게
위대한 뜻상과 긍지와 유익을 던진다.

(4) 1995년 6월 29일 (木)

어처구니없는 대사고 / 가장 아름다운 국가 /
대기만성 / 작은 것

참으로 어처구니없는 대사고가 계속 일어나고 있다. 최근의 일로서 아직도 기억에 생생히 남아 있는 '성수대교 붕괴 사고' 그리고 '대구 지하철 공사장 가스 폭발 사고'.

오늘, '삼풍백화점 붕괴 사고' 오후 5시 50분께 일어난 이 붕괴 사고는 현재까지 사망자 약 20여 명, 부상자 약 700여 명을 낸 대참사이다.

먼저, 이 나라의 썩고 썩은 부패 정신에서 비롯된 것은 두말할 나위 없고 현 정부의 이러한 허술한 공사에 대한 철두철미한 관리 부족과 사고가 발생했을 시 신속하고 체계 있는 수습책을 마련하지 못하고 있는 점 등이 TV를 시청하고 있는 나의 마음을 너무나 아프게, 또 답답하게 하고 있다.

분명히 이루리라. 이루어 내리라. 이 나라의 통치권자로서 이 나라를 세계 최고의 나라로 – 모든 면에서, 문화·사회·경제·교육·환경 그리고 국민의 사상까지도 가장 아름다운 국가로 만들어 내리라. 기필코 내가 성취하리라.

'대기만성'이라는 말은 나에게 크나큰 의미와 힘을 주고 있다. 늦었다고 생각은 되지만 분명히 큰 그릇이 되어 이 세상에서 인간으로 태어난 나의 의미를 다 성취하리라.

언제나 침착하게 반드시 서두르지 말 것 – 서두르는 일에는 언제나 실패가 뒤따르기 마련, 모든 일 – 학문, 결혼, 사업, 대인관계, 금전관계, 심지어 봉사하는 일까지도 절대로 서두르지 말고, 순리

와 질서에 맞게 차분하고 침착하게 임해야 하며 그렇게 하면 성공하나 그러하지 못하고 서두르며 성급히 추진하면 어떤 일일지라도 실패를 자초하게 되리라. 참으로 그러하다.

　'작은 것'에 대한 매력과 그것에 관한 대대적인 연구와 치밀한 분석을 해볼 필요가 있다. 처음 진공관에 의한 라디오, TV 등은 부피만 컸지 성능이 그다지 좋지 않았다. 하지만 지금 거의 대부분의 전자제품 – 카세트(녹음기), 라디오, TV, 심지어 시계까지 – 소형화 되어 있고 그것은 옛날 부피만 컸던 대형의 그것보다 월등히 성능뿐 아니라 질 등이 우수하다. 사람도 그러하다. 이에 대한 연구와 분석은 가치 있는 것으로 나타날 것이다. 예를 들어, 작은 체구는 신경분포도의 밀집도가 높아 예민한 감각을 지니게 되고 그 예민한 감각은 그 사람의 여러 가지 능력에 좋은 영향을 미쳐 그렇지 못한 사람보다 월등히 나은 일을 수행할 수 있을 것이기 때문이다. 참으로 그렇지 않을까?

1995年 6月29日 (木)

세로 어렸거나 없는 데 사라 계속 일어나고
있다.

과거의 일로서 아직도 기억에 생생히 남아
있는 '성수대교 붕괴 사고' 그리고 '대구 지하철
공사장 가스 폭발 사고.'

오늘, '삼풍 백화점 붕괴 사고'

오후 5시 50분께 일어난 이 붕괴 사고
는 현재까지 사망자 약 20여명

　　　　　　　부상자 약 7여여명을 넌

대참사이다.

먼저, 이 나라의 썩고 썩은 부패 정신
에서 비롯된 것은 두말할 나위없고

현 정부의 이러한 허술한 공사에 대한
점두점에 대한 관리 부족과

사고가 발생 했을시 신속하고 침계있는
수습책을 마련하지 못하고 있는 점 등이

⋮

(5) 1995년 7월 4일 (火)

대통령이 된다면……

내가 대통령이 된다면

우리가 마시는 물(수돗물)이 청정급수 1급이 되도록 할 수 있고 또 하겠다. 모든 수원지 주위에 생활폐수가 따로 내려갈 수 있도록 측량·설계·시공하여 하류 바닷가 가까이에서 정수 처리한다.

또한, 우리나라의 대표적인 강도 1급수의 물로 정화시키는데 그 방법을 수원지(저수지) 정화 방법과 같이 강 양쪽에 생활폐수 수로를 별도로 설치 관리하는 것이다. 뿐만 아니라 아름다운 이 나라 금수강산 전체를 조경화(정원화)하여 세계에서 1등 가는 환경과 삶의 터전을 만들어 보겠다.

또 내가 대통령이 된다면

교육공무원에 대한 대우를 세계 1위가 되도록 끌어 올리겠다. 교육공무원의 거의 모든 의·식·주가 완벽하게 해결되며, 기본적인 인간 생활에 필요한 것들이 최고 수준으로 지급되어 교육자들이 존경받고, 교육자들이 능력 있는 자로 바뀔 수 있도록 제1 정책을 추구하겠다. 왜냐하면 한 나라의 장구한 성공은 그 나라의 교육에 달려 있고 교육은 교육자에 의해 좌우되기 때문이다.

다음이 치안을 유지하는 경찰공무원, 다음이 일반 행정공무원 순이다.

요즈음 나는 법조계로 관심을 가져야겠다는 생각이 끊이지 않고 있다. 그 법조계 중에서도 '변호사'에 가장 큰 관심이 있는데, 앞으로 '변호사' 자격에 걸맞는 공부를 계속 해야겠다고 생각한다. 그리하여 인간이 구성하고 있는 이 사회에 나타나는 문제를 거의 완벽히 조정·해결하는 자가 되도록 해야겠다.

나는 태어나서 여태까지 내가 만족할 만한 교육환경을 부여받지 못했다. 어렵고 힘들었던 초, 중,

고등학교 시절! 그러나 남에게 뒤지지 않았던 학교생활과 성적! 나는 이 아까운 머리와 지능을 절대로 썩히지 않을 것이다. 분명 나는 이 능력을 더욱 발전시켜 이 나라, 이 민족, 이 세상에 찬란한 빛을 발하는 횃불이 되리라. 참으로 그렇게 하리라.

그리하여, 앞으로는 나의 이 교육환경을 적극 조성하여 공부를 더 하는데 온 심혈을 기울일 것이다. 앞에서도 언급한 대로 법조계로 뛰어들어 내가 성취하고 싶은 일을 분명 이루리라.

1995年 7月4日. (火)

내가 대통령이 된다면

우리가 마시는 물 (수돗물)이 청정 음수 1급이
되도록 할 수 있도록 또 하겠다.

모든 수원지 주위에 생활 폐수가 그리로 내려 갈 수
있도록 폭 넓고, 설계, 시공하여 하류 바닷가 가까이에서
정수처리 한다.

또한. 우리 나라의 대표적인 강도 1급수의 물로
정화 시키는데 그 방법은 수원지 (저수지) 정화 방법과
같이 강 양쪽에 생활 폐수 수로를 별도로 설치
관리하는 것이다.

뿐만 아니라 하늘 다음 이 나라 음수 강산을 정례로
조경화 (정원화) 하여 세계에서 1 등 가는
환경과 삶의 터전을 만들어 보겠다.

중이와연필

(6) 1995년 8월 3일 (木) 날씨 맑음 (36°C)

기록 / 링컨 / 세종대왕 / 자원봉사자 접수 / 한심한 일 / 세계 정상의 길 / 道 - 대화 / 최고의 표준

무척이나 더운 날씨다.

요즘 아이들을(正道, 正標) 지도하고 있다. 약간의 쉬는 틈을 내서 그동안 소홀히 했던 아이들 학과 공부를 시키고 있다. 특히 '국어' 공부에 치중하고 있다.

얼마나 많은 착상이나 생각들을 기록으로 남기지 못하고 놓쳐 버렸던가!

기록의 중요성을 늘 머릿속에서 되뇌고 있지만 잘 실천되지 않고 있다.

그래서 오늘 3구멍 바인더 홀더와 내지를 구입, 3공 노트 내지를 바인더에 늘 끼우고 다니면서 중요한 착상이나 아이디어 그리고 경험했던 좋은 일들을 꼭 기록으로 남기겠다고 결심하다.

평소에 미국의 대통령 '링컨'에 대해 많이 생각해 왔다. 그의 어려운 가정환경, 빈약했던 교육 혜택 그러나 그 어려움을 강한 의지와 인간애로 극복, 드디어는 미국의 아니 세계인의 존경을 받기에 충분한 인생이 되었던 링컨의 그 위대한 정신력을 사랑해 왔다.

그리고 우리나라의 위대한 지도자, '세종대왕'을 남달리 추앙하고 그의 탁월한 지도력과 과학적인 업적, 무엇보다도 높이 평가되는 세계의 찬란한 업적이라고 할 수 있는 문자 발명, 즉 한글의 창제는 이 민족의 발전에 가장 큰 공을 올렸던 것이기에 그 분의 모든 것을 사랑해 왔다.

링컨과 세종대왕에 대한 집중적인 연구와 이해를 위해 오늘 위인전기집 2권씩(4권)을 구매했다.

기초부터 세밀하게 연구하고픈 생각에 대서출판사에서 펴낸, 세계위인전전기 『링컨』(김소천 엮음), 소년소녀위인전기 『세종대왕』(글 이주훈)과 은하수문고(도서출판 계림문고) 『남북전쟁과 노예해방 링컨』(윤부현 엮음)과 위대한 왕 『세종대왕』(김영일 지음)을 샀다.

앞으로 이 두 위인에 대해 집중적으로 연구 · 분석 · 조사하여 그분들 못지않은 업적을 남기리라.

지난 삼풍백화점 붕괴 시에 자원봉사자 접수가 이루어지지 않아 자원봉사자로 나선 시민들 관리가 너무나 허술하였다. 참으로 한심하기 그지없었다. 여기에 간단한 자원봉사자 접수 방법을 말해 둔다.

    – 자원봉사자 접수(창구) –

1. 접수대, 접수요원 배치한 후

2. 신분증 제시만 하면 기본인적 사항을 기록한 후

3. 약간의 행동요령을 지시(어느 곳에서, 어떤 일을 함 등)

4. 자원봉사자 명찰(이미 준비된 것)을 지급 후 바로 봉사활동하게 함.

한심한 일이 또 발생했다.

국민학교 1–1(1학년 1학기) 국어 교과서 45쪽에, 받침 연습을 하는 과정에서

바 + ㄱ = ㅁ로 인쇄되어야 할 곳에

박 + ㄱ = ㅁ로 인쇄되어 있는 것을 발견.

그 출판사에 전화를 했더니 그 대답이 참으로 한심하기 그지없었다. 발행 전에 알았느냐고 물었더니 몰랐다고 대답하면서 배부된 후에 프린트된 것을 알았다고 했다. 왜 조치를 취하지 않았느냐고 야단치면서 나는 다음과 같은 의견을 제시했다.

1. 발행 전에 몰랐다면 그 책임 역시 출판사에 있다고 지적하고 대학교재도 아니고, 국교 1학년,

그것도 산수나 사회교과서가 아닌 국어교과서 교정을 얼마나 소홀히 했으면 글자 몇 안 되는 국교 1학년 국어교과서에 오자가 인쇄되도록 했는가라고 질책.

한글의 우수성을 강조, 이해시켰고 이 위대한 글을 최초로 익히는 국교 국어 1학년 1학기 교과서의 오자 인쇄는 질책 받아 마땅하며 앞으로는 절대로 그런 착오나 실수나 잘못이 없도록 당부했다.

2. 만약 그 오자 인쇄된 책이 이미 배부되었다면 왜 스티커인쇄(여기서는 '박' 자에 붙일 '바' 자를 붙일 수 있도록 특수종이에 인쇄한 것을 말함)를 하지 않았느냐고 야단, 그 지혜로운 해결책을 제시. 만약에 있을 수 있는 앞으로의 실수나 잘못에 대비케 했다.

그 방법.

스티커 인쇄를 하여 각 국교에 필요한 양을 발송, 각반 담임선생님이 그 오자 인쇄 부에 수정 스티커 인쇄된 것을 붙이면 약 40번 정도 수고하면 해결될 수 있는데, 그 해결이 분명히 이런 방법으로라도 이루어져야 하는 이유 중의 하나는, 이러한 잘못된 인쇄를 방치, 선생님이 각 학생들에게 수정하도록 한다면, 치밀하고 세밀해야 할 교과서가 그렇지 못하다는 것을 알게 되는 학생들의 교육의 역효과에 대한 책임이 크기 때문이라고 일러 주었다(담당 여직원에게).

아울러, 우리 글의 위대한 것을 모르고 있는 것에 대한 지적과 그 과학적인 짜임이나 훌륭한 음운(발음) 법칙을 교육 관계자 등이 가르치지도, 배우지도 않고 있다고 지적했다. 얼마나 이해했을까?

이제 여기 기록으로 남기노니 이 기록 또한 중요한 것이기에 오래전에 메모했던 종이를 꺼내어 일기장에 기록한다. 광복 50년 기념 특별강좌로 KBS라디오에서 밤 11시쯤 방송했던 내용으로서, 앞으로 우리나라의 세계적 선두 위치에 오를 수 있는 방법 제시였다. 많은 공감을 갖게 되었다(특히, 나는 '가정문제연구소'를 경영하고 있는 터라 더욱 그랬다).

그 연사는(서울대 교수라고 말했음) 우리나라가 세계적으로 최선두에 나설 수 있는 방법에 대해 이야기했는데 지금의 WTO 경제 체제가 GATT(가트) 체제에 비해 매우 불리한 입장에 있는 것을 전제하고(왜냐하면 우리나라는 세계 정상을 쟁취하는 데 필요한 자본 부족, 자원 부족, 기술이 부족하기 때문에 그 자본과 자원 그리고 기술로써는 세계 정상의 길을 쟁취하기가 실제로 어려운데) 그 가능성을 지니고 있는 다음 3가지를 설명 · 강조했다.

1. 가족제도

우리나라 한국 고유의 가족제도를 강화하게 되면 그로 인한 손실이 줄어들게 되기 때문에 세계 정상의 길은 가능하다.

※ 여기서 세계 정상이란 모든 분야에서의 정상을 의미한다(경제뿐 아니라 문화, 사회, 정치, 도덕, 인간의 내외적인 모든 사회성 형태에서의 1위임).

※ 미국의 이혼은 심하여 국교생 반수 이상이 친부모가 아닌 양부모 밑에서 자람 – 심각한 사회문제이며 국가의 힘이 손실됨.

2. 교육열의

한국의 고교 진학과 교육은 의무교육이 아닌데도 의무교육을 시행하고 있는 미국을 앞서는 당연 세계 1위. 그리고 고교교육 수준 역시 세계 1위, 대학 진학률 역시 세계 1위. 이 교육열은 한번 올라가면 쉽게 식지 않는 것이 통례, 그러나 쉽게 올라가지도 않는 것이 교육열일진대, 이러한 한국의 교육열은 세계 정상을 달성하고 이루는데 초석 역할(남미의 후진성은 미진한 교육열 때문인데 그곳은 엄청난 자원이 있으나 아직도 발전하지 못하고 있음).

3. 장구한 민족 역사

이것은 우리 민족만이 갖고 있는 문화유산을 지칭하는 것인데, 예를 들면 교육에 대한 것이라면 AD 992년에 설립된 개성의 국자감(고려 시대)은 6개 단과에 1,200명이라는 학생이 재적했고, 성균관대학은 AD 1,395년에 설립되어 이것은 하버드(미국)대학에 비교도 되지 않을 정도의 장구한 역사와 그 유산을 갖고 있는 것으로서 이러한 유산을 잘 정비 · 관리하여 세계에 소개, 관광자원으로도 활용한다면 그로 인하여 얻게 되는 국익은 엄청난 것이 됨.

교육뿐 아니라 그 외 민족 문화유산이 수없이 많이 있으니 뚜렷한 목표와 의지를 가진 정치가가 나타나 이를 해결하는 것이 세계 정상의 길에 설 수 있는 중요한 방법임.

'도(道)'를 이루는데 있어서 '사람과의 대화'가 첫째이다. 어떤 사람이건 사람과의 대화 중에 도를 깨닫게 되고, 가르치게 되고, 정리하게 되고, 그렇게 됨으로 해서 위대한 사상 체계가 정립되어 인류 사회에 지울 수 없는 가르침과 깨달음에 의한 지식이 전달되는 것이다.

사람의 이 세상(지상)에서의 삶은 대체 어떠해야 하는가? 어느 길로 걸어가야 하며 어느 것이 옳고 또 그른가? 이제 이러한 질문에 대한 해답이 여기 있다. 사람은 자신들이 결정한 부류에 속하게 되며 그 부류에 속하게 되는 행동이나 생각 등은 그 부류에서는 통용되는 것이다.

그러나 하류에 속하는 언행이나 생각은 그보다 더 높은 상류에 속하는 부류에는 맞지 않으며 만약 하류에 속하는 언행이나 생각을 그보다 더 높은 상류 부류에서 행하게 되면 죄악시되거나 아니면 부끄러운 일로 나타나거나 아니면 그곳에서는 통용될 수 없는 일로 나타나 인정을 받지 못하게 됨은 물론 깊은 번뇌에 빠지게 되는 것이다.

이 번뇌로 인하여 그가 더욱 발전하게 되면 그 번뇌는 인간을 상급 세계로 이끌어 주는 아주 유익한 일로 변하지만 그 번뇌가 단순한 번뇌로만 끝나거나 그 번뇌를 극복하지 못하고 번뇌를 피하기 위해 하급 세계로 가게 되면 그는 그 하급 세계에서는 만족을 취할 수 있으되 상급 세계에서 주어지는 더 높은 성취나 기쁨은 얻지 못하게 되는 것이다.

따라서 한 인간이 어떤 행위나 말이나 생각을 하게 될 때 그 행위의 정당성은 그 사람이 어느 부류에 속해 있는가에 따라 다르며 그 행위 수준을 용납해 주는 부류에 있다면 그것은 당연한 처사로 인정될 것이나 그 행위 수준을 용납해 주지 못하는 더 높은 상급 부류에 있다면 마땅히 질책도 받게 되고 제재도 받게 되고 고통과 괴로움도 받게 되는 것이다.

그러함으로 우리 인간은 높은 부류에 속할 수 있도록 해야 하며 그렇게 하기 위해서는 모든 인간 언행이나 생각 표준을 높게 가지게 하도록 유도되고 교육되어져야 한다. 우리 인간의 교육은 최고의 표준을 알 수 있는 교육 프로그램을 개발 · 실시해야 하며 따라서 인간이 낮은 부류에 속하는 것은 부끄러운 일이고 발전이 없으며 고귀한 인간 삶의 가치도 느끼지 못하게 된다는 것을 깨우치도록 해야 한다. 이것이 참으로 중요한 교육지침이니 우리의 도덕 시간은 가장 중요한 수업 시간으로 인식되어야 하고 그 시간에는 가장 중요하고 유익하고 심오한 인간 삶의 표준이 제시되어야 하며 이 높은 표준을 모든 인간이 교육받을 수 있는 기회가 꼭 주어져야 한다. 참으로 중요한 지침이 소개되고 기록되었다. 참으로 그러하다.

이러한 논리는 '결혼 전의 성관계는 당연한가, 아닌가?' 라는 아주 중요한 질문에 대한 해답을 주며, 그 답이란 만약 그 사람이 속해 있는 부류가 '결혼 전의 성관계'를 인정하고 통용시키는 계급에서 살아가고 있다면 "별 문제가 없다"라는 말로 답해질 것이고 만약 그 사람이 속해 있는 부류가 앞에 언급한 부류와 다른 계급에서 살아가고 있다면 '결혼 전의 성관계'는 인정할 수 없고(이 부류는 결혼 전의 성관계를 통용할 수 없는 계급임) 따라서 만약에 이 계급에서 '결혼 전의 성관계'가 있었다면 반드시 질책을 받게 되고 고통을 받게 되며 그 사회에서는 인정을 받지 못하게 되는 것이다.

그런데 중요한 것은 우리가 살고 있는 이 사회(세상)는 이 모든 부류가 다 같이 존재하고 있고(다만 각 계급에 속하는 부류의 수는 다르다 – 높은 부류의 계급일수록 그곳에 속하는 수가 적음) 그렇기 때문에 우리는 간혹 대혼란을 겪기도 하고 어느 것이 표준인지 알 수 없을 때가 많이 나타나기도 한다.

따라서 앞에 언급한 대로 '최고의 표준'에 대한 교육을 받지 못하게 되면 우리는 비교 표준이 없게 되어 처해지는 상황대로 살아가게 되며 이러한 현상은 그보다 더 높은 계급에 속하려는 이에게는 큰 유혹으로 나타나게 되고 그리하여 인간 사회는 계속 낮은 부류에 속하는 사람이 증가하게 될 수 있다.

다시 강조하지만
반드시 인간은 '최고의 표준'에 대한 교육 기회를 부여 받아야 되며 이러한 '최고의 표준'에 대한 교육의 실행 정도가 그 나라, 그 사회, 그 조직을 최고로 끌어올릴 수 있게 되는 정도로 나타나는 것이니 우리는 이 '최고의 표준'에 대한 교육을 연구, 분명하게 체계화해야 하며 체계화할 뿐 아니라 가능한 한 많은 사람에게 이 교육을 시행하여야 하고(모든 사람이 다 이러한 '최고의 표준'에 대한 교육을 받게 한다면 두말할 필요 없이 만점 교육인 것이다) 그러한 것을 시행하는 교육자는 그 사회 또는 그 국가나 조직에서 가장 높은 표준을 실행하고 있는 자라야 한다. 이로써 사실 교육자의 자질 표준이 나타나게 된 것이다.

이제 '최고의 표준'에 대한 교육의 궁극적인 목적과 의미는 사실, 우리의 이 지상 생활 이후에 주어질 영원한 발전을 위해 너무나도 중요하고 필요한 삶의 지침을 제시하는 것이기에, 이는 인생의 목적과 관련된 지상 생활의 깊은 의미와 사후생활에 미칠 영향 때문이다.

이 '최고의 표준'에 대한 교육의 중요성과 의미에 대해서는 다음 기회에 깊이 있게 서술할 예정이다.

④　1995年 8月 3日 (木) 날씨 맑음 (36℃)

무척이나 더운 날씨다.

요즘 아이들은 (正道、正標) 지도하고 있다.
약간의 하는 틈은 ~~내서~~ 내서　2등안 소홀히 했던
아이들 학과 공부를 시키고 있다.
특히 "국어" 공부에 ~~~~ 치중하고 있다.

엄마나 빠르 작성이나 생각들은 기록으로
남기지지 못하고 ~~~~ 버렸던가!
기록의 중요성은 늘 머리속에서 되뇌이고 있지만
잘 실천되지·않고 있다.
그래서 오늘 3구멍 바인더 홀더라는 내지을
구입、3공 노트 내지을 바인더에 늘 껴우고
다니면서 중요한 작성이나、아이디어、그리고
경험했던 좋았 일들을 꼭 기록으로 남기겠다고
결심한다.

⁝

(7) 1995년 8월

'헌신'

1. 반드시 헌신의 대상이(소수이든 다수이든 물질이든 문화이든 어느 것이든지 간에, 그러나 결국은 존귀한 인간에게 유익을 주는 형태로 나타나야 함) 발전적인 방향으로 전개되었을 때 그 행위는 비로소 헌신했다고 표현할 수 있다.

2. 헌신은 소극적이고 온유하며 부드러운 것만을 의미하지는 않는다. 헌신은 오히려 그 어떤 행위보다 강렬하고 강하며 적극적이고 인내를 포함한 투쟁을 의미하기도 한다.

3. 헌신은 많은 경우에 있어서 일반적인 지식으로 이야기할 때는 손해를 보는(물질적이든 정신적이든 어느 것이든 간에) 경우로 해석하고 이해하게 된다. 그러나 실은 그것이 손해가 아니고 타인뿐 아니라 자신에게도 큰 유익과 보람과 참 기쁨과 큰 위로와 용기와 인간 삶의 가치와 生의 아름다움과 존귀함을 알게 해준다.

4. 그래서 우리는 헌신할 수 있는 어떠한 기회에 대해서도 진정으로 감사하는 마음자세를 갖는 것이 헌신의 참뜻을 이해하고 실천하는 데 있어서 중요한 의미를 갖게 된다.

5. 헌신할 수 있는 자세가 되어 있지 않으면 결코 어떠한 공적인 일(많은 경우에 사적인 일도 해당됨)을 수행할 자격이 없고 이러한 이는 그러한 일을 행해서도 안 된다. 이유인 즉, 헌신할 수 있는 자세가 되어 있지 않는 자는 결코 타인에게나 이웃, 국가에 유익을 주지 못하기 때문이다.

교육자는 교육의 대상자인 학생들을 위해 완전한 헌신 자세가 되어 있어야 하고 공무원은 국민에 대한 완전한 헌신 자세를 마땅히 갖추어야 하며 대통령은 대통령이기에 더욱 그러하다.

6. 헌신은 같은 목적이라 하더라도 그 헌신자의 위치 즉, 명예, 지식, 경제적 상태, 사회의 그 사람

에 대한 인식도 등 여러 가지 형태에 따라 그 행위 형태는 각각 다르게 나타난다. 예를 들어 가난한 자를 돕는다고 할 때 경제적으로 빈약하고 직위나 명예가 없을 때에는 손수 돈을 벌어서 도와주어야 하는 경우로 나타나겠지만 그 돕는 사람이 만약 대통령으로서 가난한 자를 돕고자 할 때에는 어떤 정책 입안에 의한 법률 제정이나 또는 대통령의 직위나 권위로 말 한마디면 가난한 자에게 큰 도움이 주어질 수 있고 결국 그는 대통령이 되지 못했을 때와는 다른 방법으로 가난한 자를 돕게 되는 경우가 그 예 중의 하나이다.

7. 다음, '헌신'에 대한 정의를 분명히 내리겠다.

'헌신'은 사랑이나 자비보다 크며 비이기적인 행위의 모든 것 ─ 즉, 나 외에 다른 사람을 위해 사는 것, 남의 유익을 위해 행하는 것, 남에게 원성을 듣지 않게 행동하는 것 그 모든 것을 뜻하는 것인바 단순한 비이기적인 것에만 국한되는 것이 아니라 그것은 반드시 타인에게 유익을 주게 되는 적극적인 행위를 뜻하는 것임을 다시 한 번 정리한다.

사랑은 자신의 유익을 위해서도 행할 수 있지만 헌신은 그러지 아니하며 자비는 헌신보다 적극적이지 못하기 때문에 헌신은 사랑과 자비보다 크며 사랑과 자비를 합친 것보다 헌신은 더욱 크다.

8. 따라서 이 헌신은 어떤 큰 명예나 직위를 가지고 있는 사람뿐만 아니라 이웃과 이웃 사이 또는 가족과 가족 사이에 가장 중요하게 행해져야 하고 앞으로 이 '헌신'은 세상에서 가장 큰 사상으로 가르쳐지고 행해질 때 인류 사회는 여태까지 누려 보지 못했던 가장 아름다운 사회 · 조직 · 가정으로 발전할 수 있게 된다.

'헌신'은 결국 '덕'으로 연결되어 그 '덕'으로 인해 살아 있는 동안뿐 아니라 죽은 후에도 인간 가치의 최고에 도달할 수 있게 된다.

'헌신'을 한 경우에는 반드시 마음의 평화(화평)가 따르는데 최고의 인간적인 선은 마음의 평화이기 때문에 마음의 평화가 주어지는 헌신은 최고의 인간적인 선을 성취하는 도의 경지에 이르게 한다(어떠한 이도 '헌신'하는 자세나 마음이나 행위 없이 완전한 도에 이르지 못한다).

"헌신"   1985年 8月

1. 반드시 헌신의 대상이 (초라이든, 다수이든,
물것이든 또한이든 어느 것이든지 간에, 그러나 결국은
끝지는 인간에게 유익을 주는 행해로 나타나야 했)
발전적인 방향으로 전개되었을때 그 행위를
바라 헌신했다고 표현할 수 있~

2. 헌신은 소극적이고 은둔하며 부드러운 것만을
의미하지는 않~ 헌신을 한하며 그 뒤에 행위
보러 강결하고 강하며 적극적이고 인내를 포함한
두정은 의미하기로 한~

3. 헌신은 많던 경우에 있어서 일반적인 지식으로
이야기 했때는 순해○을 보조 (물질적이온 정신
적이온 어느것이온 간에) 경우를 해석하고 이해하게
만~. 그러나 실은 ○것이 순해기고 하고
타인말 아니라 자신에게도 큰 유익의 보았다
갔 기쁨~ 큰 위로~ 용기~ 인간싫의 가치~
높이 아름다움~ 중지없을 알게 해준~

morning glory

도장(道場) / 도인(道人) / 전 국토 정원화 / 도정(道政) / 세계 초일류 국가 · 복지국가 건설 / 세계 지도국 달성

1. 모든 가정을 도(道) 닦는 곳으로 한다(청결, 정리정돈, 꾸미고 가꾼다).
세 들어 사는 사람이 없이 1세대(1가구) 1주택 정책.

2. 거리가 도장이 되게 하고 전 국토가 도장이 되게 하여 모든 사람(국민)이 도인이 되게 한다. 일터가 도장이요, 공장이 도장이 되게 한다.

3. 일주일에 한 번 혹은 한 달에 한 번 정도 등으로 정하여 각 가정의 사정에 따라 수련, 도의 가르침을 받아 일상 생활 자체가 도를 닦는 생활이 되게 한다.
예) 신혼부부는 일주일에 한 번 접견, 가르침을 받는다.

4. 나의 주택(연구소, 사무소) – 사시사철 꽃이 있게 하고 국보급 건물과 조경을 꾸며 도를 닦는 으뜸 장소(가정)가 되게 한다.

5. 전 국토를 아름답게 단장하고 전 국토를 정원화하여 한반도 나라 전체가 아름다운 도장(道場)이 되게 한다.

6. 그렇게 하려면 최고의 도(道)를 세워 체계적이고 단계적으로 정리, 모든 사람 모든 상황에 적용되는 생활의 도(道)를 완성하여 도정(道政)을 시행한다.

7. 한반도의 입지 조건이나 오랜 역사, 정신적인 문화로 인하여 세계에서 으뜸가는 환경의 나라가 될 수 있을 뿐만 아니라 가장 아름답고 살기 좋고 풍성한 나라로 만들 수 있으니 더욱 그러하다.

8. 다시 한 번 정리하자면 모든 생활이 도(道)요, 모든 환경이 도(道)요, 모든 시책이 바로 도(道)로 연결되는 그야말로 도(道)로 완성되는 초일류 · 복지국가 건설.

※ 세계 초일류 국가 건설 - 세계를 지도하고 이끌어 가는 국가 건설

→ 즐겁고 행복하면 도(道)의 완성이다.

↔ 반대로 기쁘지 않고 행복하지 않으면 도(道)의 가르침을 더 받아야 한다.

(1996年 5月 3日 (金))

1. 모든 가정을 도(道) 닦는 곳으로 한다、

(정각、정리정돈、각기로 닦가른다)

세들에 사는 사람이 없이   1세대 (1가구) 1주택 정각먼.

2. 거리가 道場이 되게 하고

전국토가 道場이 되게하며

모든 사람 (국민) 이 道人이 되게 한다、

일터가 도장이된

공장이 도장이 되게 한다

<그것은 가뿐고 行動 복되게 함의 道의 한소리이라.>

(반대로 기쁜지 않고 불거지 않고 행복하지 않다면 道 달하가 싫든 받아야 한다)

3. 1주일에 日 한번

혹은 1딸에 한번씩 정로 등으로 정하며

각 가정의 사정에 따라   수련、道의 가르침
을 받아   일상 생活 자체가 道를 닦는 생활이

되게 한다.

(예). 신學 부분은 1주일에 1번 정각、가르칭은 받는다

4. 나의 주택 (언터、사숙소) — 사시사철 꽃이 있게
하고 국보급 건속의 가꺼를 창배 道를 닦는
의 땅 장소 (가정)가 되게 한다

당당한 일 / 의로운 일 / 정당한 일 / 정직한 용기

나는 앞으로 '내가 하는 일은 어떤 일이든 절대로 부끄러워하지 않겠다' 는 다짐을 굳게굳게 해본다. 그것이 가난하기 때문에 하는 일이든, 겸손해야 되기 때문에 취하는 행동이든, 또 마땅히 해야 하기 때문에 하는 일이든, 어떠한 일이든지 내가 하는 일에 부끄러워하거나 자신 없어 하거나 그리하여 당당하지 못하는 자세로 임하지 않겠다.

내가 행하는 일은 어떠한 일이든 당당하게 행하는 자가 되겠다. 떳떳하게 모든 일을 처리하고 수행하는 자가 되겠다. 그렇게 되기 위해서는 나는 내가 행동하기 전에 반드시 심사숙고하여 그 일이 당당한 일인지, 의로운 일인지, 자신과 타인 또는 세상 사람 모두에게 유익과 발전을 가져다주는 일인지 등을 분명하게 판단하겠다. 그리하여 내가 행하는 모든 일이 정당한 일이 되도록 함으로써 내가 행하는 모든 일이 부끄러워하거나 당당하지 못하는 일이 없도록 한다는 결심이다.

다시 말해, 나는 반드시 내가 행하는 모든 일에 신중을 기할 것이며 따라서 내가 행하는 모든 일에 자심감과 당당함과 정직한 용기를 갖고 임할 것이다. 참으로 그러할 것이다.

나는 앞으로 "내가 하는 일은 어떠한 일이든
절대로 부끄러워 하지 않겠다" 다짐을
굳게 굳게 해본다

그것이 가난하기 때문에 하는 일이든, 갚을해야
되기때문에 택하는 행동이든, 또 마땅히
해야하기 때문에 하는 일이든, 어려운
일이든지 내가 하는 일에 부끄러워하거나
자신 없어 하거나 그리하여 당당하지 못
하는 자네로 인하지 않겠다.

내가 행하는 일은 어떠한 일이든 당당하게
행하는 자가 되겠다. 떳떳하게 모든
일을 처리하은 수행하는 자가 되겠다.

그렇게 되기위해서 ④나는 내가 행동
하기 전에 반드시 심사 숙고하여

KEUN YOUNG CO.

(10) 1997년 3월 14일 (金)

성생활(性生活) / 소유(욕)

人間 삶의 심오한 뜻을 늘 알기 원하고 있다.

性生活에 대한 지침이다.

남성의 역할이 性生活에 있어서 무엇보다도 중요하다. 남성은 상대 여성이 원하지 않을 때는 어떤 이유에서라도 성관계를 행해서는 아니 된다. 반드시 여성의 동의(적극적인 동의이어야 한다)나 여성이 간절히 원할 때만 남성은 그 성행위를 진행시켜야 하는 것이다.

만약 위의 원칙이 적용되지 않는 성행위는 반드시 육체적 · 정신적 · 잠재적 능력의 손실을 입게 되는 것이니 차라리 깊은 대화나 서로를 위한 봉사 그리고 더욱 깊이 있는 人生을 위해 다른 해야 할 일에 주력할 것이다.

우리 人生은 소유 또는 소유욕에 대한 개념 이해와 그것의 적용 문제를 깊이 있게 정리, 자신의 생활에 적용시켜야 한다.

우리는 이 세상에 태어났으나 소유에 대한 것을 분명하게 포기해야 한다. 저 여자는 나의 것이라던가, 저 집은 나의 집, 저 물건은 나의 물건, 저 땅은 나의 땅이라는 식으로 강하게 자기의 소유의식을 갖는 것은 깊은 인생의 의미를 모르거나 세상에 태어난 본래의 의무와 책임을 망각한 상태이다.

그러나 반드시 타인을 위해 봉사 · 헌신하는 자세는 꼭 필요한 것이다. 아내의 발전을 위하여, 자녀의 성공적인 삶을 위하여, 타인의 끝없는 위로를 위하여 우리는 노력해야 한다. 소유의 개념이 있을 때나 강할 때는 타인의 진정한 발전이나 성공을 이루어 낼 수가 없기 때문이다. 우리는 진정 자신의 타인에 대한 의무와 책임을 다해야 하되 그것이 반드시 '소유'로 이어지는 것이 아님을 확실히 알아야 하며 반대로 '무소유'의 원칙을 가지고 살아갈 때 진정한 발전을 이룩하는 삶을 영위하게 될 것이다.

1995年 3月 14日 (금).   ①

人間 삶의 심오한 뜻을 늘 알기 원하고 있다.

(性生活에 대한 지침이다.)

男性의 역할이 性生活에 있어서 무엇보다도 중요하며
女性은 상대여성이 원하지 않은 때는 어떤 이유에서라도
성관계는 행해서는 아니된다.

※ 반드시 여성의 동의 (적극적인 동의 이어야 한 것.) 나
여성이 간절히 원했때만 남성은 그 성행위를 진행
시켜야 하는 것이며

만약 위의 원칙이 적용되지 않는 성행위는 반드시
육체적, 정신적, 경제적 능력의 손실을 입게 되는 것이니
차라리 같은 대화나. 서로를 위한 봉사, 그리고 ● 더욱
같이 있는 人生을 위해 다른 계에야 할 일에 주력할 것이다.

～～
우리 人生은 속죄 또는 속죄록에 대한 개념이해와
그것의 적용문제는 깊이 있게 정리, 자신의 생활에
적용시켜야 한다.

KEUN YOUNG CO.

(11) 1997년 5월 1일

좋은 관계 – 좋지 않은 관계

위로를 주면서

힘이 솟아나는 관계는 좋은 관계요

위로를 주지도 못하면서

힘도 솟구치지 않는 관계는 좋지 않은 관계이니

만약 서로의 관계가 후자에 속한다면 양자의 사이에 개선해야 할 것이

무엇인지를 깊이 있게 파악하여

좋은 결과에 이르는 것을 모색하는 것이

참으로 중요한 일이다.

1997. 5. 1.

그 힘을 꺾어서 ×

힘이 죽어버리는 관계는 좋은 관계요

위로는 주지로 못하면서 (경쟁관계요)

힘을 죽거리지 않는 관계는 좋지 않는 관계이니

만약 주지에 속하면서 양자의 사이에 긴장해야 할 것이

서로의 관계가 무엇인지를 같이 세게 파악하며

좋은 결과에 이르는 것을 보상하는 것이

아주 중요한 않으로 중요한 일이다.

(12) 1997년 5월 8일 (木)

아름다운 우리나라 대한민국 / 통일 / 정치인 / 통치자

아름다운 우리나라 대한민국!
우리의 한반도!
세상에서 가장 아름다운 나라로 가꾸리라.
가꾸리라!

나는 나의 이 무한한 가능성에 도전하여 분명 이루리라.
이루리라!

오늘 「아웃 어브 아프리카(Out of Africa)」라는 영화를 (MBC에서 방영한 것은 재방송 – 유선에서) 보며, 여주인공의 생활과 삶을 보며, 그리고 아름다운 그곳 배경을 보며, 이 나라 우리나라의 무한한 가능성을 깊이 있게 느끼는 좋은 시간을 가졌다.

요즘 우리나라 시국에 대하여 참으로 염려스럽기 그지없다.
통일에 대한 적극적인 자세 결함, 정치인의 자질 문제, 통치자의 통치력 문제. 너무나 너무나 한심스럽기 그지없다.

글로, 말로 다 할 수 없는 이 마음 이 아픈 마음!

그러나 내 자신의 무한을 향한 가능성에 감히 도전하여 최고의 최대의 꿈을 이루리라. 펼쳐 보리라.
이 나라, 이 아름다운 나의 반도나라 한반도에서!

아름다운 우리나라 대한민국!
                    우리의 한반도!
세상에서 가장 아름다운 나라로 가꾸리라
                          가꾸리라!

나는 나의 이 무한한 가능성에 도전하여
분명 이루리라
         이루리라!

오늘 "Out of Africa" 라는 영화를
(MBC에서 방영한것을 재방송 - 녹선 비디)
보며 아프리카의 생활과 삶을 보며
그리고 아름다운 그 곳 배경을 보며
이 땅과 우리나라의 무한한 가능성을
깊이있게 느끼는 좋은 시간을 가졌다.

⋮

(13) 1997년 5월 17일 (土)

TAXI 운전 / 스타로 뜰 날

TAXI 운전은 많은 것을 알게 해준다.
주로 중산층 부류의 사람들이 택시를 탄다.
그들로부터 많은 것을 배우고 느낀다.

재정적인 어려움을 해결하기 위하여 택시기사 생활을 하고 있지만 나는 그것을 하고 있는 중,
색다른 경험을 하고 있다.

너무나 많은 것을 배우고 있는 것이다.
가지각색의 사람들이 택시를 탄다.
밀착도가 높은 상태에서 사람을 운송한다.

먼저 내가 말을 걸어 본다. 그러면 대부분이 그 대화에 응한다. 컴퓨터 전문인, 경마꾼, 19세 딸 자살 이야기를 하면서 눈물 흘리는 중년이 지난 아주머니, 건달들, 술주정뱅이, 충실한 아내이며 주부라고 자처하는 부인들, 대학교수, 여성운동가, 사회복지가, 사업가, 공무원, 교육자, 노동자, 처녀들, 미스 같은 아줌마, 어린 애기들, 노약자, 아픈 사람들, 바쁜 사람들, 한가한 사람들, 부하게 보이는 사람, 빈약하게 보이는 사람, 사나운 사람, 부드러운 사람, 바람피우는 남자·여자들의 애기, 별스런 사람들이 다 택시를 탄다.

오늘 고재석 동국대학교 국문학과 교수가 타다.
나이 42세, 11년 공부 끝에 일 년여 전에 대학교수가 되었다고 했다. 교수는 애기한다. 학생들로부터 싫증을 느낀다고, 교수와 학생들의 사이가 너무 가까워 탈이라고 말하면서 자신은 교수의 권위를 살리는 분위기로 임하고 싶다고 했다.
나를 두고 하는 말, "언젠가 스타로 뜰 날이 있겠군요!"라고 했다.

1997年 5月17日(土)

택시 운전은 많은 것을 알게 해 준다.

주로 중산층 부류의 사람들이 택시를 탄다.

그들로부터 많은 것을 배우고 느낀다.

재정적인 어려움을 해결하기 위하여 택시 기사

생활을 하고 있지만

나는

그것을 하고 있는 중, 색다른 경험도 하고

있다.

나누며 많은것을 배우고 있는것이며

가지각색의 사람들이 택시를 탄다.

임착도가 높은 상태에서 사람을 응중한다

먼저 내가 말을 걸어보다 그러면 대부분이

그 대화에 응한다. 컴퓨터 전문인, 경마 외운,

18세딸 자살이야기 하면서 눈물흘리는 중년이

지친 아줌마, 건달들, 술 주정뱅이,

광신한 마베이께 주목하고 자처하는 부인들,

대학교수, 여성운동가, 사회복지가, 사업가,

공무원, 교육자, 노동자, 청년들, 미스골든 아줌마,

비련애기들, 노약자, 아픈사람들, 바쁜사람들,

한가한 사람들, 부하게 보이는 사람, 빈약하게

보이는 사람, 사나운 사람, 부드러운 사람,

바람피우는 있자, 여자들의 얘기, 변소리는 사람들

(14) 1997년 5월 18일 (日)

5·18 기념식 / 많은 느낌 / 시력

    오늘 5·18 17주년 기념식이 국가에서 처음으로 기념일로 지정한 뒤 광주에서 있었다. 17년 전 나는 전남 순천에서 이 처절했던 투쟁의 증언을 듣고 목이 메어 밥이 모래알처럼 목을 넘어가지 않은 경험을 했다.

나는 왜 이럴까?

많은 느낌을 갖게 된다.

하늘의 비행기는 언제 보아도 다시 보고 또 보곤 한다.

(이곳 가리봉 1동은 김포비행장에 내리는 비행기가 아주 가깝게 보인다.)

KBS2 「진품명품」 시간에 시청을 해도 많은 것을 느끼고 배운다.

마음속 깊은 곳에는 언제나 새로운 느낌과 각오가 끊임없이 솟아오른다.

나는 분명 발전할 것이다. 크게 크게!

나는 책을 보고 싶다.

나는 내가 보고 싶은 책을 한껏 사서 하루 종일, 밤이 깊도록 책을 보고 싶다.

그러나 이제 시력이 점점 약해지는 것을 느끼니

마음이 착잡하기 그지없다.

하늘의 신이시여!

저의 눈의 시력이 이보다 나빠지지만 않도록 특별한 가호를 내려 주시어서 제가 이루고자 하는 큰 뜻을 꼭 달성하게 도와주소서!

푸른 산을 볼 수 있고,
흐르는 강물을 볼 수 있고,
날으는 새를 보며
창공의 구름을 보고
이 자연의 아름다움과 우리 인간의
모습, 모습들을 보게 해주소서.

눈이 더 이상 어둡지 않도록 도와주소서!
이 간절한 소망을 들어주소서!

1997年 5月 18日 (日)

오늘 5.18 17주년 기념식이
국가에서 처음으로 기념일로 지정한뒤
광주에서 있었다

17년전 나는 전남 순천에서 이 처럼없고
주정의 증인을 듣고 목이메여 밥이 목을
넘어가지 않은 경험은 했던 듯 ~ 모래알처럼

나는 왜 이럴까?
많은 느낌을 갖게 된다.
하늘의 비행기는 언제 보아도 다시보고
깊이 싶어 한다.
(이웃 가리봉1동은 김포비행장에 내리는
비행기가 아주 가깝게 보인다)

KBS2 '진품명품' 시간에 시청을
해도 많은 것을 느끼고 배운다.
마음속 깊은곳에는 언제나 새로운 느낌과
갈망가 끝임없이 솟아오른다

나는 분명 발전 한 것이다.. 크게 크게 !

(15) 1997년 5월 26일 (月)

김대중 / 김영삼

오늘 오후 4시 무렵부터 김대중 국민회의 대통령 후보 토론이 있었다. 여러 가지 정책에 대하여 좋은 의견을 갖고 계셨고 많은 연륜과 경험을 갖고 있어 감히 대통령 후보감이라는 생각을 충분히 갖게 되었다.

다른 대통령 후보들의 토론과 연설을 지켜 본 후에 결정할 일이지만 오늘 김대중 새정치국민회의 대통령 후보는 좋은 토론을 보여 주었고 앞으로 대통령으로 지지할 생각이다.

김대중 총재 겸 대통령 후보는 경제·교육·정치·기타 정책에 대해서도 많은 식견을 갖고 계셨고 탁월한 기억력과 세심하고 세밀한 판단력 그리고 훌륭한 지도력까지 겸비하고 계셨다.

어찌된 일인가!

2~3일 전 김영삼 대통령은 문제의 대선자금에 대해 자료가 없어 발표(공개)할 수 없다고 했다. 충격적인 일이다.

왜냐하면,

첫째, 정말 자료가 없어 공개하지 못한다고 하면 당의, 그것도 자신의 대선자금 관리 능력도 없이 어떻게 그동안 국정을 관리해 왔는가 하는 문제이다. 사실 그동안의 국정은 너무나 엉망이었다.

다음, 만약 사실을 숨기려고 한다면 차기에 분명 그 고통을 감내해야만 할 것이다. 국민을 속이고 우롱하고 있기 때문이다.

역시 며칠 전 대한적십자사에서는 북한에 옥수수급으로 4만 톤에 해당하는 식량을 보급하기로 결정을 했는데 이것이 우리 땅이 아닌 중국 북경에서 이루어지고 있다는 것이 너무나 한심스럽고 답답

한 일이다.

　예전에 서울에 다녀 간 일이 있는 북한인들인데 어찌하여 통일을 대비해서라도 우리의 땅에서 모든 일이 이루어질 수 있는데도 그렇게 주도적으로 인도하지 못하는 이 정부가 너무나 한심스럽다.

　만년필을 시험하고 있다. 나에게는 가볍고 끝이 가늘고(가는 펜촉) 펜 끝이 약간 안으로 옥아든 것이 좋다. 앞으로는 글씨를 잘 쓸 수 있는 연습을 해야겠다. 잉크색은 검정색이 좋은 것 같다.

1997年 5月 26日(月)

오늘 오후 04시경부터
김대중 국민회의 대통령 후보 토론이 있었다.
여러가지 정책에 대하여 깊은 의견을 갖고 계셨고 그
많은 연륜과 경험을 갖고 있어 가히
대통령 후보 감이라는 사념각을 충분히 갖게 되었다
다른 대통령 후보들의 토론과 연설은 지켜
보았 때 ·경청한 이야기는

오늘 김대중 새정치 국민회의 대통령 후보는
충분 료료을 보여 주었고 앞으로 대통령으로
지지한 생각이다.

김대중 총재겸 대통령 후보는
경제, 교육, 정치, 기타 정책에 대하여도
많은 의견을 갖고 계셨고 탁월한 기억력과
세심한 그리고 세밀한 판단력, 그리고 출중한
지도력까지 겸비하고 계셨다.

어찌된 일인가!
2-3일전 김 영삼 대통령은 문제의
대인자로 자신가 없이 방뜸(중개)한 수 없다고
했다. 중개성이 있어나.
레바론...
차선령: 정말 자리기없이 중개하지 못한다고
하며, 당의, 그것도 자신의 대신자를 만나

(16) 1997년 7월 2일 (水)

독서 / 한글의 위대성 / 세계 제1의 국가 / 인류 사회 발전

어제 저녁 꿈은 의미 있는 꿈이었다.

내가 사법시험 1차 시험에 합격한 내용이었다.

시험을 치른 후에 합격자에게는 명함판 사진 3매를 주었는데 나도 그 사진(자신의 사진)을 받았다. 좋은 꿈이라고 생각되었다.

요즈음은 독서에 치중하고 있다. 『조선왕조실록』 및 『고려왕조실록』을 다 읽고 많은 감명을 받고 느끼고 배운 바도 크다. 왕조실록을 통하여 나는 인간사에서 가장 중요한 것이 '도덕' 이며 모든 이에게 예의를 갖추고 도덕에 기초한 행위를 할 때에만 존중받고 인정받는다는 것을 배웠다.

'덕' 을 세우는 일을 하는 것 – 이것이 우리 사회를 밝고 명랑하며 발전 있게 영위할 수 있는 최선의 것이다.

또 『신과학이 세상을 바꾼다』는 책도 읽었는데 이 역시 시사하는 바가 컸을 뿐 아니라 많은 것을 배웠으며 특히 지은이 방건웅 씨에 대한 개인적인 존경을 표하는 마음이 일어났다.

『사법연수원에 무슨 꽃이 피는가』라는 책은 지금 읽고 있는 중인데 그것을 통하여 느끼고 배우는 바 크다.

책을 통하여, 특히 좋은 책을 통하여 배우고 느끼며 덕을 쌓고 생활의 지혜와 용기를 얻게 되는 것을 중요한 일이다.

우리 문자 '한글' 의 위대성과 그 글을 통하여 좋은 책들을 펴내는 일은 우리 국가를 세계 제1의 국가로 성장시킬 것이다.

— 모든 도서 출판물에 대한 분석을 한 후에 가치 있고 유익한 도서는 체계적으로 더욱 확대 연구 분석하여 이 나라 이 민족 이 국가의 이익, 크게는 인류 사회 발전에 기여하게 한다. —

(1997. 7. 1. 기록)

1997年 7月 2日 (水)

[어제 저녁 좋은 의미있는 꿈이었다.

내가 사법시험 1차시험에 합격한 내용이었다.
시험을 치르는데 합격자에게는 명함판 사진 3매를 주었는데 나도 그 사진(자신의 사진)을 받았다.
좋은 꿈이라고 생각되었다.

요즘은 독서에 치중하고 있다.
조선왕조실록 및 고려왕조실록을 다 읽고
많은 감명을 받고 느끼고 배운바도 크다.
왕조실록을 통하여 나는,
인간사에서 가장 중요한 것이 '도덕'이며
모든 이에게 예의를 갖추고 도덕에 기초한
행위를 할때에만 존중받고 인정받는다는 것을 배웠다.

"덕"을 세우는 일은 하는것 — 이것이 우리 사회를
밝고 명랑하게 밝고 있게 영위할수 있는 최선의
것이다.

또. "신라학이 세상을 바꾼다"는 책을 읽었는데
이역시 시사하는 바가 컸을 뿐 아니라 많은
것을 배웠으며 특히 지은이 갱 선응 씨에 대한
개인적인 존경을 또하게되었음이 컸어니다.

⋮

(17) 1997년 7월 10일 (木)

전 북한 노동당 비서 황장엽 망명 기자 회견

오늘 전 북한 노동당 비서 황장엽 망명 기자회견이 오전 10시부터 12시 15분까지 중앙정보부 청사에서 있었다.

내가 많이 생각하고 있던 대로다.

1. 그들은 겉으로는 무슨 공동성명이니 회담이니 하지만 실질은 그렇지 않다는 것.
→ 우리 남한 당국은 아직도 이러한 사실에 대하여 거의 모르고 있는 실정이다. 따라서 우리는 북한의 그러한 전술과 기만에 속아 넘어간다거나 그들에게 이끌려 가는 식의 회합은 없어야 한다.

2. 반드시 적화 야욕의 꿈을 이루고자 하고 있다는 사실.
→ 황장엽은 북한의 2대 정책이
① 남한의 붕괴(와해) 공작
② 남침에 의한(전쟁에 의한) 적화통일
이라는 것을 강조하면서 전 국토의 요새화가(지하 시설이 더 많다고 했다 - 전쟁에 관한한 지상 시설보다) 이미 완벽하게 이루어져 있어 속전속결에 의한 적화 야욕을 50여 년간의 전쟁 준비를 통하여 실현시키고자 하고 있다고 했다. 북한의 경제난이 어렵지만 속전속결에 의한 남침은 가능하다고 믿고 있다고 한다.

3. 남침의 저지.
→ 전쟁에 대비한 만반의 준비와 막강한 경제력을 더욱 축적해야 하고 전쟁도 불사하겠다는 강한 응징 정책도 필요하다고 함(전쟁 억제 정책 필요).

4. 북한을 개방, 민주화하여 평화통일 이룩.

 ① 식량 원조는 필요하고(먹거리만 해결되면 북한 주민은 열심히 일할 수 있다고 함)

 ② 점점 개방화시켜 그들이 직접 노력, 일하게 하여 통일비용을 줄이고

 ③ 점차 담을 헐고 가까이 지냄으로써 사상적 · 경제적인 차이를 극복하게 함.

 ④ 아울러 북한에 기업에서도 투자를 하게 함.

 ⑤ 이러한 통일정책은 결국 김정일 정권이 무너진 후에 또는 와해되는 과정이라야 나타날 수 있는 일이다.

5. 북한의 실정은 처참함(식량난 · 경제난 등).
북한의 주민은 일하러 가지 못하는 정도가 아닌 피골이 상접한 굶주린 상태임.

6. 북한은 오직 김정일 개인의 집단임.
당도 김정일당, 국민도 김정일 노예, 군인도 김정일 사병일 뿐 다른 아무 정책이나 대안이 있을 수 없다. 쇄국 · 봉건 · 일인독재주의 정치이다.

7. 남한은 그러한 북한의 전쟁 도발에 대한 대비를 거의 하지 않고 무방비한 상태로 알고 있다. 강릉 동해안 잠수함 침투사건은, 그들은 동해안을 내 집 드나들듯이 하고 있으나 어쩌다 실수로 잠수함이 발견된 것뿐이라고 할 정도로 북한의 남한 공작 침투는 빈번이 일어나고 있을 뿐 아니라 요소요소 전국에(남한) 공작원이 활동하고 있음.

8. 황장엽 자신은 이러한 북한의 전쟁 도발을 막고 평화적 방법에 의한 조국의 통일을 위해 남행한 것임.

 황장엽 기자회견은 나로 하여금 많은 것을 느끼게 했다. 빨리 내가 성장하여 이러한 민족적인 문제를 해결하는 데 일익을 담당해야겠다고 느낀다.

 이 아름답고 훌륭한 국가와 민족의 복리와 영원한 발전을 위하여 내가 힘이 되도록 필요한 능력을 충분히 키우고 닦아야겠다.

1997年 7月10日 (木)　　　　　　　NO. 1

오늘 ⊕ 저 육한 노동당 비서 황장엽 망명 기자회견이
오전 10시부터 12시 15분까지 중앙정보부 청사에서
있었다.

내가 평소에 생각하고 있던 대로다.

1. 그들은 같으나 무슨 공동성명이니 회담이나 하지만
   신사를 그러지 않더라는 것
   → 우리 남한 당국은 아직도 이러한 사건에 대하여
     회의보고 있는 실정이다. 따라서 우리는 북한의
     그러한 전술과 기만에 속아넘어 간다거나 그들
     그들에게 이끌려 가느라의 회담은 없어야한다.

2. 반드시 적화야욕의 끝을 이루려하고 있다는
   사실
   → 황장엽은 북한의 2대 정책이
   ① 남북의 분리 (와해) 공작
   ② 남침에 ⓐ 의한 (전쟁에 의한) 적화통일 .
   이라는 것을 강조하면서 제국도의 위서타가 -
   (지하 시설이 더 많아도 됐다 ─ 전쟁에 안한한
   지상 시설보다)
   이미 완벽하게 이루어져 있으며 속전 (속결에)
   의한 적화야욕을 5여 나간의 전쟁준비를
   통하며 실현시키러자 하고 있다고 했다.
   북한의 경제 난이 어려질수록 속전 속결에의ⓐ 한 남침을
   가중하려 받던 있다고 한다.

아름다운 나라 – 한반도

이 얼마나 아름다운 나라인가!
한반도를 보라. 공중에서 보라.
동서남 3방면이 바다인데다가
북쪽은 드넓은 대륙과 연결된 천혜적인
자연조건을 지닌 위대한 땅! 아름다운 이 나라!

이리하여 일찍이 일본은 이 아름다운 땅이
탐이 나 36년이라는 일제 압박을 가했으나
우리 민족의 위대한 힘으로 이 나라를 구했으니
오! 위대한 우리 민족이여!

이제 앞으로는 감히 일본은 이 아름다운 나라를
넘봐서는 아니 될 것이며 만약 그러할진대 그들이
오히려 속국이 되리라. 일본뿐 아니라 세계 열방 어
느 나라도 이 나라를 넘볼 수 없으리니 영원하리라.
이 아름다운 나의 조국 강산이여!

(공중에서 촬영한 한반도 사진 게재)

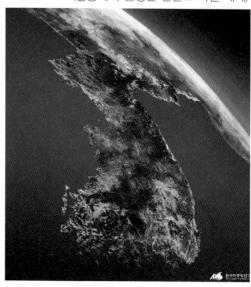

한반도 위성사진(1988년 인공위성 촬영)
출처 : 한국민족문화대백과

1909. 7. 8. (金)

이 험하고 아득다운 나라 안가 ...
한번 보자 . 공중에서 보니
동서남 ... 가방면이 바다인데라 ...
복잡은 느낌으로 채웠다. 연고된 조간해졌으나
자연재해를 지반 ... 위대한 땅이 ... 이나라!

(공중에서 촬영한 한반도 사진 게재)

이리하여 일제가 일본은 이 아름다운 땅이
참이나 36년이나는 일제 압박을 가했으나
우리 민족의 위대한 ... 하늘 이바지를 기록으나
오! 위대한 우리 민족이 여.

:

(19) 1997년 7월 19일 (土)

독학(獨學) / 만학(晚學) / 정보이용

참으로 좋은 날이다.

여태까지 나는 정규교육 수학에 대한 미련을 버리지 못하고 있었다. 그러나 오늘 나는 큰 것을 깨달았다.

현재 우리 대한민국은 혼자서도 마음만 먹으면 얼마든지 깊이 있는 공부를 할 수 있게 되어 있다. 서점에 가면 그 많은 주옥같은 서적들이 너무나 많이 있다. 일평생 밥도 먹지 않고 읽어도 못 읽을 만한 엄청난 양의 양서(그야말로 좋고 깊이 있는 책)가 즐비하게 갖추어져 있다.

많은 사람들이 교육기관의 혜택을 받으며 자신의 지식을 넓히려 하고 있는 것이 현 추세이다. 그러나 나는 확신한다. 자신이 스스로 공부할 수 있는 능력만 갖추면 얼마든지 혼자서도 공부할 수 있고 또 어느 사람 못지않게 깊은 경지에까지 도달할 수 있다고 확신한다. 물론 틀을 갖춘 교육기관도 필요하다. 또 그곳에서 훌륭한 선배와 스승을 만나는 것 역시 인생에서 나타날 수 있는 중요한 사건 중의 하나이다.

하지만, 지금의 대부분의 학생과 피교육자들 모두가 자신의 지식 확보를 위해 너무나 과잉하게 교육기관에만 의존하고 있는 느낌이다. 누가 말했듯이 지금 사람들은 어려서부터 유치원, 국교, 중학교, 고등학교, 대학교, 대학원 등의 교육체계에만 훈련이 되어 아예 스스로 배울 수 있는 힘을 상실해 버리게 된 것이 아닌가 하는 생각도 든다.

옛 우리들의 조상들은 스스로의 힘으로 깊은 경지에까지 도달하는 큰 공부를 하신 분들이 많으니 나는 오늘 여기에 그러한 일의 가능성을 분명히 밝혀 두고 싶다. 그 대표적인 표본 인물이 '나'이고 싶다. 나는 어려서부터 풍족한 환경이 못 되어 스스로의 힘에 의지하여 많은 일을 해왔다. 이것은 나에게 크나큰 재산이었다. 말 그대로 가난은 그 자체가 죄가 아니다. 발전에 시간적인 제약을 줄 뿐 오히려 가난은 많은 깊이 있는 사상을 길러 준다.

여기서 내가 말하는 '스스로 할 수 있는 능력'이란
첫째 : 그 생각의 깊이가 있어야 하며
둘째 : 인내력을 포함한 강한 의지의 소유자이어야 하고
셋째 : 향학열에 불타 있어야 하며
넷째 : 자신의 인생관이 사명감에 입각해 확립되어 있어야만 가능한 것이다.

이렇게 하여 독학으로 큰 뜻을 이룬 자는 교육기관을 통해 이룩한 자보다 오히려 큰 대우와 존경을 받아야 하고 또 받을 수 있는 자격이 이미 부여되어 있다고 확신한다.
따라서 우리는 독학에 의한 성취자들에게 더 큰 사랑과 애정과 존경과 격려를 보내야 할 것이다.

또 '만학'에 대한 의견이다.
만학은 어쩔 수 없는 경우에 처한 사람들이 어쩔 수 없이 치러야 할 인생 부분이지만 이 역시 높이 높이 평가되어야 할 사항이다. 만학자는 만학에 대한 열의를 가진 것만으로도 존중되어야 할 것이다. 뿐만 아니라 만학자는 오히려 초학자들보다 더 깊이 있고 실속 있는 학문 연구에 돌입하게 되는 것이 만학자의 특권이라 여겨지는 것이다.

만학자는 그간의 자신의 인생 경험으로 인해 이러한 깊이 있고 실속 있는 학문 분야에 뛰어들게 되며 그 성취도 대단한 것일 수 있는 것이다. 물론 연구 분야별로 보면 어쩔 수 없는 한계가 있는 경우도 있겠지만 그러나 만학도는 그 한계를 벗어나는 곳에 투신하지는 않으니 그도 염려할 것이 못 된다. 만학도가 행할 수 없는 분야는 초학도들이 분명 뜻을 이루고 있을 것이기 때문이다.
그렇다고 해서 나는 공식 교육기관이나 또 그러한 곳에서 젊은 시절부터 학문에 돌입하여 뜻을 이루는 것을 부정하는 것은 전혀 아니다. 우리는 오히려 그러한 것으로부터 사회의 전반적인 발전이 더 이루어지고 있다고 믿어야 한다. 하지만 교육기관을 통하지 않은 만학에 의한, 독학에 의한 깊이 있는 학문 연구자는 그들 못지않은 위대한 힘을 갖고 있다는 것을 말하고 싶을 뿐이다.
내가 이 '만학자'에 대한 표본이 되리라.

다음은 정보 이용에 관한 것이다.

우리의 시대는 정보 시대라 할 만큼 수많은 정보들이 우리 눈앞에 쏟아진다. 신문, TV, 신간서적, 잡지, 인터넷(컴퓨터), 라디오 등 수많은 매체들을 통하여 참으로 많은 정보들이 나타나고 있다.

그러나 이러한 정보들을 우리들은 너무나 흔하게 쏟아 나와서인지 아니면 정보 불감증에서인지는 모르되 너무나 소홀히 다루어지고 있는 것에 대하여 안타까워하고 있다. 예를 들면 일간신문에는 수많은 종합적인 정보가 깃들어 있는데 이를 보는 각 시민들은 그것을 얼마나 가볍게 여기는가! 신문 정보의 소중함을 알기는커녕 매일 몇 톤(t)씩 바로바로 휴지로 또는 쓰레기로 변해 버리지 않는가!

나는 이러한 일에 가슴 아픔을 느낀다.

우리에게 쏟아지는 이 정보를 축복이라 여기며 국민 한 사람 한 사람이 각자의 방법으로 이러한 정보들을 자신의 필요와 발전을 위해 체계적으로 정리 · 보관하여 활용할 수 있으면 얼마나 좋을까!

내가 그 표본이 되리라!

나는 '만학(晩學)'의 표본
    '독학(獨學)'의 표본
    어려운 환경 속에서의 성공(成功)의 표본이 되리라.

그리하여 많은 사람들에게 큰 힘과 용기를 심어 주고 그들이 더욱 발전하게 하며 뿐만 아니라 세상에 빛을 보내리라.

1997. 7. 19. (土)　　　　　　　①-갸

참드라 굳은 날이라.

여태까지 나는 개적 교육에서도 ㅇㅁ(?)을 버리지 못하고
있었다. 그러나 오늘 나는 큰 것을 깨달았다.

하인간 우리 대한민국은 혼자서도 바닥 만 밟으며
일어들지 같이 있는 공부를 알 수 있게 되어 있는
시점에 와서 그 방은 주위 같은 사람들이
너무나 많이 있다. 인해서 많고먹지 좋고 읽기로
못임을 받아 없었는 강의 양서 (그야 많으)
짧고 같이 있는책)가 윤비하게 갖추어져 있는

많은 사람들이 교육기관의 혜택을 받아서
자신이 지식을 넓히려고 하고 있는 것이 현 목세이다.
그리고 나는 확신한다.
자신이 오랴 공부하는 있는 능력받는 왔을며 닫바른지
혼자서도 공부할 수 있고 또 어느 사람 못지 않게
혼자서도

⋮

대통령

* 대통령 : 관리 능력이 첫째이어야 한다.

대통령은 적재적소에 훌륭한 인재를 등용, 그러한 능력 있는 일꾼들이 자신의 능력을 소신 있게 충분히 발휘하게 함으로써 이 나라 전반이 비약적으로 발전할 수 있도록 하는 대단한 관리 능력의 소유자이어야 한다. 관리 능력 속에는 리더십을 포함한 강력한 흡입력 역시 중요한 요소이다.

1997. 7/18.

※ 대통령 : 관리 능력이 첫째이여야한다~

대통령도 직재 직노배 인재를 등용, 그 뛰한 능력있는
일꾼들이 자신의 능력을 소신있게 충분히
발휘 하게 함으로써 이나라 전반 이
비약적으로 발전할 수 있 관리능력의
소욱 차이이여한다 대단히

관리능력 속에는 리더쉽을 포함한 경력은
통입격 역시 중요한 단소이다.

교육 환경 / 영어단어 공부방법

머리는 있으나 그동안 너무나 빈약했던 교육 환경 때문에 나는 많은 것을 성취시키지는 못했다. 특히 지적인 많은 것을 달성하지는 못했으나 이것이 환경의 요인이 컸기 때문이지 결코 두뇌력이 약했던 것은 아니라는 확신이 나를 더욱 위로해 준다. 다시 말해, 지금이라도 교육 환경을 조성하여 연구 노력하면 많은 지식과 더욱 큰 능력을 갖게 될 것이라는 위로의 확신이 나에게 큰 용기와 힘과 희망을 가져다준다.

그렇다!
나는 지금부터라도 지난날의 빈약했던 교육 환경[가난(금전적인 면), 시간 등]을 보충하여 피나는 노력을 곁들인다면 분명 이루리라! 이루어 낼 수 있으리라! 세계 정상의 목표를!

영어단어 공부 방법이다.
나는 어느 땐가 영어성경으로부터 'concubine' 이라는 단어를 접하게 되었는데 아주 생소해서 사전을 찾아 봤더니 '2번째 부인' 이라는 뜻이었다. 입에 익숙하도록 소리 내어 발음하면서 그 구절을 몇 번 읽어 보고 다른 사람에게 그 성경 내용에 대한 이야기를 잠깐 나누었는데, 그때 그러한 일련의 사건들은 어김없이 단어를 나의 두뇌 속에 기억시켜 버려 몇 달이 지난 지금, 그 전에 잠깐 익혀 두었던 생소했던 단어가 갑자기 접하게 되었는데 아주 수월하게 그 단어의 발음과 뜻을 알 수 있었다.
따라서 영단어 정복 방법은 여러 가지가 있겠지만(예를 들면 어근을 통한 암기, 접두어 · 접미어 등을 통한 암기 방법 등등) 어떤 단어든지 모르는 단어를 대하면

첫째 : 그 단어가 입에 서툴지 않도록 정확하게(악센트 등) 여러 번 소리 내어 발음할 것.
둘째 : 발음하면서 스펠링 및 악센트를 연상할 것.

셋째 : 그 단어 스펠링을 읽으면서 직접 써 보면서 단어의 뜻까지 연상시키면서 써 볼 것.

넷째 : 단어는 될 수 있는 대로 문장이나 책 속의 글을 통하여 찾아내고 외울 것 등이다.

1997. 5. 26 (土)

° 내가 있으며 그동안 \[학\]에서 빈약했던 교육
환경때문에 나는 많은것을 성취시키지는 못했다.
특히 지적인 많은 것은 꼰사하지는 못했으나
이것이 환경의 요인이 \[컸\]기 때문이지 결코
누구려이 약했던 것은 아니라는 확신이 나를 더욱
위로해 준다.

다시 말해, 지금이라도 교육환경을 조성하여
연구 \[전\]념하면 많은 지식과 더욱 큰 능력을
갖게 \[\] 것이라는 \[스\]로의 확신이 \[\] 나에게
큰 용기라 \[힘\]과 희망을 \[\]가져다준다.

그렇다 !
나는 지금\[부\]터라도 지난날의 빈약했던 교육
환경 (가난(\[육\]신경그\[며\]), 시간 등) 을 보충하여
\[\]나 노력을 \[\]하들\[인\]\[다\]면 분명 이룩하리 !
이룩\[할\]수 있다\[하\] ! 세계 정상의 \[\]\[\] !

\[\]

혼자 할 수 없다

어떤 일이든 결코 혼자 할 수 없는 것이다.

세상에 태어난 이상 우리는 어떤 일이든 결코 혼자서는 할 수 없는 것이다. 만약에 어떤 일을 '혼자'만의 힘으로 하려 한다면 그 성취는 미약할 것이며 때론 그 미약한 성취도 이룰 수 없게 될 것이다.

따라서 우리는 어떤 일이든 '혼자'만의 힘으로 성취할 수 있다고 생각하거나 자신의 성취가 '자신만'의 힘으로 성취했다는 오만과 교만과 거만함에 빠져서는 결코 아니 될 것이다. 만약 그와 같은 생각에 빠져 있다면 그러한 성취는 가치 있는 것으로 승화되지 못할 뿐만 아니라 자신이 갖고 있는 많은 잠재능력까지도 충분히 발휘하지 못하는 슬픈 결과를 초래하게 될 것이다.

사실 우리는 산 속에 칩거하여 혼자의 힘으로 도(道)를 닦는다고 할지라도 결국은 혼자의 힘만은 아닌 것이다. 땅이 있고 산이 있고 신선한 공기와 먹을 것이 있고 우리를 보살피는 알 수 없는 그 어떤 힘이 작용하고 있고 내 것인 듯이 착각하는 나의 몸과 영혼의 유지마저도 우리는 타의 힘이 작용되기에 유지될 수 있는 것이므로 우리는 과연 혼자의 힘만으로 어떤 일을 할 수 있단 말인가?

아니다. 결코 아니다. 우리의 성취는 주위의 많은 도움과 협조가 있어야만 가능한 것이며 특히나 큰 성취는 더욱 그러하다.

1987. 9. 21.

어떤 일이든 결코 혼자 될 수 없는 것이다.

세상에 태어난 이상 우리는 어떤 일이든 결코 혼자서도 할 수 없는 것이다. 만약에 어떤 것을 '혼자'만이 했으로 믿려 한다면 그 성취는 미약할 것이며 ◎ 그리고 그 미약한 성취도 이룰 수 없게 될것이다.

오히려 우리는 어떤 일이든 '혼자'만의 힘으로 성취한 적 없다고 생각한다. 자신의 성취가 '자신만의 힘'으로 성취했다는 오만과 교만과 거만함에 빠져서는 결코 아니될 것이다. 만약 그러한 생각에 빠져있다면 그러한 성취는 가치 있는 것이 능히 되지 못할 뿐 아니라 자신이 갈고 갖은 바를 잠재능력 까지도 ◎ 또 충분히 발휘 하지 못하는 슬픈 결과를 초래하게 될것이다.

우리는 사람은 우리는 산록에 참가하여 혼자의 힘으로 도(道)을 닦는다고 한 지라도 결국 혼자의 입장 한번은 아닐것이다. 땅이 있고 산이 있고 신선한 공기라 맑은것이 있고 우리의 본성체는 알수없는 그 어떤 힘이 작용하였으로 비것그들이 작용하는 나의 몸과 영혼의 유기작제로 우리도 타 ◎의 힘이 작용되기에

(23) 1997년 7월 27일 (日)

기도

나는 지난날 나의 '실수'라고 한 일에 대하여 깊이 생각하는 마음으로 기도 드리다.

"아니니라. 나는 너의 마음을 아나니, 너의 진실을 아나니, 절대로 괴로워 말라. 타인이 너를 좋지 않게 생각하는 것은 오히려 그들의 이해 부족으로 인한 것이니 너의 꿈을 실현하라. 너의 위대한 꿈이 실현될 때 부끄럽게 생각된 그러한 일들이 오히려 영광스러운 일로 변화되리니 중요한 것은 네가 일어서는 일이니라. 크게 일어서야 하리니 오직 너는 그 큰 성공만을 위하여 애써야 할 것이니라."

이로써 오히려 나는 큰 위로와 용기를 받게 되었으니 이제 앞으로 내가 더욱 크게 되는 일에 온 정성과 힘을 쏟아야 하리라. 지난날의 실수라고 생각되어진 일은 내가 큰 사람이 되었을 때는 오히려 영광스러운 일이었다고 하는 것은 참으로 큰 위로였고 따라서 나는 그러한 영광스러움을 위하여 오로지 크게크게 성공하는 길이리라. 그를 위해 노력하리라.

(1989. 7. 24. (月))

나는 ○ 지난날 나의 실수하고 한 일에 대하여 늘이
생각하는 바램으로 기도하니

"아니라. 나는 너의 마음을 아나니 ○ 너의 진실을
아나니. 절대로 괴로워 말라. 타인이 너를 곱지 않게
생각하는 것도 오히려 그들의 이해 부족으로 인한 것이니
너의 꿈을 인해하라.

너의 뒤에오는 길이 실현되리니 ○ 부끄럽게 생각되
그러한 일들이 오히려 영광스러움이 될 때되리니
중요한 것은 네가 일에 서는 일이다. 크게 일어서야
하나니 오직 너는 그 큰 성공을 위하여 아쳐야
할 것이니라."

이제서 '오히려 나는 큰 뒤로○ 와 용기를 받게
되었네. 이제 앞으로 내가 더욱 크게 되는
일에 못 정성과 힘을 쏟아야 하리라
지난날의 실수라을 생각되어진 일, 내가 큰
사람이 되었을때는 오히려 영광스러움이 되
다고 하는 것을 깨닫고 큰 뒤로였고 그래서
나는 그러한 영광스러움을 위하여 멀리 크게
크게 성공할 것이니라. 그분 은혜 두렵 되나이

꿈의 농촌 / 풍요로운 농촌 / 살기 좋은 아름다운 곳

이 나라에서 생산되는 농수축산물! 그중에서도 특히 농산물은 얼마나 맛있고 영양도 풍부한가! 인삼(人蔘)을 보라. 세계 어디에서도 찾아볼 수 없는 영약이 아닌가!

이제 나는 이 나라의 농촌을 세계에서 가장 살기 좋은 꿈의 농촌으로 가꾸리라! 문자 그대로 '농자천하지대본'을 이루는, 그리고 농자(농민)들이 존경받고 우대받는(사실 농업은 축적된 기술과 경험이 없이는 불가능하기 때문에 농민은 우대 받아야 마땅하다) 그러한 살기 좋은 풍요로운 농촌으로 만들겠다.

산수가 수려하고 맑으며 주위 자연 환경이 살아 숨 쉬는 전원의 생활 – 바로 우리의 농촌이 그와 같은 가장 살기 좋은 아름다운 곳으로 바꾸리라. 바꾸어 내리라!

(1999. 8. 1. (일)

이 나라에서 생산되는 농축산물! 그중에서도 특히
농산물은 얼마나 맛있고 영양도 풍부한가!
人蔘을 보라, 세계 어디에서도 찾아볼 수 없는 영약이 아닌가!

◎ 이제 나는 이 나라의 농촌을 세계에서 가장 살기 좋은
꿈의 농촌으로 가꾸리! 농자그대로 "농자 천하지대본"
을 아는, 그런 농자(농민)들이 존경받고 대접받는
(서사 농업은 복잡한 기술(그리)경없이 없이는 불가능하기
때문에 농민은 우대받아야 마땅하다) 그러한
살기좋고 풍요로운 농촌으로 만들겠다.

산하가 수려하고 밤에는 하늘의 자연 환경이 살아
숨쉬는 전원의 ◎ 생활 — 바로 우리의 농촌이
그래서도 ● 가장 살기좋고 아름다운 곳으로 바꾸어
바꾸어 버리리!

집중력

'집중력'의 정도와 그것이 형성되는 시간적인 차이는 그 사람이 그 일에 대한 관심과 취미와 필요성을 느끼는 정도의 차이와 관계한다.

예를 들면, 사법시험 공부를 하는데 집중이 잘되지 않고 또 집중할 때까지는 많은 시간이 필요한 자의 경우, 그러한 사람은 자신의 사법시험에 대한 관심과 그 필요성, 또는 좋아하는 정도가 약하거나 작다는 것을 의미한다.

이러한 자는 자신이 현재 행하고 있는 분야에 대한 재검토를 실시하여 그 일을 계속 추진해 나가야 할 것인지 아닌지를 결정하되 가급적 속히 결정하는 것이 자신의 인생에 더 유리하다.

반대로, 사법시험을 공부하는 자가 그것에 대한 집중력이 좋고 어느 책을 보더라도 바로 집중되는 자는 그 적성이 사법시험에 맞을 뿐만 아니라 자신의 목표 의식도 뚜렷하여 성공의 가능성이 매우 크다고 할 수 있다.

전자에 언급한 경우, 사법시험이 적성에는 맞으나 목표 의식이 뚜렷하지 않거나 다른 정신적, 육체적인 관련 사항이 있어 집중력이 떨어지는 경우가 있으니 이러한 자는 될 수 있으면 빨리 목표 의식을 재정립하거나 정신적, 육체적인 장애 요소를 제거해야 한다.

1991. 8. 2 (土)

'집중력'의 정도와 그것이 형성되는 시간적인 차이는
그 사람이 그 일에 대하는 관심과 욕구와 필요성느끼는
정도의 차이된 관계된다.

예를들면. ① 사법시험공부를하는데 집중이 잘되지 않고
또 집중할때까지도 많은 시간이 필요한 자의 경우
그러한 사람은 자신의 사법시험에 대한 관심과 그 필요성.
또는 좋아하는정도가 약하거나 작다는것을 의미한다.

이러한 자도 자신이 현재 행하고 있는 불안에 대한 자격증을
실시하여 그일을 계속 추진해 나아야 할것인지 아닌지를
검토하여 가급적 속히 검토하는것이 자신의 인생에 더
유리하다.

반대로, 사법시험을 공부하는자가 그것에 대한 집중력이
좋고 어느정도를 보더라도 바로 집중되는 자는 그 적성이
사법시험에 맞을 뿐만 아니라 자신의 목표의식도 뚜렷
하여 성공의 가능성이 매우크다고 할수있다.

전자에 인급한 경우, 사법시험이 적성에는 맞으나
① 목표의식이 뚜렷하지 않거나 다른 정신적. 육체적인
건강의 사항이 있어 집중력이 떨어지는 경우가 있으니
이러한 자는 먼저 있으면 먼저 목표의식을 재정립하거나
정신적. 육체적인 장애요소는 제거해야한다.

(26) 1997년 8월 3일 (日)

문제해결 방법 / 축복의 단서 / 기록의 필요성

어떤 어려운 문제일지라도 나에게는 분명한 해결 방법이 주어졌다.

첫째 : 조용한 장소가 필요하다.

일종의 기도의 방이라고도 할 수 있으나 필요한 영감을 받고 또 구하기도 하고 고하기도 하는 장소이니 그렇게 표현해도 좋을 듯싶다.

둘째 : 그러한 조용한 장소에서 조용한 방법으로(묵상의 기도 형식이면 더욱 좋으나 그것이 형식적으로 그치는 것이 아니라 자신의 영혼과의 대화 형식으로 진행된다) 자신의 어려운 문제나 자신이 해결하고 답을 알아야 할 모든 것들을 알리고 그 응답을 기다린다.

셋째 : 그 응답 역시 극히 조용한 방법으로 영혼의 대화형식으로 주어지기에 영을 의식하는 마음으로 모든 정신력을 그 대화에 집중해야 한다.

넷째 : 아! 끊임없이 주어지는 영의 대화여!

나는 이러한 영혼의 대화로 앞으로 내 자신에게 주어질 사적 · 공적 · 국가적 · 국민적 · 가정적 · 개인적 등 내가 생각할 수 있고 내가 해당될 수 있는 모든 영역, 모든 분야에 관한 지침과 응답을 받을 수 있게 됐다는 것을 최종적으로 확인받다(물론 그전에도 이러한 것에 대해 부분적이거나 개괄적인 지침이 주어지긴 했지만 이처럼 확실하게 그리고 최종적으로 확보된 것이 이번이 처음이자 마지막 확인이다).

그러한 축복의 가장 중요한 단서가 바로 말(입놀림)이다. 말을 늘 신중하게 해야 한다는 것인데 구체적으로 언급하면

1. 첫째가 말의 수를 적게 하며 아무 데서나 입을 떠벌리지 말라는 것이다.

　2. 앞의 1항 기록은 무조건 말을 적게 하라는 것이 아니고 분별 있게 하되, 그 분별의 지침이 될 수 있으면 말을 적게 하라는 것일 뿐 어떤 때는 1시간 아니 2시간, 3시간 계속 연속하여 말할 수도 있다는 것이다. 그것이 바로 영을 의식하고 있을 때이다.

　3. 앞의 항에서 영을 의식한다 함은 나의 가치 있는 생활 창조에 있어 가장 중요한 요소로서 어떤 경우이든지 영의 지시가 아니면 행동(언행)하지 않는 것을 원칙으로 하는 것이다. 다시 말해 행동할 때는 언제나 영을 의식하며 해야 한다는 것이다.

　그러하게 될 때 나의 생활은 세상의 으뜸으로 된다는 약속을 받게 될 것이며 찬란한 생의 업적을 이루어 인류 발전과 행복, 평화, 기쁨에 지대한 일을 행하리라고 느껴진다.

　다시 한 번 강조하지만 영의 의식 없이 쉽게쉽게 언행하고 서두르는 행위는 앞으로 일체 행해서는 아니 될 것이다.

　앞에 언급한 대로 말을 적게 하고(言) 서두르지 않는 행위(行)를 하면 영의 인도에 따른 생활의 절반 이상을 이미 실천하고 있는 것이니, 그리고 그것이 영을 의식하며 생활하는 방법의 시작(시초)이니 그것 없이는 어떠한 경건한 생활도 기대조차 할 수 없는 것인 즉, 다시 강조하건대 그리고 가장 쉽게 해명하여 밝히건대 말은 적게 하고 필요시에만 정확히 표현하고(言), 어떤 일이든 절대로 서두르지 않고 행동하는(行) 것이 첫째 할 일이다.

　이어서 행할 일이 어려운 일 등으로 쉽게 해결되지 않아 도움이 필요할 때 조용한 곳에서 조용한 자세와 태도로(될 수 있으면 눈을 감고 손을 모으거나 고개를 숙이고) 영과의 조용한 대화를 나누어 그 응답을 받고 그 다음 행할 일이 있으니 반드시 그 응답을 신뢰 · 실행하는 것이 뒤따라야 인간으로서 가장 큰 성공 · 발전 · 진보 · 행복 · 기쁨 · 영광으로 나아가는 것이다.

　1. 말을 적게 하고 (꼭 필요시에만 정확히 표현하고) 행동은 서두르지 말 것(言行에 대한 표준).

　2. 조용한 곳에서 조용한 방법으로 영의 대화를 나눌 수 있는 시간이 필요하면 언제라도 가질 수 있는 분위기를 조성한다.

　3. 이를 실행하여 주어진 영과의 대화를 실천하는 삶이 되게 하라.

　⇒ 그러할진대 '인간' 으로서 이룩해야 할 최고의 선(善)을 추구하게 되고 달성시키게 되리라. 참으

로 그러하도다.

어떤 중요한 사건이든지 상황이든지 또 어떤 영감이든지 기록의 필요성을 느끼면 즉시 메모로 남기든지 아니면 기록으로 남겨 시간이 지나서 기록을 하지 못하는 일이 발생하지 않도록 하라.

이것은 두 번째 중요한 나의 인생 과제이다.

1997. 8. 3. (日). ①

여러 어려움 걸려 있지만도 나에게는 그 圈 분명한 해결
방법이 주어졌다.

첫째. 조급함 정도가 필요하다.
어려움이 기도의 방이라고 할 수 있으니 필요한 영감을
받고 또 구하기로하고 그리하고 하는 장소이니 그렇게
할 여유가 좋을 듯 싶다.

둘째. 그러면 조급한 정도에서 조용함 방법으로
(혹시 이기도형식이면 더욱 좋으나 그것이 형식적으로
그치는것이 아니라 자신의 영혼과의 圈 대화 형식
으로 진행하다) 자신의 어려운 문제나 자신이
해결하고 싶음을 알아야 한 圈 분명것을 알리고
그 圈 응답을 기다린다.

셋째. 그 응답 즉시 특히 조용한 방법으로 영혼의
대화형식으로 주어지기에 영혼을 의식하는
마음으로 모든 정신력을 그 대화에 집중해야만
한다.

④ 넷째. 아! 끊임없이 주어지는 영의 대화여!
나는 이러한 영혼의 바람으로 없는 ~~~~~~
자신에게 주어질 자유, 평강, 국가적, 국민적

헌법 대통령

내가 만약 이 나라의 통치자라면 '헌법'에 규정된 모든 사항을 세계 제1의 수준으로 실천하는 강력한 조직력과 지도력 그리고 인재를 양성할 것이다.

그 한 예로 헌법 제35조 '환경권'에 관한 내용을 보면, '모든 국민은 건강하고 쾌적한 환경에서 생활할 권리를 가지며……'라고 적시되어 있는데 나는 문자 그대로 세계 제1 수준의 쾌적한 환경에서 국민들이 생활할 수 있는 구체적이고 강력한 제도와 지도력을 발휘, 헌법 모든 조항에 철저한 충실을 기하는 지도자가 될 것이다.

헌법 제4장 정부 제1절 대통령 제69조의 '대통령의 취임선서'에도 "나는 헌법을 준수하고 국가를 보위하며 조국의 평화적 통일과 국민의 자유와 복리의 증진 및 민족 문화의 창달에 노력하여 대통령으로서의 직책을 성실히 수행할 것을 국민 앞에 엄숙히 선서합니다"라고 되어 있듯이, 그 첫째가 헌법을 준수해야 하는 것이니 헌법에 규정된 모든 조항을 실천하는 대통령이 되겠다.

즉, 헌법에 명시된 각 조항을 분석하여 헌법에 준한 선거 공약으로 당선자가 될 수 있도록 하겠다.

1997. 8. 1 (木)

내가 바라던 이 나라 통치자라면

헌법에 규정된 모든 사항을 세계 제1의 수준으로
실천하는 강력한 조직력과 지도력. 그리고 인재를 양성
한 것이다.

하는데로
제35조 '환경권'에 관한 내용을 보면,
'모든 국민은 건강하고 쾌적한 환경에서 생활한 권리를 가지며'
라고 적시되어 있는데

나는 세계 제1수준의 쾌적한 환경에서 국민들이 생활받을
수 있다고
있는 경제대국이고 강력한 제1반 지도력을 갖도록, 헌법
모든 조항에 진정한 중심을 기하는 지도자가 될 것이다.

헌법 제4章 政府 第1節 大統領 第69條의

대통령의 취임선서 에도
"나는 憲法을 준수하고 국가를 보위하며 조국의 평화적 통일과
국민의 자유와 복리의 증진 및 민족문화의 창달에 노력하여
대통령으로서의 직책을 성실히 수행할 것을 국민앞에 엄숙히 선서
합니다" 라고 되어 있듯이.

그러하다면 憲法을 준수해야 하는 것이니 헌법에 규정된 모든조항을
실천하는 대통령이 되겠다.

우, 헌법에 명시된 각 조항을 분석하여 헌법에 맞는 선거
공약으로 장식자가 되지 않도록 하겠다.

(28) 1997년 8월 14일 (木)

대통령 꿈의 연상

　나는 자주 내가 아주 높은 자리(대통령)에 올라 부하 직원들을 잘 관리하여 훌륭하게 이 나라를 통치해 나가는 연상을 하게 된다. 아니 그러한 연상이 떠오른다.

　먼저 능력 있는 인재를 발굴, 적재적소에 배치하여 그들의 완전한 책임 하에 각 분야의 일을 일사불란하게 처리해 나감으로써 이 나라의 모든 분야에서 세계 제1의 업적을 나타나게 하여 이 나라 한반도가 문자 그대로 금수강산이 되어 세계 제일의 아름다운 최적의 환경의 나라, 문화의 나라, 도덕의 나라, 철학의 나라, 인본의 나라, 깨끗한 청결의 나라로 가꾸게 되리라는 꿈의 연상이 끊임없이 나에게 나타난다.

　언제나 나의 자세를 흐트러짐이 없이 단정하게 정리, 가꾸는 생활이 되어야 한다. 외모는 물론 옷을 입는 것도 단정하고 우아하게 그리고 점잖고 신사다운 차림을 해야 한다.

1997年 8月 14日 (木)

나는 지금 내가 아주 높은 자리 (대통령)에 올라 국회직원들을 잘 선택하여 훈련하게 이끌어 통치해 나가는 연상을 하게 된다. 아니 그러한 연상이 떠오른다.

먼저 능력있는 인재를 발굴, 적재적소에 배치하며 그들이 단합하고 경쟁하며 각 분야의 일을 인사 불편하게 처리해 나감으로써 이 나라 모든 분야마다 세계 제1의 영광을 나서게 하며 이 나라 한반도가 문자 그대로 금수강산이 되어 세계 제1의 아름다운 경제적 환경의 나라, 문화의 나라, 도덕의 나라, 질서의 나라, 인덕의 나라, 깨끗한 청결의 나라로 가꾸게 되리라는 꿈의 연상이 끊임없이 나에게 나타난다.

언제나 나의 자세는 흐트러짐이 없이 단정하게 처신하고 가꾸는 생활이 되어야 하며, 의복 몸 물도 옷을 입는 것도 단정하고 우아하게 그리고 깔끔한 신사다운 차림을 해야한다.

생활 원리(인간 생활의 대원칙)

아주 중요한 '생활 원리'를 발견했다. 우리는 어떤 일을 성취할 때 자신의 의지력을 발동하여 열심히 노력하여 그 일을 이루어 내는 경우가 있다. 그러면 우리는 열심히 노력하면 그 모든 일을 이룰 수가 있고 그 이루는 일이 모두 정당하고 바른 일이 될 수 있는가 하는 문제에 대한 것이다.

즉, 자신이 열심히 신경을 쓰고 애를 쓰고 하여 이루는 일이면 다 가치 있는가? 하는 문제인데 노력하여 성취하는 일의 가치에 관한 것으로써, 나는 어느 일이든 열심을 내어 수행하고 이루는 경우가 많기 때문에 나에게 '열심'을 나타나게 하여 성취하려고 하는 일이 다 옳은 일인가 라는 큰 의문을 갖고 그것에 대한 답을 얻으려 애쓴 결과가 다음에 기록하는 답이다.

답인 즉, 우리가 노력하여 성취하고자 하는 일이 어떤 일이든 마음을 평화롭게 하고 불안하게 하지 않으며 안정과 기쁨과 고요한 성취감을 느끼게 하는 것은 모두 바람직하고 이룰 만하고 가치 있으며 자신과 타인 모두에게 유익과 발전을 줄 수 있는 일이지만 그 노력을, 열정을 가하여 이루고자 하는 일이 불안하고(불안을 느끼고, 느끼게 하고) 평온하지 않고 안정을 느끼지 못하며 마음을 편하게 하지 않는 일이라면 아무리 그 일이 순조롭게 잘 진행된다 해도 옳은 일이 아니므로 이러한 일을 빨리 그 행함을 중단해야 한다.

반면에 그 일을 수행하는 데 또는 이루고 성취시키는 데 많은 어려움과 고난과 고통이 따르더라도 그 성취할 일에 대한 느낌이 안정적이고 더욱 큰 용기와 희망과 기쁨과 고요함과 평화를 주는 경우에는 그 모든 일이 가치 있고 옳은 일이며, 자타에게 유익과 발전을 주는 일이므로 더욱 큰 용기와 힘을 갖고 끝까지 노력하여 기필코 성취시키는 인내와 자신감을 가져야 할 것이다.

이것은 자신이 수행하고자 하는(이루고자 하는) 목표를 계속 추진시키느냐 마느냐에 대한 가장 확실하고 분명한 판단 기준이 될 것이니 다만 조용히 그러한 주제에 대해 깊이 생각하여 결정할 일이다. 참으로 그러하다.

아울러 우리에게 필요한 생활지침 중의 하나는 '우리는 우리의 마음이 편안하고 안정적이며 동요하지 않고 차분한 느낌이 드는 방식에 따라 생활해야 한다' 는 것이다.

이는 참으로 중요한 원리이다.

다시 말하면 우리가 어떤 일을 할지라도 우리의 마음이 안정과 평화, 그리고 두려움이나 불안 느낌이 들지 않는 방향으로 생활을 이끌어 가면 우리는 우리가 기대하는 바 발전과 유익을 향한 결과를 분명 얻을 것이다. 그렇지 않고 마음이 불안하거나 동요되거나 어떤 두려운 느낌이 들거나 안정되지 못하고 평화스러운 느낌이 들지 않을 때의 그 일은 추진을 중단시키고, 또는 아예 처음부터 그러한 느낌이 드는 일은 실행에 옮기지 않아야 한다는 우리 '인간 생활의 대원칙' 을 밝혀 두는 바이다.

1997年 8月 1日 (火)

아주 중요한 생활 원리를 발견했다.

우리는 어떤 일을 선택 함에 자신의 의지력을 발동하여
열심히 노력하여 그 일을 이루어내는 경우가 있다.

그때에 우리는 ◯ 열심히 노력 ◯ 며 그 노력
있을 이룰수가 있고 그 이루는 일이 ◯ 모두 랑만하고
하는 것이 과연 옳은 것인가 하는 문제에 대한 것이다.

즉 자신이 열심히 신경을 쓰고 애를 쓰고 하여
이루는 일이면 다 가치 있는가? 하는 문제인데
노력하여 성취하는 일의 가치에 관한 것으로서.

나는 어느 일이든 열심을 내며 수행하고 이루는
경우가 많기 때문에 나에게 '면실'은 나타내게
하여 성취하려고하는 일이 다 옳은 ◯ 일인가
라◯을 큰 의문을 갖고 그것에 대한 감동있으며
이쪽 것이라 다음에 기록하는 것이다.

◯, 첫번째,

우리가 노력하여 성취하고자하는 일이 어떤 일이든
마음을 평화롭게 하고 불안하게 하지 않으며 진정한
기쁨과 ◯ 으뜸한 성취감을 느끼게 하는 것은 모두

인생이란 무엇인가? / 세계 제1의 나라로!

도대체 人生이란 무엇인가?

人生은 어디서 나서

이곳에서는 무엇을 성취하며 살아가야 하는가?

또 우리는

이 우주를 어떻게 보아야 하는가?

끝이 없는 이 우주는 어떻게 생성되어

질서를 이루고 있는가?

태양의 저 빛과 열은

무한히도 빛나고 발하는데

그 근원은 무엇인가?

일단 나는 남이야 나를 어떻게 보든 말든 나에게 주어진 일, 내가 목표로 한 일, 실력을 쌓는 일에만 온 총력을 기울여 정진하자. 어떠한 방해도, 흔들림도, 비웃음도, 핑계도, 정당화도, 시간의 허비함도 나에게는 있을 수 없다.

오로지 실력을, 알찬 실력을 확고히, 확실히 쌓도록 하여 이 사회에 나타나 활동하자. 그리고 봉사하자. 그리고 이 나라를 구하자. 세계 제1의 나라로!

1987年 8月 23日(土)

문제 • 人生이란 무엇인가?

① 人生은 어디서 나서
이곳에서는 무엇을 성취하며 살아가야 하는가?

② 우주
이 우주를 어떻게 보아야 하는가?

끝이 없는 이 우주는 어떻게 생성되어
현재를 이루고 있는가?

③ 태양의 저 빛과 열은
무한히 빛나고 발하는데
그 ② 근원은 무엇인가?

일단 나는 남이야 나를 어떻게 보든 받든
나에게 주어진 일, 내가 몰두하는 일, 실력을 ② 쌓는데에는
온 중력을 기울여 정진하자, 어떠한 ② 방해도, 눈돌림도
비웃음도, 통계도, 정당타도. 시간의 허비한도 있을수 없다

오로지 실력은: 알찬 실력을 확고히, 확실 ② 히
쌓도록 하여 이 사회에 나가 활동하자. 그리고 봉사하자
그리고 이 나라를 구하라. 세계 제 1의 • 나라로 !

(31) 1997년 8월 29일 (金)

김영삼 대통령 – 이회창 후보

참으로 한심한 일이다.

김영삼 대통령은 집권 말기까지 자신의 아집만을 고집하는 일을 계속 저지르고 있다.

이인제 경기도지사의 대선 출마를 저지하는 것 자체만을 보아도 그렇다. 물론 당인으로서, 또 대선후보 경선 출마자로서 그 결과 승복 약속도 있지마는 선출된 후보(이회창)가 이미 국민적인 문제 (자식들 병역 회피 문제)를 가지게 된 이상 다른 최선책을 찾아야 하건만 "경선 후보자로서 결과에 승복한다고 약속한 이상, 선출된 후보를(이회창) 중심으로 단합해야 한다는 데 대해 어떤 이견도 있을 수 없다는 것이 총재(김영삼)의 확고한 입장"이라고 김 총재 자신이 직접 말한 만큼 고집 차원을 넘어 집권자로서의 태도를 평한다면 국가를 망칠 수 있는 사상이다.

시간 관계상 위 말에 대한 구체적인 분석은 할 수 없지만 대략 그 문제점을 들춰 보면

① 경선에서 선출된 후보가 사회적인 큰 문제를 지닌 자로 판정(내지 의문 시)될 시는 아무리 당선된 후보일지라도 시원스럽게 미련 없이 교체함으로써 당의 신선도와 신뢰도를 구축해야 함에도 불구하고 당선된 후보가 큰 문제가 있는 것으로 나타났는데도 '승복하기로 약속한 이상 그에 따라야 한다' 는 논리는 위험스럽기 짝이 없는 발상이다.

② 당선된 후보가 큰 문제가 있어 지지도가 크게 떨어지는 상황에서 다른 경선 주자들이 자신의 정치적 입지를 펴는 것을 차단(그것도 적극적인 기세 혹은 강압적인 자세로)하려 한 점은 또 지탄받아야 할 일이다.

③ 당선된 경선 후보였던 이회창은 자신의 아들 병역에 관련 사항과 문제를 계속 은폐하기만을 고집하고 있기에 그것으로부터 그의 사상 내지는 통치자로서의 정신구조 및 마음자세 등이 크게 결핍되었다고 보기 때문에 더욱 그러하다.

④ 이회창은 그뿐 아니라 통치자로서의 자질도, 준비도 되어 있지 않은 그가 오로지 집권만을 위해 정계 개편뿐 아니라 당의 정강정책까지(그것도 통치 구조까지) 바꾸려는 태도는 만약 집권했을 시의 그의 지도력 내지 민족과 국민을 위한 헌신적인 자세는 아예 기대하기조차 어려운 상황이기 때문에 더욱 그러하다.

⑤ 좀 더 부가하면

이회창의 TV 토론 및 토크쇼 출연 시 나타난 것을 살펴보건대 그는 아예 큰 지도자(통치자)로 준비하는 인생을 살아오지 않았다는 것이다. 그러하기 때문에 사상 및 지도·통솔력이 미비할 뿐 아니라, 인생 전반에 그러한 큰 지도자로서의 준비가 없었다는 것은 그만한 자질도 못된다는 것이며 결국 국민과 민족과 국가에 헌신할 수 있는 자세가 되어 있지 않다는 것이다. 사리사욕에 얽매인 자가 국가 지도자가 되어서는 절대 아니 된다.

다시 말하건대 이회창은 자기 자식들의 병역에 관한 사항을 숨기고 있으며 거짓말로 변명하는 등 한 국가의 통치자로서의 자질을 갖고 있지 않다는 것이 확실한 그에 대한 판단이다.

1989年 8月 2日 (금)

차근히 한걸음 보이자.

김영삼 대통령은 참고 멀리까지 計量 자신의 아집만
을 고집하는 것로 계속저지고 있는데.

이인제경기도지사의 대선출마을 저지하는 것 자체는
을 보니다 그렇게. 물로 강인의식, 또 대선득의
경선 출따자리 그것만 승복악속 있지마는 선출된
후보 (이화창) 가 ○ 이미 국민적인 눈례 (자석을
병박해져눈례)를 ⊗ 가○지게 되 이상 다른
책략책은짓이라 하겠는

"경선 득보자로서 결과에 승복한다고 약속는 이상,
선출로 후보의 (이 화창) 중심으로 단합해야 한다는데 대해서
어떠로 이로도 있음을 보내드 것이 충대 (김영삼) 의
로곡는 입장" 이라고 ○ ○ 있 총재 자신이 직접 쓴을데한
받크 고집 방향은 언어 집권자로서의 태도를 垂 강하기때
국가를 양화수 있는 사항이다.

시간 관계상 구체적인 분석을 ○ 받 누읍지만 대단히
의 멋에 대한

(32) 1997년 9월 4일

음식물 쓰레기 / 인간의 기본욕구

* 음식물 쓰레기를 줄일 수 있는 획기적인 음식문화 창출.

* 남은 음식물 쓰레기로 거름을 만들어 그 거름으로 무공해 야채나 과일나무를 가꾸어 먹도록 함.
 → 집 안에 정원, 야채원 등을 설치함.

 모든 옥상, 집 주변, 길가, 전 국토를 녹색 공간으로 만들어 겨울에도 밀, 보리 등을 재배하여 공기를 정화하는 환경 정화에 노력하는 등의 획기적인 녹색 공간 혁명을 일으킴.

 인간의 기본욕구 :

 식욕, 성욕, 수면욕 외에도 소유욕, 애정욕구, 행복추구권(욕) – 남으로부터 부당한 피해(언어, 육체, 정신적, 접촉, 비접촉 등 온갖 형태의 불만스러운 느낌, 고통 등)를 받는 것을 싫어함.

※ 쓰레기 1999. 9. 4.

※ 흙속 ~~밭~~ 죽일수 있는 독기있으ㄴ
음식쓰레기 장독.

※ 남은 음식을 쓰레기로 기름은 받들이 그것들으ㄴ
부풀어 아깝ㄴ 되었ㅆ근 가꾸이 먹으록앖.

* 집 안에 개밥, 아침원 둥은 서치ㅆ.

물른 은상, 집국면, 김가. 정축들근 두식 동친그
받들이 개운배로 밑, 보리둥은 저배하니
흙기근 정라ⓐ하ⓐ 란ⓐ강 정라에 ~~으라하~~는
둥의 ⓐ 독기있으ㄴ 녹색 물간 형배을 ⓐ ·으ㄴ 칸.

━━━

인간의 기본욕구: 식욕. 성욕. 수면욕 따위로
노독욕. 애정욕구. 행복추구ㅓ (욕)、 남으로부터 무엇받
피해(ㅂ어, 욕체, 저나짜, 정욕, 비인정욕 둥) 으것 행배의 붐받그
서러운 느낌ⓐ 그둥둥)ⓐ ~~ⓔⓔ~~ 를 받는 것은 싫어함.

(33) 1997년 9월 8일 (火)

세계 최고 발굴 – 세계 제1의 것으로 발전 유지

우리나라에서 세계 최고(제일)의
것을 찾아(발굴)서 계속적인 연구로
세계 제1의 것으로 발전 유지시킴.

예) 우리 문화 유산 기행 〈32〉

한지. 최정호(연세대 교수)

1997년 9월 9일(火) 조선일보(제23821호 18면 특집)

1997년 9月 8日 ② (火)

우리 나라에서 세계 최고(제일)의
것을 찾아(알아)서 ⑧ 계속적으로 연구로
세계 제1의 것으로 만저 유지시키자

㉔ 우리조상 유산 銀行 <32>
　韓紙、崔禎鎬 (연세대 교수)
1997年·9月 8日 (火)·조선일보 (제23824호)
　　18면 (특집)

ᄂ

다산 정약용 / First-Lady(영부인) / 모든 인간은 하나 – 다 같은 형제자매

다산(茶山) 정약용(丁若鏞)의 『목민심서(牧民心書)』는 참으로 애민–목민의 정신에서 비롯된 귀중한 민족 문화유산 중의 하나이다. 이러한 애민–목민 정신에 의한 국민 정치가 가장 위대한 정치인 것이다.

우리나라에서는 아직까지 퍼스트 레이디(영부인)로서의 비중을 많이 두고 있는 민족인 것 같다. 따라서 최고 지도자 즉 대통령의 부인 됨됨이와 인간성, 외모까지 그 모든 것이 중요한 위치를 차지하고 있으니 최고 지도자가 될 자는 대단한 처복도 타고나야 한다고 생각한다.

문자 그대로 우리 모든 인간은 하나요, 다 같은 형제자매라는 깊은 인식과 실천력이 병행하는 행위가 오늘날 이 한국 사회에서부터 시작 – 전 세계로 뻗어 가야 한다.

1991年 9月 23日 (月)

茶山 丁若鏞 의 牧民心書 는 처음으로 애긴-목민의
정신에 바탕을 지향한 민족 문화유산 중의 하나이며
이러한 애민-목민 정신에 의한 국민 정치 가 가장
위대한 정치인 것이다.

외국사회에서는, 아직까지
first-lady (영부인) 으로서의 비중은 말할
수 있는 민족으로것 같다, 대·내外 최고지도자즉
대통령의 부인 된것이나 인간성, 외모까지 그
보는것이 중요한 위치를 차지하고 있어
최고지도자가 될자는 대단한 처복도 타고나야
한다고 생각한다,

                우리 모든 인간은 하나님
물자 그대로 ✓ 다음은 행하며 자세하는 깊은 인식과
실천것이 병행하는 행위기고 의높은 이*한국
社회에서 무기 서척 - 전 세계로 뻗어나가야
한다,

홍익인간

아! 이 얼마나 큰 발견인가!

우리의 '홍익인간' 의 건국이념과 현 교육이념이야말로 가히 세계 제일의 정신적 기류가 될 수 있다는 내용!

기독교 문화국의 대표인 미국은 오늘도 자국의 이익만을 고집하고 있으니 그 근본 뿌리는 기독교 사상에 접목되어 있다. 기독교 사상의 대표적인 것은 '선민사상' 으로서 자국의 이익과 관련된 것이라면 타국의 멸망과 타민족의 멸종도 아무 거리낌 없이 행하는 어떠한 전쟁과 살생도 마다하지 않는 것이 그 대표인 것이다.

어제 미국이 자동차 무역 협상 부결로 인하여 301조라는 경제 무기를 등장시켜 타민족을 괴롭히고 못살게 구는 것은 전기한 바와 같이 기독교 사상의 대표적인 조치라 볼 수 있다.

그런데 우리의 건국이념인 '홍익인간' 은 어떠한가?

가히 세계 제일의 정신적 지류를 이룰 수 있는 사상 아닌가?

'널리 인간을 이롭게 하는 사상.'

이 사상을 깊이 있게 연구 · 체계화하여 세상의 제일의 위대한 정신적 수호자로 남게 하리라!

1987年 10月 3日 (金) 단기 4320년. 개천절

아! 이 얼마나 큰 말씀인가!

우리의 "홀아인간"의 건국 이념과 현 민족이 곧이가
될로 확히 세계 제일의 정신적 기둥가 될수 있다는
내용!

기독교 문화국의 대표인 미국은 ● 오늘도 자국의
이익만을 고집하고 있으니 그 근본 뿌리는
기독교 사상에 접목되어 있다.

기독교사상의 대표적● 못된 점인 것은 선민
사상으로서 자국의 이익과 관련된 것이기에
타국의 명망과 타 민족의 멸종도 아무
꺼리낌 없이 행하는 (지) 이러한 전쟁과
살상을 바다하지 않는것이 그 대표인것이고

어제 미국이 자동차 무역 협상 목●결로 으하여
3억 2라는 경제 무기를 등장시켜 타 민족을
괴롭히고 ● 못쓰게 구는 ● 것은 자기만 대대
같이 기독교 사상의 대표적인 조치라 볼수있다

(북한)신포 경수로 공사 중단 / 국가 지도자의 책임 – 지도력과 통치력 / 위대한 민족 지도자 / 중요한 민족 과제

'신포 경수로 공사 중단, 김정일 사진 실린 노동신문 훼손 트집, 북, 한국 근로자 4일째 구금.'

얼마나 어처구니없는 일을 당하고 있는가!

경수로 공사를 해주면 오히려 감사와 격려를 받아야 할 처지인데도 사태는 그와 정반대 대접을 받고 있는 것이 차라리 한심스럽기만 하다. 우리 정부의 힘은 아무 데서도 발견할 수 없다.

이 아름다운 나라, 이 나라의 힘을 지금은 어느 곳에서도 찾을 수 없으니, 국가지도자의 책임은 또는 그 지도력과 통치력은 가장 중요한 민족의 중책무이기에 모든 면에서 통치력과 지도력을 뛰어나게 발휘할 수 있는 위대한 민족 지도자를 선출하는 게 가장 중요한 민족 과제이다.

1997年 10月5日 (日).

"新浦 경수로 공사 중단, 金正日 사전 정리 노동선을 회손 조짐,
北, 韓國 라디오 4인제 구금"

(이나마 어쩌주지 없는 일은 당하고 있노라!

경수로공사를 해주면 오히려 감사와 격려를 받아야 한 처지
건데도 ㉣ 사태는 그와 정 반대 대접을 받고 있는것이
㉤ 차라리 한심스럽기만 하다.

우리 정부의 힘은 약속에서도 반경할수 없다,

이 약은 탓인 나다. 이나라의 힘을 지금은 어느곳에서도
찾을수 없다, 국가지도자의 책임은 많는 그 지도력
과 통치력을 가장중요한 민족 중추한 것하다 의
중책무 이기에 모든 면에서 통치력과 지도력을
뒤에빠 발휘할수 있는 위대한 민족 지도자를 선출하는게
가장 중요한 민족 의 과제이다.

김영삼 정권 말 '훈장 잔치'

오히려 가증스러운 일이다.

청와대에서는 정권 말기인데, 31명을 초청, 그중 22명에게 근정훈장 중 청조근정훈장을 수여, 그들의 공로를 치하했다고 한다. 작년 11월 이후 퇴임한 국무위원 및 청와대 수석비서관 전원이란다.

왜 이 일을 가증스럽다고까지 하는가?

그들의 근무 기간(약 4년 5개월) 오히려 이 나라는 빠지는 늪으로 변해 버렸는데도 그들에게 공로를 치하한다며 주는 자축연의 관행적이고 권위주의적인 행사는 마땅히 질책 받아야 할 뿐 아니라, 문민정부에 걸었던 모든 기대를 끝까지 말살시키는 김영삼에 대해 한심하기 그지없다고 느끼게 되는 것이다.

1189. 10. 8. (화)

오히려 가증스러운 일이다

참화에게는 좋좋롭기인데,

㉠ 기명을 청와 . 2층 그래밍에게 근저명작을
정권 고위실정을 수여、 그들의 공로를 치하였다
한다. 작면 비상이득 되었은 극독위원 및 청와대
수석비서진 전원 아닌가,

이 일을 가증스럽다고 까지 하는가?

그들의 공무가는 (약 4년 5개월) 우리가 이내면
빠지는 늪으로 빠에 버렸느데도 그들에게 공로를
치하한데에 그는 자못연의 권생심으로
권위주의적인 행사를 바당히 질첨 말아해른뿐
아라. ㉡ 문민정부에 잊었다 보르기대를
끝까지 말살시키는 긴 영상에게 한심하기그지
없다고 느끼게 되는지이~

(38) 1997년 10월 10일 (金)

문화 행사의 장 – 문예 진흥

이 아름다운 강산, 이 아름다운 나라 –

이곳에 '문화 행사의 장' 이 곳곳에서 열려 사람, 사람들에게 삶의 대한 용기와 희망과 힘을 주고 더욱 큰 발전의 기회가 되도록 정책 입안하여 무대(수준급 조명 및 음향 그리고 좌석 등을 갖춘)를 합당한 절차에 의한 신청자에 한하여 무료 혹은 아주 저렴한 가격으로 설치해 주는 국가, 아니면 공공, 아니면 준 국가사업으로 추진, 이 나라의 '문예 진흥' 을 시키면 어떨까 하는 생각이 든다.

이 아름강산, 이 아름다운 나라 —

이곳에 문화 행사의 장이 곳곳에서 열려

사람, 사람들에게 삶에 대한 용기와 희망과 힘을

주고 더욱 큰 발전의 기틀이 되도록 정성 일은

하며. 무대 (수준급 조명 및 음향 그리고 장식 등을 갖출) 를 설치 훌륭한 절차에 의한 신청자에

합하여 무료 혹은 아주 저렴한 가격으로

설치해 주는 국가, 이 빼 등등, 이 나에 ❷ 술

❷ 것가 사업으로 추진, 이 나라의 문예진흥을

시⊘키며 어떻게 하는 상략이 되다

금속활자 발명 / 위대한 민족지도자

『라이프』 선정. 지난 1,000년간 100대 인물−사건에 관한 기사가 『조선일보』에 실렸다.

지난 1,000년 중 최대 사건은 '금속활자 발명'이라 했다(1455년 − 쿠텐베르크 발명).

우리나라의 금속활자 발명은 어떤가?

조선 세종 시대 장영실은 해시계, 물시계뿐만 아니라 금속활자 주조 사업에도 참여해 조선 시대의 활판 인쇄술의 대명사인 갑인자와 그 인쇄기를 완성했다. 허나 우리의 활자 문화는 일제 식민지배 하에서 많이 꽃피우지 못했을 것이라 생각된다.

아쉬운 것은 지난 1,000년 중 100대 인물 중에 중국인은 2명 있으나 우리 한국인은 한 명도 없다는 것이다. 이 나라뿐 아니라 세계의 발전에 지대한 영향을 미치는 위대한 민족 지도자는 나타날 것인가? 반드시 나타나리라!

1999년 10월 11일 (土)

"라이프 誌" 선정. 지난 1000년간 ~~최고~~

1000대 인물 — 사건 에 관한 기사가 한겨레신문에
실렸다.

지난 1000년중 ⓐ 최대 사건은 "금속 활자발명" 이라
했다. (14 5 년 — 구텐베르크 발명)

우리나라 금속 활자 발명은 언제인가?

조선 세종시대 장영실을 헤세께, 불시헤께 발만아써
금속 활자 주간 사업에도 참여해 조선사의 찬란한 인쇄물의
대배우인 강인자 라 그 인쇄기을 ⓐ 만서 있다 ~~하나~~ 그러나
이런의 활자 발명도 있게 ⓐ 상민 지배하에서 꽃되우지
못 했을것이라 생각된다. ~~금속~~ 없이

아쉬운것도 지난 1000년중 (1000대 인물중에)
중국인도 ~~그렇게~~ 있으나 우리 한국인은 한명도 없다는
것이다. ⓐ 이나마 우리 세계의 말라에
지대한 영향을 ⓐ 미치는 위대한 민족지도자는
나타날 것인가 ? 반드시 나타나리라 !

홍익인간 – 건국이념 · 교육이념 / 위대하고 숭고한 사상

우리의 것이 얼마나 위대한가!

'홍익인간!' '널리 인간을 이롭게 함'의 뜻이 너무나 깊지 않는가! '선민사상'에 입각하여 자신들의 민족이나 이익을 위해서라면 타인들을 무차별 죽이는, 죽여도 좋다(선민이기 때문에)고 하는 이기적인 기독교 사상에 비하면 이 얼마나 위대한 사상인가! '홍익인간!'

기독교에서의 '사랑'은 가시적인 면이 많다.

앞에서도 언급한 대로 기독교 역사에 나타난 수많은 전쟁사를 보면 사람 죽이기를 누워서 떡먹기보다 더 쉽게 저지르고 있고, 또 그 살상이 자신들의 유익이나 이익과 관계 있으면 하나님이 도왔다고 하는 살상(살인)에 대한 그들의 사상에서 어떻게 '모든 인간'을 향한 비이기적인 진실된 사랑이 나올 수 있겠는가?

그들의 사랑은 철두철미하게 자신들만의 그룹 사랑이다. 따라서 현대에 나타나는 기독교 사상에서도 그러한 그룹 사랑을 표출하고 있는데 그 대표적인 것이 교회를 다니는 사람들에게만 흔히 마음을 여는 기독교 신자들에게서 엿볼 수 있다.

그러나 '홍익인간!'은 어떤가?

'널리 인간을 이롭게 한다'는 그 사상을 어느 국가, 어느 민족 사상이 따라올 수 있겠는가? 오직 우리 한민족만이 갖고 있는 세상에서 가장 숭고하고 위대한 사상이 아닌가! 이 위대한 사상을 꽃피우지 않겠는가? 이 위대한 사상을 세상에 널리 알리고 실천하여 온 세상이 서로가 인간을(이웃을) 널리 이롭게 하도록 선두적인 지도자가 되지 않겠는가!

나는 감히 우리 민족의 건국이념임과 동시에 교육이념인 '홍익인간'이 세계 제일의 위대하고 숭고한 사상이며 이를 대신할 만한 위대한 숭고한 그 어떤 사상도 없으며, 이를 표방하는 민족이나 국가가 있다 하더라도 우리의 민족만큼 크지 않다고 생각하며 이 위대한 사상을 세계 만방에 전파하고 그 실행을 가르쳐 온 지구가 행복하고 평화스럽게 되도록 해야 한다고 선언한다.

X1997年 10月 10(木)X(金)

우리의 뜻이 우리나 위해ᄂᆞᆫ가!

"殺金人間!" "넓게 인간을 이롭게함"의뜻이 너무나 궁색
않은가!

선민사상에 입각하여 자신들의 만족이나 이익을 위해서빠라께
타인들을 누차적 죽이ᄂᆞ, "죽여도 좋다(선민이기께 늘에) 라ᄂᆞᆫ
이기적인 기독교사상에 비하께 이 얼마나 위ᄞᅢ는
사상인가! "殺金人間"

기독교에서의 "사랑"은 가식적인 면이 많다,

ᄋᆞ히려 인류적께로 기독교 역사에 나타ᄂᆞᆫ 수많은 전쟁사는
오히려 사람죽이ᄀᆞᆯ ~~누의사~~ 누의사 억ᄆᆞᆯ기보다 더 심ᄀᆞᆯ
저지르고 있고, 또 그 사상이 자신들의 유익이나 이익과
ᄋᆞᆫ께있으며 하나님이도앟다고 하ᄂᆞᆫ 사상(선민)에비ᄒᆞᆫ
그들의 사상에서 어떻게 ~~양ᄭᅮ을~~ "모든 인간"을 향한
비이기적인 진실된 사랑이 나올수 있었ᄂᆞᆫ가!

그들의 사랑을 점ᄅᆞᆯ점께하께 자신들만의 그룹 사랑이ᄂᆞ
따라서 현대에 나타ᄂᆞᆫ 기독교 사상에서도 그러ᄒᆞᆫ
그룹 사랑을 품물ᄒᆞᆫ 있ᄂᆞᆫ데 그 저ᄃᆞᆫ적인 것이 ᄂᆞᆫ외ᄀᆞᆫ
ᄃᆞ이온 사ᄆᆞᆫᄃᆞᆯ에께서ᄂᆞᆫ 흔히 마음을 여ᄂᆞᆫ 기독교신자
들에게서 엿볼수 있다.

(41) 1997년 10월 17일 (金)

형법(刑法) / 인성개발 시스템 / 나라의 동량

형법에서 '사람은 왜 사람을 벌하는가?' 의 답으로

① 응보형주의(應報刑主義), 죄를 범했기 때문에 벌한다.

② 목적형주의(目的刑主義), 죄를 범하지 않도록 하기 위하여 벌한다.

③ 병합주의(倂合主義), 죄를 범했기 때문에, 또한 죄를 범하지 않도록 하기 위하여 벌한다.

의 3개 주의가 있는데 그중 목적형주의의 '죄를 범하지 않도록 하기 위하여 벌한다' 에서(물론 나는 형법에 있어서는 병합주의자다) '좀 더 나은 사람이 되도록 하기 위하여 가하는 것' 에 대하여 생각해 보았다.

1. '고생' 을 시킴(극기 훈련이 이에 해당할 수 있다).

 ① 굶주림(목마름) - 생리적 불만족

 ② 비협조(도움을 받지 못함)

 ③ 힘이 듦, 어려움(육체적)

 ④ 외로움(정신적)

 ⑤ 실패감

 ⑥ 고통을 느낌

 ⑦ 정서적 불안. 공포감

2. 다음으로는 '만족' 을 느끼게 함.

 ① 성취감(자신과의 투쟁)

 ② 승리감(타인과의 투쟁)

 ③ 도움을 받음

 ④ 도움을 줌

 ⑤ 동료(팀), 이웃 - (사회성의 만족감)

⑥ 생리만족 (식욕, 수면욕, 휴식 등)

⑦ 정서적인 안정, 평화

이와 같은 훈련을 체계적이고 조직적이며 세세한 감각을 동원하여 특히 아동기(성장기), 청소년기에 행한다면 '인성개발' 훈련으로써 가장 좋은 방법이 될 수 있으니 앞으로 이에 대해 더욱 연구·노력하여 좋은 시스템이 개발되도록 하여 이 나라의 동량들을 키워 내도록 하겠다.

1007年 10月 17日 (金) ③

"刑法에서 事람을 왜 사났을 벌하는가?"의 답으로

① 應報刑主義 (罪를 犯했기때문에 벌한다)

② 目的刑主義 (罪를 犯하지 않도록 하기위하여 벌한다)

③ 併合主義 (罪를 犯했기때문에, 또한 罪를 犯하지 않도록 하기위하여 벌한다)

의 3개 主義가 있는데

그중 目的刑主義의

'罪를 犯하지 않도록 하기위하여 벌한다' 에서 (글을 쓰는 併合主義자나 刑法에 있어서는

※ "좋더 나은 사람이 되도록 하기위하여 加하는것"에 대하여

생각해 보았다~

1. "교상"을 시킴. (국가들려이 이에 해당할수 있다)

 ㉠ 좋라림 (욕박음) ─ 생리적 본능적,

 ㉡ 비협조 (도움은 받지 못함)

 ③ 힘이 듦, 어려움 (육체적)

 ㉣ 외로움 (정신적)

 ⑤ 실패감

 ⑥ 고통을 느낌

 ⑦ 정서적 불안, 공포감

2. 다음으로 '만족'을 느끼게 함,

 ① 성취감 (자신 라의 두쟁)

 ② 승리감 (타인과의 ")

 ③ 도움을 받음

 ④ 도움을 줌

 ⑤ 동료 (됫), 이웃 ─ (사회성의 싼족 감)

 ⑥ 생리 만족 (식욕, 수면욕, 휴식 등)

 ⑦ 정서적인 안정, 평화

이 비밀은 훈련을 체계적이고 조직적이게 세세한 간격을 중요하여 특히 아동기 (성장기), 청소년기에 행한다면 "인성 개발" 훈련으로서 가장 좋은 방법이될수 있어 앞으로 이에대하여 더욱 멀리, 느긋하게 물도 스트레인이 기반되도록 하여 이 라의 동량들을 키거내도록 하겠다.

허균(許筠)의 '호민론(毫民論)'

허균(許筠)의 '호민론(毫民論)'이다.

세상에서 두려워할 대상은 백성뿐이다.
백성에는 세 가지 유형이 있는데
그 첫째가 항민(恒民)이요,
　　둘째가 원민(怨民)이요,
　　셋째가 호민(毫民)이다.

1. 항민 : 순수하게 법을 받아들여 윗사람에게 부림당하며 살기에 두려워할 것이 없고
2. 원민 : 혀를 차고 탄식하면서 윗사람을 원망하기 좋아하나 또한 두려울 바가 못 되나
3. 호민 : 때가 되면 자신의 소원을 실행해 보려는 이들로서 한 번 호령하면 소리만 듣고도 세상이
　　　　벌벌 떠는 것이다.
그러므로 무릇 호민이란 몹시 두려워해야 할 존재이다.

나는 이 허균의 호민론을 참 좋아한다.
　세 가지 백성 중에 나는 호민에 관한 언급을 좋아하며 나 자신도 현재 호민의 위치에 있다고 생각
한다.

1997. 10. 18.

허균(許筠)의 "豪民論"이다

※ 세상에서 두려워할 대상은 백성뿐이다

백성에는 세가지 종류이 있다

그런데 항민(恒民)이다,

둘째가는 원민(怨民)이다,

셋째가는 호민(豪民)이다.

1. 恒民: 순순하게 법을 받아들이며 윗사람에게 부림 당하며 살기에 두려워할 것이요

2. 怨民: 억울하고 탄식하면서 윗사람 원망하기 좋아하나 또한 두려움에가 못되나

3. 豪民: 때가 되면 자신의 소원을 실행하려는 이들로서 가장 두려우며 ~~~~ 세상이 법법되는 것이다.

그러므로 무릇 호민이란 몹시 두려워해야 한 존재이다.

나는 이 許筠의 豪民論을 참 좋아한다.

세계지 백성에 나온 豪民에 관한 내용을 읽으며 나자신도 항상 豪民의 위치에 있다고 생각한다.

(43) 1997년 10월 18일 (土)

가정 / 부부 / 가족

가정/부부/가족의 유대는 필요한가? 절대적인가? 상대적인 요소인가?

가정이라는 조직은 보통 1. 부(父), 2. 모(母), 3. 자(子) 즉, 아버지와 어머니 그리고 자식들로 이루어진다. 아버지와 어머니는 부부의 형태로 이루어지는데 과연 부부는 계속 존속되어야 하는가? 그리고 부모와 자식은 붙어 있어야 하는가? 아니면 떨어진(헤어진) 상태에서도 성장에 문제가 없이 성인이 되어 자신의 인생의 모든 것을 잘 이끌어 갈 수 있게 될까?

지금부터 나는 위에 언급한 몇 가지 주제에 대하여 분명하고 변할 수 없는 천리(天理)를 밝히겠다.

첫째 원칙 : 부부는 헤어짐이 원칙이 아니다.

부부는 늘 남편과 아내로서, 아버지와 어머니로서 부모와 자식의 위치로서 우리가 이 생을 마칠 때까지 분명히 같이 유지되어야 한다. 다시 말해, 남편과 아내는 부부로서 특히 자녀를 갖게 된 부부는 절대로 헤어져 갈라지는 것(이혼)이 원칙이 아니며 반드시 두 사람은 가정의 형태로 결합되어 있어야 한다. 자녀에 대한 책임과 의무로 더욱 그러해야 한다. 사실, 자녀와의 관계 때문에 부부는 가정 속에서 가족의 일원으로 같이 존속되어 있어야 하는 것이 원칙이다.

자녀에 대한 어머니의 역할은 공간적인 관계에서 아버지보다 그 비중이 더 크다 할 것이니 어린 자녀는 그 돌보는 안내자가 반드시 필요함이며 어머니는 가슴으로 아기를 돌볼 수 있기에 더욱 그러하며 직접 배에 품고 있었기에 더욱 그러하고 무엇보다 어린 아이는 어머니의 품과 도움과 위로와 안정을 더욱 바라고 있기 때문이다. 좀 더 부언하면, 자녀와의 관계로 인해 어머니는 어린 자녀가 성장하여 자립할 때까지 반드시 그 ①양육자, ②보호자, ③후견인으로 곁에 있어야 하고, 그러한 이유로 부부는 아버지와 어머니의 관계로 자녀 곁에 있어야 하기 때문에 남편과 아내는 반드시 가정이라는 울타리 안에서 자녀와 함께 가족이라는 구성원으로 함께 그 유대가 지속되어야 한다.

남편과 아내로서 가정 속에 결속되어야 하는 가장 큰 이유는 자녀와 부모와의 관계로 인한 이유가 가장 크고 중요한 요인이다.

　물론, 자녀가 없는 부부(남편과 아내)는 그러한 유대관계가 덜하다는 것은 아니지만 자녀의 출생으로 인한 부부의 유대는 그 전보다 더욱 강하게 요구된다는 뜻이며 가정이라는 조직 구성원으로서 父, 母, 子의 관계는 분리될 수 없는 관계이기에 남편은 아내에게, 아내는 남편에게 의존해야 하고, 자녀는 부모에게 의존하고 부모는 자녀의 양육(육체적, 정신적인 양육)에 대한 분명한 책임을 확실하게 떠맡고 그 책임을 충실히 수행해야 한다. 그러기에 남편과 아내는 헤어짐이 원칙이 아니다.

1987年 10月 18日 (土).

가정,
부부 ⎫ 의 유대는 필요한가?
가족 ⎭   절대적인가? 상대적인 도는단가?

가정의 조직은 보통
아니다
🖉父. 🖉母 🖉子
즉, 아버지 어머니 그리고 자식들로 이루어진다
아버지와 어머니는 부부(夫婦)의 형태로. 🖉 이루어지는데
라면 이 부부는 계속 결속되어야 하는가?
그리고 부모와 자식은 붙어있어야 하는가? 아니면
없이🖉진 (헤어진) 상태에서도 성장에 문제가 없이
성인이 되어 반듯한 자식의 인생의 모든것을
잘 이끌어 갈수 있게 될까?

잠 묵히 나는 위에 언급한 몇가지 주제에 대하여
분명하고 변할수 없는 천리(天理)를 밝히겠다.

첫23번째:부부는 헤어짐이 원칙이 아니다.
부부는 남편과 아내로서, 아버지와 어머니로서
부모와 자식의 의치로서 우리가 이 생을 마칠때까지

⋮

인생 – 겸손 · 헌신

'人生에서 무엇을 알아야(배워야) 하고 어떤 일을 하고 (어떻게) 살아가야 참된 것인가?' 에 대한 해답을 찾는다는 것은 가장 중요한 일이다.

사람은 사람의 본분을 알고 실천해야 한다. 사람의 본분은 먼저 '겸손' 에서 비롯되며 겸손한 것을 알고 배우고 습득하게 되면 인생에서 배워야 할 것 중 반 이상을 배운 것이 되고, 또 그 겸손을 바탕으로 나머지 반도 알게 되는 것이니, 인생에서 무엇을 알아야 할꼬(배워야 할꼬)의 답은 '겸손' 을 배워 알고 실천하는 것이며 어떻게 살아야 하는 것에 대해서는, '겸손' 하게 되면 모든 참된 삶에 대한 가르침이 주어져 그것에 따라 살아가면 되는 것이지만, 덧붙여 부언하면, 남을(다른 사람을) 위하여 살아가는 것이 참된 人生의 방법이다.

정리해 보건대, '겸손' 을 배워 알고 남을 위해 '헌신' 으로 생(生)을 실천하며 살아가면 그것이 곧 참된 人生이다. ('인생의 목적' 에 관한 것은 훗날에 기록되리라.) 인생의 목적과 위에서 언급한 삶의 방법과는 다른 것이다.

인생의 목적을 분명히 알게 되면 결국 참된 삶의 방향과 방법에 대하여 저절로 알게 될 것이나(결국 겸손함과 남을 위해 헌신하며 사는 것으로 귀착됨) 인생의 목적에 대해 나도 아직 구도하고 있는 바, 때가 되면 반드시 분명한 것이 주어지리라. 참으로 그러할 것이다!

1999. 10. 18

人生에서 무엇을 안아야(배워야)하고
어떤 일을 하고 (어떻게) 살아가야 할 것인가?
에 대한 해답을 찾는다는 것은 가장중요한 것이다.

사람은 사람의 본분을 알고 실천해야 한다.

사람의 본분은 먼저 "진술"에서 비롯되며
진술 한 것을 알고 배우고 습득하게 되며

인상 의 에 대하여 배워야하는 것을 받은 이상은
배운 것이 되고, 또 그 경우를 바탕으로 내가지
받고 알게 되는 것이니, 인생에서 "맞은 안아야
하고 (배워야 한고) 의 답은 "진술" 은

배워 받고 실천하는 것이며

어떻게 살아야 하는 것에 대해서는, 진술하게
되며 모든 참리 앞에 대한 가르침이 우리
전 그것에 따라 살아가게 되는 것이지만, 덧붙여
후손에게, 낮은 (다른 사람을) 위하게 살아
가는 것이 참된 人生의 방법이다

정리 하면, 진술은 배워 받고 남을 위해
헌신으로 생(삶)을 실천하며 살아가게 그때것이

곳 참된 人生이다.   [인생의 목적에 관한 것이
                   훗날에 기록 되리라 →

性 / 가정

性을 분별력 있게 조절해야 한다.

우리는 식욕을 충족시키기 위하여 우리가 먹는 것을 모래 바닥에 뒤범벅해서 먹지는 않을 것이다. 마찬가지로 우리의 욕구 중의 대표적인 性을 지혜롭고 분별력 있게 활용·조절해야 하는 것이다. 먹고 싶다고 모래판 위에 범벅한 것을 먹는다거나 이것저것 분별없이 먹어서는 아니 되듯이 '性'에도 분명한 표준과 질서, 그리고 행해서는 아니 될 性 등의 성에 대해 분명한 질서를 정립하는 것이 개인, 가정, 사회 조직에 꼭 필요한 것이다. 그중 특히 개인에게는 정확한 표준적인 원칙이 있어 이 표준적인 원칙에 의해 性의 욕구를 충족시키고 활용해야 할 것이다.

예를 들어 우리는 우리의 식욕을 충족시킬 때 자기의 욕구만 챙겨서는 아니 되듯이(타인의 욕구도 당연히 중시되듯이) 性의 욕구도 자신만의 욕구 충족으로 끝나서는 더욱 안 될 것이기에 이러한 것과 관련된 표준까지 포괄적이되 확실하고 분명한 표준들을 설정, 따라야 할 것이다.

젖을 찾는 어린애에게 젖을 주지 않는 행위는 정당화될 수 없듯이, '가정'이라는 '순수자연적인 조직'을 파괴하려는 행위는 절대로, 어떤 이유로도 정당화될 수 없다.
만약 가정의 조직을 어떤 형태로든 위협하거나 파괴하거나, 가정 조직의 정당성을 부인하려는 태도는 마치 젖을 찾는 어린아이에게 젖 주기를 거절하는 태도와 같다고 할 것이니 젖을 거절하는 태도는 어떤 형태로도 용납될 수 없는 순수 자연 현상이기에 그렇다.

'가정'이라는 조직은 어떤 형태로든 조직되어야 하고 그 조직의 순수성은 보호되어야 하며 특히 인간의 지성을 갖고 장래에 무한히 발전하게 될 어린애에게 관심을 깊이 가져야 하는 것인 만큼, 다른 동물 세계에서 나타나는 가족 형태 그 이상으로 인간의 가정 조직은 어린애들의 생리와 상태를 연구함으로써 그것이 더욱 큰 정당성과 당위성을 인정하게 될 것이며, 가정 조직의 순수성과 그 조직의 필요성을 더욱 느끼게 될 것이다.

1997. 10. 21. (火) D

하루는 분명히 의미있게 조직해야만한다.
우리는 (식욕도 충족시키기위해) 하루에 먹는것은 보리 마지막에 위번박해서
먹지는 않을 것이다. 마찬가지로 우리의 욕구중의
대표적인 하나를 지혜롭고 의미있게 한두, 그것
해야만 하겠것이다. 먹고 싶다고 보리 따위에 먼
먹는 것을 먹느냐고 이것저것 분별없이 먹어서는
안되듯이 '하나'니라 분명한 표준과 질서,
그리고 행해서는 아니될 비행 등의 상에께 의해 분명한
질서를 정립하는것이 개인, 가정, 사회 조직에 꼭
필요한 것이다. ●그중 특히 개인에게는 정확한
표준적인 원칙이 있어 이 표준적인 5원칙에 의해
삶의 욕구를 충족시키고 활용하여야 할 것이다.
(예)들이 우리는 의지의 식욕을 충족시킴께 자기의 욕구만
충격적으로 아니되듯이 (타인의 욕구도 당연히 중시되듯이)
삶의 욕구도 자신만의 욕구충족으로 끝나서는 더욱
안 될 것이기에 이러한 것에관련된 표준까지, 토론정이되
충실하고 분명한 표준들은 설정, 따라야 할것이다~

'느낌'

우리 마음이나 생각 속에 젖어 들어 오는 '느낌'은 우리를 안내하는 '등불'이다. 우리는 이 '느낌'에 대해 분석하고 따르는 훈련을 받아오지 못했다. 그러나 인간의 중용의 행동에 대한 기준과 표준은 우리들 마음, 혹은 생각 속에 조용히 파고드는 '느낌'으로 그 잣대를 잡을 수 있는 것이다.

무슨 말인고 하니, 우리는 우리가 해야 할 일에 대한 지시나 하지 말아야 하는 행동 기준으로 '느낌'이 주는 지시대로 행할 수 있는 능력을 키우고 개발해야 한다는 것이다.

그 첫째 방법으로 우리는 이 '느낌'을 감지하는 능력을 키워야 한다. '느낌'이 오되 깨닫지 못하거나 받아들이지 않게 되면 우리에게 우리의 행동 표준으로 오는 그 느낌은 아무 도움이 되지 않거니와 그 '느낌'이 갖고 있는 고유의 능력을 발휘하지 못하게 되기 때문이다.

둘째로, 그 '느낌'을 감지하였으되 그 '느낌'의 지시대로 행동하는 순종의 조치를 취해야 하는 것이다. 아무리 '느낌'을 잘 감지하고 분석하는 능력이 있다 하더라도 그 주어지는 '느낌'에 따라 행동하는 순종의 조치를 취하지 아니하면 모든 것이 무용지물이 될 수 있기 때문이며 어떤 때는 그 순종하지 못하는 행동으로 큰 피해 내지는 치명적인 충격이나 사고를 당할 수도 있고 큰 손해를 보게 될 수도 있기에 '느낌'을 감지·분석하는 것 못지않게 순종의 행동을 취할 수 있는 겸손과 치밀함이 필요하다.

중요한 것은 이 순종해야 할 '느낌'은 반드시 유익·성장·발전론에 입각한 것이어야 한다.

그런데 이 '느낌'은 어디에서 발단이 되어 어떻게 우리의 마음과 생각 속에 나타나는가에 대해서는 앞으로 더욱 연구해야 하며 이러한 심리적인 현상은 '인생의 의미'까지도 파악하게 해주는지에 대해서도 더 깊이 있는 연구가 있어야 한다.

1987年 10月 22日 (水)

우리 마음에는 생각속에 쫓아 뜨거 오는 "느낌"을
우리를 안내하는 "등불이다. 우리는 이 "느낌"에
더 ◯해 분석하고 따르는 훈련을 받아오지 못했나.
그러나 인간의 공동의 행동에 띠한 기쁘러 폭폭은
우리 마음 속은 생각 속에 고르히 피오 드는
"느낌"으로 그 잣대를 잡을 수 있는것이니,
부는 알인고 해서,

우리은 ~~우리에게~~ ◯ 우리게 해야할 일에 띠한 지시나
하지 말아 ~~~~가 하는 행동 기준으로 "느낌"이
쭈어지고 있어, ◯ 모두 인에 이 "느낌"이
쭈는 지시대로 방할 수 있는 능력은 키우고 개반
해야할 나을 것이며,

그 ◯◯방법으로
우리은 이 느낌을 간직 하는 능력은 키워야한나
느낌이 그러 깨닫지 못하거나. 받아듣이지 않게
되면 우리에게 우리의 행동 표준으로 오는 그 느낌은

산불 / 위대한 선각자적인 지도자 /
아름다운 금수강산 / 위대한 지도자

'산불'에 관한 뉴스를 들을 때마다 가슴이 찢어지는 듯 메이고 아픈 것은, 이 아름다운 금수강산을 잿밭으로 만들어 버림은 물론, 그것의 진화 방법, 책임 조치 등이 너무나 미흡하다는 것에서 비롯된다.

이 나라 지도자(특히, 대통령)들은 자연 파괴의 가장 큰 요인 중의 하나인 '산불'에 대한 경각심이 없다. 애국하는 마음이 없기 때문이다. 산불의 피해가 어느 정도인가를 크게 자각하고 있다면 요즘처럼 국립공원(지리산)까지 타들어 가게 만들지는 않을 것이기 때문이다.

작년 강원도 '고성' 산불은 산림 자원을 비롯하여 막대한 자연피해를 가져왔다. 그러한데도 계속 산불에 대한 경각심은커녕 초기 조기 진화 방법에 대한 강력한 조치를 취하지 않고 있다. 오늘도 국립공원 지리산, 김천 등 곳곳에서 산불이 일어나 아까운 산림 자원을 허무하게 불태우고 있다.

따라서 '조기 진화'는 산불이 일어났을 경우에 가장 주력해야 할 조치인데도, 대형 산불용 헬리콥터가 서울에 있는데도 지리산국립공원 산불 진화에 투입하지 않는 등 산불에 대한 경각심 부족, 조기 진화의 조치 등을 소홀히 하고 있으니 산불 뉴스를 대하는 이 마음이 얼마나 아픈지!
이루 헤아릴 수가 없다.

한심한 이 나라 지도자들이여!
언제 그대들이 물러나고, 새로운 위대한 선각자적인 지도자가 출현하여 이 아름다운 금수강산을 찬란하게 빛나게 할 것인가! 그리고 대를 잇듯이 위대한 지도자만이 이 나라를 치리해 나가게 해야 하리라.

1997. 10. 22. (水)

'산불'에 관한 `뉴스`를 들을때마다 가슴이 찢어지는듯
메이고 아픈것은,

이 아름다운 금수강산을 잿밭으로 만드는 범법은
물론,

그것의 ● 진화방어?, 책임관리층이 너무나 미흡하다는
것에서 비롯됨~

이나라 지도자(특히, 대통령)들은 ● 자연 파괴의
가장크 요인중의 하나로 `산불`에 대한 경각심이
없고, 애국하는 마음이 없기 때문이~
(때문이~)

산불의 피해가 어느정도인가를 크게 자각하고있다면
요즘처럼 국립공원 (자연산)까지 잿들에게 만들지는
않을 것이기때문이~

적어도 ● ●● 강원도 고성'산불은 ●●●●●●

●● 산림 자원을 비롯해서 막대한 자연피해를
가져왔음~ 、

그런데도 계속 산불에 대한 경각심은 커녕 흡기
건●기 친화방법에 대한 강력한 근치를 취하지
않으리라~

(48) 1997년 11월 1일 (土)

고향 광양 / 나라의 지도자 / 빈틈없는 성격의 소유자 / 우수한 두뇌와 지도력 / 선견지명적인 예지 / 아름다운 조국 / 아름다운 강산 / 세계 제일의 낙원

요즈음은 고향 광양 진상에서 일어나는 일들에 대한 꿈을 많이 꾸고 있다.

그저께 저녁 꿈에는 뒷밭(장형이 팔아 버렸다고 하는 양지바르고 전망 좋은 밭)에서의 작업 광경을 꿈으로 꾸었는데, 꿈에서도 그 밭을 큰 형님이 팔아 버린 것에 대한 애석함과 아쉬움을 내가 표출하고 있었다. 그 밭은 전망도 좋을 뿐더러 햇볕이 잘 드는 양지바른 곳으로 참 좋은 땅이었다.

그 장소에서 작은 형의 잘못을 내가 크게 질책하는 행동을 하였고 가족(특히 형제)들의 잘못을 지적하기도 하는 꿈을 꾸었다.

내가 태어난 곳 – 광양에서의 일을 크게 일으키거나 아니면 그곳의 꿈을 통하여 내게 큰 힘과 용기를 갖게 하는 꿈이라고 해석하였다.

～・～

간밤에도·역시 고향 광양 진상 문중 사람들에 대한 꿈을 꾸었는데, 그곳에서 친척들의 애로점을 풀어주곤 하였는데, 죽은 사람들도 있어 상여가 나가는 꿈을 꾸기도 하였는데, 태어난 곳 고향에 대한 꿈은 아주 좋은 느낌을 주었다.

아울러 나의 아버지에 대한 연상으로 이어졌다. 아버지께서는 일제 시대에 일본으로 가시어 일본에서 대단한 공업인으로 일하셨는데, '공장장'으로서 오히려 그 시대에 일본인들을 거느리고 지휘하는 자리에서 일하셨다.

나라의 지도자는 위대한 꿈을 가지고 국가와 민족에 대한 사랑과 애정으로 치밀한 정책으로 이 강산을 아름답게 치리해 나가야 한다. 그렇게 되기 위해서 지도자는 빈틈없는 성격의 소유자이어야 하고 모든 일에 꼼꼼히 처리하는 우수한 두뇌와 지도력을 겸비한, 그리고 선견지명적인 예지도 곁들인 자이어야 한다.

이 아름다운 조국, 이 아름다운 강산!
이곳을 세계 제일의 낙원으로 만들리라!
내가 그 일을 행하리라!

1997年 11月 1日 (土)

오늘은 고향 평양 진상에서 일어나는 일들에 대한
꿈을 많이 꾸고 있었다.

그러게 그러게 저녁 잠에는 뒷밭 (정향이 딸아버렸다고
하는 양지바르고 정향 좋은 밭) 에서의 작약 광경을
꿈으로 꾸었는데. 꿈에서도 그 밭은 큰형님이
딸아버린 것에 대한 애정있다 아쉬움을 내가
토로하고 있었지. 그 밭은 정말로 좋은 뿐더러
햇볕이 잘 드는 양지 바른 곳으로 참 좋은 땅이었다.

그 장소에서 작은형의 잘못을 내가 크게 질책하는
행동을 하였고 가족 (특히 형제)들의 잘못을 지적
하기로 하는 꿈을 꾸었다.

내가 태어난 곳 ── 평양에서의 일을 크게 일으키거나
아니께 그곳의 깊은 곳에서 내게 큰 힘으로 용기를
갖게 하는 꿈이라고 해석하였다.

간밤에도 역시 고향 평양. 진상 믿줄 사람들에
대한 꿈을 꾸었는데. 그곳에서 친척들의
애정을 줄이라고 하였는데. 죽은 사람들도 있어
상여가 나가는 꿈을 꾸기도 하였는데 태어난곳 고향에 대한
꿈은 아주 좋은 느낌을 주었다   돌지에 ➡

위대한 발견 – 정신(精神)·정력(精力)·
정기(精氣)·주인공론(主人公論)

참으로 위대한 발견이 아닌가!

모든 것을 정복할 수 있고 사람이 태어나 어떤 일이든지 성취할 수 있는 힘, 방법 두세 가지를 깨닫게 되었으니 오! 하늘에 감사할지어다.

그 첫째 되는 것이 '영'을 의식하면서 매사를 처리하며 언제나 '영'을 의식하며 행동하고 말하고 생활하는 것이다. 이는 쉬운 듯이 보이면서도 실천·실행하기가 가장 어려운 것이니 쉽게 풀이하여 말하면 '정신'을 집중하여 활동하는 것이다. '정신 차려 행하는 것'이라는 표현은 좀 약하다. 정신을 집중하여 모든 일을 처리해 나가는 것을 의미하는 것이니 이 깨달음이 쉽게 오지 않는 것이다. 부단히 자신을 극기하는 자세로 인생의 목적을 깊이 있게 생각하는 자세로 임해야 그 깊은 뜻을 얻을 수 있게 되는 것이다.

[정신을 차려 '영'을 의식하며 매사에 임하는 것이 그 첫째 되는 원칙이니 그 방법 중의 가장 간단히 실천할 수 있는 것이 입을 다물고 조용히 침묵하고 말을 적게 하되 하려면 꼭 필요할 때만 신중하고 의미 있게 하는 것이니라. 그리고 행동은 침착하게(서두르지 않고) 천천히 분명하게 처신하는 것, 이 두 가지가 그 첫째 되는 영을 의식하며 정신을 집중하여 매사에 임하는 방법이니라.]

다음이 둘째 방법이로되 첫째와 똑같이 중요한 것이다(선후 관계로 후에 언급한 것이라 하여 경하게 여겨서는 아니 될 것이다). 우리의 '정력'을 낭비하지 않은 일이다.

다른 말로 표현하면 곧 '정기'를 축적하는 방법이니 그 대표적이 방법이 情事를 나눌 때 절대로 '射精'을 하지 않는 일이로다. 射精은 꼭 후손(아기)을 갖고자 원할 때 남녀 타이밍을 맞추어 오직 한두번 해야 할 뿐, 일평생을 두고 결코 행하지 않는 것이 그 가장 큰 비결이니 이 비밀이 크도다.

그 射精은 꼭 남녀가 情事를 나눌 때만 관계되는 것이 아니니, 특히 청소년기에 많이 나타나는

'자위행위'로 인한 射精도 금물이니라. 어찌 됐던, '정욕(혹은 성욕, 색정)'을 느끼기 시작하는 아직 어린 청소년기부터 시작하여 일평생 죽을 때까지 일체 사정을 해서는 아니 되는 것이니 중국고서에 일렀으되.

남녀 情事시(부부관계 시)의 대원칙인 '交接은 하되 射精하지 않는다'이다. 이 비밀이 참으로 대단히 큰 것이니, 이를 실행하는 자가 가장 큰 일을 이룰 수 있고 세상의 모든 것을 정복할 수 있게 되는 것이니, 곧 자신을 정복하는 일이요, 타인을 정복하여 큰일을 이루게 되는 것이며 자신에게 주어진 최고의 능력을 최대한 발휘할 수 있는 최고의 방법이니 어찌 우리 이 길을 걷지 않으리오. 어렵고 험하더라도 그만한 가치가 충분히 있는 것이니, 어떤 일이 있더라도 '후손'을 갖는 일 외에는 절대로 精液을 射出하여 그 귀한 '정력'을 아무 쓸모없이 낭비해서는 안 될 일이다.

이 대원칙은 누구라도 성취시킬 수 있는 것이니(특히 남자에게 해당하는 일이나 결국 상대 여자에게도 가장 큰 힘을 안겨다 주게 되는 것으로써 남성의 완성을 통하여 여성의 완성을 이루는 일이다) 어떻게 하면 그 원칙을 실행할 수 있을까를 깊이 있게 생각·연구하여야 하리라.

그 방법은 이미 나타나 있으니(부부학 강의) 교육을 받아 지식을 얻고 경험을 쌓는 것이 필요하리로다. 일평생 射精하지 않으면 오히려 우리의 몸에 그 영향이 나쁘게 나타나지 않을까 혹 염려하는 이가 있으리라 여겨, 여기에 간단히 그 해답을 설명하고자 한다.

먼저, 남성의 精液은 과도하게 배출되면 그 생산력이 한계에 이르게 되어 나이가 아직 젊었을 때에는(20~40대) 큰 지장이 없을 수 있으나 인생의 황금기인 50~80대에는 그 기력이 완전히 떨어질 수 있고 반대로 우리의 精液은 射出되지 않으면 오히려 몸의 세포로 전환되어 문자 그대로 정기가 쌓이게 되어 그 왕성한 활동력이 우리의 육체뿐만 아니라 정신 구석구석에까지 전달되는 것이니 따라서 모든 것을 정복할 수 있는 힘이 나타나게 되는 것임을 분명히 알아 실천해야 할 일이로다.

이 위대한 두 원칙의 발견과, 다음으로 세 번째의 것을 하나 더 추가하면, 뚜렷한 사명감이 내포된 원대한 목표를 설정하여 끊임없이 정진·노력하여 그것을 성취하는 일이로다. 이 비밀이 참으로 크며 위대하도다.

앞에 언급한 '영'을 의식하며 매사를 처리한다 함은 어떻게 활동하는 것인고?

가장 간단한 방법 중의 하나를 소개한다. '내가 영화의 주인공'이라고 생각하고, 매 언행마다 나의 모든 것을 지켜보는 관객이 있다고 가정하여 생활하는 것이다.

'나는 현재 방영되고 있는 영화의 주인공'이라던가 또는 영화배우인데 지금 나는 주인공으로 데뷔하여 촬영하고 있다고 생각하면서 생활한다면 말 한마디 행동 하나 빈틈없이 이루어질 것이다. 그때 나타나는 실수까지도 사실 의미 있는 것으로 연결될 것이니 이 '주인공론(主人公論)'이 우리의 인생 추진 방법에서 아주 중요한 역할을 할 것임에 틀림없으니 '영화의 주인공론'을 잘 정립하여 이를 실행에 옮기면 위대한 발전이 뒤따르리라.

☆ 精神 : 마음이나 생각

☆ 精力 : 심신의 활동력 ※정력가 : 정력이 왕성한 이

☆ 精氣 : ①정신과 기력 ②만물의 생성하는 정기, 생명의 원천이 되는 원기

☆ 射精 : 성교할 때 精液을 반사적으로 射出하는 일

☆ 1997年 11月 3日 (月) ☆ ①

참으로 위대한 발견이 아닌가!

모든 것은 정복할 수 있고 사람이 태어나 어떤 일이든지
성취할 수 있는 힘, 방법 두가지는 깨쓰게 되었으
오! 하늘에 감사할지며

그 첫째 되는 것이

> 때 그리고 행동을 친절하게 (서두르지
> 않고 침착히 운영하기 처신하는것
> 이 두가지가 그 첫째 되는 명은 의식
> 하며 정신을 집중하여 매사에 임하는
> 방법이니라.

'명'을 의식 하며 매사를 처리하며 언제나 '명'을
의식하며 행동하고 말하고 생활하는 것이다.
이는 쉬운 듯이 보이면서도 실천 '실행하기가 가장
어려운 것이다. 쉽게 풀이하며 말하면   ※ 精神 :
                                        나 옷에서생각
"精神"을 집중하여 활동하는 것이다. '정신 차려 행하는것'
이라고 뜻변은 좀 못하나. 精神을 집중하여 모든 일을
처리해 나가는 것은 의미하는 것이니 이 깨달음이 쉽게
오지 않는 것이나, 부단히 자신을 극기하는 자세로
인생의 목적을 깊이 있게 생각 하는 자세로 인해야
그 깊은 뜻을 얻을 수 있게 되는 것이다

정신을 차려 '명'을 의식하며 매사에 임하는것이 그 첫째 되는 원칙이니
그 방법중의 가장 간단히 실천할 수 있는 것이 명 따르고 그 무엇이 친절하게
많은 것에 하되 할려며 즉 화를 할 때는 신중하고 의미 있게 하는 것이다

내가 대통령이 되면

내가 대통령이 되면,

각 분야에서 최고(특히 세계 최초, 세계 최고)를

밝혀내 영상화(영화, 특히 TV에 드라마 식으로 방영)

하여 국민 교육 및 정신 개조, 민족의 가능성과

홍익인간의 큰 뜻을 꽃피우는 지도자로 활동하겠다.

1997. 11. 6. (木)

내가 대통령이 되면,

각 분야에서 최고 (특히 세계 최초, 세계 최고)를
길러내 영상화 (영화, 특히 TV에 드라마식으로방영)
하여 국민 교육및 정신개조. 민족의 가능성과
홍익인간의 큰 뜻을 펼치는 지도자로 활동하겠다.

(51) 1997년 11월 16일 (日)

내가 태어난 곳 – 광양(光陽)

아! 내가 태어난 곳, 光陽이여!

나는 오늘, 처음으로 내가 태어난 이곳 光陽에 대한 큰 자부심과 자랑스러움을 갖게 되었다.

이전에는 이곳 光陽에 대한 지정학적인 자부심을 갖지 않았으나 오늘 아침 누님(선정남)이 살고 있는 뒷산에 올라가 내가 태어난 곳(각상봉)을 볼 수 있었는데 양쪽으로 늘어선 백운산 줄기의 웅장함과 아름다움으로부터 마땅히 그 백운산 정기를 받아 큰일을 할 수 있는 곳에서 태어나게 되었다는 확신을 비로소 갖게 된 것이었다.

光陽에서도 지정학(지리학, 풍수학)적으로 볼 때 위대한 지도자가 나타날 수 있는 충분한 곳이라는 것과 내가 이곳 光陽에서 태어난 것이 참으로 자랑스러움을 오늘 깊이 있게 느끼게 되었다. 위대한 지도자로서의 자질을 갖추어 내가 태어난 이곳 光陽을 빛내리라. 그 이름 光陽답게! (光 빛 광, 陽 볕 양)

※ 1987年 11月 16日 (日)

아! 내가 태어난곳, 光陽이여!

나는 오늘, 처음으로 내가 태어난 이곳 光陽에 대하여
큰 자부심과 자랑스러움을 갖게 되었다.

이전에는 이곳 光陽에 대하여 자랑함적인 자부심을 갖지
않았었으나 오늘 아침 누님(선정씨)이 살고 있는
뒷산에 올라가, 내가 태어난 곳(각성봉, 각성봉초)은
볼수 있었는데 양쪽으로 능선과 백운산줄기의 웅장한
아름다움에 마련쟁히 그 백운산줄기를 받이
굳셈있 앉을수 있는 곳에서 태어나게 되었다는 확신을
바라는 것에 된 것이었다.

光陽에서도 지정학(지리학, 풍수학)적으로 볼때 위대한
지도자가 나타날수 있는 충분한 곳이라는것과 내가
이곳 光陽에서 태어난 것이 참으로 자랑스러움을
오늘 같이있기 느끼게 되었다. 의예로 지라래의
자짐을 갖추어 내가 태어난 이곳 光陽은
빛이라. 그 이름 光陽답게! (光 빛 광, 陽 별 양)

382

(52) 1998년 7월 15일 (水) P.M. 3:40

기록

"기록에 관한 한 너는 결코 소홀하게 넘어 가서는 안 될 것이니라. 너에게 있어 영적으로 가장 중요한 것은 '기록'으로 남기는 일이니라. 너는 너에게 주어진 크나큰 능력을 너무나 스스로 무시하고 있나니, 이를 고쳐야 할 것이니라.

너에게 끊임없이 주어지는 영의 지시와 계시와 예언과 충고와 조언과 영감을 절대적으로 '기록'으로 남겨야 하리라. 갖가지 기록을 소홀히 하지 말고 부지런히 기록하라. 때가 되면 그 모든 기록이 빛을 발하게 되리라. 언제 어느 때든지 기록으로 남길 수 있도록 간단한 필기도구와 기록장을 준비하고 너 자신도 언제나 영의 인도와 영감과 거룩한 계시와 느낌을 받을 수 있도록 늘 깨어 있어 준비되어야 할 것이니라. 늘 영의 인도를 구하고 그 영의 인도를 따를 때 너는 분명 창대한 발전을 이루게 되리라. 아멘. 아멘."

1118年 7月15日 (水) P.M. 3:40.

"기록에 만반한 너는 결코 손을하게 대해야
그래도 안 될 것이라,
너에게 있어 영정으 가장 중요한 것은
`기록'으로 남기는 일이니라.

너는 너에게 주어진 크나큰 □능력을 너무나
0습로 묵시하고 있나니, 이를 고쳐야 할 것이라

너에게 끊임없이 주어지는 옆의 지시나 계시라 예
졸거나 저면라 영정은 철대적으로 `기록'으로 남겨야
하리라, 갖가지 기록을 소홀히 하지 않고
무재로히 기록하라, 그리라면 그 모든 기록이
빛을 발하게 되리라 - 언제 어느때든지
기록을 남길수있도록 항간도 □ 잊기 도우라
기록장을 준비하고 너 자신로 영이나 영이 인로라
영감으 □ 기록라께시라 느꼈을 많을 수 있도록
늘 깨어 있어 준비되어야 할 것이라。늘 영의
인로를 구하고 그 영의 인로를 따를때 로 너는
빛에 참되로 밝리운 이루게 되리라, der 아버

아! 사람!

아! 사람!
사람은 무엇인가!
도대체 사람은 어디서, 무엇 때문에
이곳에 존재하고 있는가!

강한 의구심 속에 저 밖에 노는 어린 아이들로 인하여
나의 마음은 또 움직인다.
人間에 대한 근원적인 것을 나는 심히 알기 원하다.

그리고 이 우주와 공간, 끝없는
세계에 대한 신비로움이 나의 마음을 언제나 두드린다.

나는 분명히 알아낼 것이다. 그러나
이 지상에 존재하고 있는 人間으로서의 한계는 벗어나지 못하겠지. 그러나
그 人間이 알 수 있는 최고의 것을 분명히 쟁취하리라.

(1988, 7. 22. (木)

아! 사랑!

사랑은 늘 엇인가!

도요대체 사랑은 어디서, 무엇때문에
이웃에 즐거하고있는가!

강한 의구심속에 저 멀리에 느는
어린 아이들로 인하여

나의 마음은 또 움직이나.

人間에 대한 근원적인것은 아늘
실히 알기되한다

오직 이우득의 강만、 믈음을
세계에게 한 실비로움이 나의 마음을
힘제나 두르라

오늘 모명히 알아 낼것이다. 그러나
0 이 지상에 즐거하 있는 人間으리
의 한게는 벗어나지 못하겠지. 그러나
그 人間이 욱어 있는 제근의 것은 분명히
잠획하리라.

(54) 1998년 7월 25일 (土)

영의 음성 · 영의 소리 · 영의 느낌 / 세계 제1의 나라 / 가장 아름다운 세상 / 아름다운 나라 한국
– 세상의 큰 축복의 시작

끊임없이 쏟아지는 영의 음성을 기록으로 남길지라.

어떠한 영의 소리라 하더라도 모든 영의 느낌을 기록으로 남긴다.

그렇게 하기 위해서는 먼저 나의 까다로운 성격, 즉 형식을 갖추려는 것을 많이 버리고 언제라도 글을 쓸 수 있는 만반의 준비를 갖추어야 한다. 지금 쓰고 있는 방법과 같이 아무 종이나 아무 펜으로나 즉각 기록으로 들어갈 수 있도록 어디서든지 그렇게 할 수 있도록 해야 한다.

요즘, 나는 영어공부에 힘을 쏟고 있다. 그런데 여태까지 노력해 왔던 공부의 덕인지는 몰라도 앞으로 영어에 크나큰 진전이 있으리라 예상된다. 구문 해독은 물론 영어회화에도 남다른 발전과 높은 수준의 회화를 잘할 수 있으리라 예상된다.

요즘 나는 아주 명쾌한 마음으로 또 명쾌한 두뇌 컨디션으로 공부에 열중하고 있다. 法學 공부이다. 사법시험 공부이다. 이 엄청난 시험을 지금 이 나이에 한다는 것은 누구나 코웃음을 칠 수 밖에 없겠지만 나는 해낼 것이다. 그리하여 이 나라를 세계 제1의 나라로 만들겠다. 모든 면에서 환경, 복지, 정신세계, 물질세계 등 어느 방면에서도 타의 추종을 불허하는 제 1등으로 만들겠다.

그리하여 가장 아름다운 세상이 이 한국의 나라로 인하여 세계 만방에 퍼지고 人間의 고귀함과 지상 생활의 위대한, 神의 경지를 달리는 세계를 만들 것이다. 바로 그 일을 내가 할 것이다. 위대한 일을……

　어느 누구도 꿈꾸지 못했고 실현하지 못한 것을 내가 이곳 아름다운 나라 한국의 땅에서 실현시킬 것이다.
　세상의 큰 축복의 시작이 바로 이 땅 한국에서 비롯되고 시작될 것이다.

1998年 7月 2日 (土) 일기록

꽃잎들이 흩어지는 열의 은유를 가득으로 눈 깜짝일,

예비로 열의 손에 하나로 보는 열의 노래를 기록으로 듣건대

그렇게 하게 읽히되어는 먼저 내의 까다로운 실책 는 성석을 꼭꼭 라는 것은 많이 배고 이제라는

즉은 좋은 있는 바람이 준비로 갈 록 해야 한다

지점하고 있는 방향으로 길이 아직 준이 하나 아직 때로하나 즉각 기록으로 들이 많은 있도록 어디서든지 조금씩 할 수 있도록 해야 한다

텃은 나는 열의 공부에 힘은 쏟고 있으나 그르에 역사까지 드러워 닿다

· · ·
· · ·

인간의 차이 / 지도력의 차이 / 사람의 지도자

인간은 차이가 있다. 물론 우리 몸에 이의 역할, 다리의 역할, 팔의 역할 그리고 간장, 허파, 위의 역할 등등이 다 소중하고 귀중하다.

허나 이는 한두 개 없어도 살아갈 수 있다. 그러나 간이 없어지면 살지 못하고 특히나 머리가 없어지면 그 사람은 영영 일어나지 못하고 죽고 말 것이다.

이와 같이 우리 인간이 모두가 존귀하지만 능력의 차이나 재능의 차이 또는 지도력의 차이, 많은 사람들에게 좋은 영향을 줄 수 있는 정도의 차이에 따라 인간은 각자 차이가 있고 또 있어야 한다.

우리 몸의 각 기관이 차이가 있어야 하듯이 우리의 인간은 반드시 차이가 있어야 하는데 일반 대중들은 특별한 차이를 갖고 있는 인간에게 그들의 지도력을 부여하고 기꺼이 따르고자 한다.

따라서 자신의 차이가 무엇이며 그 차이가 만약 사람의 지도자가 되는 능력에 크게 치중되어 있다면 그는 반드시 이 지상에 온 소명을 다해야 할 것이다.

우리는 차이가 있다. 차이가 있어야 하고 또 차이를 인정해 주어야 한다.

1995, 7, 20 (木)

인간의 차이에 있어
높고 낮음이 이런 역량
내지 역량 함의 역량
그게 감정, 행위, 의의
역할 등등이 다 사람과
지랄한다.

그게 이건 한 우두개층 없이
도 삶이 갈 수 있어. 그러나
감이 없어지면 살지 못하고
특히나 내것가 없어지면
그 사람은 영영 없어지.

⋮

대한민국 – 위대한 동방의 아침의 나라

삼국 시대, 고려 시대, 조선 시대에 있어서의 중국의 위상은 대단했다. 허나 지금의 중국의 지위나 위치는 많이 변해 있는데 별 보잘 것 없는 나라로 변한 것이다. 세계적인 추세를 이야기할 때 우리는 주로 미국, 영국, 일본을 들고, 조금 더 나아가면 프랑스, 독일 등이다.

중국은 한국에 있어서도 표본이나 모범으로써 언급하지 않는다. 대신 일본은 세계 경제 강국으로써 여러 가지 면에서 언급이 되어지고 있다.

이제 단연 한국! 이 대한민국이 세계사에 주류를 이루는 '위대한 동방의 아침의 나라'가 될 것이다. 내가 그렇게 할 것이다.

1118年8月6日(休)

약국 시대, 고려시대, 조선시대에 있어서의

중국의 위상은 대단했다

하나 지금의 중국의 지위나 위치는 많이 변해
있는데 별 볼적것 없는 나라로 변했것다

세계 정세를 이야기 할때 으레는 주로
미국, 영국, 일본을 들고, 조금더 나가면
프랑스, 독일 등이다

중국은 한국에 있어서도 품볼이나 모[...]로
인정하지 않는다, 게서 일본은 세계경제
대국으로써 여러가지 면에서 연습이 되어
지고있다

이제 반면 한국!
이 대한민국이 세계사에 우뚝은
이날은 임박한 동방의 아침의 나라가
되것이다. 내가 그렇게 할것이다!

도(道) / 남에게 주는 고통과 해 / 상응하는 고통 / 인간의 존엄성 / 상응하는 보상 / 행복 / 유익과 발전 / 소망 / 홍익인간(弘益人間) / 세계인의 가치관 / 권선징악(勸善懲惡) / 인과응보(因果應報)

道를 하나 깨달았네!

"이 세상에 살면서 남에게 고통을 주면 반드시, 반드시 그 준 고통에 상응하는 고통을 자신도 받게 된다."

아! 이 얼마나 놀라운 진리인가!

타인에 대한 계율은 단 이 한 가지 道만 가지고 있어도 완전하다. '이 세상에서 살아 있는 동안' 이라함은, 태어나서 죽을 때까지인데 주로 유아기나 청소년기보다 청년시절부터 의식을 갖고 자신의 생활에 책임을 질 수 있을 때까지의 죽기 전의 기간을 말한다. 만약 죽기 전일지라도 의식을 잃은 상태라든가(예 : 식물인간), 또는 정상적인 정신 활동에 의한 행동을 하지 못하는 상태(예 : 치매) 시에는 그 책임의 한계에 속하지 않는다.

'남' 이라 함은 자신 이외의 모든 사람, 모든 인간을 말한다.

여기 말하는 인간, 또는 사람이란 의식이 있든 없든 또는 유아기든 장년기든, 이 세상에 태어나 살아가는 모든 부류의 사람을 말한다. 가까이는 가족에서부터, 이웃, 친족, 친척뿐 아니라 멀리, 가까이 있는 모든 사람, 그런데 주로 자신이 직접적이고 간접적으로 부딪치는(만나는) 사람을 뜻한다. 간접적인 만남이란, 전화상이나 또는 타인의 소개로(대면하지 않은 채), 즉 아는 사람의 아는 사람, 아니면 전혀 구면이 없는 사람, 외국인 등 이 지상에 살고 있으면서 자신과 직접적이고 간접적으로 관계된 모든 인간을 의미한다. 특히 이곳에서 말하는 남이란 자신이 '해'를 끼친 그 당사자를 의미하기도 하는데 그 당사자란 살아 있는 내국, 외국, 어느 공간에 있든, 또 알건 알지 못하건 사람이면 그 모두를 의미한다.

'남에게 주는 '고통'에서 이 '고통'도 가능한 모든 고통을 다 의미한다. 정신적, 육체적, 경제적, 사회적, 가정적, 명예적 등 이것뿐만 아니라 자존심·인간의 존엄성과 가치 등 모든 면에 가하는 고통을 말한다. 쉽게 '고통'을 정의하면 타인에게 '불쾌한 느낌'을 주는 것을 의미하는데 유쾌하지 않게 하는 모든 언행과 심리적인 활동이 이 '고통'의 범주에 들어갈 수 있다.

그러한 자는 반드시, 반드시 그 타인에게 준 고통에 상응하는 고통을 자신도 받게 된다. 이곳에서 의미하는 '자신이 받게 되는 고통'도 갖가지 형태로 나타날 수 있다. 또 '타인에게 준 고통에 상응하는'이라 했는데 그 상응하는 정도도 가지각색의 것이 될 수 있다. 따라서 우리는 이 세상에 살면서 절대로 남에게 정신적 피해나 육체적 고통 기타 모든 종류의 해를 끼쳐서는 아니 된다.

만약에 남에게 해를 끼친 자는 반드시 반성하고 마음이 낮아져서 용서를 구하고 보상을 요구할 시는 그에 상응하는 보상을 반드시 해주어야 한다. 만약 이와 같이 자신이 타인에 대한 잘못을 반성하고 보상하게 되면 그 벌은 죽은 후에도 받지 않게 된다.

여기서 또 짚고 넘어가야 할 것이 있다. 우리에게 주어지는 그 '상응하는 고통'은 이 세상이 아니면 죽은 뒤에는 그 고통을 당하게 된다. 따라서 우리는 절대로 남에게 고통이나 해를 끼쳐서는 아니 된다.

우리는 남을 즐겁고 기쁘고 행복하게 해주어야 하는 의무와 임무를 띠고 이 세상에 태어난다. 반드시 우리는 남에게 행복을 남겨야 하며 그들의 유익과 발전과 좋은 소망을 이룰 수 있도록 도와주어야 한다.

따라서 우리는 큰 '부'를 이룬 사람일지라도 남에게 행복을 남기면서 얻은 '부'라면 그것이 절대로 해악의 것이 되지 않는다. 그 '부'는 반드시 타인에게도, 자신에게도 유익이 될 것이다. 남에게 해를 끼치지 않고 오히려 남에게 행복을 남기면서 얻게 된 자의 '부'는 반드시 타인과 자신 모두에게 유익을 안겨다 주는 자의 '부'가 된다는 것이다.

따라서 우리는 이 세상에서 '홍익인간'의 건국이념에 맞게 살아야 하며 이를 세계적으로 확대하여 세계적인, 세계인의 가치관으로 확립해 나가야 한다. 곧 홍익인간은 우리에게 있어 꼭 필요한 것이고 '권선징악'과 '인과응보'는 의미 있게 받아들이고 새겨 두어야 할 말이다. 이 뜻이 깊다. 아주 깊다.

1998年 8月 11日 (火) 오전
AM 10:30 ①

道를 하나 깨달았네!

"이 세상에 살면서 남에게 고통을 주면
반드시, 반드시 그 끼친 고통에 상응하는
고통을 받게 된다"
아! 이 얼마나 놀라운 眞理인가!
타인에 대한 배려심이 한 가지 道만
가지고 있어도 안전하다.

이 세상에서 살아있는 동안
이라하면, 태어나서 죽은 때까지 인데
홀로 유아기나 청소년기 보다. 성년식 이후
② 의식을 갖고 자신의 생활에 책임을
갖게 있은 때까지의 죽기 전의 기간을 말한다
반대 죽기 전인자라도 의식을 잃은 상태 라든가
(③ 식별인간), 또는 정상적인 정신활동에
의한 행동을 하지 못하는 상태(④ 치매)
사에도 그 책임에 한계에 속하지 않는가,

– P.M. 2:00 –

인생의 목적 / 生의 위대함 · 찬란함 · 거룩함 · 아름다움

아! 또 얼마나 위대한 깨달음인가!

우리의 인생의 목적, 즉 우리가 마땅히 알아야 할 이 지상에서 人間으로서의 궁극적인 목적, 가장 크고 중요한 답은 이 생이 영위되고 있는 이 지상에서는 결코 알 수 없다는 것이다.

아, 이 큰 축복이어라!

인생의 궁극적인 목적, 즉 우리는 왜 이곳에 태어났으며 어떻게 살아야 하며, 가장 중요한 것 – 죽은 후의 인간 삶은 대체 어떻게 되는가에 관한 것은 결코 알 수 없다는 것이다.

위대한 깨달음과 큰 축복이란 '결코 알 수 없다'는 것이 아니고 '왜 알 수 없는가'를 알았기 때문이다. 우리의 인생은 분명히 엄청난 목적이 있고 위대한 의미가 있는 것은 진리이다. 그러나 그 궁극적인 목적과 의미는 이 지상에서는 결코 알게 해주지 않는다. 이 우주를 지배하는 원리가 바로 그것이다. 만약 인생의 그 위대한 목적과 의미를 알게 해준다면 시험 보는 학생에게 답을 다 알려 주는 것과 똑같은 원리이다.

아! 이 위대한 깨달음이여! 내 영혼이 기뻐 날뛰고 있네!

만약에 시험을 보는 학생에게 미리 답을 다 알려 준다면 그는 결코 노력하여 공부하지 않을 것이며 따라서 그 학생의 가능성이 있었던 발전도 이루지 못하고 오히려 실력 없는, 능력 없는, 아무 쓸데없는 인간이 되고 말 것이다.

인생의 궁극적인 목적도 이와 같은 원리 · 이유로 인하여 이 지상 생활 영위 시에는 결코 알게 해주지 않는 것이다. 그러나, 죽은 후에 분명히 위대한 생이 기다리고 있을 것은 너무나 분명한 것이다.

따라서, 우리는 이 지상 생활을 하면서 사후에 있을 위대한 삶을 자신의 양심과 성실로써 잘 준비해나가야 하는 것이다. 인간의 궁극적인 지상 생활의 목적을 알게 해주지 않지만 반드시 어떻게 살아가야 하는 것인가에 대한 가르침은 분명히 주어지고 있는 것이다.

우리의 양심과 겸손한 마음으로 성실하고 정직하게 生을 영위해 갈 때 우리는 그것을 깨닫게 되고, 또 道를 이룬 사람들의 가르침을 받아들이게 되어 살아가는 방법, 즉 어떻게 무엇을 추구하며 살아가야 하는가에 대한 질문에 답을 얻으며 살아갈 수 있게 된다.

마치 수험생이 답을 알게 하지 않지만 어떻게 하면 만점을 얻을 수 있고 어떻게 공부하면 답을 알수 있게 되는가, 그리하여 결국 그 수험생이 치르게 될 시험에 능히 합격하여 그 시험이 의도하는 모든 것을 허락받게 되듯이 인간의 궁극적인 생의 목적에 관한 것을 깊이 있는 핵심은 결코 알게 해주지 않지만, 어떻게 살아가야 그 궁극적인 핵심에 도달할 수 있는가 즉, 어떻게 이 지상 생활을 영위해야 위대한 사후의 축복을 받게 되는가에 대한 방법을 알 수 있게 되는 것이다.

준비돼 있는 자에게 조용히 들려오는 영의 소리는 우리의 인생 목적을 이룰 수 있는 방법을 깨닫게 해준다. 시시때때로 우리의 영혼에 수도 없이 많은 가르침을 고요함 속에서 들려준다.

나는 이제 알게 되었네!

사람이 무엇을 추구하고 어떻게 살아가야 하며 우리의 길을 인도하는 것이 무엇인가를 알게 되었네. 반드시 그 깨달음은 고요함, 조용함, 정적 속에서 주어지며 받을 수 있게 준비된 자에게만 거룩한 하늘의 질서에 따라 주어지고 있다는 위대한 가르침을 받게 되었네!

나는 이루리라! 고요함 속에서 이루리라!

영의 인도와 영의 음성을 구하고 그 인도를 구하고 그 인도에 따르며 조용하게 살리라. 그 조용함·고요함 속에 가장 강한 힘이 있으며 뛰어난 지혜가 있으며 칼날 같은 예지와 지적인 힘이 숨어 있으니 언제나 조용한 질서 속에 우주의 원리에 순종하며 따르며 生의 아름다움을 찬미하면서 살아가리라!

生의 위대함을 노래하며,
찬란함을 자랑하며,
거룩함을 간직하며,
아름다움을 선포하며
살아가리라!

유익과 행복 / 홍익인간 / 위대한 하늘의 보상 / 나의 조국 대한 – 제일의 정신적 지주 / 세계의 빛

따라서 우리는 남에게 유익을 주면 그만이다.

남에게 해를 입히면 그것에 상응하는 벌(고통)을 받게 된다는 말과 일맥상통하는 말이지만 우리는 더 적극적으로 남의 유익과 행복을 위해 노력하고 힘써야 하며 남에게 미치는 그 유익과 행복이 실질적이어야 하고 실제로 나타내 보여야 한다.

피상적이고 말로만 남의 유익 · 행복을 운운하는 것이 아니고 실천적인 언행에 의하여 남이 그 유익과 행복을 실제로 느끼고 감지해야 하는 것이다.

이 지상에서 어떻게 살아가야 할 것인가에 대한 가장 대표적인 지침과 표준이 바로 남의 유익을 위해 일하며 살아가는 것이다. 그것이 곧 홍익인간, 바로 널리 인간을 이롭게 하는 것이다.

그렇게 살아가면 그는 곧 인생의 이 지상 생활의 목적을 다 이루는 것이다. 남의 유익과 행복을 위하여 자신이 접하게 되는 모든 사람에게 이 지침을 실행할 때 그는 위대한 하늘의 보상, 이 우주 질서에 따르는 찬란한 빛의 보상을 영영히 받게 될 것이다.

이것이 곧 이 나라, 동방의 나라, 아침의 나라, 나의 조국 대한(大韓)에서 세계 만방으로 뻗어나갈 제일의 인간의 정신적 지주가 될 것이다.

'널리 인간을 이롭게 함.'

오! 이 놀라운 진리여! 깨달음이여!

이제 나의 생의 준비가 탄탄하게 다져진 상태이다. 이제 서서히 이 위대한 일의 성취를 위하여 더욱 충실히 준비하여 세계의 빛이 되리라.

1988年 8月 12日 (金) pm2:00   8/12 ①

아! 또 위대한 깨달음 인가!

우리의 인생의 목적. 즉 우리가 바램이
앉아야낳 이 지상에서 人間으로서의
장속적인 목적, 가장 委로고 중요한
값은 이 생이 영원하고 있는이 지상
에서는 결코 알 수 없다는 것이다.

아 이 큰 축복이러라!

인생의 장속적인 목적,
즉. 우리는 왜 이곳에 태어 났으며
어떻게 살아야 하며, 가장 중요한 것-
죽은후의 인간삶은 대체 어떻게 되는가
에 대한 것은 결코 알수 없다는
것이다.

⋮

지도자 · 인도자 · 안내자 / Leader가 되는 스타일 / 위대한 지도자상

"언제나 지도자적이고 인도자적(안내자 역할)인 입장에서 모든 사람들을 대면하라.

그들의 Leader가 되는 스타일로 말하고 행동하고 늘 주체적이고 자신감과 적극적인 자세로 모든 일을 수행하라.

신앙으로 긍정적인 사고로 모든 사람에게 위대한 지도자 상을 지니고 행하며 말하고 처신하라.

함부로 또 가볍게 말하거나 실속 없는 말을 많이 하지 말고, 늘 침착하고 차분하게 言行하라."

(인생을 하게 그리다)

" 언제나
지로자적이고 인도자적(안내자역할)인 입장에서
모든사람들을 리면하며

그들의 Leader거리는 소화으로 말하고.행동하며
늘 주체적으로 자신갔고 적극적인 자세로 모든
일을 수행하다.

신앙으로 승리적인 사고로 모든 사람에게 위대한
지도자 상원 지니고 힘차게 말하고 확신하며·
힘부고 또 가볍게 말하거나

실속없하 말을 많이 하지 않고
늘 직감하고 차분하게 言行하며 "

우주의 신비 / 인간의 위대함 / 인간 삶의 소중함 / 선과 악 / 가치 있는 인간 삶

아! 우주의 신비로움이여!

인간의 위대함이여!

인간 삶의 소중함이여!

이 값진 인간 삶을 어찌 헛되이 보내겠는가!

가장 가치 있고 값지게 보내야 하리니

어떻게 사는 것이 가장 가치 있는 일인고?

선(善)과 악(惡)의 기로에서

善을 추구해야 하는 것이 인간 삶의 목적인가?

그러면 대체 어느 것이 善이고 어느 것이 惡이란 말인가?

그리고 善이 정의 된다면 그것이 한두 마디 말로 설명될 수 있는 것인가?

아! 어찌 됐건 나는 인정할 수밖에 없나니

바로

우주의 신비로움이어라!

인간의 위대함이어라!

인간 삶의 소중함이어라!

그리고 그 가치 있는 인간 삶을 가치 있게 보내야 하리라!

하는 것이로다!

1998年 8月 23日(日)

아! 우주의 신비로움이여!
  인간의 위대함이여!
  인간삶의 소중함이여!

한번 이 값진 인간 삶은 어찌 하리오 배껏는가!
가장 지치 있고 끝지게 보내야 하며
...ㅂㅎ게 사는것이 가장 가치 있는일으
善 과 惡의 기로에서

善을 추구해야 하는것이 인간삶의 목적인가?

그러면 @ 대체 어느것이 善이고 어느것이
  惡이란 말인가!

그리고 善이 정거 된때 그것이 한우파러
  밖로 실명할수 있는 것인가?

아! 이리 댛것 나는 인정할수 밖에 없나니
바로:
  우주의 신비로움이여라!
  인간의 위대함이여라!
  인간삶의 소중함이여라!
  그래서 그 가치 있는 인간삶은 가치 있게 보내야 하리라!
  하는 것이로다

신앙! / 위대한 꿈 / 위대한 신앙의 힘 / 꿈의 찬란한 완성

신앙!

신앙으로 살아간다 함은 무엇인가?

바로 자신의 영혼에 스며드는 영감과 계시와 환상과 시현에 따라, 또는 그러한 계시를 믿음으로 추진시켜 성취시키는 것이다.

나에게는

끊임없이 주어지고 있는 위대한 꿈에 대하여

나는 감사하게 생각한다.

나는

나에게 끊임없이 주어지는 이 위대한

꿈을 위대한 신앙의 힘으로 이루고 성취시키리라.

남들이 깜짝 놀라리라.

나의 꿈의 실현을 보고서!

또 용기도 얻게 되리라.

위대한 나의 꿈의 찬란한 완성을 보고서!

1998年 8月 24日 (月) Ⓑ

신앙!

신앙으로 산다는 것한은 무엇인가?

바로 자신의 영혼에 소패드는 영광스러우시며

환상스러시면에 따라, 그는 그리한 계시를

믿음으로 추진시켜 성취시키는것이다.

나에게는

끊임없이 주어지고있는 위대한 꿈에게하여

나는 감사하게 성장한다.

나는

나에게 끊임없이 주어지는 이 위대한

꿈을 위대한 신앙의 힘으로 아르름 무기시키며

나돋이 깨끗히 눈뜨며

나의 꿈의 실현을 보리!

또 믿기로 읽기 리키며

위대한 나의 꿈의 찬란한 완성을 보리!

사람들에 대한 평가 / 지상 생활의 의무 · 목적 / 지도자적인 권위 / 타인의 발전

아! 위대한 발견이다.

내 자신에 대한 발견이다.

내 자신에 대한 확신이다.

나의 마음속에 일어나는 사람들에 대한 평가는 정확하다는 것!

반드시 마음속에 끊임없이 일어날 때만 그것이 정확한 지침이 될 수 있다는 것.

즉, 어느 사람에 대하여 보는 즉시와 혹은 사귀고 있는 중이거나 많은 접촉이 있은 후에 그 사람에 대한 마음에서 일어나는 느낌은 정확한 계시와 같은 것이니 확신과 신앙의 힘으로 그 사람을 안내, 인도, 선도해 주어야 하리라.

나의 마음속에 일어나는 느낌은 상대방에 대한 좋은 점, 나쁜 점, 개선해야 할 점, 보강해야 할 점, 더 자신감을 불어넣어야 할 점 등 갖가지 형태의 확실한 마음의 지시가 주어지다. 사람에 대한 좋지 않고 개선해야 할 점, 또는 버리거나 없애 버려야 할 못된 언행에 관한 것이 분명하게 주어지니 그것을 사명감과 사랑과 봉사와 헌신과 인내와 확신을 갖고 그 당사자에게 권고, 질책, 충고, 격려 등을 해야 하는 것이 나의 지상 생활의 의무 · 목적 중의 하나이며 그리하여 당사자가 겸손하여 자신의 잘못이나 약점을 개선하려는 노력을 할 때만 발전을 할 수 있지만 그러하지 않고 교만, 거만, 고집을 부리면서 내가 던지는 충고와 권고에 귀를 기울이지 않을 시는 슬픔과 불행을 겪게 될 것이니, 사람들이여! 분명한 것을 알리는 자의 목소리에 귀를 기울이라. 나는 분명하게 지도자적인 권위를 유지하며 타인의 발전을 위해 노력할 것이다. 중요한 기록이다.

1988年 8月 25日(木)

요는 기록기록하면
욕심대로 기록
기록기 A 이면 두번째기록
기록기 C ↗ 세번째 ......

아! 위대한 발견이다.
내 자신에대한 발견이다.
        확신이다.

나의 마음속에 일어나는 사람들에대한 감정가는
정확하다는것!

반드시 마음속에 끊임없이 일어날때만 그것이 정확한
지침이 될수 있다는것.

즉 어느 사람에 대하여 믿는해서라

좋은 사귀고 첫눈중이거나 않은 접촉이 있은후에
그 사람에 대한 마음에서 일어나는 느낌은
정확한 게시와 같은 것이니
확신과 신앙의 힘으로 그 사람을 안나, 믿고,
신로해 주어야 하나.

나의 마음속에 일어나는 느낌은 상대 방에

문제아

우리는 흔히 '문제아'들을 경시하는 경향이 있다.
허나 그것은 큰 잘못이다.
'문제아'일수록 머리(지능) 능력이 비상한 아이들이 많다.
따라서 이들에 대해서 부정적인 생각보다
긍정적인 면으로 많이 생각하면서
이들의 生이 성공적으로 영위될 수 있도록
특별한 노력을 더 기울여야 한다.

다시 말해
'문제아'들일수록 그들을 더욱 관심
있게, 그뿐 아니라 그들이 더 능력 있는
사람으로 세상에 태어났다는 것을 알고
올바르게 지도하며 그들이 성공적으로
자신들의 재능을 발전시킬 수 있도록 해야 한다.

1998年 8月 30日(日)

우리는 흔히 "문제아" 들을 경시하는
경향이 있다.

그러나 그것은 큰 잘못이다.

"문제아" 일수록 머리(지능)는 능력이 비상한
아이들이 많다.

다만 이들에 대하여 부정적인 생각보다

이들의 능력이 바람직한 앵식으로 발휘되도록
특별한 노력을 더 기울여야 한다.

다시 말해

문제아 들 일수록 그들은 더욱 관심
있게, 그뿐 아니라 그들이 더 능력있고
사는 세상에 더 나아갔다는 것은
일어나게 지도하여 그들이 바람직으로
가서 능의 지능은 발휘시켜 있도록하여 한다.

(64) 1998년 8월 31일 (月)

동(東)티모르

아! 이 얼마나 다행스러운 일인가!

나는 몇 달 전, 일간지 신문에서 인도네시아 군인에 의한 東티모르 여인들에 대한 잔인한 비인간적인 만행을 보고서 왜 이들에 대한 구조와 도움을 보내고 있지 않은가에 대해 가슴 아프게, 매우 가슴 쓰리게 생각하고 있었는데 오늘 앞에 붙인 기사를 보게 되어 많은 마음의 위로와 안심을 갖게 되었다.

즉, 東티모르 출신 노벨평화상 수상자인 '호세 라모스 오르테가' 에 대한 기사였다. 東티모르에서 인권 운동을 하던, 또 그곳 출신인 '오르테가' 가 노벨평화상을 수상하였다니 자신의 민족이 수난을 겪고 있는 것을 그냥 볼 리 없으니 위로가 되었다는 것이다. 그러나 '민족자결' 과 '민족자치' 를 외치는 그에게 세계는 아직도 너무 담담하게 대하고 있는 것이 가슴, 가슴만이 더 아플 뿐이다.

88.8.21. 동아

"동아시아의 평화와 인권을 위하여"

제주서 '4·3사건' 50돌 맞아
국제학술대회 오늘 개최
광주항쟁 동티모르문제 다뤄

노벨평화상 수상
자 호세 라모스
오르테가

멘 히데오
일본 참의원

'동아시아 평화와 인권 국제학술대회'가 노벨평화상 수상자인 동티모르의 인권운동가 호세 라모스 오르테가 등 국내외 학자와 법조인 예술인 등 2백50여명이 참가한 가운데 21일부터 나흘간 제주시 연동 그랜드호텔에서 열린다.

해방직후 혼란기의 제주 '4·3'사태 50주년을 맞아 열리는 이 학술대회는 한국 대만 일본 오키나와 등 4개 지역 인권관련 단체가 공동 주최한다. 전쟁 혹은 냉전체제하 갈등 속에서 양민이 희생되는 등 극심한 인권침해를 겪은 지역들이다.

오르테가는 동티모르에서 활동중인 벨로 신부와 함께 96년 노벨평화상을 공동 수상했으며 한국을 방문하기는 이번이 처음. 언론인출신으로 자치운동에 앞장섰던 그는 75년 인도네시아 군대가 티모르를 점령하자 해외에서 인권운동을 벌이고 있다.

그는 개막연설에서 최근 다시 국제적 이슈로 떠오르고 있는 인도네시아와 동티모르의 관계가 민족자결원칙에 의해 해결돼야 한다는 점을 강조할 예정이다.

학술대회에는 유신정권하에서 발생한 '김대중납치사건'과 관련, 일본에서 만들어진 조사위원회 대표로 활동해온 덴 히데오(田英夫)참의원도 참석해 '김대중정권' 출범에 관한 감회 등을 밝힌다.

22일에는 △동아시아 냉전과 민중 △냉전체제 폭력과 아시아 여성을 주제로 발표 및 토론이 있는데 오키나와 군사시설 철폐운동과 50년대 대만의 양민학살, 여성에게 일어나는 국가적 폭력이나 일상적 학대에 대해 집중논의한다.

23일에는 제주 4·3사건 광주민중항쟁 대만의 50년대 백색테러 등 각 지역의 인권탄압의 실상에 관한 토론과 동아시아 평화인권운동의 연대방안에 대한 논의가 이어진다.

마지막 날에는 백조일손지묘(百祖一孫之墓) 알뜨르 비행장 등 제주지역내의 역사 유적을 돌아보며 동아시아 평화헌장 선언문도 채택한다.

이 국제학술대회는 지난해 2월 '2·28 대만 양민학살' 50주년을 맞아 대만에서 처음으로 열렸으며 이번이 2회째. 내년 3차대회는 일본 오키나와에서, 4차대회는 광주민중항쟁 20주년을 기념해 광주에서 열린다.

동아시아 평화와 인권 한국위원회 제주 사무국(국장 강창일 배재대 교수) 064-753-7123

〈조헌주기자〉
hanscho@donga.com

아! 이일 따나 다행 스러운 일인가!
나는 몇 꼭진, 있건지 신문에서 인도네시아
군인에 의해 東티모르 여인들에 대한
잔인한 비인○○○ 강량이 까해 온 보고의
덴 이스에 대한 우리의 도움을 보내야만 있지
않은가에 대해 가슴 아프게 매우 가슴 쓰리게

국군의 날 / 초등학교 과외 지도 / 교육 개혁자 / 교육 시설의 초현대화 / 교육의 질 / 세계 최고의 교육 / 위대한 교육 이념

'국군의 날' 행사가 마음에 들었다. 흡족한 상태는 아니었으나 '건국 50년', '건군 50년', '제2 건국'의 슬로건을 내걸고 한 국군의 날 행사 느낀 점이 있었다.

인동초등학교에 전화를 걸었다. 교감선생님이라 했다. 금번 학교 내에서의 과외 지도 및 과외 지도비 수납에 대한 학부형의 의견을 전했다.

어찌하여 초등학교 의무교육 기관에서 과외비를 받고, 특히 정규교육 및 특별활동 교육에 해당하는 수학, 하모니카, 과학 등을 각 월 25,000원씩 받고 행할 수 있느냐고 항의 내지 수정 아니면 없애라고 건의했다.

학교감은 상부 지시가 있고 또 비싼 사설 학원에 보내지 않도록 하기 위함이라 했지만, 상부 지시는 이미 이 한국 교육의 부패성과 선견지명이 없다는 것은 상식화되어 있으니 그것을 최고의 것으로 할 수 없는 것이라 했고, 또 오히려 초등 의무 교육기관에서 기천원도 아닌 기만원씩 과외비를 받고 과외를 실시한다면 사설 과외를 더욱 부추기는 결과를 초래하게 되고(왜냐하면, 학교에서 그와 같이 한다고 해서 사설 과외가 근본적으로 없어지는 것이 아니므로 – 어차피 사설 과외가 실시되는 것이므로) 다음, 초등학교에서의 과외비 25,000원이라는 돈은 사설 과외비를 높이는 결과를 초래하는 것이라고 했다.

초등 의무 교육기관에서 25,000원이면 사설은 그 배 정도는(배 이상) 받아도 된다고 생각할 것이기 때문에 50,000원 내지 100,000원까지도 가능하리라는 생각으로 이어져, 기왕 하려면 무료 내지는 기천원에 해당되는 과외를 하지 않을 경우 결국은 사설 과외 난립과 고액 사설 과외비로 연결될 뿐만 아니라 초교에서도 과외를 실시하니 일반 사설 과외는 더욱 당연시될 것이기에 이와 같은 문교부 정책은 본디 그들이 말하는 효과와는 반대의 효과 즉 사설 과외 학원의 난립, 고액 사설 학원비 당위성, 뿐만 아니라 사설 학원 설립 내지 사설 학원 교육을 받는 것이 일반화되는 사태를 초래하게 될 것이라고 하면서, 상부에 이러한 폐단이 있다는 것을 재검토·건의하라는 전화를 했더니, 그 교감선생님은 감사하다고 하면서 전화를 끊었다.

이 나라 교육!
어디로 가는가?
어디로 갈 것인가?

투철한 애국애족에 대한 교육 개혁자가 나타나 교육 시설의 초현대화, 교육의 질을 세계 제일의 수준으로 끌어올리고, 교육공무원에 대한 최고급 대우를 해주어 세계 최고의 교육 역사와 자질을 갖고 있는 이 나라의 위대한 교육 이념을 심어야 할 것인데, 바로 내가 하리라!

'국군의 날' 행사가 마음에 들었다.

웅장함 속에도 아니었다. '건군 50년',

'건군 50년', '제2경제'의 슬로건을 내걸

한 국군의 날 행사' 느낌 좋게 끝났다.

이동초등학교 (4기-2222) 에 전화를

걸었다. 교장 선생 오이며 없다.

이 순간 찾는 애기의 라디오도 없고 과서

지리비 수업에 대한 학부형의 의견을

전했다.

의지하며 초등학교 의무교육기관에

아니라는 반, 특히 정규교육 및 특별

활동교육에 해당되는 수업, 하루나가 그렇

등을 측의 막 한 간에 되었 만은

항상 어있느냐고 한 항의 내지 수로

아니 없어요 라고 항의하

:

행복 – 세계 대백과 사전 · 일간신문 / 정보와 지식 / 한국 최고의 지식 / 정신과 마음 / 인간 내면의 세계 완성

나는 행복하다.

지금은 마음대로 공부할 수 있기 때문이다.

나에게는 180억 원을 투입하여 만든 동서 문화『세계 대백과 사전』이 있어 행복하다. 나는 이 백과사전을 통하여 세계 각국을 여행하며 그 방대한 자료로 인해 온갖 종류의 지식과 학문을 연구하고 연마하고 있다. 세계사를 비롯하여 중국, 동남아, 미국, 영국 등 가고 싶은 곳이면 어디든 즉각 갈 수 있고 뿐만 아니라 엄청난 정보와 지식을 축적하고 있다.

과연 동서 문화에서 180억 원을 투입하여 엄청난 지식의 학문의 보고를 만들어 놓았으니 나는 그 180억 원의 보고를 순식간에 만끽하고 즐기는 것이다. 바로 엄청난 지식과 학문의 갈증을 이곳 백과사전에서 얼마든지 언제든지 어떠한 것이든지 또 나의 원하는 것이면 거의 무엇이든지 얻을 수 있는 엄청난 보물이 내 곁 가까이 있어 참으로 좋다. 행복하다.

그리고 매일매일 엄청난 정보와 지식을 제공해 주는 일간신문이 있어 좋다.『조선일보』. 나는 이 일간신문으로부터 무지막지한 정보와 지식을 흡수하고 있다. 수많은 기자들과 편집인, 전문인, 지식인 그리고 세계 각지로부터 흘러들어 오는 온갖 필요하고 중요한 정보와 지식을 나는 거의 매일 접할 수 있어 행복하다.

나는 매일 신문 1부가 책 한 권 이상에 해당하는 정보와 지식이 있다고 믿고 있다. 그러기에 나는 매일 신문 1부를 읽고 정리하는 것을 책 한 권 이상을 읽고 정리하는 것으로 생각하고 있다. 내 말이, 내 생각이 틀리지는 않을 것이다. 그래서 나는 일간신문을 가볍게 여기고 휴지처럼 버리는 것을 안타깝게 생각하고 있는 사람이다.

그 외, 내 곁에는 온갖 종류의 국어사전, 자전, 영어사전, 법률서적, 기타 양서들을 가까이 접할 수 있어 참으로 즐겁고 행복하다. 나는 한국 최고의 지식을 갖춘 자가 되리라. 그것은 정신과 마음, 그리고 인간의 내면의 세계를 완성해 가는 것을 포함하는 것이다. 내가 이루리라.

1998年 10月 5日 (月) (흐림)

나는 행복하다.

지금도 이순간도 충분한 느낌에 빠져있어.

나에게도 180억원을 특이하게 받는

동시 불러 - "세계 대백과 사전"이 있어 행복하다

나는 이 백과사전을 통하여 세계각국을 여행하며

그 면적과 자료로 인해 온갖 경우의 지식과

학문을 열고, 연마하고 있어.

세계사를 비롯하여 종교, 문학사, 예술, 명곡 등. ─

그리고 그런 웃음에 어디를 갈수 있고 별별 아니라

                                                   충분

입침없는 자료와 지식을 축적하고 있어.

그래서 홍지 동창 내게   180억원을 특이하게

입침없는 지식의, 학문의 보고로 받는데 좋았고

나는 그 180억원의 보고를 순식간에

반껴하고 즐기고 것이며, 바로 입침없는

지식과 학문의 깊음을 이웃 백과사전

에서 얻어두지 빼 빌려두지, 어쩌는 것이두지

또 나의 원하는 것이며, 무엇이두지 얻을수 있는

입침없는 보물이 내곁 가까이 있어 참으로 좋아

경복하여

子에 대한 양육 및 교육 / 생명 탄생은 축복

반드시

父는 子에 대한 양육비 및 교육비를 책임져야 한다(미혼모, 혼인 외, 혼인 자녀 할 것 없이 父를 확인할 수 있을 때는, 또 최대한 자료를 검사하여 子의 父가 확인되도록 하여 어떠한 경우에라도 子의 父는 그 子의 양육과 교육비를 자립할 때까지 책임져야 한다).

학생(초, 중, 고, 大)이 子의 父가 되는 경우 그 학생이 성인이 된 후에(그 전이라도 가능하다면) 반드시 자신의 子에 대해 양육 및 교육에 대해 자립할 때까지 책임을 져야 한다.

※ 子의 부가 미성년일 경우는 그 친권자가 책임진다.
※ 출생은 어떠한 경우라도 축하받아야 하며 아이를 출산하는 산모는 어떠한 경우라도 환영받고
   축복받고 보호받아야 한다.

가족의 해체를 주장하지는 않지만 어린이에게 가족의 구성원을 충족시켜 주면 (특히 母) 정상적으로 성장할 수 있기에(SOS 어린이 마을) 앞으로 어떤 관계이든 생명 탄생은 축복으로 연결되어야 한다.

10 원칙   ⑤ (子의 父母가 미성년자인경우는
                              친권자가 행사한다)

父는 子에 대하여   양육비 및 교육비를
책임져야 한다、(미혼모・혼인외・혼인자녀
한것없이)父를 알 수 있는 경우에는
필요하면 자녀는 검사하여 子의 父가
확인 되었을때 비러는 경우에라도
子의 父는 그 子의 양육비, 교육비를
자립할 때까지 전부 맡겨 야한다)

학생 (초・중・고大)이
子의 父가 되는경우   ── 임신
그 학생이 성인이 된 후에 (고전이라도 가능하면)   양육 (교육)
반드시 자신의 子에 대하여 양육 및 교육에
대하여 자립할 때까지 책임을 져야한다

父출생후 에비러는 경우라도 꼭 다 맡아야 하며
           아이를 출산하는 산모는 비러가는
경우라도 확인 받고 꼭 복 받고 보호 받으어야 한다.

· · ·

성문화(性文化)의 재창출

- 性文化의 재창출 -

준비된 장소, 준비된 사람, 준비된 방법(교육)에 의하여 '性은 추하기 때문에 감추는 것이 아니라 성스럽기 때문에 감추어져야 한다' 즉, '성스러운 것이 공개됨으로써 추하게 된다'는 원리(원칙) 하에 성스럽게 성교육을 시킬 수 있는 '성교육 장소'를 구축하여 성스러운 성을 위대한 인성교육 장소로 활용·적용시키는 교육 시스템을 개발하여 실시함.

마치 조산소 또는 산부인과 병원에서 조산, 신생아 출산이 제한된 장소에서 이루어지듯 성스러운 출생과 같이 성스러운 性이 성스럽게 '제한된 장소'에서 은밀히, 조용히, 성스럽게 성교육을 시켜 가장 근본적인 인성 교육장이 되게 한다.

論文化의 과정물

1. 흥미로운 정보

2. 흥미로운 사실 ⎫ 에 대하여 ⑰ (불은 축하네

3. 흥미로운 방법(교육) ⎭ 때문에 갓득느꿰이 에써서

상느래께 때문에 갓득느래야
안써 '즉, 상느래라도이

흥미롭 없으로 위 통하게 된다 는 <del>완벽퇴의</del>인 리(지식)
하에 상느래께 비교움을 시켜스 있는

성(움을 정보 을 ⑭⑮ 거측하게 상느래운 성을

위해서 인서교육 정도를 활용、적용시키는

교육시스템을 개발하여 실시한

다되 건산는 것도 삽복이라고 방법에서 건는 ,
⑭ 신성이 물산이 제한도 정도에서 이루어지듯
상느래운 흥셍과 같이 상느래운 무의이 상느래께
제한도 정도 '에서 은밀히 효용히. 상느래께 썼었음
위되 가장 진보적인 인성 교육정이 되게됨

간통죄

– '간통죄'를 없애야 하는 이유(성스러운 性이 성스럽지 못하게 거론되어서는 아니 되는 이유)–

성스러운 '성'이 죄목으로 인정이 되어, 법정에서 성스럽게 다루어진 성을 성스럽지 못하게 다루어지는 것은 인간 자신의 성스러움을 없애 버리는 것과 같다.

더구나 인간의 존엄성은 성(性)을 성스럽게 여길 때 그 가치가 더 높게 평가되는 것인데 서로가 서로의 자유의사에 의하여 성스럽게 나눈 性을 성스럽지 못한 방법으로 논한다는 것은 인간 존엄성 그 자체를 부인하거나 인정하지 않으려는 태도로 귀착될 수 있는 것이기에 강간이나 폭력 또는 강압에 의하여 행해지는 性 이외에 서로의 자유의사에 의하여 나누어지는 성에 대해서는 당사자의 양심에, 도덕에 순전히 맡겨져야 할 일이다.

만약 간통이나 '성'에 관련된 재판을 열려면 통제된 비밀스런 재판장에서 판사의 입회 하에 성스럽게 그 관계가 진술되고 판단되게 해야 할 것이다.

간음 죄'를 없어야 하는 이유 (상대방 또 他이 상처받게)
불하게 ㉺ 거룩하여도 아니하는이유)

상대을 성이 (利목)으로 빌처이되여

경정에서 상대하지 못하게 따누어 되는것은
인간 자신의 상스러움를 없애여가는것과 같다

다가서 인간의 깊으실은 성(性)은
상스럽게 여길때 그 가치가 더 늪기
대까되는 것에 ㉺ 서로 서로의

자욱의식에 의하여 상스럽게 나눈 성을

상스럽지 못한 경계으로 흐른다는것은
㉺ 인간 것임면 그 자체을 목으하거나
인정하지 않으며도 대로을 지책라 수

있는 것이기에 강간이나 폭목 따는 경우에
의하여 행해지는 ㉺ 성이외에 서로의

자욱 의식에 의해 의해 나누어지는 성에
대해서도 당사자의 양심에, 흐르게 순리히
나눈것지에야 될 있이며

앞으로의 가정 조직

-앞으로의 가정 조직-

대단한 조직력과 관리 능력의 소유자만이
훌륭한 가정을 이끌어 갈 수 있고
모든 가족 구성원을 성공의 길로 인도할 수 있다.

없는나의 이생각상   1998. 12. 26 (土)

대단한

국적강의 말내놓명의 나눔대들이

운동가정보 이름기업록 않고 모든 기들

가제면도 사람의 길로 남르남로 않~

인간조각가(人間彫刻家)

오늘 나는 '人間彫刻家'에 대한 대사상(大思想)에 대해 언급했다.

'人間彫刻家'란 인간을 키우는 사람을 지칭하는 것인데, 사물을 돌이나 나무에 조각하듯 한 인간을 훌륭하고 멋지게 가꾸고 키우는 사람을 '人間彫刻家'라 한다고 가르쳤다.

그런데 '人間彫刻家'의 가장 중요한 품성은 '고통의 공유자'이어야 한다고 중요하게 덧붙였다. '고통의 공유자'란 인간을 키우기 위해 못된 성품을 자를 때 그 잘리는 사람이나 자르는 사람이 똑같이 그 자르는 고통을 느껴야 한다. 그러한 사람을 "고통의 공유자"라 하며 또 그러한 사람만이 '人間彫刻家'의 자격이 주어지는 것이다.

다시 말하건대, 人間彫刻家는 반드시 그 중요한 품성에 고통의 공유자의 품성을 갖추고 있는 자라야 한다.

어느 사람이 어떤 일을 할 자격이 없을 때, 때도 되지 않아 일부러 그 사람의 마음까지 상하게 하면서 그 일을 할 수 없다고 말할 필요가 없는 것이다. 본인 스스로가 때가 되면 그러한 자신의 능력을 알 수 있게 되는데 일부러 그러한 때가 도래하지 않았는데도 용기만 꺾게 하는 그러한 태도는 바람직한 방법이 아니다.

1991年 5月 2/8 (金)

오늘 나는 "人間 彫刻家"에 대한
大思想에 대해 연설했다.

"人間彫刻家"란 인간을 키우는 사람을
지칭하는 것인데, 사물을 돌이나 나무에
조각하듯 한 인간을 훌륭하고 멋지게
만들고 키우는 사람을 "人間彫刻家"라
할수 있겠다.

그런데 "人間彫刻家"의 가장 중요한
특성은 "고통의 향유자"이어야 한다고
홍익에서 맛볼몄다. "고통의 향유자"란
있음을 키우기위해 못된 생활을 잘들며
그 갈리는 사람이나 자라는 사람이 똑같이
그 자라는 고통을 느껴야 한다. 그러한 사람을
"고통의 향유자"라 해서 꼭 그리한 사람이

옥상

옥상에 채소, 잔디, 나무심기 운동

우리의 관계

우리의 관계는

죽은 후에도 계속 되는 것이기 때문에,

이 세상에서의 인간관계는 어떠한 관계이든

소멸되는 것이 아니기 때문에

모든 사람에 대하여 '영원' 을 같이 사는 것처럼 대하라.

1988. 6. 23,

우리의 관계는

죽은 후에도 계속 되었으면 좋겠어,

이 세상에서 인간 관계는 이(세)한 관계기에

꼭 계속되었으면 아니기 때문에

모든 사람에 대하여 '영원'을 같이 사는 것처럼

대하라

(74) 1999년 9월 30일 (木) 〈기록 : 10월 2일 저녁 7시 30분〉

국민과 국가와 세계에 대한 나의 비전

세계 제1의 나라 / 세계 제1의 지도국 / 꿈이 있는 지도자 / 세계를 주도하는 국가 / 세계 제1의 수준 / 세계 제1의 아름다운 나라 / 전 국토 정원화 사업 / 세상에서 가장 아름다운 나라 / 위대한 꿈 / 위대한 인간 / 위대한 인간 집단 / 위대한 국가 / 위대한 세계 / 인간존중 / 꿈의 나라 / 위대한 희망의 나라 / 남북통일 / 위대한 인간 지도자

저녁 8시 무렵 (특별한 기도의 응답을 기록으로 남기지 않는다고 오늘 나는 주님으로부터 강하게 질책 받고 바로 이 중요한 것을 기록으로 남긴다).

국민과 국가와 세계에 대한 나의 비전

[친애하는 국민 여러분!

우리는 위대하게 될 수 있습니다. 세계 제1의 나라로 발전할 수 있습니다. 세계 제1의 지도국이 될 수 있습니다. 그러한 꿈이 있는 지도자가 있으면 충분히 가능한 일입니다. 그리고 우리 민족은 그와 같은 자질을 충분히 갖고 있으며 6·25와 같은 동족상잔의 비극과 50여 년의 이산가족들의 고통과 북한 주민들의 고통 등은 우리들을 더욱 성장시키고 발전할 수 있도록 해주는 정신적인 힘의 역할로 나타나게 될 것입니다. 고통이 없이는 인간사회에서 어떠한 가치 있는 일의 성취도 불가능하게 됩니다. 고통은 우리를 키웁니다.

우리가 세계를 주도하는 국가로 발전하려면 경제력도 중요하지만 그것만으로는 어림도 없습니다. 우리의 사고가, 생각이 그들보다 앞서 있어야 하며 온 국민 모두가 지적 수준이 그들을 지도할 수 있을 정도가 되어야 하며 심지어 '먹는 것' 음식까지도 세계 제1 수준의 것이 되어야 합니다. 입는 의복의 수준도 세계 제1의 것이 되어야 합니다.

그래서, 본인은 수년 전부터 이 나라를 세계 제1의 아름다운 나라로 발전시키고 변모시키는 데 온 정성

과 노력을 기울이며 생각하면서 준비해 왔습니다. 그것이 바로, '전 국토 정원화 사업'인 것입니다. 전 국토를 그야말로 세계가 놀라게, 세상이 깜짝 놀랄 수준으로 말 그대로 '정원'으로 가꾸고 단장시켜야 하는 것입니다.

그야말로 이 강산이 '금수강산'이 되고 모든 산이, 들이, 도로가 세계 사람들이 상상도 하기 어려울 정도로 치밀하고 정교하게 다듬어져 세상에서 가장 아름다운 나라로 만드는 것이 '전 국토 정원화 사업'인 것입니다. 우리는 이것을 분명히 성취시킬 수 있습니다.

친애하는 국민 여러분!

여러분의 지지가 있으면 가능합니다. 여러분의 호응과 뜻이 한데 뭉치면 얼마든지 가능한 일로 나타날 수 있는 일입니다. 여러분의 지지를 호소합니다.

친애하는 국민 여러분!

이제 그 엄청난 계획이 어떻게 치밀하게 준비되어 왔고 또 가능한 일로 나타날 수 있는가에 대하여 분명한 계획과 실행 사항을 직접 보여 드리겠습니다. 여러분의 많은 기대와 성원을 부탁드립니다. 우리는 할 수 있습니다.

위대한 꿈이 위대한 인간을 만들며 위대한 인간 집단은 위대한 국가를 만들며 위대한 인간 국가는 위대한 세계를 만들어 갑니다.

이제 그 위대한 꿈의 방향을 분명하게 보여드리고 제시해 보겠습니다. 남은 것은 국민 여러분의 지지입니다. 지지를 보내 주십시오. 그러면 그 모든 일이 현실로 가능한 일로 나타나게 될 것입니다.

모든 일에 우리들은 '인간 존중' 사상을 기초로 놓아야 합니다. '홍익인간' 사상도 물론 '인간 존중' 기초 위에 서야 가능한 것입니다. 인간의 모든 일에 '인간 존중' 사상은 절대적인 것이며 이것이 결여된 어떠한 가치 있는 일도 있을 수 없습니다.

우리는 이 '인간 존중' 사상이 모든 이에게 미칠 수 있도록 꿈의 나라, 위대한 희망의 나라, 이 나라 대한민국을 건설할 수 있으며 그것은 남북이 통일되어 한 나라가 됨으로써 더욱 크게 나타나게 될 것입니다. 이 나라는 위대합니다. 위대한 꿈을 지닌 위대한 인간 지도자가 있기 때문입니다. 여러분의 지지를 호소하는 바입니다.]

1999. 9. 30. (木) (기록: 10月2日 저녁 7시30분)

저녁 8시경, (특별한 기(記)록으의 응답은 기록으로
남기지 않았다가 오늘 나는 주변으로부터 强하게
진책받고 바로 이 중요한 것은 기록으로 남긴다)

친애

국민(們)과 국가와 세계에 대한 나의 비젼

" 국민 여러분!

진애하는

우리는 위대하게 될 수 있습니다, 세계 제1의
나라로 발전할수 있습니다, 세계 제1의 지도국이
될 수 있습니다, 그러한 꿈이 있는 지도자가
있으며 충분히 가능한 일입니다.

그리고 우리민족은 그러한 자질을 충분히 갖고
있으며 6·25와 같은 동족 상잔의 비극과
1,000만명의 이산가족들의 고통과 북한주민들의
고통등은 우리들을 더욱 성장시혀(키)키고 밝지
않을 있도록 해주는 정신적인 힘의 역할로
나타나게 된 것입니다.

⋮

세계 제1의 국가 건설 / 위대한 지도자 /
위대한 사상 / 위대한 지도력 /
위대한 가능성 / 세계 제1탑 건설 / 지도자의 역할

우리는 분명 세계 제1의 국가를 건설할 수 있는 국민적 자질과 국토의 지정학적인 위치, 그리고 충분한 인적 자원과 정신적 힘을 구축할 수 있는 여력을 갖고 있는 국민이다. 문제는, 어떠한 지도자가 나타나 이러한 가능성을 일깨워 주고 위대한 정신적인 사상을 가지고 인도해 주느냐 하는 것이다.

다시 말해 문제는 지도자이다. 위대한 지도자가 나타나 위대한 사상과 위대한 지도력, 그리고 그 위대한 가능성을 지닌 자질과 능력을 가지고 이 나라를 세계 제1의 나라로 건설하려는 강한 의지로 이 나라를 이끌어 간다면 분명 이 나라는 세계 제1의 나라로 될 수 있는 것이다.

그리하여 우리의 가슴속에 세계 제1의 나라로 만들 수 있다는 가능성을 심어 주는 것이 중요한데 그 역할이 바로 세계 제1탑 건설 계획이다. 앞의 일은 바로 내가 그 모든 일을 수행해 나갈 것이다. 즉, 세계 제1의 나라로 만드는 일에 내가 중추적 역할과 그 지도자의 역할을 다할 것이다. 나는 이 나라를 세계 제1의 나라로 분명 건설할 것이다.

①

우리는 문명 세계 제1의 국가를
건설하려고 있는 국민적 사상과 국가의
지적 역량과 의욕, 그리고 충분히 인격적으로
또 정신적 하는 구별할 수 없는 역량을
갖고 있는 국민이다

원래도, 여기에는 지도자가 나타나 위대한
가능성을 인해주고 위대한 리더십의
사상을 가지고 인도해 나가야 하는 것이다
다시 말해 훌륭한 지도자이다

위대한 지도자가 나타나 위대한 사상과
위대한 지도력, 그리고 그 위대한 가능성
지난 자질과 능력을 가지고 이나라를
세계 제1의 나라로 건설하려는
강한 의지로 이나라를 이끌어 갈지며

(76) 1999년 12월 10일 (金)

나라의 지도자 – 인간 존중 사상

오후에 TV(유선) 채널을 확인하는 중에 KBS 위성2(채널26)에서 위성 스페셜 「天命」이라는 뮤지컬을 '위성 스페셜'이라는 프로그램으로 방영하고 있었는데 '녹두장군(東學) 전봉준'에 관한 내용이었다.

그 당시 시대 상황과 농민들의 한을 잘 읽을 수 있었고 나라의 지도자는 '인간 존중' 사상에 입각하여 모든 나라 구석구석을 하나도 빠짐없이 잘 다스려야 함을 크게 느끼는 좋은 내용의 뮤지컬이었다.

1991년 12월 10일 (화) 맑음 추위가

　오늘에 T.V (유선) 채널을 탐그하는 중에

"KBS 위성2 (제2방송)."에서　기상 스페셜

"天命"이라는 유지청운 '위성스테샬'이라는

프로그램으로 영영하고 있었는데

"동학정권 (東學) 전봉준" 같은 내용이었다

그 당시 시대상황과 농민들의 한을 잘 읽을수

있었고 배랴의 지도자는 "인간은 곧즉" 사상에

입각하여 만든 내 가상 주석은 하나의

배짐움이 참 다르래야 했음 크게 느끼는

점도 내몸의 늦지겠이었다.

국립국어연구원 - 표준국어사전

오늘『조선일보』에 게재된 두산동아의 책 선전의 광고를 보고 놀라지 않을 수 없었다.

'훈민정음 반포 이래 국가가 만든 최초의 국어 규범 사전, 표준 국어 대사전 탄생! 국립국어연구원 - 표준국어대사전, 상중하 정가 270,000원.'

야단쳤다.
국립국어연구원(T.779-4812)
조선일보(T. 724-5114)
두산동아(T. 3398-2438 후 교환)

어찌하여 국가가 처음으로 만든 사전을 이와 같이 비싸게 보급하느냐고! 세종대왕이 살아 계신다면 모든 세대주에 무료로 한 부씩 배부했을 것이라고! 국가의 지원 아래 신청자에 한하여 한 세대당 한 질씩 무료배부 실시 주장!

1991年 12월 13日 (金)

오늘 조선일보 에 게재된 '두산동아'
국어사전의 광고를 보고 놀라지 않을 수 없었다~
... 반드시 우리 국가가 만든 최고의
국어 국가 사전, 표준 국어 대사전 탄생!

국립중앙연구원 — 표준 국어 대사전
상정가 정가 270,000원.

아닐 수 없다.

국립중앙연구원 (☎ ○○○-4812)
조선일보 (☎ ○○○-5114)
두산동아 (☎ 33○○ - 2438 ○ ○○○)

어찌하여 국가가 만든 사전을 이리같이
비싸게 보급 하는가! 세종대왕이 살아계신다면
모든 세계에게 무료로 한목씩 배급하였을 것이라!
국가의 지원아래 신청 자에 한하여 1세대 1권씩
무료배복 실시 주장!

폴신(신호범) 미 상원의원 / 한국인 대통령 / 우리 민족의 우수성 / 우수한 두뇌력 / 훌륭한 정치 / 위대한 정치

오늘 아침 「임성훈입니다」 TV프로에 폴신(신호범) 미 상원의원이 출연하였다. 아주 감명 깊게 보았다.

신호범 미 상원의원은 전쟁고아로서 18세에 미국에 입양되어 독학 검정고시로 대학에 합격, 교수로 있으면서 미 상원의원에 당선, 이 민족의 저력을 과시하고 있다.

미국에 한국인 대통령도 나올 수 있다고 했는데, 우리 민족의 우수성, 삶에 대한 애착, 그리고 우수한 두뇌력이 있어 앞으로 죽을 때까지 정치인 50인을 키우겠다고 하는 '신호범'으로부터 많은 용기를 갖게 되었다.

한국인이 미국에 가서 훌륭한 정치를 하는데 한국인이 한국에서 위대한 정치를 못 펼치겠는가!

1991年 12月 ·4日 (火)

오늘, 아까 "인생을 합시다" TV 토론에
독신 (신노범) 이 상원의원이 출마하였다.
아주 감명깊게 봤다~

신노범이 상원의원은 거렁 대하여
18세에 이름께 감양된때   특히 건강깊이로
대학때 함격, 공부로 있으면서
내 상원의원에 갔다.

이 민족의 저력은 대시하고 있다~

이름께 한국은 대통령도 나올수있게
했는데, 우리민족의 우수함, 삶에
대한 애착, 그리고 강한 두뇌력이 있어
앞으로 죽는때까지 정치인 50 인을 키워갈것라
하는 `신노범' 의원, 히 많은 들에를 깊게
느꼈다~

⋮

세계적인 문자(文字) / 문자의 영향력 / 초일류 국가 / 세계 선도 국가

　우리는 세계적인 文字을 소유하고 있기 때문에
이 문자의 영향력을 극대화하여
초일류 국가, 세계를 선도하는 국가로 발전
시킬 수 있다.

1999년 12억 16일 (木)

우리는 세계최고의 文字를 보유하고 있기때문에
이 文字의 영향력을 극대화하여
조만유국가. 세계를 선도하는 국가로 만저
서갈수 있다.

(80) 1999년 12월 28일

독도(獨島)

참으로 한심한 일이 발생했다.

[日 일부 주민 호적 獨島로 옮겨, 정부, 항의서 전달. 일선 '막을 수 없다']
−1999년 12월 27일 『조선일보』

['日주민 獨島 호적은 주권 침해' 외교부, 日 강력비난, 與野도 대책 마련 촉구]
['獨島 호적 이전' 日 입장"민간 자발적인 추진 정부 개입 권한 없어"수년 동안 이뤄진 듯]
["日 주민 호적 獨島 이적 정부 강력 대응하라" 시민단체 촉구]
 −1999년 12월 28일 『조선일보』

이것을 가만히 놔두는가!
 정부는 즉각적이고 단호하고 강력한 조치를 日에 발동해야 하리라!

1999. 12. 28.

참으로 한심한 일이 벌어졌다.

"A. 읍 색주민 호적 獨島로 옮겨,
경북, 항의서 전달.
일본 "맞을 수 없다""
〈1999. 12. 27. 조선일보〉

"B 주민 獨島 호적은 주장 철회"
외무부, B 강력 비난,
與野도 대책 마련 촉구

'獨島 호적 이전' B 입장
"민간 자발적인 추진 정부 개입거칠건 없어"
수면 물위 이뤄질듯

"B 주민 호적 獨島 이적 정부 강경대응하라"
시민단체 촉구
〈1999. 12. 28. 조선일보〉

이것을 가만히 보고 두는가!
정부는 즉각적이고 단호하고 정당한 조치를
바삐 발동해야 하리라!

세계 위의 한국 건설!

아! 이 나라 이 민족의 위대함이여!
내 민족이 사는 땅이면 세계 어느 곳이더라도 바로 우리 땅이다.

세계에 흩어져 사는 내 민족의 끈을 더욱 강하게 하여 세계를 지도하는 기회가 되도록 해외 동포 연대 모임을 강화하고 그들의 특성을 살려 세계 도처에 터를 잡고 사는 세계 속의 한국이 아니라 세계 위의 한국을 건설하리라!

아! 인류와 이 민족의 위대함이여!

내 민족이 사는 땅이면 세계 어느곳
이더라도 바로 우리 땅이다.
세계에 흩어져 사는 내 민족의 꿈은
더욱 강하게 하며 세계를 지불하는

기회가 되도록 해야 동포 얼마 모인을 강화되고
그들의 특색을 살려 세계 도처에
터를 잡고 사는 세계속의 한국이 아니라
세계 위의 한국을 건설하리라!

3. 한국방송통신대학교 – 논픽션, 체험수기 및 논문 모음

　본 항에서는 제안자가 재학했던 한국방송통신대학교에서 수행한 자료들을 실었다. 국민 전체의 지적 수준을 높여 대한민국을 한층 업그레이드하는 데에 있어 큰 역할을 하고 있는 한국방송통신대학교의 위상을 알아보면서, 세대를 아우르고 장소와 시간에 구애받지 않으며 누구나 최고 수준의 교육을 받을 수 있는 국민적 원격대학의 미래상에 대한 인식에도 많은 도움과 참고가 될 수 있으면 좋겠다.

(1) 학문의 길을 가는 희열과 그 보람

　　–서울대학교 부설 한국방송통신대학 〈제3회 논픽션 현상모집〉 입선작(1980년)

　　–『서울대학신문(한국방송통신대학판)』 1980년 8월 25일(제269호)〔4〕면

(2) 최고의 대학 – 한국방송통신대학교

　　–〈우리 대학의 위상과 학업태도〉에 관한 대학홍보용 논문(2001년)

(3) 27년만의 졸업을 기대하며

　　–〈제1회 방송대 체험수기〉 응모작(2007년)

(4) 헌법의 대중화 · 민중화 전략

　　–방송대 법학과 졸업논문(2006년)

(5) 재학 당시 논문(과제물)

　　1) '훈민정음' 의 제자(制字)원리

　　2) 다산 정약용의 『목민심서』 요약 및 독후감

　　3) 法治國家의 原理

　　4) UN憲章 體制下의 合法的 武力行使

　　5) 성별(남 · 녀) 소득분배와 불평등

　　6) 當事者 適格에 관해 논하라

　　7) 산업혁명과 산업자본주의의 확립에 관해 논하라

(6) 최고의 선택 – 한국방송통신대학교 〈우수 학사 적응 방법〉

(1) 학문의 길을 가는 희열과 그 보람

• 서울대학교 부설 한국방송통신대학 〈제3회 논픽션 현상모집〉 입선작(1980년)
• 『서울대학신문(한국방송통신대학판)』 1980년 8월 25일(제269호) 전문 게재

방송대에 고마움을……

나는 먼저 나에게 배움의 길을 제공해 주어 몰랐던 것을 조금씩이나마 깨우침으로써 오는 기쁨과 보람, 그리고 보다 더 폭이 넓고 깊은 학문의 길에서 느끼는 마음 깊숙한 곳으로부터 솟아오르는 맑고 밝은 희열, 또한 그러한 느낌과 변화로 말미암아 앞으로 계속하여 나 자신의 발전 있는 생활을 계획하며 개척해 나가겠노라고 다짐하게 하는 보이지 않는 강한 힘을 지니게 해준 한국방송통신대학의 모든 것에 대해 참으로 깊은 감사를 올린다.

그리고, 남달리 어려움이 많았던 지난날의 역경 속에서도 끊임없이 배움에 대한 열망을 갖게 해준 알지 못할 그 어떤 것에 고마움을 느낀다. 무엇이 나로 하여금 그토록 배움에 대한 갈증을 느끼게 했던가? 대체 무엇이 배움의 즐거움을 느끼게 하고 그 길을 떠나지 않게 했단 말인가? 나는 그러한 동기를 부여해 준 것이 뚜렷이 누구이며 어떠한 것인지는 알지 못하나 나의 생활의 힘이 되었고 용기를 주었으며 인생의 바른 길을 찾아 걸어가도록 인도해 주었기 때문에 지금까지 나를 인도해 준 알 수 없는 그 어떤 힘에 대한 깊은 고마움을 느낀다.

나는 또한 앞으로 더욱 발전 있는 삶을 영위하도록 부단한 노력을 투자할 것이며 살아가는 가치가 무엇이며 어디에 있는가를 추구하며 그 길에서 내 자신이 해방되길 바라고, 나를 접하는 모든 사람에게 유익은 주지 못할지라도 그들에게 해는 끼치지 않는 인생이 되겠노라고 일평생을 두고도 변하지 않을 굳은 결심을 해본다.

배움을 향한 어려운 길의 시작

　적어도 나에게 있어서 배움의 길은 순탄하지 않았던 것 같다. 남들은 3년 만에 졸업하는 고등학교를 나는 5년 만에 졸업했다는 단 한 가지 사실을 생각하더라도 그것이 과장된 말이 아님을 알 수 있다. 그러한 일에 가장 장애가 되었던 것은 나와 같은 처지에 있는 대부분의 사람들이 그러하듯이 바로 경제적인 조건이었다.

　초등학교를 졸업하기 전에 나는 가정 형편상 중학교 진학을 하지 못할 것이라는 사실을 알고 있었다. 그러나 나는 진학할 학생들이 남아서 공부하는 교실에 같이 끼어들었다. 지금은 중학입학시험제도가 없어졌지만 그 당시에는 아주 치열한 경쟁시험이 있었던 것이다. 때문에 진학반 학생들은 밤늦도록 촛불을 켜놓고 공부를 해야만 했다.

　내가 다녔던 초등학교는 아직 전기가 들어오지 않아 어두울 때는 촛불이 가장 좋은 조명이었다. 나는 더구나 쌍둥이로 태어나서 넉넉하지 못한 환경 중에 중학교를 입학하게 되면 혼자 아닌 두 사람의 몫을 부담해야 했던 어려움이 더욱 진학을 포기하도록 부채질했던 것이다. 게다가 형은 중학교 3학년 졸업반이라 곧 고등학교에 입학하게 되어 있어 쪼들리는 가정을 꾸려 나가시는 아버지께서는 더욱 염려스러웠던 것이다. 그래서 결국 大를 위해 小가 희생되어야 한다는 형의 말을 동생된 마음으로 받아들여(받아들이지 않았더라도 어쩔 수 없었지만) 형은 고교를 진학하게 되었고 우리는 결국 중학교 진학을 포기하지 않으면 안 되었다.

　우리 쌍둥이는 초등학교를 졸업하고 이제 별 수 없이 부모님과 함께 가사를 돌보는 수밖에 없었다. 진학하지 못한 마음이 늘 가슴 한 구석에 자리 잡고 있어 어딘지 모르게 허탈한 느낌을 지워 버릴 수가 없었다. 때때로 중학교 교복을 입고 찾아오는 친구들을 볼 때면 더욱 그러하였고 그들이 참으로 부럽기만 하였다. 내 자신이 괜스레 부끄럽게만 여겨지고 무엇이 나를 억압하고 있는 느낌이 들기도 하였다. 그러나 이러한 마음은 땀 흘려 일해야 하는 시골인지라 바쁜 생활 속에서 나도 모르는 사이에 소화되어 버리곤 하였다. 그러다가도 어느 시기에 교복 입은 학생들을 볼 때면 다시 마음이 울적해지기가 일쑤였다.

　결국 이러한 마음은 나로 하여금 책을 멀리하게 하지 않았으며 초교를 졸업한 지 1년 후엔 다시 진학의 기쁨을 안겨다 주었다. "중학교만 졸업시켜 주십시오"라고 졸라 댔던 나의 간청은 드디어 아버지의 마음을 동요시켰고 모든 가족이 함께 도와주어서 그것이 입학의 보람까지 낳게 했다. 물론 쌍둥이 동생도 함께 학교를 다니게 되었다.

수석졸업의 슬픔

초등학교를 9살에 입학, 그리고 초등학교 졸업 후 1년 동안 휴학한 뒤에 중학을 입학했던 관계로 나이는 동급생들보다 많았지만 진학하여 배움을 향한 나의 마음은 정말 이루 말할 수 없이 즐겁고 기쁘기만 했다. 납부금을 바쳐야 할 기일이 가까워 옴에 따라 조바심을 느꼈을 때를 제외하고는…….

도시의 학생들에 비해 시골의 학생들은 대부분이 안타까울 정도로 학업 외에 가사 일을 힘겹게 돕지 않으면 안 된다. 나도 예외일 수는 없었다. 좀 쉬어야 하고 밀린 공부를 해야 하는 토요일·일요일은 더 많은 일을 해야 하는 날이 돼 버린 것이다. 집안 어른들은 언제가 토요일이고 일요일이냐며 묻기가 일쑤였고 그분들은 그날만을 기다린다. 일을 거들어 줄 수 있는 유일한 날들이기 때문이다.

그렇다고 해서 평일에 마음 놓고 공부에 전념할 수 있는 것은 더욱 아니다. 학생들은 아침 일찍 일어나서 책가방을 챙기고 예습·복습을 하는 것이 정상적인 일과일 것이다. 나의 중학 시절 동안 그런 것은 생각조차 하기 힘들 지경이었다. 먼동이 불그스레하게 트여 시골의 오솔길을 걷는데 어려움이 없을 정도로 어두움에서 겨우 해방되기가 무섭게 지게를 짊어지고 아침 일을 시작해야 한다. 논밭에 거름을 옮기는 일, 나무를 하는 일 등, 학업 때문에 못하는 낮의 일을 대신 아침에 거의 모두 해놓아야 할 정도이다.

그렇기 때문에 학교 외에서 공부하는 시간은 거의 없게 마련이다. 이러한 이유로 학교 공부를 게을리할 수는 없고 다른 방법이 없을까 하고 궁리 끝에 할 수 없이 등교 길이나 하교 길에 노트를 손에 들고 다니는 것은 예삿일이 되어 버렸고, 아침저녁으로 가사를 도우면서 틈틈이 책을 보아야 하는 일은 의무인 것처럼 되어 버렸다.

일할 때 책을 자주 보게 되니 자연히 일의 진전이 느린 것은 어쩔 수 없는 사실, 그래서 아버지께서는 내가 책을 들고 다니는 것을 보시면 좋아하시지 않았다. 어떤 때는 나무라기까지 했던 것이다. 그럴 때면 긴 소매 속에 노트를 팔에 둘둘 감아 감추면서 다녀야만 했고 휴식 시간이면 그 소매 속에서 살며시 책을 꺼내 봐야 했던 것이다. 이렇듯 공부에 대한 나의 집념은 결국 졸업 시에는 수석 졸업으로 교육감상을 수상하게 했던 것이다. 그래서 나는 이 학업에 대한 집념을 지니게 해준 알 수 없는 그 무엇에 대한 고마움을 느끼고 있는 것이다.

내가 좋은 성적을 얻어 우등상을 받아 올 때면 아버지께서는 침묵을 지키는 것이다. 좋아하는 기색도 싫어하는 기색도 아닌 그저 묵묵한 표정을 하고 계실 뿐이다. 나는 그 이유를 늘 같이 생활하는 가족들을 통하여 역력히 알 수 있었다. 성적이 좋게 되면 또 고등학교를 진학하게 될 것이기 때문에 어려운 가정형편에 그것은 또 하나의 커다란 짐이 되는 것은 틀림없는 일이었다. 각박한 살림에 아버지께서는 그것이 태산 같은 걱정이었기에 내가 좋은 성적을 받아 오는 것은 근심을 한아름 안겨드리는 것과 같은 것이었다.

그러나, 나는 기억하고 있다. 졸업식장에 나오신 아버지께서 내가 교육감상을 수상할 때 말없이 눈물을 흘리고 계신 것을……. 아버지의 가슴에 못을 박는 듯한 잘못을 저지르고 있는 것 같아 나는 수석졸업의 슬픔을 지녀야만 했던 것이다.

가난했던 현실과의 갈등

중학교 졸업…… 나는 앞으로 어떻게 해야 할 것인가? "중학교만 보내 주십시오"라고 했던 지난 3년 전의 말은 현실로 되어 버려야만 한단 말인가? 다행히 그렇게 되지는 않았다. 담임선생님의 주선으로 고교 입학원서는 접수를 시켰지만 결국 나는 장학제도가 많은 미션스쿨 계통의 학교를 택해 시험을 치러 장학생으로 선발되어 고교 입학은 생각보다 쉽게 이루어졌던 것이다.

그러나, 나는 추구하고자 하는 의욕과 그것을 따라오지 못하는 현실과의 대립에서 버둥거려야만 했다. '가난한 집 애들이 공부를 더 잘한다'는 말은 옛 말이 되어 버린 오늘날에 있어, 경제적인 악조건은 나에게 너무나 부담을 가져다주었던 것이다. 더구나 장학생이라 하여 돈이 거의 들어가지 않을 것이라고 믿고 있던 집안사람들의 기대는 나에게 많은 심적 고통과 정신적 갈등을 일으키게 했던 것이다.

남보다 더 잘하기 위해서는 그들보다 많은 책을 사봐야 함은 물론, 열심히 하기 위해서는 체력도 잘 유지시켜야 하는 것이 옛날과는 다른 것이다. 그러한 것을 해결하기 위한 방법은 어느 정도 경제적 보조가 따라야 하는 것이 당연한 일인데도 그 당시의 현실은 이러한 것을 용납해 주지 않았다. 다시 교복을 벗어야 하는 남모르는 고민에 빠졌고 어쩔 수 없이 나는 따뜻한 담임선생님, 다정했던 친구들을 멀리해야 했다. 휴학을 한 것이다.

나는 이제 직업 전선에 뛰어들어 돈을 모아야 했기에 상경하기는 했으나 모든 것이 뜻대로 원만히 해결되지는 않았다. 거리를 거닐다가 교모를 바르게 쓰고 책가방을 단정하게 든 학생을 보게 될 때에 나의 마음의 슬픔과 갈등과 고통은 이루 다 말로 표현할 수 없을 정도로 거세게 엄습해 왔고, 그러한 혼란 때문에 나는 젊은이로서의 패기 찬 기력을 거의 상실해 가고 있었다. 그 해결책은 두 말할 것도 없이 다시 손에 책을 잡는 길밖에 다른 도리가 없었다.

　남산에 올라 해가 뉘엿뉘엿 지는 서산 위의 노을을 볼 때면, 그것은 나의 生과 연관되어 인간 생에 대한 많은 것을 느끼게 했고 뭇 사람들의 모습은 삶에 대한 깊은 생각을 하게 해주었다.

자퇴서를 제출하고

　배움이란 꼭 정규적인 교육 과정을 통해서만 주어지는 것은 물론 아니다. 그러나 성장하는 과정에 있어서 정규 교육 과정인 학교 교육을 받는 것은 인격 형성을 비롯하여 인간 생활에 필요한 적응력을 길러 주는 등, 앞으로 겪을 여러 가지 시련을 극복하는 지혜를 심어 주는 역할을 하기 때문에 나는 꼭 학교 생활로 되돌아갈 것을 결심하였다. 고향으로 내려와 식구들과 함께 오이비닐하우스 재배를 하면서 다행히도 작황이 좋아 꽤 많은 돈을 모았지만 그동안 지니고 있던 빚을 청산하다 보니 또 빈털털이……

　복학한다는 꿈은 또 산산이 조각이 날판이었다. 그래도 어느 정도 가능성을 가지고 다음 해 3월까지 기다려 보았지만 도저히 해결 구멍은 생기지 않았다. 할 수 없이 학교에 들러, 내년이라도 다시 학교를 찾아오면 복학시켜 주겠다는 학교 측의 조건 아래 자퇴서를 제출하는 수밖에 다른 도리가 없었다. '좋다, 나는 어떻게 해서라도 내년에는 꼭 복학을 할 수 있도록 최선의 노력을 다하겠다' 라고 결심하면서 교문을 나섰다.

　그 후 나는 서울에서 약 6개월 동안 생활하면서, 인간은 배워야 하며 배움으로써 자신의 생활을 발전시켜야 한다는 자각을 불러일으키는 많은 자극과 동기를 부여받았다.

　나는 진리를 탐구하는 것이 인간이 할 수 있는 가장 가치 있는 일임을 확신하게 되었고 그러한 생각은 중학 시절은 비롯하여 어렸을 때부터 나의 머리를 떠나지 않았지만 나는 이 시기에 더욱 깊이 뇌리에 새길 수 있었으며, 앞으로 먼 후일까지 – 내가 의식을 가지고 있는 한은 – 그러한 확신이 나를 떠나지 않을 것이다. 따라서 나는 그 확신에 따라 생활할 것이며 그렇게 할 때 나 자신의 조금이라도 발전된 모습을 발견하게 될 것이고, 그 모습에서 내가 얻게 될 삶에 대한 가치는 사뭇 클 것이다. 비록 뭇 사람들에게 많은 영향을 주지는 못할지라도……

　나는 배워야겠다는 일념으로 자퇴 중인데도 계속 도서관을 찾아 내가 하고 싶은 과목을 열심히 공부하였고, 배움에 대한 자극을 더욱 키워 나갔던 것이다.

학비 마련을 위한 노력

그 해 10월쯤 고향으로 내려와 작년에 한번 해본 경험도 있고 해서 오이 비닐하우스 재배를 혼자서 시작했던 것이다. 3월 달에 복학 준비가 완전히 되어 있어야 하기 때문에 2월까지는 오이 수확을 얻어 어느 정도 학비가 마련돼야 했다. 그래서 비닐하우스 재배 중에서도 가장 어려운 오이 촉성재배(1월에 생산하는 재배)를 시도하였다. 그런데, 이 재배 형식은 내가 살고 있는 지방에서는 한 번이라도 성공시킨 사람이 없었기 때문에 상당히 모험적인 일이었다. 그러나 3월 달에 복학 수속을 마치려면 그에 필요한 경제적인 여건이 마련되어야 하므로 다른 재배 형식을 택할 수 없었다. 예를 들면, 오이 반촉성재배는 겨우 3월 달에 수확이 시작됨으로 복학 수속을 하는데 필요한 돈을 마련할 수가 없는 것이다.

내가 오이 촉성재배를 시도한다는 소문이 온 마을에 펴졌는데 그때 사람들은 거의 불가능한 일이라고 예견한 듯이 말하였고 아예 실패할 것을 미리 생각하고 재배에 임하라는 충고도 해주었다. 객관적인 입장에서 평가할 때는 그럴 수밖에 없었다. 하물며 아직 학생 신분인 어린 놈이 몇 십 년 해도 성공하지 못한 이 재배를 성공시킬 수 있는 가능성은 더욱더 없었던 것은 사실이 아니겠는가!

그러나 나는 오직 일념, 배우겠다는 마음으로 꼭 내년에는 복학하겠다는 초지일관으로 그 어려운 재배를 시작하였던 것이다. 약간의 경험이 있었던 관계로 큰 어려움은 없었지만 주로 혼자서 일을 처리해야 했기 때문에 실의에 빠진 때도 한두 번이 아니었다. 해가 져서 어둠이 깔려 오면 비닐하우스 기둥을 잡고 눈물을 흘린 적도 한두 번이 아니었다.

그리고 자라나는 오이들을 볼 때엔 지난날의 고생스러웠던 일들이 까맣게 잊혀지고 앞날의 희망만이 샘물 솟듯이 마음을 채워 주었고 그럴 때면 또 눈물이 얼굴을 얼룩 지우곤 했다. 그동안 나는 밤낮을 가리지 않고 내가 할 수 있는 최선을 다하기 위해 피곤함도 잊은 채 열심히 오이를 가꾸었다.

오이 재배 초기에는 난생 처음 나는 인분을 등에 짊어지고 다녀야 했는가 하면 달밤에 산 속에서 발열재인 낙엽을 긁어모아 운반하기도 했으며 오이를 이식할 때는 적기를 넘겨서는 안 되기 때문에 새벽 2시가 넘도록 일한 적도 있어 그믐달이 서산에 질 무렵에 집에 도착한 때도 있었고 한밤중에 가온연탄을 갈아 주기 위해 그 추운 겨울에 비닐하우스를 왕래해야만 했다.

또 지온을 높여 주기 위해 일일이 물을 끓여서 관수하기도 하고 고온 식물인 오이를 한겨울인 1,2월에 수확해야 하기 때문에 낮에도 특히 상온 유지에 신경을 써야 했다. 이 모든 악조건을 제거하기 위해 그동안의 노력과 고통은 이루 말할 수가 없다. 더구나 지친 몸에 몸살 등 병이 났을 때 당한 어려움을 어찌 다 말할 수 있을까!

비닐하우스 내에서 불이 난 일을 비롯, 뜻하지 않았던 갑작스런 봉변을 당했을 때 정신적으로 겪어야 했던 고충도 적지 않았다. 오이 재배를 포기하고 싶은 마음이 일어난 적도 한두 번이 아니었으나 나는 내가 지니고 있는 확신을 실현하기 위해 초지일관을 유지시켰던 것이다.

이렇게 하여 비닐하우스 지붕에 눈이 새하얗게 덮인 한겨울인 1월 8일에 첫 수확을 했던 경험이 지금도 생생하게 기억에 남아 있다. 아무튼 나는 이 재배를 성공시켰던 것이다. 주위에서도 이제는 격려해 주는 사람이 많았다. 이러한 어려움을 극복한 보람으로 어느 정도 충분한 학비를 마련할 수 있었다. 2월 말에 나는 내가 다니던 순천 매산고등학교를 찾았다.

복학의 꿈이 실현될 때

그 즈음에 서울 중동고등학교를 다니던 쌍둥이 동생도 꼭 나와 같은 처지에 있었다. 동생도 2년째 학교를 쉬었기 때문에 그 학교에 복교를 할 수 없어서 나에게 부탁하길 내가 다니는 학교에 복교할 수 있도록 주선해 주기를 바랐다. 다행히 그곳에서 전학증만은 떼어 올 수 있다는 것이었다. 나는 (매산고등)학교 측에 알아보지도 않고 전학에 필요한 서류만 갖추어서 무조건 내려오라고 했다. 학교를 찾은 나는 자퇴서가 작년에 제출되었지만 다시 찾아오면 복교시켜 주겠다는 약속만을 믿고 담당선생님을 만나 뵈었다. 반가워하시면서 복교에 필요한 서류를 갖추는 데 온 성의를 다 쏟아 주셨다.

이제 나의 복교에 대한 서류는 교무과장 결재가 나고, 교감선생님의 결재가 끝나는 것을 확인한 다음 '드디어 그토록 바라고 원했던 학생 제복을 다시 입게 되었구나' 생각하고 집으로 돌아왔다.

저녁에는 동생과 함께 매산고등학교 교무과장님을 찾아뵈었다. 다름 아니라 동생이 서울 중동고등학교에서 전학을 하는 데 있어, 그동안 학교를 쉬었던 관계로 인한 문제점을 알아보기 위해서였다. 따라서 복교에 대한 조언을 얻으려 했으나 교장선생님을 만나 뵈라는 말씀에 바로 그날 저녁 동생과 둘이서 순천 매산고등학교 교장선생님 댁을 방문했다.

그런데 내가 2년 동안 학교를 쉬고 있을 때 교장선생님이 바뀌었던 것이다. 아무튼 응접실에 같이 앉아 그분께 모든 이야기를 털어놓았다. 왜 휴학을 하게 되었으며 또 그 뒤에 자퇴서를 제출한 이유는 무엇이었고, 다시 복교하기 위해 어떻게 노력했는가 등, 그리고 동생이 중동고에서 전학하게 된 데 대한 도움을 구하였다.

말없이 듣고 계시던 교장선생님이 드디어 조용하고 침착한 어조로 말문을 여셨다. "그래, 오늘 교무실로부터 자네 복학 서류가 내 방으로 왔더구먼. 그런데 가만 보니, 첫 해는 휴학, 둘째 해에는 자퇴서 제출…… 지금은 매산 식구가 아니더군. 그래서 다시 되돌려 보냈네."

이 말은 적어도 나에게는 벼락보다 더 갑작스럽고 무섭게 들렸다. 나의 복교가 허락되지 않았다는 얘기였다. 하늘이 무너진들 이보다 더 엄청난 일을 당할까! 교감선생님까지 결재가 끝난 복교 서류를 확인했던 나는 나의 복교 수속은 완전히 해결된 것으로 믿고 동생일 때문에 찾아온 이 마당인데 동생일은 고사하고 내 일까지 바라던 대로 되지 않았으니 그때 내가 느낀 감정은 어떠했겠는가? 더구나, 복교할 것을 예상하여 자취방을 구해 놨는가 하면 연탄, 가방, 문구, 교복 등 학업에 필요한 것을 일절 동생 것까지 다 구입해 놓은 터에 이런 뜻밖의 일을 당했으니 오죽이나 놀랐겠는가!

무어라 표현할 수 없는 이상야릇한 감정으로 뒤얽힌 마음을 침착하게 억누르면서 나는 나의 진실된 의견과 생각을 전달했다.

배움에 대한 신념과 앞으로 학교 생활이 나에게 주어질 때 어떤 자세로 학업에 임하겠다는 등, 학교만 다시 다닐 수 있는 기회가 주어지면 정말 최선을 다해 착실히 공부에만 전념하겠노라고 나의 심중에 뜻을 다 털어놓았다. 교장선생님의 마음이 움직였던 것이다. 둘 다 복교를 허락할 테니 열심히 해보라고 하셨다. 이것 또한 얼마나 놀랍고 반가운 말씀이었는지 그 상황을 겪어 보지 못한 이들은 도저히 알 수 없을 것이리라.

2학년으로 복교한 나는 주간에서 공부하다가 야간(2부)으로 전학했다. 다시 교복을 입었다는 것이 나에게는 너무나 자랑스러웠고 또 열심히 해야겠다는 열의로 가득 차게 해주었다.

영양실조

복교 후부터 고교 졸업 시까지 2년 동안의 생활은 나의 인생사에서 결코 지워지지 않을 것이다. 위에서 언급했던 복교는 다행히 허락되었고 학비도 어느 정도 비축되어 걱정 없이 학업을 계속할 수 있었지만 그 비축된 돈은 금시 없어지고 말았다.

사 봐야 할 책, 먹어야 할 양식, 필요한 잡비 등을, 그것도 혼자가 아닌 둘 몫을 충당하다 보니 또 경제적 어려움이 들이닥쳤다. 그러나 이곳에서 도중하차한다는 것은 도저히 있을 수 없는 일이었다. 아르바이트를 시작하지 않으면 안 되었다.

그렇게 되니 건강 문제도 말이 아니었다. 밥이라야 보리를 두 번 삶아 좀 보드랍게 하여 간장에 먹을 정도였으나 그래도 맛있었다. 어떤 영문인지 나의 양쪽 귀는 잘 들리지 않게 되었고 동생도 영양

실조로 건강이 나빠져서 휴학하지 않으면 안 되게 되었다.

그러나 나는 휴학을 하지 않은 채 계속 이 어려움을 극복하려 애썼다. 건강 문제가 제일 컸기 때문에 할 수 없이 집에 들려, "공부하는 이 몸 좀 살려 주십시요"하는 식으로 하숙을 시켜 주기를 원했더니 어려운 중에서도 그것을 승낙해 주었다.

이제 하숙을 하기 때문에 몸 건강은 회복이 되어 다시 정상적으로 공부에 임할 수 있게 되었다. 그러나 이게 또 웬 일인가? 먹어야 할 음식이 도저히 목을 넘어가지 않는다. 학교에서 밤늦게 도착하면 맛있게 차려 놓은 하숙 밥이건만, 밥상을 쳐다보면 눈물만이 앞설 뿐, 숟가락이 손에 잡히질 않는다. 고향집 어머님이 생각나는 것이다.

닷새마다 돌아오는 시골 장에 어머님은 산나물, 채소 등을 굽은 허리로 머리에 이고 내다 팔곤 하시는데 그 돈이라 해야 겨우 기백 원에 불과했다. 어머님이 한 달 내내 시장에서 지나가는 사람들의 눈치 보며 번 그 돈의 몇 배에 해당하는 값으로 하숙을 하고 있는 처지이기에 아무리 음식을 맛있게 잘 차려 준다 할지라도 그 음식이 달콤하게 입안을 만족시켜 줄 리가 없으며 그것을 대하는 나의 마음도 편할 리가 없었다. 하숙을 하는 대가로써 내가 최선을 다해 열심히 공부한다 하더라도 흰머리에 허리까지 굽은 홀어머님을 고생시킬 수는 없는 것이다. 하숙을 하는 것은 공부하는 데 또 다른 정신적 장애물이 되어 버렸다. 다시 아르바이트 길을 찾아 나서야만 했다. 그래야 오히려 더 편히 공부할 수 있을 것 같았다.

부친의 별세와 고교 졸업

이러한 일이 있기 전에 아버지께서 갑자기 별세했던 관계로 나는 또 피할 수 없는 마음의 갈등을 겪어야만 했다. 남들이 보기에는 그것이 무슨 문제냐고 하겠지만 나의 경우는 그렇지 않다. 자식 된 도리로서 생전에 편히 모시지 못했던 불효스러운 마음은 누구나 지닐 수 있는 슬픔이지만, 어려운 환경에 처한 가운데 당한 일이기에 쉽게 극복될 수 있었던 것은 아니었다.

내가 걸어야 할 길은 어느 것인가? 어떤 인연으로 나는 이토록 배움의 길에서 어려움을 겪어야 하는가? 이 길을 걷지 말라는 운명인가? 친구를 찾아가 위로와 조언을 구하기도 하고 아무도 없을 땐 혼자 힘으로 그 당시 나에게 있어서는 막중했던 배움에 대한 과제를 놓고 씨름해야 했다. 결국 학업을 계속할 수 있도록 결정적인 도움을 주었던 것은 장학생으로서 납부금 면제 통지서를 받은 것이었다.

아르바이트를 하면서도 나는 틈틈이 공부하였다. 한 여름에는 얕은 천장의 좁은 방에서 비지땀을

뻘뻘 흘리며 주어진 계획을 달성시키려 노력했던 시절이 지금은 정직을 향하려는 생활의 힘이 되어 되살아난다. 밤이 깊어 잠이 엄습해 올 땐 옥상에 올라가 밤하늘을 수놓은 그 많은 별을 보면서 인생으로서 나 자신에 대한 깊은 생각을 할 수 있었고 삶의 신비에 대한 의문을 제기해 보며 그것을 스스로 밤하늘에서 찾아보기도 했던 시절이 지금은 더 없이 아름답게 연상된다.

　그러던 중 나는 드디어 고교 졸업을 맞이하게 됐다. 고교를 입학 한 지 5년 만에, 그리고 24살의 나이로 졸업하게 된 나에게 그것은 큰 의미를 부여했지만, 그보다 지난날의 학업에 대한 나의 집념과 선생님들의 정성어린 지도로 말미암아 수석졸업의 영광을 안고 교육감상을 수상하게 된 것은 또 하나의 더없이 큰 보람을 안겨다 준 것이었다.

젊음을 진리 탐구에 불태우며……

　중학교에 이어 고등학교의 수석졸업은 나로 하여금 사회적 책임을 더욱 부각시켜 주었다. 따라서 나는 선한 계열에 서서 열심히 나에게 주어진 일에 충실하도록 노력하여 그 충실함으로 사회와 학교에 보답하리라고 결심했다. 또한 나는 그 어려움 속에서도 유지되었던 배움에 대한 의욕이 계속 사라지지 않길 나 자신에게 바라고 있으며 그 의욕을 충족시켜 주는 노력을 게을리하지 말아 달라고 부탁하고 있는 것이다.

　가난은 나의 발전에 시간적인 제약을 주었을 뿐 그 외에는 오히려 많은 것을 가르쳐 주었고 삶을 보다 더 신중하게 대할 수 있게 만들어 주었다. 그래서 나는 가난했던 지난 시절에 대한 감사를 보내고 싶다. 내가 겪었던 경제적인 어려움은 나로 하여금 학구적인 생활보다 일반 사회 생활로 이끌었던 것은 사실이다. 그러나 그 사회 생활이 학문에의 길을 절단시키는 것이 아님을 나는 확신하고 있다. 생활의 진실함 속에서 오히려 삶에 대한 강한 힘이 나온다는 것을 나는 체험하여 알고 있다.

　만약 나의 생활이 거짓이 되지 않게만 영위된다면 숭고한 배움에의 길을 걷는 힘은 계속 나를 인도할 것이며 그리하여, 나는 그곳에서 갈증을 시원하게 해소하듯 나의 배움에 대한 갈증을 시원하게 풀 수 있으리라. 나는 이 젊음의 날을 가치 있는 진리 탐구에 불태우며 훗날에 이 시절을 후회하지 않게 하리라.

　이러한 나의 경험으로 얻은 확신과 연관시킬 때 범국민 교육 체제인 이 방송통신대학이야말로 나에게 있어서는 더 없는 용기를 심어 주었으며 배움에 대한 소망의 일부분이라도 풀어 주었음이 분명하다.

나는 이를 계기로 해서 계속 학문에의 길로 들어설 것이며, 그곳에서만이 느낄 수 있는 후회 없는 심오한 희열의 참 맛을 놓치지 않을 것이다.

나는 늘 방송대인에 대한 자부심과 긍지를 가지고 있으며 이러한 나의 마음가짐은 학업에 더욱 충실할 수 있도록 만들어 주었다. 나는 이러한 일을 행하는 국가적 사업에 대해 쌍수를 들고 환영하며 앞으로 이 교육 체제가 계속 발전하여, 비록 역사는 길지 않다 하더라도 이 분야에서 세계의 선두적 역할을 해주기를 간절히 바라고 있는 것이다.

〈끝〉

당선소감

먼저, 이러한 글을 쓸 수 있는 기회를 주신 「서울대학신문」 측과 변변치 못한 글을 가작으로 선출해 주신 심사위원 선생님께 심심한 감사를 드린다.

당선 축하 전보를 받는 순간, 나는 지금은 지난날의 희미한 추억이 되어 버린, 배움을 향해 노력했던 순간순간들이 뜨거운 눈물로 변해 양 볼을 한없이 흘러내림을 억제할 수 없었다. 우리에게 주어지는 모

🔼 당시 논픽션 시상식 기사. 본 제안자 이옥재가 시상하고 있는 모습이 실렸다.

든 가치 있는 일들은 오로지 순간순간을 참되게 살려고 하는 값진 노력의 결과로 주어진다는 것이 새삼 나의 마음을 사로잡았다.

이제는 더 열심히, 보다 더 정직하게, 그리고 삶의 가치를 부여하는 일에 더욱 최선을 다하는 한 一生이 되게 해달라고 조용히 기원하며 얼마 남지 않은 오늘 하루도 충실한 종식이 되기를 기다린다.

배움은 죽을 때까지 계속된다고들 하지만 그러한 일반적인 배움의 한계를 넘어, 보다 더 심오한 학문에의 길을 걷는 것이 나의 소망이다. 이번 당선 소식은 그러한 소망을 더욱 뚜렷하게 해주는 힘이 되었고 앞으로의 삶에 더욱 충실할 수 있는 기회를 마련해 주어 정말 고마움을 느낀다.

나는 특히 젊은이로서, 젊은이의 여력을 어디에다 소비시켜야 옳은가를 심히 알기 원하며, 그 길을 깨달을 때마다 그곳에 나의 젊음을 흠뻑 쏟으리라. 그 결정이 한층 더 값지고 보람된 판단이 될 수 있게 하려면 배움이 없이는 불가능하다. 알지 못한다는 것은 곧 실패(그것이 어떠한 경우, 어떠한 형태이든)를 의미하는

것이기 때문에 더욱 그러하다.

　지금 나는 이 배움에 대한 결정만은 가치 있는 결정이라 믿어 그 길에서 결코 벗어나지 않으리라. 통신대 생활은 나의 노력 여하에 따라 배움의 영역을 넓혀 줄 것임을 확신하며, 끝으로 우리 모든 방통대생이 건강하고 보람된 생활이 되길 기원한다. 아울러 격려해 주신 주위의 모든 분들께 감사드린다.

● 서울대학신문(한국방송통신대학판) 1980년 8월 25일(제269호) [4] 면

(2) 최고의 대학 – 한국방송통신대학교

- 〈우리 대학의 위상과 학업태도〉에 관한 대학 홍보용 논문(2001년)
- 본 논문은 우리 대학의 기획과 홍보계에서도 교수님 전용 홈페이지에 올릴 것을 건의하는 등, 당시 약 10만여 명의 본교 재학생들이 클릭하여 볼 정도로 많은 인기가 있어, 학교 홍보용 자료로도 활용할 수 있을 것입니다.
- 본 논문의 통계나 자료는 논문 삭성 당시의 기준임

最高의 大學 – 韓國放送通信大學校
| 우리 大學의 위상과 학업 태도 |

李 玉 宰

(필명 : 李 大 路)

나는 올 초, 신·편입생 환영회 및 오리엔테이션 행사장에 〈우수 학사 적응 방법〉이라는 안내장을 작성, 배부하면서 '최고의 선택 – 한국방송통신대학교' 라는 부제를 붙였다. 그래서 오늘, 우리가 이 大學을 선택한 것이 왜 '최고의 선택'에 속하는가를 살펴보고, 그와 같은 확신에 도달할 수 있도록 하는 것이 이 글을 쓰는 목적이다.

우리 大學에 대한 이러한 확신은 우리가 이 大學에서 어떻게 학업 생활을 영위해야 할 것인가에 대한 답을 더욱 분명하게 제시해 줄 것이기 때문에 大學 生活을 보다 알차고 효과적으로 수행할 수 있는 힘과 용기를 제공해 줄 것이다. 그것은 또한, 우리 자신의 자아성취와 자기계발을 위한 더욱 가치 있는 노력을 게을리하지 않게 할 것이고 그로 인하여 결국은 큰 지식인으로 성장·발전하여 이 사회 이 나라 곳곳에서 많은 유익을 전하는 지도자가 됨으로써, 우리 大學 구성원 모두는 문자 그대로 대한민국을 업그레이드시키는 일에 있어 그 중추적인 역할을 분명히 해내게 될 것이다.

그리하여 나는, 우리 放送通信大學의 위상이 어느 정도까지 변화되었고 또 높아졌는가를 확연히 알 수 있도록 실질적 통계와 구체적 사례를 통하여 제시해 보고자 한다.

이러한 學校에 대한 위상제고의 확신이 우리들의 학업 태도와 學校 生活에 엄청난 변화를 가져오게 될 것임은 물론 우리들의 선택에 대한 크나큰 확신으로 연결됨으로써 앞에서도 언급한 대로 자아실현과 자기계발의 틀을 더욱 공고히 하게 될 것이다.

學校 홍보자료로도 많이 활용해 주시기를 바란다.

다음은 우리 大學의 위상제고에 관한 내용들이다.

첫째: 우리 大學은 올해 들어 졸업생 수 25만 5,000명으로 韓國 大學 1위이다.

이는 우리나라에서(현대적 대학으로서) 역사가 가장 오래된 연세대학교가 역사 110년에 졸업생 수 20만여 명, 100년의 역사를 갖게 되는 고려대가 19만 2,000여 명의 졸업생을 배출했고, 서울대 졸업생 수 24만 5,000명을 1만여 명이나 앞지른 우리 放送大의 졸업생 수는 단연 韓國 1위이다. 그에 그치지 않고, 매년 약 2만여 명의 졸업생을 배출하는 본교는 앞으로도 그 격차를 더욱 크게 나타낼 것임으로 우리 大學의 위상은 가히 하늘을 치닫게 될 것이다.

둘째: 재학생 수 20여만 명, 우리 大學을 거쳐 간 동문이 150만 명으로 역시 우리나라 최대의 전국적 大學이다.

2001학년도 1학기 총 등록생 수가 정확히 20만 8,174명으로써, 어느 大學이 한 학기 등록생 수가 이를 따라올 수 있을까! 그런데 졸업생 수 1위, 재학생 수 1위가 그 大學의 모든 것이 1위라는 것을 의미하지는 않을 것이다.

그러나, 우리는 다음에 이어지는 계속되는 자료를 통하여 역시 졸업생 수, 재학생 수 1위가 주는 의미와 그 파워를 더욱 실감하게 될 것이다.

셋째: 최근 '중앙인사위원회'는 우리나라 공직 인사 실태를 발표한 바 있다. 이 인사 실태에서 관심을 끄는 것은 상위 10개 출신대학 명단이다.

이 인사 실태 조사에 따르면, 정부의 차관보와 실·국장급인 1~3급 고위 공직자들의 출신대학 분포는 서울대가 571명(31.0%)으로 가장 많고, 다음이 고려대 145명(7.9%), 육사 128명(7.0%), 연세대

117명(6.4%), 성균관대 108명(5.9%), 방송통신대 76명(4.1%), 영남대 59명(3.2%) 순으로 되어 우리 大學이 당당히 6위를 차지하고 있는 것이다.

그런데, 지금까지 韓國放送通信大學 출신 공무원은 중·하위직에는 많이 분포되어 있지만 고위직에는 그리 많지 않은 것으로 알려져 있었는데 1~3급 고위직에도 전체 大學 중에서 우리 大學이 6위로 밝혀진 사실은 대단히 고무적인 일이 아닐 수가 없다.

더구나, 이런 추세로 나간다면 본교 이찬교 총장님의 말씀대로 머지않아 5위, 3위 그리고 장래에는 1, 2위까지도 도달하는 날이 올 것이라고 믿는 것은 지나친 욕심일까? 아니다. 그날이 분명히 올 것이다.

그러면, 이러한 韓國放送通信大의 저력은 어디에서 나오는 것일까? 역시 사례와 통계적 수치의 객관적 자료를 통하여 더 구체적으로 하나씩 살펴보자.

넷째: 최근 우리 大學의 입시 경향을 살펴보면, 전문대학과 일반대학 졸업생의 편입학이 계속 증가하여 편입생의 수가 신입생의 수를 능가하고 있다는 사실이다.

특히, 주목되는 것은 명문대학 출신들의 편입학이 꾸준히 증가하고 있다는 것이다. 2001학년도 편입학자 6만 5,852명 중 서울대 졸업자 429명을 비롯하여 고려대 407명, 연세대 327명, 이화여대 275명 등 소위 명문 4개 대학 졸업자의 편입생이 1,438명(2.2%)으로 1995년에 비하여 무려 6배가 늘어났으며 이는 해마다 꾸준히 증가하고 있는 형편이다.

이러한 경향으로 인하여 본교 학보(2000년 9월 18일자)에서도 '명문대 위에 방송대 있다' 라는 제목의 사설까지 등장하여 學校 위상을 부각시키고 있을 정도이다. 그리하여 우리 大學은, 예전에는 대학 교육의 기회를 놓친 사람들을 위한 大學에서 이제는 '평생고등교육기관' 으로 확실히 자리매김하게 된 것이다.

다섯째: 명문대학 졸업생만 본 학교를 찾는 것이 아니다. 사회 저명인사들의 본교 입학은 가히 韓國 최고의 大學임을 입증한다.

가톨릭대학교 중어중문학과 교수 원종예 학우(국어국문학과), 서울대 출신 치의학 박사 이준규 학우(일본학과), 판사 출신 변호사인 이석형 학우(행정학과), 지금은 국회의원이 된 연세대 총학생회장

출신 변호사 송영길 학우(중어중문학과) 등 그 외에도 많은 저명인사들의 본교 수학(修學)은 우리 大學의 위상을 어떻게 평가하게 하는가!

이중에서 한 학우의 실제 인터뷰 내용을 여기에 간단히 소개한다. 치의학 박사 이준규 학우의 본교에 대한 자부심은 대단하다.

["지난 1년을 돌아보면 저의 선택(방송대 일본학과 3학년 편입)은 진정 탁월했다고 자부합니다"라고 말하는 이 학우는 "직업을 갖고 제2의 관심 분야를 공부하며 자신을 계발해 갈 수 있는 교육기관은 역시 '방송대'가 최고"라고 단언하면서 요즘 그는 학과 공부에 누구보다도 열심히 임하고 있다고 했다.]

放送大가 이렇게 이 학우에게 때늦은 학업 재미를 느끼게 해준 만큼 學校에 대한 애정도 각별하다. 때문에 주변 사람들에게 입학을 적극 권유하기도 하는데 이 학우는 우리 大學에 재학하면 좋은 점 세 가지가 있다고 하니 한 번 들어보자.

"새로운 전문 영역을 탐구해 가는 즐거움이 그 첫째고, 각종 모임에 불려가 술을 마시게 되는 일이 많았는데 학업 때문에 술도 줄고 귀가하는 시간도 빨라져 가족들로부터 좋은 점수를 얻을 수 있게 됐다는 것이 두 번째, 그리고 스터디(그룹 활동)를 통해선 다양한 연령과 계층의 학우들과 새로운 만남을 일궈 갈 수 있는 장점이 그 세 번째이지요."

이 학우는 이러한 좋은 점 세 가지를 가지고 주변의 동료 '의사'들에게 입학을 권유한다고 할 정도이니 우리 大學의 위상을 어떻게 평가해야 할까!

여섯째: 지난 제16대 총선(2000년 4월 13일 실시)에서 우리 大學 출신이 6명이나 국회의원에 당선되었다.

송영길 의원(당시 중어중문학과 2), 정인봉 의원(당시 불어불문학과 4), 심재철 의원(당시 법학과 2), 이용삼 의원(행정학과 졸), 배기선 의원(행정학과 졸), 강숙자 의원(행정학과 졸) 등인데, 우리 大學 이찬교 총장님을 비롯하여 주요 보직교수들과 총학생회장, 총동문회 임원 및 교직원 등이 참석해 국회의원 당선을 축하하는 모임까지 가지고 당선 축하패를 수여하기도 했다(2000년 6월 26일).

1개 大學에 1명의 국회의원 배출도 쉽지 않은데 한 번의 선거에서 무려 6명의 국회의원을 배출한 우리 大學의 위상은 또 어떠한가!

　일곱째: '각 대학원은 우리 大學 동문회장' 이라는 말은 또 무엇인가!

　'대학원' 이라 하면 어디까지나 해당 분야에서 가장 심도 있고 세분화된 지식을 갖춘 최고의 전문가를 양성하는 곳 아닌가! 그런데, 우리 大學의 매년 졸업생 20% 정도가 '대학원' 에 진학하고 있으며(2000학년도 상반기에는 3,823명이나 대학원에 입학) 그 수치는 갈수록 느는 추세에 있다. 그래서 실제로 연세대, 한양대, 경희대 등의 전문·특수 대학원이 '우리 大學 동문회 장소' 인 듯한 착각이 들 정도로 상당한 것으로 알려지고 있다. 더군다나, 우리 동문들이 각 대학원에서 대단한 실력자로서 두각을 나타내고 있다는 사실이다.

　일례로, 연세대학교 '행정대학원' 의 경우 전체 정원 370명 중 현재 69명이 우리 大學 동문이다. 뿐만 아니라, 연세대 '행정대학원' 에서는 매년 수료생을 대상으로 성적우수상·공로상·최우수상을 수여하는데 해마다 우리 大學 동문이 2관왕 또는 3관왕을 차지한다.
　이 대학원에 현재 4학기에 재학 중인 유단석(행정학과 99년 졸) 동문은 "대학원 5학기 내내 A를 받은 원생에게 수여하는 성적우수상의 경우 100명에 3명 꼴밖에 없지만 대부분 우리 동문이 수상한다"면서 "그만큼 매사에 열심인 放送大 출신들이 인정을 받고 있다"고 말한다.

　또 다른 일례로, 한양대 '지방자치대학원' 에서도 현재 4학기에 재학중인 김형락(행정학과 99년 졸) 동문이 전체 총학생회장을 맡고 있어 우리 동문들의 위력을 실감케 한다. 이곳 대학원장 박응격 교수도 "放送大 졸업생들은 이미 학부 시절부터 직장 생활과 학업을 병행해 왔기 때문인지 이곳 대학원 생활에 매우 적응을 잘하는 것 같다"면서 "특히 부지런하고 적극적인 면학 태도는 대학원 내에서도 모범이 되고 있다"고 아주 긍정적으로 평가하고 있을 정도이다.

　여덟째 : 우리 大學 동문의 사법고시 합격 소식도 學校 위상을 드높인다.

　지난 해 12월 30일에 발표된 제42회 사법고시 합격자 명단에 우리 大學 동문 2명이 포함되어 있는 것으로 확인돼 재학생들의 학업 의지를 북돋우고 있다. 일반 일간지에도 소개된 화제의 주인공들은 대구·경북 지역의 박영환(44세 법학과 87년 졸) 동문과 충북 지역의 최영준(33세 법학과 95년 졸) 동문인데, 특히 박 동문은 이미 각종 언론 매체에서 보도했던 것처럼 최고령 나이로 이번 사법시험에 합격한 그야말로 '의지의 표상'으로 평가받고 있다고 본교 학보에서도 소개된 바 있다(본교 학보 1168호; 2001년 1월 8일자 참조).

아홉째: '첨단대학·열린대학·민족대학'의 기치 아래 첨단원격 교육으로 이 땅에 평생 교육을 실현해 온 韓國放送通信大學校가 이제는 국내 유일의 사이버 원격 대학원으로 '평생대학원'을 개원하게 된 것도 우리의 큰 자랑이 아닐 수 없다.

본 대학원은 5개 학기(2년 6개월)로 진행되는 특수대학원으로 100% 인터넷 강의로 수업이 이루어지는 등, 학교 당국에서도 수준 높은 뉴밀레니엄식의 교육을 제공해 경쟁력을 확보함으로써, 우리 大學 '평생대학원'이 21세기형 사이버 대학 시대에 걸맞게 세계 수준의 원격대학원으로 터 잡을 수 있도록 하겠다고 밝히고 있어 이것 또한 大學 구성원 모두가 마땅히 자랑해야 할 일이다.

오는 9월 역사적인 개원을 앞두고 실시된 우리 大學 '평생대학원'의 입학지원서 접수가 지원자들의 폭발적인 관심 속에 성공적으로 마무리됐다. 우리 大學 '평생대학원'의 지원서 접수 마감 결과 4개 학과 50명씩 총 200명 정원 모집에 1,686명이나 몰려 평균 8.43 대 1이라는 높은 경쟁률을 기록한 것으로 나타났다.

교무처가 밝힌 자료에 따르면, 지난 6월 25일부터 30일까지 실시된 우리 大學 '평생대학원'의 첫 신입생 선발에서, 석박사 학위 취득자만 152명이 지원하는 등 우수 인력도 대거 지원한 것으로 나타났다.

또 일반대학 출신자가 지원자의 절반이 넘는 52%를 차지한 것으로 나타났으며, 이중 서울대(35명)를 비롯하여, 고려대(19명), 연세대(11명), 이화여대(11명) 등 소위 명문대 출신의 지원자도 모두 76명에 이르는 것으로 나타나 우리 대학과 평생대학원에 대한 외부 인식이 매우 호의적인 것으로 분석되고 있다.

열째: "韓國放送通信大學校는 이미 세계적으로 TOP 10 메가 유니버시티의 하나로 우뚝 서 있으며 곧 TOP 5에 진입하게 될 것이다"라고 이찬교 총장님이 밝혔다.

지난 몇 년간 우리 大學은 비약적인 발전을 거듭해 왔다. 1999년도부터는 자체 위성 TV방송을 실시함으로써 국내는 물론 일본, 중국, 시베리아까지도 가시청권으로 만들었으며, 전국 곳곳에 총 48개의 지역대학(학습관)을 갖춘 전국적인 大學, 가히 세계적인 大學으로 성장하였다.

세계 제1의 교육열을 자랑하는 우리 한국에서의 최고 대학이 이제 새로운 정보 시대, 사이버대학 시대에 걸맞은 21세기형의 새로운 교육 제도의 한 상징으로 이미 자리 잡고 있기에, 우리 放送通信大學校는 앞으로 그 양적인 것 못지않게 질적으로도 세계 TOP에 우뚝 서는 날이 멀지 않을 것이다. 이를 위해 우리 大學 전 구성원들이 서로 아낌없는 후원과 노력을 게을리하지 말아야 할 것이다.

이상 위와 같이 개략적으로 살펴보아도 이제 우리 韓國放送通信大學校의 위상이 어떠한가를 쉽게 알 수 있었을 것이다.

'대한민국 업그레이드 프로젝트 – 한국방송통신대학교'

이는 지난 2000년 7월 15일부터 3개월간 시내버스 60대 외벽에 부착되어 서울 시내를 질주했던 우리 大學 홍보광고문이다. 자, 어떠한가! 과연 韓國放送通信大學校가 대한민국을 업그레이드할 능력과 자질을 갖고 있는 것일까?

다시 말해, 우리가 주목해야 할 것은 '대한민국 업그레이드 프로젝트'란 홍보 구호 내용의 사실적인 근거인데, 여기서 우리 大學 학보에 '대한민국 업그레이드 프로젝트'라는 제목으로 실린 사설 내용 일부를 소개하니, 이미 살펴본 바와 같지만 읽어 보고 그 사실적 근거의 답을 스스로 찾아보기 바란다.

[……아마도 대학 내부에서는 이러한 구호들을 대외 홍보용으로 결정하는 데 반대하는 사람들이 없었을 것이다. ……우리 한국의 수준을 높인다는 내용의 구호는 결코 과장이 아니라는 사실을 강조하고자 한다. 우리 大學의 재학생은 약 20만 명이다.

전국 성인 인구를 2천만으로 잡는다면 우리 재학생은 전국 성인 인구의 약 1%를 점하고 있다. 거리를 걷고 있는 성인 100명 중 1명이 우리 大學 재학생이라는 것이다. 외부인사는 물론 우리 자신마저도 놀랄 만한 통계라고 볼 수 있다.

이쯤 되면 우리 大學의 재학생들이 모두 소기의 학업 성과를 거두면 나라 전체의 교육 수준이 올라갈 것이라는 내용의 구호가 전혀 조금도 과장이 아니며 문자 그대로 명실상부한 구호라는 사실을 알 수 있는 것이다. 우리가 잘하면 우리나라 전체가 잘될 수 있다니, 반대로 우리가 못하면 나라 전체도 잘못될 수 있다니, 국가에 대한 기여도에 있어서 우리와 맞먹을 수 있는 大學은 없다.

이 구호는 우리 구성원 모두의 자부심과 사명감을 한층 높여줄 것이 확실하다. 외부 사람들도 최소한 우리 大學의 존재 가치에 좀 더 눈뜨게 될 가능성이 매우 커졌다고 볼 수 있다. 이 구호를 창안한 분에게 깊은 감사를 표하고 싶다.

다만 우리 大學을 잘 모르는 일부 외부인사들은 이와 같은 사실을 모르고 이 구호를 단지 과장적인 구호로 오인할 위험도 있다. 따라서 대외적으로 우리 大學의 실상을 좀 더 상세히 알릴 수 있는 홍보 전략이 마련된다면 금상첨화(錦上添花)가 될 것이다. 여하튼 이 구호는 매우 좋다. 좀 더 장시간, 좀 더 많이 사용될 필요가 있다.]

이와 같이, 韓國放送通信大學校는 우수한 교수진과 교직원 및 모든 大學구성원의 헌신적인 노력으로 질적·양적으로 크게 성장·발전하여 새로운 중흥기를 맞고 있으며, 따라서 이처럼 우리 大學의 위상이 높아질수록 국가적·사회적 책임과 사명도 더욱 커지게 되는 것은 당연한 일이다.

한편, 1999년 졸업식에는 대통령께서 직접 참석해 주시어 "저는 평생 교육과 평생 학습의 선구자인 放送通信大 여러분들이 21세기의 한국을 이끌어 가는 주력부대가 될 것"을 간곡히 부탁해 마지않는다는 메시지와 함께 일하면서 열심히 학업을 연마하는 우리 大學 졸업생 및 재학생들을 축하·격려해 주신 일이나, 대구·경북 지역 학습관 개관식 및 경기 지역 학습관 신축기공식에 대통령 영부인께서 참석해 주신 일 또한 우리 大學의 위상을 한층 더 높여 주었던 것이다.

앞서 언급한 경기 지역 학습관 신축기공식에 참석하신 영부인 이희호 여사는 "새로운 세기의 교육기관으로 거듭날 韓國放送通信大學校에 거는 국민의 기대는 어느 때보다도 큽니다"라고 강조해 주심으로써 우리 大學의 국가적·사회적 책임을 더욱 크게 상기시켜 주셨다.

그렇다!

이제 우리 放送大人은 21세기의 韓國을 이끌어 가는 주력부대로 또한 국민이 거는 기대에 걸맞게, 입학과 재학 시절에 가졌던 그 높은 꿈과 이상을 늘 가슴속 깊이 품고 더 높이 더 멀리 날아올라 새로운 세기를 가장 분명하게 준비하는 자가 되어 대한민국을 업그레이드시킬 수 있도록 굳은 각오와 자세로 자기계발을 완성해 나가면서 學校와 지역 발전 더 나아가 국가 발전, 지구촌 발전을 위해 더욱 정진하도록 노력하자!

2001. 7. 21

꿈을 품고 무언가 할 수 있으면

그것을 시작하라!

새로운 일을 시작하는 용기 속에

당신의 천재성과 능력과 용기가

모두 숨어 있다.

- 괴 테

〈끝〉

(3) 27년만의 졸업을 기대하며

- 〈제1회 방송대 체험수기〉 응모작(2007년)
- '체험수기' 라기보다 학교 홍보용 자료를 많이 싣고 있어 역시 우리 대학을 이해하고 또 홍보 하는데 활용할 수 있을 것으로 기대됩니다.

아! 감동이다!

나는 1980년에, 당시 서울대학교 부설 한국방송통신대학 경영학과의 첫 입학(학번:198024-006459)을 계기로 하여, 1987년 영어영문학과 입학(학번:198711-006869) 그리고 지난 2000년 법학과 입학(학번:200021-129620)까지 우리 대학에 총 3번의 입학 경험을 가지고 있는 올해 법학과 4학년 학생이다.

이제 나이도 53세, 근 27년이란 세월 속에서도 나는 우리 방송대학교에 대한 끊임없는 애정을 갖고 있는 것은 왜일까? 거의 집착에 가까운 우리 대학에 대한 애정을 어떨 때는 나 자신도 궁금해질 정도이다. 그 첫째 이유는 누가 뭐라 해도, 나의 학구열에 대한 충족을 방송대학이 아니면 어디에서도 해결해 줄 수 없었기 때문이다.

우리 세대가 다 그러했듯이 6 · 25 전쟁이 끝난 후에 태어나긴 했어도, 1950년대라면 뼈저린 가난을 정도의 차이일 뿐 대부분의 우리 국민들은 누구나 다 겪었으리라! 나 역시 여유롭지 못한 환경 속에서 어렵게 중학교를 진학했고, 고등학교는 스스로 돈을 벌어 가며 5년 만에 졸업하는 등 파란만장 했던 지난 날 학업 생활은 오히려 나에게 위대한 삶의 가르침을 가슴 가슴에 남게 해주었다.

드디어 1980년 한국방송통신대학 입학! 가슴이 두근거릴 정도가 아니었다. 한량없는 기쁨, 만족…… 그것이었다. 당시 「학문의 길을 가는 희열과 그 보람」이라는 제목의 논픽션이 본 대학 주관으로 실시된 현상모집에 가작으로 당선될 정도였으니(1980년 8월 25일자 『서울대학신문』 한국방송통신대학판에 게재됨), 대학에서 한껏 공부하고픈 나의 마음을 실은 그 논픽션은 지금 읽어도 눈시울을 적시곤 한다.

그만큼 배움에 대해 강열했던 나의 마음은 이제 27년 만의 졸업이라는 기대 속에 부풀어 있다. 당시 여러 가지 여건으로 인하여 경영학과와 영어영문학과는 제대로 수료도 못하고, 또 배움의 한을 채우지도 못한 채 세월은 세월은…… 흘러만 갔다.

그러나, 결국 2000학년도의 법학과 입학은 나에게 강한 동기와 의지력을 더해 주었다. '성인 학문'이라는 별명이 붙을 정도의 법학과는, 개인적인 관심도 있었던데다가 나이 들어 공부하는 보람을 더해 주었다. 법학 자체가 어려운 학문이라는 말도 있지만, 늘 우리 일상생활 속에 나타나는 법을 공부하는 나의 기쁨은 드디어 작년(2006학년도)에 '졸업논문 합격 통지서'를 받게 해 주었다. 물론 졸업논문 합격이 있기까지는 우리 대학교만의 특별한 교수님들의 애정 있는 지도 편달이 있었기 때문에 가능했던 것은 숨길 수 없는 사실이다. 이 자리를 빌려서 다시 한 번 법학과뿐 아니라 우리 대학의 모든 교수님들께 감사와 존경을 표하고 싶다. 능력 있고 자랑스러운 우리 교수님들은 '대학 최고의 교과서'라는 평을 들을 정도의 아름다운 책들을 많이 편찬하신 것도 자타가(실제로 타 대학 교수님들까지도) 인정하고 있는 사실 아닌가!

['전국 200여 대학 교재로 사용, 연간 3만 3,000부 외부 판매'
"매년 3만3,000부 정도의 우리 대학 교재가 외부에 판매되고 있다. 또한 전국 200여 대학이 우리 대학에서 출판된 책을 교재로 채택해서 사용하고 있기도 하다."

(학보 2005년 6월 20일자 참조)]

1980학년도 방송대학 현상응모 논픽션에서 나는 우리 대학을 가리켜 "……이 교육 체계가 계속 발전하여, 비록 역사는 길지 않다 하더라도 이 분야에서 세계의 선두적 역할을 해주기를 간절히 바라고 있는 것이다"라고 끝말을 맺었다.

세월은 흘러 흘러…… 그로부터 27년이 지난 2007년 바로 올해 1월 1일자 한국방송대학보에는 가상적인 기사 내용이긴 하지만 꿈에 부푼 내용을 담았다.

'방송대 세계원격대학 랭킹 1위'

그런데, 영국에서 실제로 우리나라를 세계 1위로 발표한 것이 있으니, 우리 대학의 위상 및 우리 국민의 마인드 형성에 도움이 될 수 있으리라 생각되어 기재해 본다.

'한국인의 IQ는 106으로 세계 185개국 중 1위, 2위는 105로 북한!'
『더 타임스』지 2003년 11월 10일자에 보도된 내용이다. 우리나라 『월간조선』 2004년 2월호에서 'IQ특집'으로 위의 내용을 인용 보도한 것에 의하면, 영국 얼스터 대학교 심리학 교수인 리처드 린 (세계적 IQ연구 권위자)이 이끄는 연구 팀이 세계 185개국 국민 평균 IQ를 발표하였는데, 이것은 국민이나 민족 또는 인종 간에 지능의 차이가 있다는 것을 전제로 하기 때문에 '새로운 인종차별 논쟁'을 불러일으킬 수 있는 대단히 민감한 사안인지라 발표할까 말까를 망설이다가 이 연구를 주도한 리처드 린 교수가 전격적으로 발표한 아주 의미 있고 감동적인 내용이다(『월간조선』 2004년 2월호 참조).

계속 우리 대학의 감동 연발 내용이다.

['등록생 18만여 명…… 40만 졸업생 배출' (학보 2007년 3월 5일)
'지방자치단체장 배출 순위 '방송대 4위', 속초시장 등 11명, 행정학과 출신 6명' (학보 2007년 3월 26일)]

이 기사에서 놀라운 것은 3위를 차지한 성균관대(12명)와는 1명 차이이고, 2위를 차지한 고려대 (18명)와는 7명 차이밖에 나지 않아, 매년 2만여 명의 졸업생을 배출시키는 우리 대학이 앞으로는 2, 3위가 아니라 그야말로 이 분야에서도 1위를 차지할 날이 멀지 않았음이 분명한 사실로 나타날 것이다.

금번 지방자치행정론 출석수업(대구·경북 지역대학, 행정학과 3학년 - 본인은 수강 변경 신청을 하여 법학과이면서도 관심 있는 지방자치행정론을 수강했음)시에 장철영 교수님(영남대학교)은 한 수 더 뜨신다. "방송대를 함부로 대하면 안 되죠……. <KBS 오보사건(학보 2007년 5월 7일자 참조)을 미리 들으시고>, CEO 출신 전국 최고인데다 정치인·공무원도 대학 순위 1위인데……"라고 수업 시간에 잠깐 언급을 하신다.

"어떻게 그러한 사실을 아셨어요?"

나의 질문에 그 교수님은 다음과 같이 대답하신다.

"다 보도된 내용이니까 알고 있지요. 지금도 그렇지만 앞으로도 방송대 위력은 대단할 것입니다."

놀라움이다! 다른 대학교 교수님이 어떤 때는 우리 대학교 교수님보다 더 열을 올려 극찬이시다. 알찬 우리 대학! 무엇보다도 빈틈없고 공정한 학사 관리가 세계 최고 수준이라 우리 대학을 얕봤다 간 큰 코 다친다.

다음 보도는 앞에서 적시한 내용에 대하여 확실하게 도장을 찍어 주는 역시 놀라운 사건이다.

['5급이상 공무원 출신대학 방송대 1위, 2만 3,000여 명 중 3,700여 명…… 지자체 포함하면 더 많을 듯' (학보 2007년 3월 19일)]

아! 감동이다!

나는 2001년에 「최고의 대학 – 한국방송통신대학교(우리 대학의 위상과 학업태도)」라는 제목으로 논문을 써서 우리 방송대 홈페이지 모든 학과에 띄웠다. 놀랍게도 10만여 명이 클릭해 보았던 이 논문은 당시 본교 기획실 홍보과에서도 큰 반응을 나타내 보이기도 했다.

나는 그 논문을 통하여 과연 우리 한국방송통신대학교가 '최고의 대학'임을 10여 가지 사실을 들어 증명해 보였는데 그러한 내용 중에, 국내 대학교 졸업식장에는 처음으로 참석하여 본교 졸업생 및 재학생들을 격려해 주신 당시 대통령의 말씀도 실었다.

"저는 평생 교육과 평생 학습의 선구자인 방송통신대 여러분들이 21세기 한국을 이끌어 가는 주력부대가 될 것"을 간곡히 부탁해 마지않는다는 유명한 메시지를 남기셨다. 그렇다! 그렇지 않은가! 5급 이상 공무원 2만 3,000여 명 중 방송대학교 출신이 3,700여 명으로써 출신대학 중에서 전국 1위를 차지한 것은, 당시 국부(國父)가 축복으로 남긴 "방송대 여러분들이 21세기 한국을 이끌어 가는 주력부대"라는 사실을 성취해 가고 있음을 보고 있으니 감동, 감동…… 이 아니고 또 무엇이겠는가!

국가 지도자가 던지는 메시지와 감동이 계속된다.

본 대학 경기 지역 학습관 신축기공식에 참석하신 당시 영부인은 "새로운 교육기관으로 거듭날 한국방송통신대학교에 거는 국민의 기대는 어느 때보다도 큽니다"라고 나라의 큰 지도자들까지 나서서 우리 대학의 가능성과 발전을 미리 알고 예견하며 격려해 주실 정도이니, 그리고 오늘날 그대로 우리 눈앞에 현실로 나타나고 있는 우리 대학의 위상에 놀랍지 않는가!

'대한민국 업그레이드 프로젝트 - 한국방송통신대학교'

이는 지난 2000년 7월 15일부터 3개월 간 시내버스 60대 외벽에 부착되어 서울 시내를 질주하여 많은 반응을 일으킨 유명한 우리 대학 홍보 광고문이다. 당시 본교 학보에 「대한민국 업그레이드 프로젝트」라는 제목으로 사설이 실릴 정도였는데, 그 사설(학보 2000년 8월 21일자 참조)에서는 "우리 대학을 잘 모르는 일부 외부 인사들은 이와 같은 사실을 모르고 이 구호를 단지 과장적인 구호로 오인할 위험도 있다"라고 표현하고 있는데, 이제 우리는 '대한민국 업그레이드 프로젝트 - 한국방송통신대학교' 라는 당시 본교 홍보문이 과장이 아니라는 사실을 확인할 수 있다.

그 사설에서는 또 다음과 같은 내용을 피력하면서 끝을 맺는다.

["우리 대학의 재학생은 약 20만 명이다. 전국 성인 인구를 2천만으로 잡는다면 우리 재학생은 전국 성인 인구의 약 1%를 점하고 있다. 거리를 걷고 있는 성인 100명 중 한 사람이 우리 대학 재학생이라는 것이다. 외부 인사는 물론 우리 자신마저도 놀랄 만한 통계라고 볼 수 있다. 이쯤 되면 우리 대학의 재학생들이 소기의 학업 성과를 거두면 나라 전체의 교육 수준이 올라갈 것이라는 내용의 구호가 전혀 조금도 과장이 아니며 문자 그대로 명실상부한 구호라는 사실을 알 수 있는 것이다. 우리가 잘하면 우리나라 전체가 잘될 수 있다니, 반대로 우리가 못하면 나라 전체도 잘못될 수 있다니, 국가에 대한 기여도에 있어서 우리와 맞먹을 수 있는 대학은 없다.

……따라서 대외적으로 우리 대학의 실상을 좀 더 상세히 알릴 수 있는 홍보 전략이 마련된다면 금상첨화(錦上添花)가 될 것이다. 여하튼 이 구호는 좋다. 좀 더 장시간 좀 더 많이 사용될 필요가 있다."]

나는 방송대를 사랑한다. 무척 사랑한다. 꼭 이러한 통계적인 이유만은 더욱 아니다. 다양한 우리 대학의 학생 구성원 - 이것도 우리 대학이 빼놓을 수 없는 또 다른 자랑이요 긍지이다. 이곳에서 우리는 대학을 졸업할 때까지(그것이 4년 만이든, 10년 만이든, 아니 27년이 될지라도) 많은 인간관계를 배가시킬 뿐만 아니라 사회 각계각층의 다양한 학우들로부터 '고급' 인간관계를 더욱 확대시킬 수 있으므로 우리 방송대인은 결국 훌륭한 '인격(인성)학교' 도 같이 졸업한다는 확신을 갖고 있기 때문이다.

어디 그것뿐인가?

나는 특히, 시험을 치르는 날에는 더욱 큰 희열을 느낀다. 대한민국이 살아 있다고! 살아 움직인다고! 처녀 총각, 아줌마 아저씨…… 할 것 없이 복도에서, 계단에서 손에 손에 책을 들고, 노트를 들고애써 열심히 공부하는 그 모습을 볼 때면…… "대한민국 만세!"를 외치고 싶은 심정이다. 이와 같이 우리 방송대인의 학구열은 너무나 뜨겁고 열정적이기에 나는 대한민국이 살아 움직이고 있는 느낌을 매우 강렬히 받을 뿐만 아니라 앞에서 언급한 대로 대한민국을 업그레이드시키는 중인들이라고 생각하고 있는 것이다.

그렇지 아니한가?

어디에서, 어떤 조직에서, 어느 학교 구성원에서 우리 방송대와 같은 다양한 연령층의 학구열을이렇게 불태울 수 있겠는가? 단연히 우리 방송대의 위대한 교육 제도의 힘이다. 이러한 놀라운 광경들은 우리 대학이 실제로 '세계원격대학 랭킹 1위'가 될 것이라는 사실을 가슴으로, 마음으로 실감나게 느끼게 해준다.

그러나, 안타까운 일도 있다.

이와 같은 우리 대학의 위상이나 실력을 과소평가 내지는 국민적 이해가 부족하다는 사실이다. 앞에서도 잠깐 언급했던 KBS 오보사건이 그 대표적인 예이다. 모든 방송대 가족처럼 나도 당시 KBS 광주방송국에 강력한 항의 전화를 했었다. 그 오보 기사를 쓴 기자뿐 아니라 아나운서 등 방송국 관계자들 모두가 이제는 상식 또는 기초적인 정보에 지나지 않는 우리 대학의 위상과 실체를 알지 못하고 있는 사실에 대해서도 강력 항의했다. 그것도 방송 · 언론계에서 말이다.

다행히 'KBS '홈페이지에 사과문 게재', 오는 9월경 대학 홍보성 방송 방영 약속'(학보 2007년 5월 14일자 참조)이라는 전화위복의 기회를 만들 수 있어 좋았다. '이에 KBS측이 사과문 게재와 우리 대학의 이미지를 제고할 수 있는 특집방송을 마련하겠다는 서신을 보내왔다'고 학교 측에서 밝혔기 때문이다. 우리 대학 관련 특집방송은 오는 9월께 '방송대인의 밤' 행사에 즈음하여 KBS가 「뉴스광장」을 통해 사회 각층에서 두각을 나타내고 있는 방송대인에 대해 보도하겠다고 약속한 것인데, 이를 체계적이고 심도 있게 잘 이행하여 이번 기회에 우리 방송대 및 방송대인들에 대한 국민적 · 사

회적 이해가 더욱 깊어지기를 기대해 본다

지난 5월 20일에는 '청보리 축제 및 학장배 가요제'가 대구·경북 지역대학 총학생회 주관으로 개최되었다. 풍물패를 비롯하여 작품(사진·서예·시화·화폐 등) 전시회, 의상작품 전시회, 소운동회, 영화 상영, 밸리 댄스, 심지어 무료건강검진까지 그 행사에 포함되어 있었다. 특히 무료건강검진 코너에는 마감 시간까지 학우들이 줄을 지었는데 혈압, 혈당치, 체지방 등의 검사를 구체적으로 측정해 줌으로써 많은 사람들의 사랑을 받았다. 영화「마파도2」는 눈시울을 적시게 했고, 학창배 가요제는 끼 있는 학우들의 노래 솜씨를 마음껏 발휘할 수 있는 기회가 되었다. 다양한 계층과 연령층의 축제 및 가요제는 일반 대학에서는 도저히 찾아볼 수 없는 우리 방송대만의 특유한 문화를 형성하며 아름다운 학교생활의 많은 추억을 남긴다. 그리고 깊어만 간다. 졸업 연도가 늦어질수록…… 참 희한한 일이다.

"내년이라도 졸업을 하게 되면 이러한 아기자기한 방송대만의 향기를 맡을 수 없을 텐데……"라고 중얼거렸더니 어느 학우가 "한 해 더 늦게 졸업하면 되지요"라고 했고, 어느 학우는 한 수 더 떠서 "아예 졸업 후 타 학과를 또 입학하면 될 거 아니요?"라고 덧붙였다. 졸업을 하게 되면 대학원 진학을 목표로 하고 있는 나로서는 또 다른 학부 공부까지 부담스러울 것이라는 생각이 들어 영영 방송대를 떠나고 싶지 않은 나의 마음에 먹구름을 끼게 했다. 그러나 곧이어 '졸업 후 동문회가 있지 않은가!'라는 생각이 떠올라 강한 희망을 던져 주었다. 그렇다! 나는 학부 졸업 후에라도 영원한 방송대인이 될 것이다. 그리고 온갖 형태의 방송대만의 특유한 구성원 속에서 학문뿐 아니라 인생의 깊이를 더욱 크게 확장해 나가는 기회를 놓치지 않을 것이다.

나의 지역대학 소속이 대구경북 지역대학이다. 지금은 전라도에 주소를 두고 있지만 지역대학을 바꾸지 않았다. 1년 정도 남긴 학부 과정을 구태여 지역대학까지 바꾸어 가며 생소한 환경에서 공부하기보다는 수년 간 다닌 그 대학이 더 나을 것 같아, 출석수업이다, 시험이다 할 때에는 새벽 4시부터 기상하여 준비한다. 그것이 보람이고 즐거움이다. 먼 거리를 자동차로 질주하며 가는 길이 즐겁고 기쁘다. 배움을 향한 부지런을 떨기 때문에 더욱 그러하다.

유난히도 대구경북 지역대학은 깨끗하고 정리정돈이 잘 되어 있다. 학장님의 지도력인지 학생들의 협력인지 아니면 우리 방송대의 공통적인 전통인지는 모르나 일반대학 교정이나 교실보나 대구·경북 지역대학은 유난히도 청결하고 좋다. 우리들의 마음도 어느 대학생들보다 깨끗한 학문의 열기로 가득 차 있음을 느낀다. 엘리베이터를 탈 때 더욱 느낀다. 밀착된 공간에는 공부하는 내음이 물씬 풍긴다. 가지각색의 학우들의 눈빛이 깨끗한 지식에 대한 배움의 열기로 빛나고 있음을 나는 만원이 다 되어 꽉 찬 엘리베이터 속에서 더욱 가슴 저리게 느낀다. 위대한 우리 대학의 힘이다.

누구든지 방송대에 도전장을 내어 보시라!

최고의 원격대학에서 일반 타 대학에서는 도저히 만끽할 수 없는 학문과 삶에 대한 확신이 분명하게 재정립될 수 있는 특별한 기회를 갖게 되리라! 그로 인해 보다 더 깊은 인생행로를 걷게 되는 자신을 발견하게 될 것이다. 방송대의 졸업은 단순한 학문적인 성취만이 아니라 우리 대학만의 특수한 구성원들로부터 찬란한 생을 전개시킬 수 있는 발전된 인격 완성의 틀을 더욱 크게 잡아갈 수 있게 될 것이기 때문이다.

나도 이제 얼마 남지 않은 학점만 이수하면 졸업하게 된다. 그것이 이 대학 문턱을 들어선 지 27년 만의 졸업이 되기를 기대하고 있다. 그 졸업장이 내 손에 앞날을 위한 큰 희망과 꿈의 횃불로 다가오기를 바라고 있다. 그리하여 나는 만학의 위력을 방송대에서 보이고 싶다. 나 자신 스스로에게 방송대 존재 이유를 분명히 확인하고 싶은 것이다.

35년이라는 건장한 대학교로 키워 주신 우리 대학의 모든 구성원, 교수님들께 깊이 감사드리고…… 21세기의 한국을 이끌어 갈 주력부대로 대한민국을 업그레이드시켜, '초일류 국가' 건설을 앞당기고 '세계 지도국'으로서의 위상을 키워 나갈 우리 방송대학교 모든 학우들의 건강하고 행복한 나날이 되기를 바라며…… 그리고 또 보람된 오늘 하루가 되기를 기대하면서…… 즐거운 펜을 놓는다.

〈끝〉

법학과 4학년(200021-129620)

이 옥 재

(4) 헌법의 대중화 · 민중화 전략

• 〈방송대 법학과 졸업논문〉 (2006년)

| 憲法의 大衆化 · 民衆化 戰略 |

〈目 次〉

Ⅰ. 序

1. 憲法의 개념

2. 大衆化의 의미

3. 民衆化의 의미

4. 憲法의 大衆化 · 民衆化의 意義와 필요성

Ⅱ. 憲法의 大衆化 · 民衆化의 한계 및 문제점

1. 전문서적(대학교재, 연구논문 등)

2. 일반 도서 출판물

3. 언론매체(일간지, 주간지, 월간지, 계간지 등)

4. 방송매체(라디오, 텔레비전 등)

Ⅲ. 憲法의 大衆化 · 民衆化 戰略에 따른 「도서출판」의 특징

1. 접근의 용이성

2. 편집의 특이성

(1) 헌법 全文을 국문, 국한문 혼용, 영문으로 표기 수록함

(2) 책 쪽수의 좌우에 헌법 조문을 1조씩 배치 해설함

① 각 조문을 국문, 국한문 혼용, 영문으로 표기 수록함

　　② 법률 용어(단어) 풀이 및 각 조문 전체 해설

　　③ 漢文 익히기(음훈, 획수, 획순 표기 및 관련 한자 어휘 수록)

　　④ 영단어 풀이 및 영단어 활용 회화문 수록(원어민 CD 증정)

　　⑤ 각 조문의 내용과 관련된 컬러 사진 게재

　3. 이해의 대중성

　4. 지식의 집약성

　5. 의식의 진보성

Ⅳ. 結

※ 참고 도서

Ⅰ. 序

흔히 憲法을 '모든 法의 基本'이라고들 말하고 있다. 그렇다면, 마땅히 모든 국민들이 모든 法의 基本인 憲法을 쉽게 접할 수 있어야 하고, 쉽게 접할 수 있어야 할 뿐만 아니라 그러한 憲法에 대한 많은 이해와 지식을 갖고 있어야 함은 너무나 당연한 이치이다.

하지만 현실은 그러하지 못하다. 憲法이 몇 개의 조문으로 구성되어 있는지조차 모르는 국민이 태반이 아니라 거의 80~90%에 해당한다 해도 과언이 아닐 것이다.

더구나, "憲法은 사회생활의 基本을 정한다는 점에서 국민적 상식 또는 思想이다"[1]라고 주장하면서 "상식으로서의 憲法"[2]으로까지 역설하는 헌법학자도 있을 정도이니, 우리는 이러한 憲法에 대한 국민적 이해를 높이는 세세한 戰略을 세워 그 실천에 임해야 한다고 생각되어진다.

---

1) 박홍규, 『그들이 헌법을 죽였다』 개마고원, 2001, 7쪽에서 인용
2) 앞의 책, 8쪽에서 인용

이에, 본 論文은 '상식으로서의 憲法'이 될 수 있는 방안을 제시하고자 「憲法의 大衆化·民衆化 戰略」이라는 제목으로 먼저 그 序를 논하고 이어서 憲法의 大衆化·民衆化의 한계 및 문제점을 짚어 보고, 憲法의 大衆化·民衆化 戰略에 따른 도서출판의 특징을 논한 후에 結論으로 본 論文을 정리해 보고자 한다.

따라서, 본 論文이 '憲法이 우리의 중요한 상식적 가치 기준의 하나'[3]로 정착되는 시발점이 되기를 기대해 본다.

1. 憲法의 개념

먼저, 사전적 의미의 헌법 개념을 살펴보면, '국가의 통치체계에 관한 근본원칙을 정한 기본법'[4]이라고 설명하고 있다.

다음, 학문적으로 그 개념을 살펴보면, '憲法이란 정치적 공동체의 형태와 기본적 가치질서(국민의 기본권 보장과 국가와 통치구조 등)에 관한 國民的 合意(사실성)를 法規範的인 論理體系로 정립한 국가의 基本法(규범성)으로 이해하여야 한다'[5]라고 정의하고 있다.

위의 두 개념을 종합적으로 정리하면, 헌법이란 '국민의 기본권 보장과 통치구조를 규정하는 국가의 기본법'[6]으로 이해하면 족하리라 본다.

2. 大衆化의 의미

먼저, '大衆'의 사전적 의미는 '신분의 구별 없이 한 사회의 대다수를 이루는 사람'[7]으로 정의하고 있다.

'대중'의 의미를 보다 뚜렷하게 확인하기 위하여 영어로 풀이하면, 'the populace : all the

---

3) 앞의 책, 7쪽에서 인용
4) 사전편찬실, 『참국어사전(우리말 돋움사전)』, 동아출판사, 1997, 1421쪽에서 인용
5) 權寧星, 「憲法學原論」, 法文社, 1998, 5쪽에서 인용
6) 이철주·김헌, 『헌법』, 한국방송통신대학교출판부, 2000, 2쪽에서 인용
7) 사전편찬실, 『참국어사전(우리말 돋움사전)』, 동아출판사, 1997, 327쪽에서 인용

common people of a country'[8]로 해석된다.

다음으로 '大衆化'란 '어떤 사물이 일반 대중 사이에 널리 퍼져 친근하게 됨, 또는 그렇게 되게 함'[9]을 뜻한다.

3. 民衆化의 의미

먼저 '民衆'의 사전적 의미는 '국가나 사회를 이루고 있는 다수의 일반 국민. 흔히, 피지배 계급으로서의 일반 대중을 가리킴'[10]으로 정의하고 있다.

'민중'의 의미를 보다 뚜렷하게 확인하기 위하여 영어로 풀이하면, 'the people : persons in general ; all the persons in a society, esp. those who do not have special rank or position'[11]으로 해석된다.

따라서, '民衆化'란 '어떤 일이나 사물이 특별한 지위나 직위가 없는 일반 사람들에게 널리 퍼져 친근하고 가깝게 됨, 또는 그렇게 되게 함'을 뜻하는 것으로 이해할 수 있겠다.

4. 憲法의 大衆化 · 民衆化의 意義와 필요성

앞에서 살펴본 대로 憲法의 개념, 大衆化 · 民衆化의 의미를 통하여 그 개략적인 뜻이 파악되었으리라 본다.

그렇다면, '憲法의 大衆化 · 民衆化'가 지니고 있는 중요성이나 그 가치를 살펴보는 것이 그 意義와 필요성이라 할 수 있으므로, 서론에서도 언급한 바와 같이, 모든 法의 基本인 憲法을 '국민적 상식 또는 사상'으로 정착시키는 것에 그 의의와 필요성이 있다고 말할 수 있겠다.

작금의 憲法에 대한 국민의 인식도 또는 이해도는 어떠한가?

憲法이나 헌법책은 大學校의 교수, 그것도 소수의 法大 교수들의 전용물이다시피 하고 있으며 그

---

8) 耘平語文硏究所, 『롱맨 英英韓辭典』, 금성교과서, 1997, 994쪽에서 인용
9) 사전편찬실, 『참국어사전(우리말 돋움사전)』, 동아출판사, 1997, 327쪽에서 인용
10) 앞의 책, 501쪽에서 인용
11) 耘平語文硏究所, 『롱맨 英英韓辭典』, 금성교과서, 1997, 947쪽에서 인용

외 법조인들이다. 또 大學生이라해도 기껏 法大生 일부가 국가의 기본법인 憲法을 접하고 있는 수준이어서 전체 국민의 1% 미만의 수가 헌법이라는 책을 들여다보고 있다고 할 수 있으니 憲法의 大衆化·民衆化의 意義와 그 필요성을 더 이상 언급하지 않아도 파악이 되었으리라 본다.

Ⅱ. 憲法의 大衆化·民衆化의 한계 및 문제점

그렇다면 왜 여태까지 憲法의 大衆化·民衆化가 이루어지지 않았는가? 그 한계와 문제점을 살펴보기로 하자.

1. 전문서적(대학교재, 연구 논문 등)

憲法을 비롯한 일반 法律서적은 '전문서적'이라는 이름하에, 아직까지 일반 국민들이 쉽게 접근할 수 없는 '한문체(漢文體)'까지 곁들여 있어 그 大衆化·民衆化를 더욱 어렵게 하고 있다.

또, 憲法은 주로 대학교재, 연구 논문 등의 형태로 발간되기 때문에 일반 대중들에게는 그 접근이 쉽지 않을 뿐만 아니라 사실 낯설게까지 느껴질 정도이다.

더구나, 대학교재나 연구 논문 등의 憲法 전문서적은 그 해독이 어렵고 문자 그대로 法律 전문용어로 쓰여져 있기 때문에 일반 대중은 판독이나 이해가 쉽지 않다. 이러한 것들이 法律, 특히 憲法의 大衆化·民衆化가 당연히 어려울 수밖에 없는 한계와 문제점인 것이다.

2. 일반 도서 출판물

전문서적 외에 일반 도서 출판물로서의 憲法서적은 서점에서 거의 찾아볼 수 없을 정도이다. 또 몇 가지 종류가 있다 하더라도 역시 大衆化·民衆化하기에는 역부족이다. 왜냐하면, 국가의 기본법인 憲法을 전문서적 형태가 아닌 일반 국민들이 쉽게 접근할 수 있는 편집 발상이나 구상 자체가 많이 결여되어 있기 때문이다.

3. 언론 매체(일간지, 주간지, 월간지, 계간지 등)

어떤 사물을 大衆化·民衆化 시키는 데는 언론 매체가 상당히 중요한 역할을 차지하고 있다. 그러나, 法律的인 학문이나 지식이 언론 매체를 쉽게 탈 수 없는데다가 설령 그렇다 하더라도 단편적인 지식 전달에 그치는 한계가 있다.

일간지와 주간지에는 거의 憲法에 관한 기사가 실리지 않고 있고, 월간지는 주로 고시생들이나 법조인들을 상대로 발간하기 때문에 발행 부수에 한계가 있을 뿐만 아니라 역시 전문성을 벗어나지 못하고 있어 大衆化·民衆化에 대한 문제를 많이 갖고 있다.

계간지는 고시생들보다는 주로 법조인 단체들이 각각의 필요에 따라 특성적으로 발간되고 있는 실정인지라 憲法의 大衆化·民衆化의 역할에 있어 언론 매체는 현 시점에서 그 한계와 문제가 많다고 하겠다.

4. 방송 매체(라디오, 텔레비전 등)

언론 매체에 이어 방송 매체가 어떤 일이나 사물을 大衆化·民衆化 시키는데 큰 역할을 하고 있는 것은 사실이나, 憲法을 大衆化·民衆化 시키는 데는 오히려 언론 매체보다 더 큰 장애 요인이 많다고 할 수 있다.

오락 위주로 편성되는 방송형태도 그렇거니와 청취자 또는 시청자들 대부분이 고루한 法律 방송을 달갑게 여기지 않을 것이기 때문이다.

大衆化·民衆化를 시키려면 앞에 언급한 대로 도서, 언론, 방송 매체의 역할이 클 수밖에 없는데 결국 현 시점에서는 그 역할을 어떤 형태의 매체도 제대로 수행하지 못하고 있는 실정이다.

그렇다면, 어려운 法律 지식, 그것도 국가의 기본법인 憲法을 어떻게 大衆化·民衆化 시킬 것인가에 대해서는 특단의 조치나 방법을 동원하지 않으면 그 실행이나 효과를 얻기가 극히 어렵다고 할 수 있다.

Ⅲ. 憲法의 大衆化·民衆化 戰略에 따른「도서출판」의 특징

憲法의 大衆化·民衆化가 현 시점에서는 매우 어려운 난제임을 분석해 보았다. 그러나, 그 戰略으로「도서출판물」에 의한 大衆化·民衆化가 가장 쉽게 접근할 수 있는 것이라 판단되어 그 방법을 세세히 살펴보고 그 실행을 도모할 수 있도록 연구해 보기로 하겠다.

1. 접근의 용이성

어떤 일이든지 大衆化·民衆化가 이루어지려면 그 용도에 맞게 접근이 아주 쉬워야 한다. 문자적 특성으로 이루어져 있는 法律 조문, 즉 憲法은 활자체에 의한 「도서출판물」이어야 그 접근이 아주 쉽다고 할 수 있다. 그래서 憲法의 大衆化 · 民衆化의 戰略的 방법으로 도서출판물을 선정하게 된 것이다.

「도서출판물」에 의한 접근의 용이성은 法律의 문자적 특성을 살리는 활자체로 이루어진 장점 외에 휴대 및 반복의 편리성이다.

憲法의 大衆化 · 民衆化가 이루어지려면 무엇보다도 휴대가 편리해야 하는데 적당한 크기의 도서는 휴대의 극대화, 즉 접근의 용이성을 극대화할 수 있는 이점이 있다. 뿐만 아니라, 憲法 지식의 大衆化 · 民衆化는 그 형태가 法律이기 때문에 반복적인 학습 · 습득이 필요한데, 도서는 반복의 극대화를 가져올 수 있는 가장 좋은 방법 중의 하나이기 때문에 憲法의 大衆化 · 民衆化 戰略으로 「도서출판물」을 택한 중요도를 충분히 알 수 있을 것이다.

2. 편집의 특이성

일반 「도서출판물」에 의한 憲法의 大衆化 · 民衆化는 그 한계와 문제가 있다고 앞에서 지적한 바 있다. 다시 말해, 현 시점에서의 일반 「도서출판물」과는 아주 다르게 편집하고 구성해야만이 그 大衆化 · 民衆化의 목적을 달성할 수 있다는 결론인데, 일반 도서와는 두드러지게 다른 형태의 편집이 어떻게 이루어지는가를 세세히 살펴보기로 하자.

(1) 헌법 全文을 국문, 국한문 혼용, 영문으로 표기 수록함

시중에 나와 있는 헌법 서적을 살펴보면, 헌법 全文을 해독이 어려운 한문을 사용하여 실어 놓은 경우가 많이 있다. 따라서 憲法의 大衆化 · 民衆化 戰略으로서의 「도서출판물」에는 헌법 全文을 먼저 국문으로 수록한 후에, 이어서 국한문 혼용으로 그 全文을 싣고, 또 그 다음에는 영문으로 표기하여 싣도록 한다.

국문은 우리 국민이면 누구나, 심지어 초등학생까지도 접근할 수 있는 특징이 있고, 영어 全文은 憲法에 대한 이해의 폭을 넓히는데 유용하다. 그리고 국한문 혼용 全文을 통하여 漢文을 쉽게 배울 수 있도록 기획 · 편집되어 있으며, 또 영어 全文을 통하여는 영어 지식 · 회화 능력을 향상시킬 수 있도록 구성되어 있어 그 대중성이 뛰어나다고 할 수 있다.

(2) 책 쪽수의 좌우에 헌법 조문을 1조씩 배치 해설함

① 각 조문을 국문, 국한문 혼용, 영문으로 표기 수록함

헌법 全文의 수록 방법과 마찬가지로 각 조문도 역시 다음 도면 ①항 위치에 국문, 국한문 혼용, 영문으로 표기 수록한 후 헌법 조문을 1개씩 해설한다. 헌법을 각 1개 조문씩 국문, 국한문 혼용, 영문으로 간략하게 비교할 수 있게 구성함으로써 헌법에 대한 이해를 극대화시키고 이를 통하여 대중화·민중화를 이룰 뿐만 아니라 지식의 폭을 넓힐 수 있도록 편집한다.

(좌쪽 면)   (우쪽 면)

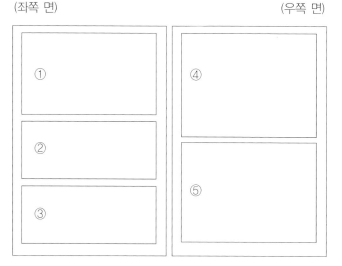

※④항과 ⑤항은 위치가 바뀔 수 있으며, 편집 방편상 ③항이 우쪽 면으로 이동할 수도 있음.

〈「도서출판물」에 의한 헌법의 편집 방법〉

② 법률용어(단어) 풀이 및 각 조문 해설

앞의 도면 ②항 난에는 그 위 ①항에 수록된 헌법 조문의 법률 용어(단어)의 뜻을 풀이하여 밝힌 후 그 조문의 전체 해설을 덧붙여 수록한다. 그렇게 함으로써 각 조문마다 헌법 이해의 극대화를 이루게 하여 憲法의 大衆化·民衆化를 完成해 나간다.

③ 漢文 익히기(음훈, 획수, 획순 표기 및 관련 한자 어휘 수록)

앞의 도면 제③항 난에는 그 위에 수록된 국한문 혼용 헌법 조문에 나타난 어려운 漢字를 1字씩 수록하여 음과 훈을 기록하고 획수뿐만 아니라 그 漢字를 쓰는 순서, 즉 획순까지 표기 수록한다.

이어서 그 漢字가 포함된 일상생활 어휘를 수록하여 그 어휘의 뜻까지 병기함으로써 國家의 基本

法인 憲法을 익힐 뿐만 아니라 그 憲法을 통하여 漢文 어휘까지 철저히 공부할 수 있는 기회를 제공해 준다.

④ 영단어 풀이 및 영단어 활용 회화문 수록(원어민 CD 증정)

앞의 도면 제④항 난에는 좌쪽 면 상단(제①항)에 수록된 영문 표기의 헌법에서 해설이나 뜻풀이가 필요한 영단어를 색출하여 그 뜻을 영영한(英英韓)으로 풀이한 후 그 영단어를 활용한 영어 회화문을 초급, 중급, 상급 등으로 3문장을 수록하여 漢文 공부에 이어 국가의 기본법인 憲法을 통하여 영어(회화)공부까지 필하도록 하여 憲法의 大衆化 · 民衆化를 더욱 확보해 나간다.

뿐만 아니라 그 영어 회화문에 대한 원어민 음성녹음 CD까지 제작하여 본 도서와 같이 배부함으로써 편집의 특이성을 극대화시킨다.

⑤ 각 조문의 내용과 관련된 컬러 사진 게재

앞에 도면 제⑤항 난에는 디지털카메라 보급 등으로 인한 컬러 시대에 맞게 각 조문의 내용과 관련된 사진을 컬러로 게재함으로써 헌법 이해의 극대화를 실현시킬 뿐만 아니라 그 헌법 내용을 영상 기억법을 통하여 오래도록 기억할 수 있도록 편집하여 학습 효과의 극대화를 도모한다.

추상적이고 형이상학적이기 쉬운 헌법의 조문을 현실성 있는 컬러 사진으로 형상화함으로써 어렵다고 여겨지는 헌법의 法律的 한계를 뛰어넘게 하여 憲法의 大衆化 · 民衆化의 달성에 한층 더 가까이 가도록 편집의 묘를 구사한다.

3. 이해의 대중성

위에서 이미 언급한 대로 편집의 특이성에 의한 도서출판으로, 憲法의 각 조문에 대하여 한문을 포함하여 영문 비교, 법률 용어 풀이 및 각 조문 해설, 그리고 한자와 한자 어휘, 영단어와 영어회화까지 공부하게 함으로써 어렵고 딱딱하기 쉬운 헌법의 내용을 쉽게 접하고 이해할 수 있도록 구성함으로써 이해의 대중성을 도모했다. 뿐만 아니라 각 조문의 내용과 관련된 컬러 사진을 게재함으로써 헌법 이해의 대중성을 성취시키는 데 더욱 일조하게 했다.

4. 지식의 집약성

'학문은 단어의 뜻을 아는 것이다' 라는 말이 있다.

헌법의 각 조문에 대한 법률 용어(단어)의 뜻을 풀이해 놓았을 뿐만 아니라, 각 조문의 전체 해설까지 곁들였고, 한문, 영어공부까지 쉽게 접할 수 있도록 편집되어 있어 많은 지식을 한 권의 책으로 습득하게 함으로써 지식의 집약성을 성취하게 했다.

5. 의식의 진보성

국가의 기본법인 헌법을 체계 있게 공부하고, 또 漢文과 영어공부까지 병행 학습 · 습득하게 구성함으로써, 이를 접하는 독자들의 憲法에 관한 견해 · 사상 · 이론 따위가 진보하여 '상식으로서의 헌법'의 목표를 달성할 수 있게 되어 당연히 의식이 더 높게 발전 · 진보하는 기회가 제공된다.

Ⅳ. 結

憲法이란 '국가의 통치체제를 정하는 기본법'[12]을 말한다. 이러한 憲法이 成文法의 형태를 취할 때 成文憲法(또는 형식적 의미의 헌법)이라고 불리는데, 근대 제국의 대부분이 成文憲法을 가지고 있으므로 단순히 헌법이라고 할 때에는 성문헌법을 가리킨다.[13]

成文化되어 있는 헌법을 「도서출판물」에 의해 大衆化 · 民衆化 戰略을 세우는 것은 꼭 필요한 일이라 여겨진다.

그러나, 모든 法의 基本인 憲法을 접하고 이해하기란 현실적으로 쉽지 않다. 따라서 한문, 영어공부까지 겸할 수 있도록 한 憲法의 大衆化 · 民衆化 戰略에 따른 도서출판의 특징으로 인하여 많은 사람, 특히 모든 大學生의 필수 교양서적으로 발전해 나간다면 우리 國民의 지식이 한층 진보될 것임은 당연한 이치일 것이다.

뿐만 아니라, 국가가 정책적으로 이와 같은 도서가 각 가정에 보급되게 한다면 憲法의 大衆化 · 民衆化 戰略은 성공적으로 수행될 것으로 본다. 이를 위해서는 먼저 그와 같은 도서의 편집이 대학생 및 일반 국민의 절대적인 호응을 얻을 수 있는 방법으로 구성된 후 발간되어야 할 것이다. 발간

---

12) 김종원 외, 『法律用語辭典』, 法典出版社, 1997, 107쪽에서 인용
13) 앞의 책, 108쪽에서 인용

후에는 적절한 홍보와 계도를 통하여 학생들을 포함한 전 국민들에게 충분히 보급될 수 있도록 학교와 정부 또는 각 지방자치단체들의 협조가 요망된다.

國家의 基本法인 憲法이 이제 法律학자나 法大生의 전유물이 아닌 모든 국민의 손에 쉽게 전달되고 또 그러한 책이 쉽게 이해될 수 있도록 연구 · 편집하여 보급된다면 憲法의 大衆化 · 民衆化는 현실로 다가와 '상식으로서의 헌법'으로 발전함으로써, 이해의 대중성 및 지식의 집약성으로 인하여 국민의 의식은 진보되고 따라서 超一流 國家 建設의 초석을 이루게 될 것이다.

〈참고 도서〉

1. 이철주 · 김헌, 『헌법 I』, 한국방송통신대학교출판부, 2000

2. 이철주 · 김헌, 『헌법 II』, 한국방송통신대학교출판부, 2000

3. 權寧星, 『憲法學原論』, 法文社, 1998

4. 박홍규, 『그들이 헌법을 죽였다』, 개마고원, 2001

5. 강경선 외, 『생활법률』, 한국방송통신대학교출판부, 2003

6. 이철주 · 강평치, 『법학개론』, 한국방송통신대학교출판부, 1999

7. 최종고, 『법과 생활』, 박영사, 1997

〈용어 정의를 위한 참고도서〉

8. 김종원 외, 『法律用語辭典』, 法典出版社, 1997

9. 사전편찬실, 『참국어사전(우리말 돋움사전)』, 동아출판사, 1997

10. 耘平語文硏究所, 『롱맨 英英韓辭典』, 금성교과서, 1997

※ 본 논문을 실제화하여 『大韓民國』이라는 책을 동시에 발행하여 논문과 같이 제출하고자 했으나 사정상 여의치 못하여 내년 졸업 시에 발행하고자 하오니 교수님의 많은 지도 편달과 협조가 있으시면 더욱 감사하겠습니다.

〈끝〉

(5) 재학 당시 논문(과제물 : Report)

1) '훈민정음'의 제자(制字)원리

2) 다산 정약용의 『목민심서』 요약 및 독후감

3) 法治國家의 原理

4) UN憲章 體制下의 合法的 武力行使

5) 성별(남·녀)소득분배와 불평등

6) 當事者 適格에 관해 논하라

7) 산업혁명과 산업자본주의의 확립에 관해 논하라

'훈민정음' 의 제자(制字)원리

-목 차-

Ⅰ. 序
Ⅱ. 훈민정음의 제자원리
   1.『훈민정음 해례본(解例本)』
   2. 자음자(초성,종성) 제자원리와 그 특성
   3. 모음자(중성) 제자원리와 그 특성
Ⅲ. 結
※ 참고 문헌

Ⅰ. 序

세종의 훈민정음 창제의 기본 의도가 '우민(愚民)' 에 해당하는 일반 서민들을 문자 생활에 참여시키는 데 있었다고 한다.[1] 그런데, 놀라운 것은 그러한 일반 서민들을 위한 신문자(新文字) 창제가 이토록 과학적이고 또 음성학 혹은 음운학적으로 창제 초기부터 치밀하게 다듬어지고 정연한 제자 원리에 의하여 이루어졌다는 것은 가히 세계적인 것이라 아니할 수 없다.

특히, '표의문자(表意文字)' 인 한자의 영향권에 살고 있었으면서도 최남선이 언급한 대로, '世界文字의 가장 거룩한 王者'[2]인 우리 글 훈민정음은 뛰어난 '표음문자(表音文字)' 로 제작되었으니 국

---

[1] 윤용식외(1993),『大學國語』, 한국방송대학교출판부, 529면
[2] 위의 책, 538면

내에서 보다 국외에서 더욱 높이 평가되고 있다[3]는 것도 당연한 일이라 여겨진다.

정보화 시대로 접어든 오늘날, 그 정보가 음성, 정지화상, 동화상 등의 다양한 매체로 전달되고 있지만,[4] 문자 없는 완전한 정보 전달은 상상할 수도 없는 일이기에 오히려 문자 고유의 가치는 더욱 부각된다고 볼 수 있다. 이러한 시기에 우리는 우리 고유의 문자를 갖고 있는 것에 대한 자부심과 매우 독창적인 창의력을 갖고 있는 우리 민족에 대한 자긍심을 더욱 굳게 하기 위해서도, 세계 최초로 한 사람에 의해서 발명된 문자인[5] 훈민정음의 자모(字母) 제자원리를, 그 문자에 대한 해설서로 편찬된 『훈민정음 해례본』을 통하여 살펴봄으로써 그 제자원리의 과학성에 대한 분명한 인식과 훈민정음이 우리 고유의 문자 체계로서 참으로 소중한 문화적 유산임을 확인해 보도록 하겠다.

Ⅱ. 훈민정음의 제자원리[6]

1. 『훈민정음 해례본(解例本)』

훈민정음이라는 말에는 두 가지 갈래가 있다. 한 가지는 '문자의 명칭'으로서의 훈민정음이고, 또 한 가지는 '책의 이름'으로서의 『훈민정음』이다.

「세종실록」권102, 세종 25년 12월 조에 기록되어 있는 "이 달에 임금이 친히 언문 28자를 만들었다.(중략) 이것을 '훈민정음'이라고 부른다"라는 기사는 전자의 훈민정음, 곧 '문자의 명칭'으로서의 그것이고, 「세종실록」권114, 세종 28년 9월 조에 기록되어 있는 "이 달에 '훈민정음'이 완성되었다. 임금이 지으면서 말씀하시기를(하략)"이라는 기사는 후자의 『훈민정음』, 곧 '책의 이름'으로

---

3) 장소원(2000, 지상강좌, 법학과 1학년), 『'훈민정음'의 제자원리』, 한국방송통신대학교, 25면

4) 위의 책, 22면

5) 장소원(2000, 학보특강), 1학년 새내기를 위한 과제물 작성 지상특강(제1135호 부록)국어E형, 한국방송대학보사

6) 본장에서 소개되는 『훈민정음해례본』에 관한 내용은 편의상 원문(한문)은 싣지 않고 그 번역문을 싣는다. 번역문은 책, 김완진, 정광, 장소원 공저(1997), 『국어학사』, 한국방송대학교출판부의 내용을 인용함을 밝혀 둔다.

서의 그것이다.[7]

『훈민정음 해례본』은 새로운 문자체계인 '훈민정음'을 해설하기 위해 앞서 언급한 대로 세종 28년(1446년)에 간행되었다. 그 체재는 제자해(制字解), 초성해(初聲解), 중성해(中聲解), 종성해(終聲解), 합자해(合字解) 등 5개의 해(解)와 용자례(用字例)로 되어 있어 그 책을 『훈민정음 해례본(解例本)』이라고 부르는 것이다. 해례본은 한문으로 기록되어 있다.[8]

문자체계로서 완성된 한글의 제자원리는 한글 창제에 직접 참여한 학자들이 스스로 밝힌 해례본의 「제자해」를 떠나서 존재할 수 없다.[9] 따라서, 그 해례본의 해(解)와 예(例)에 보이는 신문자에 대한 설명을 통하여 자음자(초성, 종성)와 모음자(중성) 제자원리의 과학성과 독창성 및 그 특성을 고찰해 보고자 한다.

2. 자음자(초성,종성) 제자원리와 그 특성

우리가 다 알고 있다시피 '훈민정음'은 28개의 자모(字母)로 만들어졌다. 해례본의 제자해에서 보이는 자음자 제자의 1차 원리는 자음자 발음기관의 모양을 본떠 이루어졌다.[10] 그런데, 여기서도 놀라운 것은 앞에 언급한 상형의 원리가 '단순히 발음기관 자체의 모양'을 본뜬 것이 아니라 '각각의 발음기관이 해당 자음을 소리 내기 위해 변화하는 모습'을 본뜬 것이라는 점이다.[11]

17개 자음자 중 기본자 5개의 제자원리를 해례본의 제자해에 나온대로 정리해 보면 다음과 같다.

아음(牙音) ㄱ은 혀뿌리가 목구멍을 막는 모양을 본뜬 것,
설음(舌音) ㄴ은 혀끝이 윗잇몸에 붙는 모양을 본뜬 것,

---

7) 김완진외(1997), 『국어학사』, 한국방송대학교출판부, 144면
8) 장소원(2000, 지상강좌, 법학과 1학년), 『'훈민정음'의 제자원리』, 한국방송통신대학교, 22면
9) 안병희(1992), 『국어사연구』, 문학과 지성사, 215면10) 안병희(1992), 『국어사연구』, 문학과 지성사, 215면
11) 장소원(2000, 지상강좌, 법학과 1학년), 『'훈민정음'의 제자원리』, 한국방송통신대학교, 23면

순음(脣音) ㅁ은 입의 모양을 본뜬 것,〈한자의 口(입구)자의 상형과 비슷하다〉

치음(齒音) ㅅ은 이의 모양을 본뜬 것,

후음(喉音) ㅇ은 목구멍의 모양을 본뜬 것이다.

구체적으로 한 예를 들어보자. 'ㄴ'을 소리 내기 위해서는 혀끝을 윗잇몸의 경구개에 갖다 붙이면서 유성으로 나오는 소리의 흐름(공기의 흐름)을 코로 내보내야 하는데, 이때 혀의 모양을 왼쪽 옆에서 혀의 길이 방향으로 잘라 보았을 때 'ㄴ'과 같이 구부러진 모양인 것이다.

이러한 원리는 현대의 음성학적인 관점에서 볼 때에도 매우 정확한 것이어서 그 제자원리와 특성이 대단히 과학적이라는 점이요, 또 당시 우리나라의 언어 연구 수준이 가히 세계적이었다고 할 수 있지 않겠는가! 더욱 놀라운 것은, 앞서 언급한 기본자음 이외의 나머지 각 계열의 글자들은 가획(加劃:획을 더함)의 원리에 따라 그 기본자음에 간단한 획을 한두 개 더함으로써 국어 음성 표현에 필요한 글자를 추가해서 만들었다는 것이다.

이를 도표식으로 정리하면 다음과 같다.[12]

아음(牙音) : ㄱ → ㅋ

설음(舌音) : ㄴ → ㄷ → ㅌ (ㄷ → ㄹ)

순음(脣音) : ㅁ → ㅂ → ㅍ

치음(齒音) : ㅅ → ㅈ → ㅊ (ㅅ → △)

후음(喉音) : ㅇ → ㆆ → ㅎ (ㅇ → ㆁ)

해례본의 제자해에서는 위와 같이 획을 더하여 글자를 만든 근거를 획이 더 있는 글자들의 소리가 더 거센소리라는 점을 밝히고 있다. 이를 테면 'ㄴ'에 비해 'ㄷ'이, 'ㄷ'에 비해 'ㅌ'이 더 거센소

---

12) 위의 책, 23면

리라는 것이다. 즉 인성가획(因聲加劃 : 소리에 따라 획을 더함)의 제자원리는 훈민정음 제자원리의 뛰어난 특성 중의 하나이기에 우리는 이를 자랑한다.

그 외에도, 『훈민정음 해례본』의 예의(例義) 부분은 세종이 친히 28자의 신문자에 대해여 『동국정운』(東國正韻 : 세종 때 편찬한 최초의 한자 음운서)의 운목자를 예로 하여 그 음가를 밝힌 것인데,[13] 이 음가에 대한 세세한 설명은 표음문자를 처음으로 만드는 과정이었는데도 훈민정음 창제 당시 국어 음성에 대한 철저한 분석이 있었음을 알 수 있고,[14] 더불어 당시의 언어 연구 및 문자 연구에 관한 지식이 대단한 수준이었다는 사실에 놀라지 않을 수 없는 것이다. 하지만, 지면 관계로 이 음가 부분에 관한 설명은 아쉽지만 생략하기로 한다.

3. 모음자(중성) 제자원리와 그 특성

앞의 '자음자 제자원리와 그 특성' 란에서 훈민정음의 제자원리와 그 특성이 어느 정도 수준이었는가를 대체로 자세히 언급했기 때문에 모음자 부분에서는 간략히 핵심만을 정리해 보겠다.

『훈민정음 해례본』에서 밝힌 모음자의 제자는, 기본 3자를 천(天), 지(地), 인(人)의 삼재(三才)를 상형하여 제자하고, 나머지 모음자들은 그 세 기본 모음을 조합(組合)하여 제자하였다고[15] 밝히고 있어 모음자도 역시 자음자와 같이 1차적인 제자원리는 '상형' 이다.

즉, 모음자의 첫째 기본자인 'ㆍ'는 하늘의 모습을 본떠서 둥글게 하였고
둘째 기본자인 'ㅡ'는 땅의 평평한 모습을 본뜬 것이며
셋째 기본자인 'ㅣ'는 사람이 서 있는 모습을 본뜬 것이다.

이 '천 · 지 · 인'의 삼재를 상형한 것은 우리 민족의 고유 사상이 나타나 있기도 하거니와 해례본

---

13) 김완진외(1997), 『국어학사』, 한국방송대학교출판부, 145, 146면
14) 장소원(2000, 지상강좌, 법학과 1학년), 『'훈민정음'의 제자원리』, 한국방송통신대학교, 25면
15) 김완진외(1997), 『국어학사』, 한국방송대학교출판부, 151면

에 기재된 그 음성학적(음운론적)인 설명은 당시의 문자 연구 및 언어 연구가 얼마나 진전되었는가를 잘 알 수 있는 대목인데 그 부분을 인용하면 다음과 같다.[16]

> '·'는 혀를 움츠리고 소리는 깊은 곳에서 나며
>
> 'ㅡ'는 혀는 조금 움츠리고 소리는 깊지도 얕지도 않으며
>
> 'ㅣ'는 혀가 전혀 움츠려 들지 않고 소리는 얕은 곳에서 난다.

그 외 나머지 모음자들은 기본자 셋을 조합하여 초출자(初出字) 4개와 재출자(再出字) 4개를 만들었다.

초출자(단모음)	재출자(이중모음)
· + ㅡ → ㅗ	ㅣ + ㅗ → ㅛ
· + ㅣ → ㅏ	ㅣ + ㅏ → ㅑ
· + ㅡ → ㅜ	ㅣ + ㅜ → ㅠ
· + ㅣ → ㅓ	ㅣ + ㅓ → ㅕ

특히, 위에서 보는 바와 같이 초출자는 단모음, 재출자는 이중모음으로 이루어져 있어 훈민정음 문자의 체계성이 대단하다는 것을 알 수 있다. 그리고, 해례본에서는 모음 기본자 3자를 합한 11개의 모음자를 다시 2자, 3자 합용(合用)하여 무수한 모음자를 만들 수 있다고 하였고 그 실례로 29개의 모음자를 만들어 보였으니, 그 유용성 및 독창성이 과연 어떠한가! (例 : ㅒ, ㅖ, ㆌ …… 등)

이 외에도 'ㅣ, ㅣ'의 2음을 추가 하였는데 『훈민정음 해례본』의 '합자해' 에 다음과 같이 기록 되어 있다.

"ㅣ에서 시작한 '·, ㅡ'('ㅣ, ㅣ'를 말함)는 우리말에는 쓰이지 않고 어린이 말이나 변방의 사투리에 간혹 쓰인다. 마땅히 2자를 합용하여야 쓸 수 있으니 'ㄱ, ㄱ'와 같이 세로로 된 것을 먼저

---

16) 위의 책, 153면

쓰고 가로로 된 것을 나중에 쓰는 것이 다른 것과 다르다"[17]

이 얼마나 놀라운 내용인가!

즉, 어린이 말이나 변방의 사투리, 일부 방언 등에 나타날 수 있는 애매모호한 음성학적인 현상까지도 표현할 수 있는 문자 체계를 창제 초기부터 이토록 완벽하게 정리할 수 있는 표음문자가 세계 문자 역사상 어디 또 있었겠는가! 그 뿐인가? 위의 글에서 보면 알 수 있듯이 글을 쓰는 획순까지 치밀하게 연구, 설명했다는 것은 우리를 더욱 놀라게 하지 않는가![18]

Ⅲ. 結

안병희 선생은 『국어사연구』에서, 당시 한글 창제에 참여한 학자들의 문자학에 대한 이해와 지식 수준을, '漢字의 제자원리인 六書' 등 중국 문자학의 내용에 대한 이해 수준을 인용하면서 애써 증명해 보였지만,[19] 구태여 그와 같은 타 자료에 의한 증거가 아니라 하더라도 한글 창제에 참여한 학자들이 그 제자원리를 스스로 밝힌 원본인 『훈민정음 해례본』의 내용만을 면밀히 살펴본다면 당시 그 학자들의 문자학, 음성학 및 언어학에 대한 지식과 연구 수준이 가히 세계적이었다는 것을 충분히 알 수 있다고 생각한다. 그렇기 때문에 '훈민정음'은 세계에서 그 유래를 찾아보기 힘들 정도로 매우 과학적인 문자이며, 이미 서론에서도 언급한 대로 이것이 바로 이러한 사실을 국내에서보다 국외에서 더욱 높이 평가하는 이유인 것이다.

이 글에서 비록 그 우수한 과학적이고 합리적인 면모를 모두 다루지 못했지만, 우리가 늘 편리하게 사용하고 있는 우리 글의 특징들에 대해 좀 더 관심을 갖고, 특히 외국 문자와 비교하여 공부해 보면 우리 문자의 우수성에 보다 큰 자부심을 갖게 될 것이며, 아울러 한글 창제로 나타난 우리 민족의 독창성에 관한 저력으로 이 나라를 세계 제1의 나라로 발전시킬 수 있다는 자신감과 자긍심을 더

---

17) 김완진외(1997), 『국어학사』, 한국방송대학교출판부, 152면
18) 각주 17)번이 있는 문구와 관련하여 참고하라
  ※참고사항 : 'ㅣ'가 들어 있는 'ㅚ,ㅢ,ㅟ'등은 세로로 된 'ㅣ'를 먼저 쓰지 않고 나중에 쓴다.
19) 안병희(1992), 『고이시연구』, 문학과 지성사, 215~226면

욱 크게 갖게 될 것이다.

※ 참고 문헌 ※

1. 교과서 〈윤용식 외(1993), 『大學國語』, 한국방송대학교출판부〉

2. 지상강좌, 법학과 1학년 〈장소원(2000), 『훈민정음』의 제자원리, 한국방송통신대학교〉

3. 김완진 · 정광 · 장소원 공저(1997), 『국어학사』, 한국방송대학교출판부

4. 안병희(1992), 『국어사연구』, 문학과 지성사

5. 학보특강(제1135호 부록) 〈장소원(2000), 1학년 새내기를 위한 과제물 작성 지상특강(국어E형), 한국방송대학보사〉

2000. 6.

2) 다산 정약용의 『목민심서』 요약 및 독후감

다산 정약용의 『목민심서』 요약 및 독후감

-목 차-

Ⅰ. 序

Ⅱ. 요약

　1. 부임육조(赴任六條)

　　1) 제배(除拜) - 사령(辭令)을 받으면서

　　2) 치장(治裝) - 부임(赴任) 길의 검소한 행장

　　3) 사조(辭朝) - 조정에 부임 인사

　　4) 계행(啓行) - 신관(新官)의 부임 여정

　　5) 상관(上官) - 관부(官府)에 도임하면서

　　6) 이사(莅事) - 취임 첫날의 정사

　2. 율기육조(律己六條)

　　1) 칙궁(飭躬) - 절도가 있는 몸가짐

　　2) 청심(淸心) - 청렴한 마음가짐

　　3) 제가(齊家) - 집안을 잘 다스리다

　　4) 병객(倂客) - 사사로운 손님은 물리친다

　　5) 절용(節用) - 검약하는 것

　　6) 낙시(樂施) - 베푸는 것을 좋아하는 것

Ⅲ. 독후감

Ⅰ. 序

茶山 丁若鏞(1762~1836〈74세〉: 영조38~헌종2)은 조선 후기 실학자로서 어릴 때부터 詩文에 뛰어나 모두 500여 권에 이르는 많은 작품을 남겼으며, 그의 애국주의적 사상은 經世致用의 學問을 정립한 것 외에도 한국의 역사, 지리 등에도 특별한 관심을 보였고 그의 합리적 과학 정신은 서양의 과학지식을 도입하기에 이르렀다.

1789년에 文科에 급제, 경기도 암행어사, 동부승지, 병조참의, 박제가와 함께 규장각편찬사업에도 참여하였고 경의진사가 되어 어전에서 중용(中庸)까지 강의하였던 다산 정약용의 학문 체계는 本源儒學에 기반을 두고 있으며 사상적으로는 경세치용적 실학 사상을 계승하고 여기에 北學派의 利用厚生사상을 수용하여 실학을 집대성함으로써 독자적으로 학문의 위상을 정립하였다. 註解書群 등 많은 저서와 一表二書 즉, 국가 경영에 관련된 모든 제도·법규에 대하여 적절하고도 준칙이 될 만한 것을 論定한 經世遺表, 조선 시대 지방관이 지켜야 할 준칙을 서술한 牧民心書, 治獄에 대한 주의와 규범을 제시한 欽欽新書 중에서 애민·목민에 대한 애틋한 정신에서 비롯된 『목민심서』를 택하여 요약하고 독후감을 써 보기로 했다.

정약용 선생은 천주교와 관련이 있기 때문에 체포되어 강진으로 유배되었고 순조 18년 방면될 때까지 무려 18년 동안 귀양살이를 하였는데 이는 오히려 선생이 대저서(大著書)를 낳게 한 절호의 기회가 되었던 것이다. 따라서, 『목민심서』도 이조 순조 18년(서기 1818년)에 정약용 선생이 전남 강진의 유배지에서 저술한 책이다. 이는 귀중한 민족 문화 유산 중의 하나이며 애민·목민 정신에 의한 국민 정치가 가장 위대한 정치라고 볼 때 현재의 정치에도 그대로 적용시킬 수 있는 내용이라 여겨서 과제물 시험에 응하게 되었다.

Ⅱ. 요약

1. 부임육조(赴任六條): 목민관이 발령을 받고 고을로 부임함에 있어서 명심해야 할 여섯 가지의 중요한 조항

1) 제배(除拜) – 사령(辭令)을 받으면서

① 여러 벼슬 중에서 가장 어렵고 책임이 무거운 목민관이니만큼 다른 벼슬을 구하더라도 목민관은 구하지 말라고 이르고 있다.

② 목민관은 공적인 재물을 함부로 쓰는 일이 있어서는 안 된다.

③ 저리(邸吏)가 새 원의 부임을 알리는 저보를 띄울 때 이것을 구실로 살아 백성들로부터 그 비용을 혹독하게 거두어들일 것인데 이런 문안을 극도로 제한해야 한다.

④ 부임 여비를 쇄마전(刷馬錢)이라고 하는데 국고로부터 이미 쇄마전의 지급을 받고 또다시 백성들로부터 받는다면 이것은 국가 입법의 뜻을 어기고 임금을 속이는 것이며 백성의 재물을 약탈하는 행위이니 해서는 안 된다.

2) 치장(治裝) – 부임(赴任) 길의 검소한 행장

① 제배를 받은 수령이 부임하는 행장을 차리는 데는 검소한 것을 숭상하여 의복이나 안마를 새로 장만하지 않고 예전의 것을 그대로 써야 한다.

② 수령이 부임하는 길에 수행자를 많이 데리고 가서는 안 된다.

③ 수령이 부임할 때는 이부자리나 의복 같은 행장은 옛 것 그대로 검소한 행장을 꾸며야 하지만 책만을 많이 가지고 가도록 해야 한다.

3) 사조(辭朝) – 조정에 부임 인사

① 고을 원이 부임할 때 하직 인사를 한 후에 임금을 비롯하여 조정에 부임 인사를 드려야 한다.

② 두루 부임 인사를 드릴 때는 마땅히 자기 재능의 부족함을 말할 것이며 녹봉이 많고 적음을 말해서는 안 된다.

③ 신영하기 위하여 고을 아전을 대할 때는 경솔하게 행동하여 체통을 손상시켜서도 안 되고 장중하고 화평한 태도를 가져야 한다. 오직 과묵하여 말이 없는 것이 더없이 좋은 방법이다.

④ 임금께 하직하고 대궐 문을 나서게 되면 어진 정사를 베풀어서 백성의 기대에 부응하며 임금의 은혜에 보답한다는 굳은 신념을 가지고 있어야 한다.

4) 계행(啓行) – 신관(新官)의 부임 여정

① 부임 도중에는 언제나 장중하고 화평한 태도를 취하고 과묵하여 말이 적어야 한다.

② 수령은 미신을 타파하는 일에 힘써야 한다.

③ 관부를 두루 찾아가 마땅히 먼저 임관된 자의 말을 귀담아 들을 것이며 해학으로 밤을 보내서는 안 된다.

④ 도임하는 전날 밤은 이웃 고을에서 유숙하는 것이 좋고 될 수 있으면 부임할 때는 민폐를 덜도록 힘써야 한다.

5) 상관(上官) – 관부(官府)에 도임하면서

① 도임하는 길일을 가리지 않되, 우천 시에는 날이 맑아지기를 기다린다.

② 도임하면 관속들의 인사를 받고 각 정황을 파악해야 한다.

③ 관속들이 물러가면 화평하게 단정히 앉아서 백성을 다스리는 방법을 생각하되, 너그럽고 엄정하고 간결하고 치밀하게 규모를 계획하여 시대의 사정에 맞게 알맞도록 하고 스스로 이를 과감하게 밀고 나가야 한다.

④ 그 이튿날 향교에 나아가 알성(謁聖)하고, 이어 사직단(社稷壇)에 가서 봉심(奉審)하되 오로지 삼가야 한다.

6) 이사(莅事) – 취임 첫날의 정사

① 처음 시무하는 날에는 선비와 백성들에게 영을 내려서 병폐에 대한 것을 묻고 여론을 조사하여 정사를 하는 데 반영시킨다.

② 백성의 소장(訴狀)이 있으며 그 판정을 마땅히 간결하게 한다.

③ 아전들이나 관하인들이 중간에서 농간을 부려 민원 서류가 받아들여지지 않을 염려가 있으므로, 청사의 대문 문설주 위에 북을 매달아 놓고 새벽이나 날이 저문 후에 북을 울려서 직접 수령에게 호소하도록 한다.

④ 관청의 일에는 반드시 기한이 있어야 하며 그 기한을 엄수하며 신의를 보여야 한다.

⑤ 고을의 정사를 실행해 나갈 때는 그 기본이라 할 수 있는 사경도(四境圖)가 필요하다. 지도를 청사 벽에 게시하고 수시로 참고하도록 한다.

2. 율기육조(律己六條) : 자기 몸을 다스림

1) 칙궁(飭躬) – 절도가 있는 몸가짐

① 기거에 절도가 있으며 관대(冠帶)를 정제하고 백성을 대할 때 장중한 태도를 취하는 것은 옛날의 도이다.

② 공사에 틈이 있거든 반드시 정신을 모아 생각을 고요히 하여 백성을 편안하게 할 방책을 연구하며 지성으로 선을 구해야 한다.

③ 말을 많이 하지 말며 사납게 성내지 말아야 한다.

④ 아랫사람을 어거할 때 너그럽게 하면 따르지 않을 백성이 없을 것이다. 그러므로 공자가 말하기를 "너그러우면 많은 사람을 얻는다"라고 하였다.

⑤ 군자가 무겁지 않으면 위엄이 없으니 백성의 윗사람이 된 자는 무거운 태도를 취하지 않으면

안 된다.

⑥ 다스리는 일도 이미 이루어지고 사람들의 마음도 이미 즐겁다면 풍류를 마련하여 백성들과 함께 즐기는 것 또한 선배들의 성대한 일이었다.

⑦ 따르는 하인을 간략하게 하고 그 얼굴빛을 부드럽게 하여 찾기도 하고 묻기도 한다면 기뻐하지 않을 백성이 없을 것이다.

2) 청심(淸心) – 청렴한 마음가짐

① 염결(廉潔)이란 목민관의 본무이며 모든 선의 원천이요, 모든 덕의 근본이다. 염결하지 않고서 능히 목민을 할 수 있었던 자는 지금까지 한 사람도 없었다.

② 염결한 벼슬아치를 귀히 여기는 것은 그가 지나가는 곳의 산림이나 천석(泉石)도 모두 빛을 받게 되기 때문이다.

③ 청렴하나 치밀하지 못하며 재물을 쓰면서도 실상이 없는 것 또한 칭찬할 것이 못된다.

④ 무릇 민간의 물건을 사들임에 있어서 그 관식(官式)이 너무 헐한 것을 마땅히 시가 대로 사들여야 한다.

⑤ 무릇 그릇된 관례가 전해 내려오는 것은 굳은 결의로서 이를 고치도록 하되, 고치기 어려운 것은 자신만이라도 범하지 말아야 한다.

⑥ 무릇 희사하는 일이 있더라도 소리 내어 말하지 말며, 생색내지 말며, 남에게 이야기하지도 말고, 전인(前人)의 허물을 말하지 말아야 한다.

⑦ 염결한 자가 은혜로운 일이 적으면 사람들은 이를 병통으로 여긴다. 모든 책임은 자기에게로 돌리고 남을 책하는 일이 적으면 된다. 청렴한 소리가 사방에 이르고 아름다운 이름이 날로 빛나면 또한 인생일세의 지극한 영광인 것이다.

3) 제가(齊家) – 집안을 잘 다스리다

① 자기 몸을 닦은 뒤에 집을 정제하고, 집을 정제한 뒤에 나라를 다스린다는 것은 천하의 공통된 이치이니, 그 고을을 다스리는 자는 먼저 그 집을 정제해야 한다.

② 형제 사이에 서로 생각이 날 때는 가끔 왕래할 것이나 오래 머물러서는 안 된다.

③ 곁방에 첩을 두면 본부인은 이를 질투한다. 행동을 한번 그르치면 소문이 널리 퍼져 나가게 되는 것이니, 일찍이 사욕을 끊어서 후회함이 없도록 한다.

4) 병객(倂客) – 사사로운 손님은 물리친다

① 관부 안은 언제나 엄숙하고 맑아서 털끝만큼이라도 사사로운 정이 용납되어서는 안 된다.

② 가난한 친구나 빈궁한 친족이 먼 곳으로부터 오면 마땅히 받아들여서 후하게 대접해서 보내야 한다.

③ 잡인의 출입은 엄하게 하지 않을 수 없다.

5) 절용(節用) – 검약하는 것

① 목민을 잘하는 자는 반드시 인자하다. 인자하게 하려는 자는 반드시 염결해야 하며, 염결하게 하려는 자는 반드시 검약하며 절용이란 곧 목민관이 가장 힘써야 하는 것이다.

② 백성을 사랑하는 정치는 무엇보다도 재정을 아껴 쓰는 데 있다.

③ 절(節)이란 한도로 제약하는 것이다. 한도로써 제약하는 데는 반드시 법식이 있으니, 법식이란 곧 절용의 근본인 것이다.

④ 의복이나 음식은 반드시 검약으로써 법식을 삼는다.

⑤ 사용(私用)을 절약하는 것을 사람마다 능히 할 수 있으나, 공고(公庫)를 절약하는 일은 능히 할 수 있는 사람이 적다. 공사 보기를 사사처럼 한다면 이는 곧 어진 목민관이다.

⑥ 천지가 만물을 낳아서 사람으로 하여금 누리고 쓰게 하였는데 한 물건이라도 버림이 없게 한다면 이는 재화를 잘 쓴다고 말할 수 있을 것이다.

6) 낙시(樂施) – 베푸는 것을 좋아하는 것

① 절약만 하고 나누어 주지 않으면 친척들이 배반한다. 베풀기를 즐겨하는 것은 덕을 심는 근본이다.

② 가난한 친구나 곤궁한 친척은 능력을 헤아려서 구제해야 한다.

③ 내 곳집에 남는 것이 있다면 남들에게 베풀어도 좋으나 나라의 재화를 훔쳐서 사사로이 사람을 구제하는 것은 예가 아니다.

④ 귀양살이하는 사람의 객지 생활이 곤궁하다면 불쌍히 생각하고 돌보아 주는 것도 또한 어진 사람의 힘쓸 바이다.

⑤ 전란을 당하여 떠돌아다니는 사람이 의지하려고 하면 친절하게 받아들이는 것이 의로운 사람의 행실일 것이다.

⑥ 권문세가를 후하게 섬겨서는 안 된다.

Ⅲ. 독후감

　　다산 정약용은 자서(自序)에서도 밝혔듯이 뛰어난 공적을 쌓은 선친으로부터 배우고 얻은 바가 있었고, 자신이 직접 보고 깨달은 바도 있었으며, 물러나서 몸소 시험하고 경험을 얻은 바가 있었던 데다가 학문적인 깊이까지 얻게 되어 방대하고 위대한 내용의 글을 많이도 남겼다.

　　그 중에서 나는 『목민심서』를 택하여 심취하게 되었고, 총 12편 72조 중에서 전반부 2편 12조를 독후감으로 쓰게 되었는 바 참으로 위대하다.

　　첫 편의 부임육조(赴任六條)에서는 지방장관인 목민관이 발령을 받고 고을로 부임하는 데 있어서 여섯 가지 중요한 조항을 열거한 것인데 그중 첫 조가 제배(除拜), 즉 벼슬자리에 오른 직후의 유의할 일들에 대하여 논하고 있다.

　　놀라운 것은 그 첫 문장이다.

　　'他官可求 牧民之官 不可求也(다른 벼슬은 구해도 좋으나 목민관만은 구할 것이 못된다).'

　　그만큼 목민관은 책임이 무겁고 가장 어려운 벼슬이라는 것을 강조하는 역설법 문장력은 앞으로 전개될 책 전체의 깊이와 의미 있는 상징성이 많이 내포되어 있다는 것을 암시한 다산 정약용 선생의 학문의 깊이를 느끼게 해주는 책의 첫 대목이다.

　　능력이 없는 사람이 목민관의 자리에 앉게 되면 백성들이 해를 입고 그 여독이 널리 퍼지게 되어 사람들의 저주와 책망으로 인하여 재앙이 자손에게까지 미치게 되는 것이라 목민관은 구할 것이 못된다고 하는 표현은 반대로 목민관의 위치가 얼마나 중요하고 또 그 직책을 수행하는 것이 보통의 힘만으로는 안 된다고 하는 것이니 다산 정약용은 이 첫 문장으로 목민관의 지고한 사명을 가슴깊이 느끼도록 강론하고 싶었던 것이 분명하다. 실제로 그 뒤로 전개되는 목민관의 기본 자세와 공인으로서 애민·목민의 사명적 역할을 다산 정약용 선생은 확고하게 그리고 분명하고 자세하게 설명하면서 독자로 하여금 깊이 인지하게 하고 있다. 놀라운 책이다.

　　다산 정약용 선생이 목민관의 역할이나 임무 그리고 사명적 책임에 대하여 자세히 설명하고 있다고 한 것은 본 책의 차례만 훑어 보아도 잘 알 수 있다.

　　제1편 부임육조에서 말하는 내용을 차례를 통하여 보자.

　　　1) 제배(除拜) - 벼슬자리에 오르다

　　　2) 치장(治裝) - 부임시의 행장

　　　3) 사조(辭朝) - 부임 인사

4) 계행(啓行) – 부임 여정

5) 상관(上官) – 관부에 도임하면서

6) 이사(莅事) – 취임의 정사

이 얼마나 자세하고 세밀한 가르침인가!

단순히 학자로서만이 다산 정약용 선생을 존경할 것이 아니라 나는 본 『목민심서』라는 책을 통하여 그 자상하고 세밀한 가르침에 다시 한 번 놀란다. 물론 책 내용을 세세히 읽어 보며 연구하노라면 더욱 놀라는 것은 당연하다. 책 차례만 보아도 그 세밀한 것을 느낄 수 있을진대 그 내용은 얼마나 더 깊이 있게 자세히 설명하고 있겠는가 하는 것이다. 나는 우리의 선조 중에 이러한 위대한 가르침을 준 뛰어난 학자와 사상가와 철학가 그리고 이론가가 있다는 것을 참으로 크나큰 영광이요, 민족과 국가 그리고 내 개인적으로도 큰 자랑으로 여기고 있다. 또 그와 같은 선인에 대한 지식을 갖게 된 것을 큰 다행으로 여기고 있으며, 이러한 기회를 제공한 대학교수님께도 큰 감사를 드린다. 그리고 대학 교육의 중요성이 바로 이러한 곳에서 나타날 수 있다고 볼 때 될 수 있으면 체계적이고 준비된 교육을 많이 받으면 받을수록 좋고 인생에 있어서 큰 유익이 되고 성장·발전을 가져오게 됨을 확실히 알게 되어 기쁘다.

다산 정약용 선생이 『목민심서』 제2편 율기육조(律己六條)에서 제시한 것을 보면 선생의 세세한 성품을 다시 확인할 수 있다. 율기육조 즉, '자기 몸을 다스리는 여섯 가지 조항'에서도 그 '차례'만 보아도 자세한 가르침을 엿볼 수 있다.

1) 칙궁(飭躬) – 절도가 있는 몸가짐

2) 청심(淸心) – 청렴한 마음가짐

3) 제가(齊家) – 집안을 잘 다스리다

4) 병객(屛客) – 사사로운 손님은 물리친다

5) 절용(節用) – 검약하는 것

6) 낙시(樂施) – 베푸는 것을 좋아하는 것

이와 같이 다산 정약용 선생은 목민관이 갖추어야 할 '律己'까지 세세히 강론해 놓음으로써 그 애민·목민 정신이 얼마나 투철하고 강한가를 잘 알 수 있다. 또 그 '내용'을 읽어 보면 세세하고 깊은 가르침에 감탄하게 된다. 선생은 참으로 민족의 大指導者요, 愛國者요, 또 우리가 자랑할 만한 세계 최고의 思想家이면서 哲學家·理論家요, 뿐만 아니라 뛰어난 學者이면서 위대한 政治家이다. 이와 같은 위대한 선조가 있다는 것은 우리 모두의 큰 자부심으로 세계 최고의 국가, 초일류 국가를 건설함이 마땅하다고 하겠다.

3) 法治國家의 原理

法治國家의 原理

-목 차-

Ⅰ. 들어가기

Ⅱ. 法治國家의 原理

　　1. 法治主義와 法治國家

　　2. '法治國家의 原理'의 意義와 內容

　　3. 實質的 法治國家

　　4. 우리나라 憲法과 法治國家의 原理

Ⅲ. 맺음말

※참고 문헌

Ⅰ. 들어가기

憲法의 여러 기본 원리 중의 하나인 '法治國家의 原理'는 역시 헌법의 기본 원리인 '國民主權'의 이념을 실현하기 위하여 채택되기도 하는 것이 일반적인 경향이다.[1]

이와 같이 헌법의 기본 원리로 중요하게 적용되는 法治國家의 原理에 대한 개념을 확실히 이해하고, 또 우리 헌법에 나타나 있는 法治國家 原理의 구성 요소와 그 구현 방법을 알아보기 위하여 法治

---

1) 권영성(1998), 『憲法學原論』, 법문사, 130면

主義와 法治國家, '法治國家의 原理'의 意義와 內容, 그리고 實質的 法治國家 등에 관하여 정리해 본 후에 우리나라의 憲法에 규정된 法治國家의 原理를 구체적으로 살펴봄으로써 현 행 憲法에 대한 보다 깊은 이해를 구하고자 한다.

Ⅱ. 法治國家의 原理

1. 法治主義와 法治國家

法治主義란 國家가 法에 의하여 다스려져야 한다는 主義이다. 이 경우의 法은 원칙적으로 의회에 의하여 또는 의회 참여에 의하여 제정된 법, 즉 법률(Gesetz)이라야 한다는 것이 전통적인 法治主義 의 요청이다. 곧, 법률에 의하지 않으면 국가는 국민에 대하여 命令・禁止를 할 수 없다.[2] 또 법률은 국민뿐 아니라 國家 權力의 담당자도 준수하여야 함을 말한다.[3]

법치주의에 의한 國家를 法治國家라 부른다. 즉, 法治國家라 함은 일반적으로 사람이나 폭력이 지배하는 국가가 아니라 '法이 지배하는 국가'를 말한다.[4]

2. '法治國家의 原理'의 意義와 內容

'法治國家의 原理'란 모든 국가적 活動과 국가적 生活은 국민의 대표기관인 의회가 제정한 法律 에 근거를 두고 법률에 따라 이루어져야 한다는 헌법 원리라고 할 수 있다.[5] 즉, 法治國家의 原理란 법에 의한 통치의 원리를 의미한다.[6]

法治國家의 目的은 국민의 自由와 權利의 보장이고 그 제도적 기초는 권력의 분립이며 그 내용에 는 ① 법률의 우위, ② 법률에 의한 행정, ③ 법률에 의한 재판 등이 포함되며, 그 법률은 國家 權力

---

2) 김종원외(1997), 『法律用語辭典』, 법전출판사, 104면

3) 안용교(1989), 『한국헌법』, 고시연구사

4) 권영섭(1998), 『憲法學原論』, 법문사, 142면

5) 위의 책, 142면

6) 위의 책, 143면

의 발동의 근거로써 기능할 뿐아니라 國家 權力을 제한하고 통제하는 기능을 동시에 수행함을 말한다.[7] 法이 전자의 기능으로서의 法治國家의 原理는 전제군주제나 전체주의 체제를 포함한 모든 국가에서 볼 수 있는 반면, 후자의 기능으로서의 法治國家의 原理는 자유주의 국가에서만 볼 수 있다.[8]

3. 實質的 法治國家

실질적 법치국가의 상대 개념인 형식적 법치주의는 지난날 시민적 법치국가에서 행정과 재판이 법률에 적합하도록 행해질 것을 요청할 뿐 그 법률의 목적이나 내용을 문제 삼지 아니하는 형식적 통치 원리를 의미하는 것이었다.

이러한 형식적 법치주의는 독재 체제 아래에서는 법률이 개인의 권익보호를 위한 장치가 아니라 개인을 억압하기 위한 수단으로 악용되었다. 이 경우의 법치주의는 법률을 도구로 이용한 합법적 지배, 즉 법률주의를 의미할 뿐이었다. 제2차 세계대전 이후, 독일 등의 전체주의 국가가 패망하자 實質的 法治國家가 등장하게 된다.[9]

오늘날 法治國家는 국민의 自由·平等의 실질적인 보장을 의미하는 實質的 法治國家로 전환하게 되었다. 즉, 實質的 法治國家라 함은 인간의 존엄성 존중과 실질적 평등 그리고 법적 안전성의 유지와 같은 '정의의 실현을 그 내용으로 하는 법'에 의거한 통치 원리를 기반으로 하는 國家를 말한다. 바꾸어 말하면, 형식적 법치국가는 '統治의 合法性'을 특징으로 하는 국가였다면, 실질적 법치국가는 '統治의 正當性'을 특징으로 하는 국가라 할 수 있다.[10]

헌법 제10조·제11조·제37조제2항·제119조제2항 등은 형식적 법치주의뿐 아니라 실질적 법치주의를 보장함을 선언하고 있다.[11] 실질적 법치주의를 실현해야만 현대적 의미의 민주주의를 달성할

---

7) 안용교(1989), 『한국헌법』, 고시연구사
8) 권영성(1998), 『憲法學原論』, 법문사, 143, 144면
9) 이철주외(1999), 『헌법 I』, 한국방송대학교출판부, 45면
10) 권영성(1998), 『憲法學原論』, 법문사, 145면
11) 안용교(1989), 『한국헌법』, 고시연구사

수 있으므로[12] 우리나라도 진정한 민주주의 실현의 기틀이 마련됐다고 볼 수 있다.

4. 우리나라 憲法과 法治國家의 原理

현행 憲法에는 法治國家의 原理에 관한 명문 규정이 없지만 여러 헌법 조항이 법치국가의 구성 요소와 그 구현 방법을 나타내고 있다.[13]

(1) 成文憲法主義

명문화된 성문헌법 규정은 국가 기관의 조직과 국가 권력 발동의 근거가 되며, 반면에 국가 권력을 제한하고 통제하는 기능도 한다. 따라서 현행 헌법과 같은 성문헌법주의는 법치국가를 제도적으로 보장한다.

(2) 基本勸과 適法 節次의 보장

현행 헌법의 경우, 모든 영역에서 기회균등의 보장과 자유·행복의 확보를 규정한 前文, 인간으로서 존엄과 기본 인권보장을 규정한 헌법 제10조, 법 앞에서의 평등을 규정한 제11조 등 각종 기본권 조항들을 통해 실질적 법치국가의 내용을 규정하고 있다.

(3) 權力 分立의 확립

헌법은 법치국가의 제도적 기반이 되는 권력 분립의 원리를 채택하여 입법권은 국회에, 행정권은 정부에, 사법권은 법원에 배분하여 규정하고 있다.

(4) 違憲法律審査制의 채택

헌법 제107조제1항은 '법률이 헌법에 위반되는 여부가 재판의 전제가 된 경우에는 법원은 헌법재판소에 제청하여 그 심판에 의하여 재판한다.'고 규정, 위헌법률심사권을 헌법재판소에 부여하고 있다.

(5) 包括的 委任立法의 금지

헌법은 집행부에 행정입법권을 부여하고 있지만, 그것은 '법률에서 구체적으로 범위를 정하여 위임받은 사항'에 관해서만 명령을 발하게 하는 것일 뿐(헌법 제75조), 法治國家의 原理에 반하는 포괄

---

12) 최종고(1997), 『법과 생활(케이스식 법학통론)』, 박영사, 150면
13) 권영성(1998), 『憲法學原論』, 법문사, 145면

적 위임입법은 금지하고 있다.

(6) 行政의 合法律性과 司法的 統制

헌법은 제107조제2항에서, 독립적 지위를 가진 법원이 행정 입법과 행정 처분의 합헌성과 합법률성을 심사하게 함으로써 행정을 통제하도록 하고 있다.

(7) 公權力 行使의 豫測可能性의 보장과 信賴 保護의 원칙

공권력 행사의 주체와 공권력 행사의 방법과 범위가 성문법규로 규정되어야 국민이 그에 관련한 예측을 할 수 있다. 그 보기로서 헌법 제96조에서 행정 각부의 설치·조직과 직무 범위는 법률로 정하도록 하고 있는 것이다.

또한 헌법 제13조는 법률의 소급효과를 금지하고 형벌의 불소급과 一事不再理를 규정함으로써 국민의 신뢰를 보호하고 있다.

Ⅲ. 맺음말

우리 憲法은 이와 같이 法治國家의 原理 내지 法治主義를 다양한 형태로 규정하고 있다. 다만 국가가 위기나 비상사태에 처한 경우에는 法治國家의 原理가 제한적으로 적용된다. 그러나 비상사태 하에서도 法治國家의 原理는 法이 규정한 경우에만 제한될 수 있고 그것도 합법적 질서를 유지하기 위한 최소한에 그쳐야 한다는 점에서 그 한계가 있는 것이다.[14]

현재의 국가가 거의 모두 法治主義 혹은 法治國家를 지향하고 있고,[15] 그러한 法治國家에서 대부분 채택하고 있는 '法治國家의 原理'를 앞에서 살펴본 대로 우리 헌법도 다양하게 수용하고 있음을 확인했다.

따라서, 우리는 입헌주의적 헌법을[16] 가지고 있는 모범적 入憲國家에 속해 있으므로 우리 헌법의 前文에 나타난 대로 자율과 조화를 바탕으로 자유민주적 기본질서를 더욱 공고히 하여, 자신의 능력

---

14) 위의 책, 147면

15) 최종고(1997), 『법과 생활(케이스식 법학통론)』, 박영사, 147면

16) 김종원외(1997), 『法律用語辭典』, 법전출판사, 108면

을 최고도로 발휘하고 항구적인 세계평화와 인류공영에 이바지함으로써 우리들과 우리들의 자손의 안전과 자유와 행복을 영원히 확보[17]할 수 있는 최고의 법학도가 되도록 더욱 정진해야 할 것이다.

※ 참고 문헌 ※

1. 교과서 〈이철주외(1999), 『헌법 Ⅰ』, 한국방송대학교출판부〉

2. 권영성(1998), 『憲法學原論』, 법문사

3. 안용교(1989), 『한국 헌법』, 고시연구사

4. 최종고(1997), 『법과 생활(케이스식 법학통론)』, 박영사

5. 조상원(1998), 『小法典』, 현암사

6. 김종원외(1997), 『法律用語辭典』, 법전출판사

---

17) 조상원(1998), 『小法典』, 현암사, 4면

4) UN憲章 體制下의 合法的 武力行使

UN憲章 體制下의 合法的 武力行使

-목 차-

Ⅰ. 序

Ⅱ. 國際平和와 安全의 維持를 위한 强制措置

  1. 强制措置의 종류

    1) 非軍事的 强制措置(제41조)

    2) 軍事的 軍司措置(제42조)

  2. UN헌장 체제 속에서의 强制措置

    1) UN헌장 제50조 强制措置

    2) UN헌장 제53조 强制措置

Ⅲ. 自衛權(正當防衛)

  1. 意義

  2. UN헌장에 나타나는 自衛權(제51조)

  3. 集團的 自衛權

Ⅳ. 結

※참고 문헌

Ⅰ. 序

國家 相互間의 關係에 있어서 武力의 사용은 상황에 따라 그 정도와 수단에 있어서 여러 가지 형태로 나타난다. 전통적으로 戰爭 이외의 紛爭의 强制的 解決方案으로서는 報復·復仇 등이 인정되고 있었다. 그러나 일반적인 문제로서 國家에 의한 武力 行使의 形態는 단지 이들에 국한되는 것은 물론 아니다.[1]

---

1) 金槙鍵 『國際法』, 博英社, 1988, 603면

安全保障이란 모든 國家가 추구하는 가장 중요한 정책 중의 하나로써, 이는 첫째, 國家의 영토를 보전하고, 둘째, 政治的 獨立을 수호하는 것을 의미한다.

이러한 安全保障과 긴밀히 관련된 UN헌장상의 합법적 무력행사는 安全保障理事會의 授權의 의한 武力 使用과 自衛權 行使이다.

따라서 개별국가의 合法的인 武力행사가 國家의 安全保障에 관한 한 필수적 요소가 될 수 있으므로, 이것을 현행 UN헌장 체제 속에서 나타나는 强制措置를 중심으로 살펴보기로 하겠다.

아울러, 國家의 安全保障에 있어서 自衛權이 正當防衛 차원에서 대단히 중요한 지위를 차지하고 있으므로 이것 역시 UN헌장에서 밝히고 있는 내용을 중심으로 설명해 보고자 한다.

Ⅱ. 國際平和와 安全의 維持를 위한 强制措置

安全保障理事會는 평화를 위협하거나 파괴하는 事態 또는 侵略 行爲의 존재를 확인하고 平和 回復을 위한 勸告를 하는 것 외에 필요한 경우에는 强制措置의 발동을 결정할 수 있다. 이 强制措置의 결정은 全會員國을 구속하는 法的 效力을 가지므로(제25조)[2] 그 결정에 반대한 國家나 결정에 참가하지 않는 國家도 그 결정을 이행하여야 한다.[3]

1. 强制措置의 종류

强制措置에는 經濟的·外交的인 非軍事的 强制措置와 軍事的 强制措置 두 가지가 있다. 두 가지 강제조치 중에서 어느 것을 취할 것인가는 安全保障理事會의 自由 裁量 事項으로 당시의 사태에 따라 安保理가 자유롭게 결정할 수 있으며, 반드시 非軍事的 措置가 선행되어야 한다는 규칙은 없다. 사태의 성격에 따라 바로 軍事的 强制措置를 취할 수도 있다.

1) 非軍事的 强制措置(제41조)

---

2) 제25조 : '國際聯合會員國은 安全保障理事會의 決定을 이 憲章에 따라 受諾하고 履行할 것을 同意한다.'
3) 白忠鉉·鄭印燮, 『國際法Ⅱ』, 한국방송통신대학교출판부, 2001, 95면

"安全保障理事會는 그의 決定을 執行하기 위하여 兵力의 使用을 수반하지 아니하는 어떠한 措置를 취하여야 할 것인지를 決定할 수 있으며, 또한 國際聯合會員國에 대하여 그러한 措置를 適用하도록 要請할 수 있다. 이 措置는 經濟關係 및 鐵道 · 航海 · 航空 · 郵便 · 電信 · 無線通信 및 다른 交通 通信手段의 全部 또는 一部의 中斷과 外交關係의 斷絕을 包含할 수 있다."(제41조)

이와 같이 非軍事的 措置란 병력의 사용에 이르지 않는 일체의 수단을 말한다. 구체적으로 어떠한 수단을 취할 것인가는 安保理가 결정한다.[4]

2) 軍事的 强制措置(제42조)

"安全保障理事會는 第41條에 規定된 措置가 不充分할 것으로 認定하거나 또는 不充分한 것으로 判明되었다고 認定하는 경우에는 國際平和와 安全의 維持 또는 回復에 必要한 空軍 · 海軍 또는 陸軍에 의한 措置를 취할 수 있다. 이러한 措置는 國際聯合會員國의 空軍 · 海軍 또는 陸軍에 의한 示威 · 封鎖 및 다른 作戰을 包含할 수 있다."(제42조)

이와 같이 軍事的 强制措置는 會員國의 육군 · 해군 · 공군에 의한 시위, 봉쇄 및 기타의 조치를 포함한 군사 행동을 의미한다. 軍事的 措置는 會員國에 대하여 法的 拘束力이 있으며, 실제 軍事行動을 위하여 安保理는 會員國에게 병력 제공을 요구할 수 있다.

2. UN헌장 체제 속에서의 强制措置

UN헌장 제2조 4항은 모든 종류의 武力行使(强制措置)를 일반적으로 금지하고 있다. 그러므로 단지 침략전쟁만을 금지하는 것이 아니라 분쟁 해결 수단으로써의 전쟁을 일반적으로 금지하는 것이며 전쟁뿐 아니라 武力復仇 등 모든 종류의 武力行使를 금지하는 것이다.[5]

그러면 UN헌장 아래서는 어떤 종류의 武力行使도 절대적으로 금지되는가? 아니다. UN헌장 제1조에 규정된 국제평화와 안전의 유지, 국가간의 우호관계 발전, 국제 협력의 실천을 위해서는 武力行使가 허용될 수 있다는 것이다.

---

4) 위의 책, 96면
5) 이병조 · 이중범, 『국제법신강』, 일조각, 1999

1) UN헌장 제50조의 强制措置

"安全保障理事會가 어는 國家에 대하여 防止措置 또는 强制措置를 취하는 경우, 國際聯合會員國인지 아닌지를 不問하고 어떠한 다른 國家도 自國이 이 措置의 履行으로부터 發生하는 特別한 經濟問題와 직면한 것으로 認定하는 경우, 同 問題의 解決에 관하여 安全保障理事會와 協議할 權利를 가진다."(제50조)

UN 安保理가 취하는 强制措置라 하더라도 그 措置의 履行이 지상의 어느 國家라 하더라도 특별한 경제 문제와 직면하게 된다면 그 國家는 이의 해결을 위하여 安保理와 협의할 수 있다고 밝히고 있다.

2) UN헌장 53조의 强制措置

"安全保障理事會는 그 權威하에 취하여지는 强制措置를 위하여 적절한 경우에는 그러한 地域的約定 또는 地域的 機關을 利用한다. 다만, 安全保障理事會의 허가 없이는 어떠한 强制措置도 地域的約定 또는 地域的 機關에 의하여 취하여져서는 아니 된다."(제53조①항 전반)

地域的 約定이라고 하는 것은 地域的인 紛爭의 平和的 解決 또는 安全保障을 目的으로 한 條約을 말하며, 이 條約에 의하여 設定된 國際機構를 地域的 機關이라고 부른다.[6] 그런데 安保理는 强制措置를 위하여 적절한 경우에 이 地域的 約定이나 機關을 利用하되 安保理의 허가 없이는 어떠한 强制措置도 취하여져서는 안 된다는 것이다.

Ⅲ. 自衛權(正當防衛)

1. 意義

일명 正當防衛라고도 하며 急迫 또는 現存하는 違法한 武力攻擊으로부터 國家 또는 國民을 防衛하기 위하여 부득이 필요한 限度 內에서 實力을 행사할 수 있는 國家의 權力을 말한다. 自衛權이 發動되면 形式的으로는 違法行爲가 되지만 그 行爲의 違法性이 조각된다.

---

6) 李漢基, 『國際法講義』, 博英社, 1985, 362면

‘自衛權’ 이란 용어는 英美語인 ‘Self – defence’ 에서 유래한 것이며, 佛語圈에서는 ‘正當防衛’ 에 해당하는 Legitime defence 라는 용어를 사용한다.[7]

2. UN헌장에 나타나는 自衛權(제51조)

“이 憲章의 어떠한 規定도 國際聯合會員國에 대하여 武力攻擊이 發生한 경우, 安全保障理事會가 國際平和와 安全을 維持하기 위하여 必要한 措置를 취할 때까지 個別的 또는 集團的 自衛의 固有한 權利를 侵害하지 아니한다. 自衛權을 行使함에 있어 會員國이 취한 措置는 즉시 安全保障理事會에 報告된다. 또한 이 措置는, 安全保障理事會가 國際平和와 安全의 維持 또는 回復을 위하여 필요하다고 認定하는 措置를 언제든지 취한다는, 이 憲章에 의한 安全保障理事會의 權限과 責任에 어떠한 影響도 미치지 아니한다.”(제51조)

제51조의 특징으로는 다음의 세 가지를 들 수 있다. 첫째, 自衛權의 行使는 ‘事後’ 安保理의 심사 대상이 된다. 둘째, 自衛權은 ‘武力攻擊’ 이 發生한 경우에만 發動할 수 있다. 셋째, 自衛權은 安保理가 國際平和와 安全을 維持하기 위하여 必要한 措置를 취할 때까지만 許容된다.[8]

3. 集團的 自衛權

UN은 종래의 국제적 안전보장기구에서는 볼 수 없었던 강력하고 통일적인 集團的 안전보장조치 권한을 안전보장이사회에 부여하고 있다. 그러나 5대 常任理事國의 거부권 행사로 UN의 안전보장 체제가 제대로 기능을 행사할 수 없는 만큼 他國의 무력 공격에 신속히 대응하기 위한 集團的 自衛權을 인정하고 있다. 다시 말해, 어느 常任理事國이 직접 또는 간접으로 관계한 武力攻擊이 발생한 경우에는 强制行動은 취할 수 없게 된다. 따라서 UN헌장 역시 이점을 고려하여 제51조에서 個別的 또는 集團的 自衛權을 인정하고 있다. 특히 集團的 自衛權은 침략을 받는 國家가 단독으로 행사하는 個別的 自衛權보다 확대된 개념의 自衛權으로 UN헌장에 의하여 처음으로 명문화되었다. 集團的 自衛權은 一國이 무력 공격을 받았을 때 공격을 받은 國家와 共同 防衛 態勢에 있는 國家가 그 공격을

---

7) 李丙朝 · 李仲範, 『國際法新講』, 大正文化社, 1995, 197면
8) 金大淳, 『國際法論』, 三英社, 1996, 907면

동시에 自國에 대한 위해로 간주하고 被侵國을 원조하여 공동으로 방위하는 권리를 말한다.[9]

즉, 직접 공격을 받은 國家가 自國의 法益을 수호하기 위하여 부득이 취하는 反擊措置인 종래의 自衛權(個別的) 外에, 自國이 직접 공격을 받지 아니하여도 他國이 공격을 받는 경우에 이것을 自國이 공격을 받는 것으로 간주하고 反擊할 수 있게 하여 相互援助條約의 의무를 가능케 하기 위하여, 새로운 槪念인 集團自衛權을 헌장 제51조에 포함시키게 된 것이다.[10]

Ⅲ. 結

安全保障이란 외부의 침략으로부터 國家의 대외적 안전을 확보하는 것으로써, 이는 한마디로 戰爭의 '防止'와 '鎭壓'을 통하여 國家의 영토 및 獨立을 수호하고 궁극적으로는 國家 간의 平和的 共存을 목표로 하는 것이다.[11]

한편, UN에서 행하는 强制措置의 결정에는 非軍事的 措置나 軍事的 措置의 경우를 막론하고 5대국의 拒否權이 적용되며, 理事國 중에 紛爭當事國이 있어도 표결에서 제외되지 않는다. 그러므로 5대국의 어느 1국에 대하여 또 5대국의 비호하에 있는 어느 1국에 대하여 强制措置를 실시한다는 것은 거의 不可能하다. 사회주의권의 붕괴 이후 최고 安保理에서는 거부권이 거의 활용되지 않고 있어 앞으로는 强制措置의 효율성을 높일 가능성이 커지고 있다.[12]

또한 安全保障理事會의 授權에 의한 武力使用(强制措置)과는 별도로 UN헌장 하에서 유일한 合法的 武力使用은 自衛權이다.[13] UN헌장 제51조는 공격을 받은 국가가 스스로 個別的인 自衛權을 행사할 수 있게 하는 동시에 集團的自衛權이라는 새로운 槪念을 인정하여 自國은 공격을 받지 않을지라도 自國과 連帶關係에 있는 國家가 공격을 받았을 경우 이를 도와서 싸울 수 있게 된 것이다.[14]

---

9) 白忠鉉 · 鄭印燮, 『國際法Ⅱ』, 한국방송통신대학교출판부, 2001, 102면
10) 金文達, 『國際法』, 法文社, 1989, 449면
11) 白忠鉉 · 鄭印燮, 『國際法Ⅱ』, 한국방송통신대학교출판부, 2001, 78면
12) 白忠鉉 · 鄭印燮, 『國際法Ⅱ』, 한국방송통신대학교출판부, 2001, 95면
13) 金大淳, 『國際法論』, 三英社, 1996, 906면
14) 李漢基, 『國際法講義』, 博英社, 1985, 363면

※ 참고 문헌 ※

1. 白忠鉉 · 鄭印燮, 『國際法Ⅱ』, 한국방송통신대학교출판부, 2001

2. 金大淳, 『國際法論』, 三英社, 1996

3. 李漢基, 『國際法講義』, 博英社, 1985

4. 李丙朝 · 李仲範, 『國際法新講』, 大正文化社, 1995

5. 金槇鍵, 『國際法』, 博英社, 1988

6. 金文達, 『國際法』, 法文社, 1989

5) 성별(남·녀) 소득 분배와 불평등

성별(남·녀)소득분배와 불평등

-목 차-

Ⅰ. 序

Ⅱ. 사회계층과 불평등

    1. 사회계층

    2. 사회적 불평등

Ⅲ. 성불평등과 성별(남·녀) 소득 분배

    1. 성 불평등

        1) 직업에 따른 성 불평등

        2) 보상에 따른 성 불평등

    2. 성별(남·녀) 소득 분배

        1) 계급별 남성과 여성의 월평균 소득

        2) 학력별 남성과 여성의 월평균 소득

        3) 연도별 남성과 여성의 월평균 소득

Ⅳ. 結 : '성별(남·녀) 소득 분배에 대하여

※참고 문헌

Ⅰ. 序

우리나라가 보여 준 고속경제성장은 산업구조의 변화를 포함한 전반적인 사회구조의 재편성과 함께 불평등의 심화와 이에 따른 사회계층 간 위화감의 문제까지 초래하게 되었다.[1] 뿐만 아니라, 도시와 농촌의 소득 격차는 더욱 심화되어 가고 고졸과 대졸의 임금 격차는 물론, 우리나라의 여성은 소득 분배에 있어서 차별을 더욱 심하게 받고 있다고 생각되어 진다.

---

1) 김임철외(1999), 『한국사회의 구조론적 이해』, 아르케(대우학술총서), 345면

그 실례로, 1996년 대기업에 설문 조사[2]한 결과 여성의 승진 가능 직급을 부장 이하로 제한하고 있는 기업이 60%나 되고, 현재 회사에서 여성의 최고 직급이 계장·대리급이 30.4%이며 부장이상이 17.4%에 불과했다고 한다.

우리나라의 불평등은 학력별·직업별·성별에 따라 그 임금구조와 소득 수준에서 많은 차이가 나타나고 있는데[3], 이 글에서는 먼저 사회계층과 불평등에 대하여 개략적으로 살펴보고, 성별(남·녀) 월별 임금과 소득 차이를 통계치를 바탕으로 조사·분석하면서 그 소득 분배에 대하여 논해 보기로 한다.

Ⅱ. 사회계층과 불평등

1. 사회계층

'사회계층'이란 사회적으로 제도화된 불평등(구조화된 불평등체계)을 말하며, 이것은 희소가치의 불평등 분배에 의해서 이루어진다. 사람은 누구나 富와 권력과 명예와 위신을 좀 더 갖고 싶어한다. 그러나 사회는 富와 권력과 명예와 위신을 원하는 사람 모두에게 무한정 나누어 줄 수는 없다.

이와 같이, 한정된 富와 권력과 명예와 위신 등을 사회의 희소가치(稀少價値)라고 하는데, 지금까지의 인류 역사를 보면 어느 사회나 정도의 차이만 있을 뿐 사회적 희소가치가 평등하게 분배된 사회는 없다.[4]

일반적으로, 사회적 지위(개인이 차지하는 사회적 자리와 위치)의 높고 낮음에 따라 사회적 희소가치가 분배된다. 즉, 개인은 자신의 사회적 지위에 따라 불평등한 물질적·정신적 희소가치를 분배받게 되는 셈이다.

2. 사회적 불평등[5]

사회적 불평등은 모든 사회에서 오래 전부터 존재해 왔기 때문에 근대사회학의 시작부터 사회학

---

2) 한완상·한균자(2000), 『인간과 사회』, 한국방송대학교출판부, 257면

3) 한균자(2000) 『지상강좌 법학과 1학년(사회학개론)』, 한국방송통신대학교, 14면

4) 한완상·한균자(2000), 『인간과 사회』, 한국방송대학교출판부, 236면

5) 한완상(편), 『한국사회학』, 민음사, 1997, 305~307면

의 핵심 주제였다. 고전 사회학자들인 마르크스, 베버 그리고 뒤르켐의 이론에서부터 현재 페미니즘 이론에 이르기까지 불평등은 사회학적 연구의 핵심을 구성하고 있다.

그리고 그것은 사회학을 포함한 사회과학계에서 정치적 혹은 이데올로기적 대립을 가장 분명하게 드러내는 주제 가운데 하나로 인식되어 왔다. 그 이유는 불평등의 분석이 그 사회에 대한 비판적 인식의 정도와 밀접하게 연결되어 있기 때문이다. 특기할 것은, 인간사회의 불평등이 지구상에 존재하는 어떤 종류의 생물학적 종들의 불평등보다 심하다는 사실이다. 정치적으로 권력을 소유한 지배자와 그렇지 못한 피지배자, 경제적으로 富를 소유한 자와 그렇지 못한 자 사이의 격차를 고려해 볼 때, 인간들 사이의 불평등에 견줄 수 있는 자연 상태의 동물집단을 찾아보기 힘들다.

천문학적인 수치의 富를 소유한 사람들이 있는가 하면, 기본적인 생계 유지가 어려운 사람들도 무수히 많다. 이들은 같은 동포 혹은 국민으로 불리며 정치적으로도 동일한 투표권을 행사한다. 기본적인 생활이 보장되는 서구의 복지국가를 제외한 많은 제3세계 국가에서는 주택 · 의복 · 식료품 등을 마련하지 못하여 기아나 질병으로 많은 사람들이 죽어 가고 있다.

이와 같이 인간사회에서는 계급 불평등과 교육 불평등 그리고 성 불평등이 계속하여 나타나고 있는 바, '소득 분배'도 그 불평등에서 제외되지 않는다.

Ⅲ. 성불평등과 성별(남 · 녀) 소득 분배

1. 성불평등[6]

사회마다 여성차별은 큰 차이를 보이고 있기 때문에 왜 이러한 차별이 존재하고 또한 왜 이러한 차별이 사회마다 다른가 하는 문제가 중요한 사회학적 탐구의 대상이 되었다. 우리 한국 사회에서도 남성과 여성은 각각 전체 인구의 반을 차지하고 있지만 생활이 매우 다르고, 여러 분야에서 그 불평등이 아직도 많이 나타나고 있다.

남성들은 대체로 가구의 가장으로서 임금노동자나 자영업 혹은 고용주의 형태로 경제활동에 참여하면서 생활수단을 제공하고 있으며 여성들은 다수가 가사노동에 종사하고 있다. 다음은 직업과 그 일에 대한 보상에 따른 성 불평등을 간단히 알아본다.

---

6) 한완상(편), 『한국사회학』, 민음사, 1997, 317~319면

1) 직업에 따른 성 불평등

한국 사회에서는 '직업'에 따라 성별의 분리가 뚜렷하게 나타난다. 즉, 남성과 여성은 각기 특정한 직업에 집중적으로 분포되어 있다. 의사, 변호사, 판사, 교수, 엔지니어 등의 직업에서 여성의 비율은 매우 낮은 반면, 간호사, 단순사무직, 미숙련 노동의 경우 여성의 비율이 대단히 높다.

이러한 직종별 성 분리 현상은 대체로 보수가 높고, 사회적으로 인정받는 직업의 경우 남성들이 대부분이며, 그렇지 않은 경우 여성들이 대부분이라는 특징이 있다. 남성 중심 사회에서 여성이 남성보다 모든 부분에서 체계적으로 배제되기 때문에 나타나는 현상이다. 이러한 성 불평등은 가부장제라는 남성 중심의 사회구조에서 나타나는 전형적인 사회현상이다.

2) 보상에 따른 성 불평등

일에 대한 '보상'도 남성과 여성 간에 큰 차이를 보이고 있다. 1993년 전체 산업의 남성 월평균 임금이 868,000원인 반면에, 여성 월평균 임금은 491,000원으로 남성 월평균 임금의 57%에 머물렀다.[7]

이것은 다른 나라에 비해서 한국 사회에서 여성의 임금이 남성에 비하여 대단히 낮은 수준임을 보여 준다. 스웨덴의 경우 여성의 평균 임금은 남성의 89%에 달하며 유럽의 경우 대체로 80%에 이른다.

이러한 차이가 나타나는 이유는 하는 일이 다르기 때문인데 보수가 높은 일은 남성들이 하고 보수가 낮은 일에는 여성들이 집중되어 있다. 그리고 같은 일을 하는 경우에도 여성 노동에 대한 임금은 남성 노동에 비해서 매우 낮다. 이러한 사실은 여성의 낮은 임금이 단순히 여성의 능력이 남성보다 낮기 때문에 발생하는 것이 아니라는 것을 보여 준다. 더구나 조직 내에서 이루어지는 승진에서도 여성들은 크게 차별을 받고 있다.

2. 성별(남·녀) 소득 분배[8]
1) 계급별 남성과 여성의 월평균 소득

---

7) 한완상(편), 『한국사회학』, 민음사, 1997, 318면, [그림 1]참조
8) 한완상·한균자(2000), 『인간과 사회』, 한국방송대학교출판부, 267~269면
9) 한완상(편), 『한국사회학』, 민음사, 1997, 320면

[표 1]은 계급에 따라 남성과 여성의 소득 불평등에 관해 많은 자료를 제공해 준다.

[표 1] 계급별 남성과 여성의 월평균 소득 (단위 : 만 원, %)

계 급	자본가	프 티 부르주아지	전 문 경영자	전문직 종사자	숙 련 노동자	미숙련 노동자
남 성	234.4	75.6	131.3	86.2	66.5	53.4
여 성	218.7	65.7	150.0	65.7	49.8	35.9
여성/남성	93.3	86.9	114.3	76.2	74.9	67.2

[자료] 신광영, 1997: 320

남성과 여성의 소득 불평등이 가장 심하게 나타나는 직종이 미숙련 노동자 층이고 그 다음이 숙련 노동자 층이다. 미숙련 여성노동자의 월평균 소득은 남성소득의 67%이다. 전문직 여성의 월평균 소득도 남성에 비해 많이 낮은 것으로 나타났다(76%). 이와 같이 볼 때, 가장 크게 여성 차별을 받고 있는 여성들은 '여성노동자'들이다.[9]

그러나, 자본가 층에서는 별 차이를 보이지 않고 있으며 특히 전문경영자 층에서는 오히려 여성이 더 많은 소득을 받는 것으로 나타났다. 하지만 전문경영자 가운데 여성이 5% 미만이라는 점을 고려한다면 자본가 계급과 전문경영자의 여성 소득이 남성과 차이가 없거나 더 높은 것은 단순히 표면적인 수치로만 해석할 수 있는 것은 아니다. 점차 여성이 능력을 인정받고 전문경영자로 승진할 수 있는 기회가 확대되어 가는 추세이기는 하지만, 전문직 여성의 자리는 아직도 능력보다 가족 · 가문 · 혈연 등의 귀속적 요인이 크게 작용하고 있다는 것을 고려해야 한다.

2) 학력별 남성과 여성의 월평균 소득

[표 2]는 같은 학력 소지자 중에서 남자와 여자의 임금 격차를 알 수 있는 표이다.

[표 2] 학력별 남성과 여성의 월평균 소득(1997년 현재) (단위 : 천 원)

구 분	평 균	중졸 이하	고 졸	초대(전문대)졸	대졸 이상
남 성	1262	1088	1164	1216	1566
여 성	789	652	760	865	1205
여성/남성	62.5	59.9	65.3	71.1	76.9

[자료] 통계청, 1998년 통계연감

1998년 통계청이 조사, 발표한 바에 의하면 1997년 현재 중학교 졸업이하 남성의 월평균 임금은 약 109만 원에 비하여 여성의 임금은 약 65만 원이다. 고등학교 졸업자의 남성 임금은 약 116만 원인데 여성 임금은 약 76 만원이다. 마찬가지로 대졸 이상의 남성 임금이 약 157만원인데 비해 여성의 임금은 약 121만 원밖에 되지 않는다. 다만, 고학력일수록 남녀 소득 격차가 감소하고 있다.

3)연도별 남성과 여성의 월평균 소득

[표 3]은 연도별 남성과 여성의 월평균 소득격차를 잘 알 수 있는 표이다.

⬇ [표 3] 연도별 남성과 여성의 월평균 소득 (단위 : 천 원)

연 도	평 균		중졸 이하		고 졸		초대(전문대)		대졸 이상	
	남	여	남	여	남	여	남	여	남	여
1975	60	25	42	22	62	38	81	56	14	77
1980	193	86	149	77	181	100	242	158	349	211
1985	328	158	259	138	300	167	351	264	565	412
1990	588	324	498	265	538	326	583	411	833	594
1997	1262	789	1088	652	1164	760	1216	865	1566	1205
'97 / '75	21.0	31.6	25.9	29.6	29.6	20.0	15.6	15.4	12.6	15.6

[출처] 노동부 기획관리실 정보화 담당관실

1975년 남성 월평균 소득이 6만 원이고 여성은 2만 5천 원이다. 1997년 현재 남성의 월평균 소득이 약 126만 원이고 여성이 약 79만 원이다. 이 표에서 분석되어지는 특색은, 1975년을 기준해서 비교한 1997년 월평균 소득은 남성이 21.0배, 여성이 31.6배 증가했다는 것이다. 즉, 남성의 소득 증가에 비하여 여성의 증가가 더 높게 나타나고 있는데, 정도의 차이는 있지만 여성의 소득 증가가 남성의 증가보다 각 학력에서 모두 높게 나타나고 있다는 것이다.

월평균 소득이 남성의 증가보다 여성이 더 높게 나타나고 있는 것은 성별 소득 분배의 격차를 좁히는 것으로 분석되고 있어 매우 바람직한 현상이라 할 것이다. 더구나, 우리 한국은 학력에 의한 월평균 소득 차가 크게 나타나고 있는데 그 증가 분이 저학력보다 고학력으로 갈수록 낮게 나타나고 있는 것도 결국은 남녀 소득 분배 격차를 줄이는 좋은 현상으로 기대될 수 있겠다.

Ⅳ. 結 : '성별(남 · 녀) 소득 분배'에 대하여

앞서 살펴본 대로, 우리 한국 사회에서는 남녀 임금 격차가 심하게 나타나고 있어 성별 소득 분배에 불평등이 크게 초래되고 있음을 알 수 있다. 이는, 문화적으로 남아선호사상이나 남존여비, 또한 강력한 가부장제도로 인하여 여성들의 위치는 이른바 '이등 시민'으로 인식되었으며, '여성이기 때문에' 받는 사회적 차별도 많은 남성들이나 심지어 여성들까지도 당연한 것으로 받아들여져 왔던 것에 기인되었다고 분석될 수 있다.[10]

그러나, 시대의 변화 추세에 따라 점차 여성의 사회 활동에 대한 인식이 달라지고 있고, 또 사회의 많은 부분에서 여성의 활동이 요구되는 21세기에는 여성의 사회 참여가 더욱 증가될 뿐만 아니라 그 처우가 더욱 개선될 것으로 예상되고 있다. 또한, 능력 급이 많이 나타나고 있는 요즈음, 여성의 특성을 잘 살릴 수 있는 직종에서는 남성보다 오히려 여성의 우위가 더 돋보이고 있으므로 앞으로의 시대는 성별 소득 분배의 격차가 점차 줄어들게 될 것이라 기대된다.

※ 참고 문헌 ※

1. 한완상 · 한균자(2000), 『인간과 사회』, 한국방송대학교출판부
2. 한균자(2000), 『지상강좌 법학과 1학년(사회학개론)』, 한국방송통신대학교
3. 한완상(편), 『한국사회학』, 민음사, 1997
4. 김일철외(1999), 『한국사회의 구조론적 이해』, 아르케(대우학술총서)
5. 이정우(1991), 『소득분배론』, 비봉출판사
6. 변형윤(1996), 『한국경제론』, 유풍출판사

---

10) 한완상(편), 『한국사회학』, 민음사, 1997, 319면

6) 當事者 適格에 관해 논하라

2007학년도 (1)학기 과제물

교과목명	민사소송법	감독관 (날 인)	

	법 (학)과	성 명	이 옥 재	성 적 (등급)	
학 번	200021 -	129620		채점교수 (날 인)	

↑ 학번 끝자리

※유형란은 학번 끝자리수가 1, 2→A형, 3, 4→B형, 5, 6→C형, 7, 8→D형, 9, 0→E형

제 목	유 형	A, B, C, D, (E)
		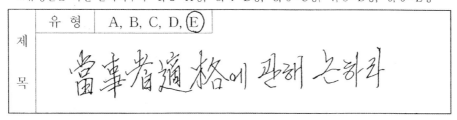 當事者適格에 관해 논하라

시험실 번호	관리번호 (감독관 작성)	타학과 개설 교과목일 경우 해당 학과명 기재

한 국 방 송 통 신 대 학 교

본인은 인터넷 유료사이트에서 과제물을 구매하여 제출하거나, 대필하여 제출한 경우
성적을 무효처리하고, 학칙에 의거 조치하더라도 이의를 제기하지 않을 것을 서약합니다.

성 명 : 이 옥 재

※ 표지는 A4용지 사용

(民事訴訟法 과제물 사례)

一 當事者適格에 관해 논하라 一

〈目 次〉

I. 當事者의 意義, 確定 및 當事者能力

1. 當事者의 意義
2. 當事者의 確定
3. 當事者能力

II. 當事者適格의 概念

III. 當事者適格을 갖는 者

1. 履行의 訴의 경우
2. 確認의 訴의 경우
3. 形成의 訴의 경우
4. 必須的 共同訴訟의 경우
5. 團体內部 紛爭의 경우

IV. 第3者의 訴訟擔當

1. 法定訴訟擔當
   (1) 管理處分權이 附與된 者
   (2) 職務上 當事者

morning glory

2. 任意的 訴訟擔當
   (1) 槪念
   (2) 限界
3. 법원허가에 의한 訴訟擔當
4. 第3者의 訴訟擔當과 旣判力의 확장

V. 當事者適格 欠缺의 效果

1. 직권 조사 사항
2. 소송계속 중 當事者適格의 得喪
3. 當事者適格의 흠을 간과한 판결

VI. 當事者適格에 대한 반성

※ 참고 도서

當事者適格에 관해 論하기 前에 먼저 當事者의 意義와 當事者의 確定 및 當事者能力에 대한 槪念 정리를 한 후에, 이어서 當事者適格을 論하는 것이 본 주제를 더 잘 파악할수 있으리라 생각된다.

I. 當事者의 意義, 確定 및 當事者能力

1. 當事者의 意義

민사소송에 있어서 當事者라 함은 자기의 이름으로 국가의 권리보호를 요구하는 사람과 그 상대방을 말한다.

당사자의 호칭은 각 절차에 따라 다르다. 재판절차 중 제1심 절차에서는 원고·피고, 항소심 절차에서는 항소인·피항소인, 상고심 절차에서는 상고인·피상고인이라 하며, 재심에 있어서는 재심원고·재심피고라고 부른다.

독촉절차, 강제집행절차, 가압류·가처분 절차에서는 주로 채권자·채무자라 하고 또 제소전 화해절차·증거보전절차·소송비용액확정 절차 에서는 신청인·상대방으로 불린다.[1]

당사자의 개념은 보통재판적, 법관의 제척이유, 소송비용담보의 要否, 소송절차의 중단, 기판력의 주관적 범위, 소송사건의 동일성, 증인능력유무 등을 결정하는데 절대적 기준으로 대단히 중요하다.[2]

2. 當事者의 確定

어떤 사람 사이에서 소송이 행하여지고 있는가, 즉 具体的 事件에 있어서 原告와 被告가 누구인가를 明確히 하는 것을 당사자확정이라 한다.

당사자가 확정되지 않고서는, 원고와 피고가 될 수 있는 일반적인 자격에 관한 문제인 당사자 능력여부나 구체적 청구에 관하여 정당한 당사자로서 소송수행권이 있느냐인 당사자 적격여부를 판단할 수 없다.

1) 李 時潤, 「新民事訴訟法」, 博英社, 2005, 10쪽에서 인용
2) 송 상현, 「민사소송법」, 한국방송통신대학교출판부, 2006, 77쪽에서 인용

누가 당사자인가 하는 문제는 흔히 당사자능력 문제에서 잘못 취급하는 일이 많다. 그러나 당사자능력이 없는 자도 누구나 당사자가 될 수 있다는 점에서 양자의 구별은 명확해진다.[3]

그러므로, 당사자확정은 어떤 사람이 민사소송의 원고나 피고로 될 수 있는 일반적인 자격이 있느냐 하는 문제인 당사자능력과 다르다. 또한 구체적인 청구에 관하여 누가 정당한 당사자로서 소송수행권을 갖고 있으며 본안 판결을 받을 자격을 갖는가의 문제인 당사자적격과도 구별된다.[4]

3. 當事者能力

當事者能力이란 일반적으로 민사소송에서 當事者가 될 수 있는 訴訟法上의 能力을 말한다. 민법상 일반적으로 權利義務의 주체가 될 수 있는 자격을 말하는 權利能力과 대응되는 것으로, 소송상의 권리능력이라고 말할 수도 있을 것이다.[5]

즉 원고와 피고가 될 수 있는 능력이다. 이는 구체적 소송사건의 내용이나 성질과는 관계없는 일반적 능력으로서 당사자의 형식적 지위때문에 추상적으로 인정되는 개념이다. 그러므로 당사자능력은 특정한 권리 또는 법률관계에 있어서 정당한 당사자로서 본안판결을 받기에 적합한 자격을 뜻하는 당사자적격과 구별되며, 현재 계속중인 특정소송의 당사자가 누구인가를 가려내는 당사자확정의 문제와도 다르다.[6]

Ⅱ. 當事者適格의 概念

當事者適格이라 함은 특정의 소송사건에서 정당한 당사자로서 소송을 수행하고

3) 김용진, 「民事訴訟法」, 新英社, 2005. 127쪽에서 인용
4) 송상현, 「민사소송법」, 한국방송통신대학교출판부, 2006, 18쪽에서 인용
5) 호문혁, 「민사소송법」, 法文社, 2000, 173쪽에서 인용
6) 송상현, 「민사소송법」, 한국방송통신대학교출판부, 2006, 87쪽에서 인용

— 2 —

본안판결을 받기에 적합한 자격을 말한다(당사자가 될 만한 사람이 당사자가 된 경우). 당사자가 어느 특정사건에서 자기의 이름으로 소송을 수행하고 거기에서 판결을 받았으되 그것이 별 가치없는 것이라면 소송은 무의미한 것이므로 이러한 무의미한 소송을 배제하기 위한 제도이다. 나아가 남의 권리에 대하여 아무나 나서서 소송하는 이른바 민중소송(Popularklage)을 막는 장치도 된다.[7]

구체적 소송에서는 그 사람만이 정당하게 당사자로서 기능을 할 수 있다는 뜻에서 당사자적격이 있는 자를 정당한 당사자라고도 한다.

당사자적격은 언제나 당사자와 특정 소송 과의 관계에서 정하여지는 것이므로 어떤 소송에 관하여 당사자적격이 있다고 하여 다른 소송에 관하여도 당연히 당사자적격이 있다고 할 수 없다. 이러한 점에서 개개의 사건과 관계없이 일반적으로 민사소송의 당사자가 될 수 있는 추상적 자격을 가리키는 당사자능력과 구별되고, 현재 계속중의 소송에서 누가 당사자인가를 가려내는 문제인 당사자확정의 문제와 다르다.[8]

III. 當事者適格을 갖는 者

일반적으로 소송물인 權利 또는 法律關係의 存否를 확정함에 관하여 법률상 이해관계가 대립하는 당사자가 정당한 당사자이다. 그러나 당사자 개념의 형식성 때문에 소송물인 권리 또는 법률관계의 주체라고 해서 언제나 바로 정당한 당사자가 되는 것은 아니다. 소송물의 실체상 주체이지만 訴訟實施權이 없어서 정당한 당사자가 아닌 경우로는 破産者, 選定者 등 제3자의 訴訟擔當의 경우가 있다.[9] 보통은 문제된 권리·법률관계의 주체, 즉 權利者와 義務者가 정당한 당사자가 된다. 그러나 반드시 그런 것은 아니다.[10]

7) 李時潤,「新民事訴訟法」, 博英社, 2005, 127쪽에서 인용
8) 송상현,「민사소송법」, 한국방송출신 대학교출판부, 2006, 81쪽에서 인용
9) 宋相現,「民事訴訟法」, 博英社, 2004, 120쪽에서 인용
10) 호문혁,「민사소송법」, 法文社, 2000, 184쪽에서 인용

—3—

morning glory

여기서는 일반적인 경우의 當事者適格을 갖는 者를 살펴본다. 일반적인 경우도 訴의 종류에 따라 조금씩 그 내용이 차이가 난다.

1. 履行의 訴의 경우

이행의 소에 있어서는 자기의 實体法上 權利를 主張하는 者가 원고적격자이며, 의무자로 주장받는 자가 被告適格者이다. 적격자인가의 여부는 실체법상의 권리자·의무자인가를 판단하여 결정하는 것이 아니라 原告의 主張만으로 判斷한다.[11]

따라서 법원이 심리한 결과 원고에게 그 권리가 귀속되지 아니함이 밝혀졌을 때에는 청구는 기각한다. 원고의 주장 자체에 의하여 정당한 당사자가 아닌 것이 명백한 경우에는 소송요건이 없으므로 원고 청구를 각하하여야 하나, 실무상으로는 기각처리한다.[12]

2. 確認의 訴의 경우

확인의 소에 있어서는 그 청구에 관하여 確認의 利益을 가지는 者가 정당한 원고이며, 이와 반대의 이해관계를 가지는 자가 정당한 피고이다.[13]

그러므로 즉시 확정의 이익을 가지는 자는 모두 원고로서의 당사자적격이 있고 이러한 자와 반대의 利害關係를 가지고 있는 자에게 被告適格이 있다.[14] 어떠한 권리의 존재확인을 구하는 소의 원고적격자는 당해 권리의 권리자에 한하지 않고, 누구라도 확인의 이익이 있으면 원고적격을 갖는다. 반대로 확인의 이익이 없을 때에는 당해권리의 권리자라도 원고적격이 없다. 따라서 확인의 소 당사자적격은 확인의 이익에 의하여 각 사건마다 개별적으로 판정할 필요가 있다.[15]

11) 김용진, 「民事訴訟法」 新英社, 2005, 714쪽에서 인용
12) 송상현, 「민사소송법」, 한국방송통신대학교 출판부, 2006, 8쪽에서 인용
13) 김용진, 「民事訴訟法」 新英社, 2005, 714쪽에서 인용
14) 宋相現, 「民事訴訟法」 博英社, 2004, 121쪽에서 인용
15) 李時潤, 「新民事訴訟法」, 博英社, 2005, 128쪽에서 인용

morning glory

— 4 —

3. 形成의 訴의 경우

形成의 訴에 있어서 形成, 즉 法律關係 변동의 효과가 생기는 데에 이익이 있는 자가 정당한 원고이고, 그 반대의 이해관계를 가진 자가 정당한 피고이다.[16]

형성판결은 형성력, 즉 제3자에 대한 대세적 효력이 발생하므로 그 소송물에 관하여 가장 이해관계가 강한 자가 정당한 당사자가 될 것이다.[17]

그런데 形成의 訴는 形成權의 행사를 권리자의 일방적 의사표시로는 할 수 없고 반드시 訴의 방법에 의하여 하도록 되어 있는 경우이고, 누가 누구를 상대로 提訴할 것인가는 대부분 실체법에 규정되어 있다. 예를 들면 重婚을 이유로 혼인취소청구를 할 수 있는 자는 당사자, 그 배우자, 직계존속, 8촌 이내의 방계혈족 또는 검사에 한정되어 있고 (民제818조), 주주총회의 취소청구는 株主, 理事 또는 監事만 할 수 있다 (商제376조 1항).

裁判上離婚은 부부의 일방이 다른 일방을 상대로 청구하게 되어 있으므로 (民제840조) 혼인취소청구의 소 (民제816조이하) 처럼 제3자가 청구할 수 있는 것이 아니다.[18]

4. 必須的 共同訴訟의 경우

고유필수적 공동소송에서는 여러 사람이 공동으로 원고나 피고이어야 한다. 그렇지 않으면 당사자적격은 흠으로 부적법하게 된다. 이러한 소송에서 공동소송인 일부만이 소송을 제기하거나 공동소송인 일부만을 상대로 소송을 제기한 때에는 소가 부적법해진다.[19]

즉 그 전원이 공동으로 제소하거나 제소당하지 아니하면 그 소송은 당사자적격을 부정받아 각하되어야 한다.[20]

16) 호문혁, 「민사소송법」, 法文社, 2000, 185쪽에서 인용

17) 송상현, 「민사소송법」, 한국방송통신대학교출판부, 2006, 83쪽에서 인용

18) 호문혁, 「민사소송법」, 法文社, 2000, 186쪽에서 인용

19) 李時潤, 「新民事訴訟法」, 博英社, 2005, 129쪽에서 인용

20) 송상현, 「민사소송법」, 한국방송통신대학교출판부, 2006, 84쪽에서 인용

morning glory

다만 당사자의 신청에 의하여 제1심 변론종결시까지 빠뜨린 당사자를 추가할 길이 열려 부적법을 고칠 수 있다.[21]

5. 團体內部 紛爭의 경우[22]

法人이나 非法人 社團·財團과 제3자 간의 분쟁이 아니고 이러한 단체의 내부분쟁시에는 當事者適格者가 누구인가는 경우를 나누어 보아야 한다. 會社決議取消訴訟에서와 같이 法에 원고적격자에 관하여 明文의 규정이 있으면 그에 따르나(商 제376조, 제578조). 그렇지 아니한 決議無效 또는 不存在確認의 訴의 경우에는 提訴權者의 제한이 없으므로 단체내부의 자이거나 外部人이거나 간에 訴의 利益이 있으면 누구나 訴를 제기할 수 있다.

IV. 第3者의 訴訟擔當

실체법상 法律關係의 당사자(權利關係의 主体)가 아닌 第三者가 정당한 당사자가 되어 訴訟遂行權을 가지는 경우가 있는데 이 경우를 第三者의 訴訟擔當(訴訟信託)이라 한다.[23]
소송담당자는 다른 사람의 권리 관계에 관하여 소송을 수행하지만 자기의 이름으로 소송수행을 하는 사람이기 때문에 다른 사람의 이름으로 소송수행하는 대리인이 아니다. 여기서는 법정소송담당, 임의적 소송담당, 허가에 의한 소송담당 3가지가 있다.[24]

1. 法定 訴訟擔當[25]

法律의 規定(특히 民事소송법, 民法, 商法 등)에 의하여 權利關係의 主体 이외의

21) 李時潤,「新民事訴訟法」, 博英社, 2005. 129쪽에서 인용
22) 宋相現,「民事訴訟法」, 博英社, 2004. 123쪽에서 인용
23) 호문혁,「민사소송법」, 法文社, 2000, 186쪽에서 인용
24) 李時潤,「新民事訴訟法」, 博英社, 2005. 130쪽에서 인용
25) 김용진,「民事訴訟法」, 新英社, 2005. 216쪽에서 인용

morning glory

—6—

제3자가 訴訟遂行权을 갖는 경우로, 제3자에게 관리처분권이 부여된 결과 소송수행권을 갖게 된 경우와 일정한 직무에 기하여 소송수행권을 갖는 경우가 있다.

(1) 管理處分权이 附與된 者

實体法에 의하여 관리처분권을 부여 받은 제3자는 그에 관하여 소송을 수행할 권한을 가진다. 이에는 권리주체인 자의 소송수행권을 박탈하여 제3자가 배타적으로 소송을 수행하도록 하는 경우(민법 제1101조; 파산법 제152조; 회사정리법 제96조 등)와 제3자의 소송수행권이 병행적으로 인정되어 권리관계의 주체인 자와 함께 소송을 수행하는 경우 (민법 제2앤조, 제353조, 제404조; 상법 제403조 등) 의 유형이 있다.

(2) 職務上 當事者

法이 一定한 職務에 있는 者에게 직무의 일환으로 訴訟을 遂行하게 하는데 이러한 자를 직무상 당사자라 한다. 가사소송사건에서 피고적격자 사망 후의 검사와 해난구조청구소송에 있어서의 선장 등이 그 예이다.

2. 任意的 訴訟擔當

(1) 槪念 26)

法律上의 权利 歸屬主体가 자신의 권리를 소구하거나 의무를 벗어 나도록 제3자에게 소송수행권을 수여하여, 그 제3자가 자기의 이름으로 그 소송을 수행하는 것을 任意的 訴訟擔當이라 한다. 이 경우 그 제3자를 제3자 소송담당 또는 임의적 소송담당자라 하는데, 타인의 권리의무에 대하여 "자기의 이름"으로 소송을 수행하는 소송담당자 라는 점에서 당사자 지위를 갖지 못한 채 소송당사자인 "본인의 이름"으로 수행하는 소송대리인과 구별된다.

26) 앞의 책, 717쪽에서 인용

－7－

(2) 限界[27)]

明文의 規定이 없는 경우는 임의적 소송담당을 원칙적으로 허용되지 않는다. 는 것이 통설·판례이다. 무제한 허용한다면 소송대리인의 자격을 변호사에게 한정시키는 辯護士代理의 原則을 잠탈할 염려와 신탁법 제7조의 訴訟信託 禁止의 취지에 저촉될 염려가 있기 때문이다. 예를 들면 변호사 아닌 자가 실질적 대리인이 되거나 권리자의 증인이 되기 위해 A의 권리를 신탁할 염려가 생길 수 있다. 그러나 임의적 소송담당을 무제한으로 막을 것이 아니라, 변호사 대리의 원칙이나 소송신탁금지를 잠탈할 염려가 없고 또 이를 인정할 合理的 必要가 있는 때에는 예외적으로 임의적 소송담당을 허용하여도 좋을 것이다.

3. 법원허가에 의한 訴訟擔當[28)]

공해소송·주민소송·소비자나 투자자 소송·환경소송 등 이른바 현대형 소송에 있어서는 소액의 다수피해자가 양산되는 것이 특색이다. 피해자 전원이 소송당사자로 직접 나서는 것이 사실상으로나 법률상으로 적절치 못하므로 영미의 Class Action 의 경우에는 대표당사자가 나서게 하였는데 이 때에 법원의 허가를 받도록 하였다. 2005년 부터 시행되는 증권관련 집단 소송에서는 영미의 Class Action을 모방하며 법원의 허가에 의하며 수권된 대표당사자가 나서도록 하였다. 남소의 방지를 목적으로 한 것이다.

4. 第3者의 訴訟擔當과 旣判力의 확장[29)]

소송담당에 의하며 제3자가 소송수행권을 행사하며 판결을 받으면 그 기판력은 당사자가 아니었던 실질적 권리주체에게 미친다 (제218조3항). 그런데 채권자 대위소송의 판결의 효력은 채무자에게도 미치는가?

27) 李時潤,「新民事訴訟法」, 博英社. 2005. 131쪽에서 인용
28) 앞의 책, 132쪽에서 인용
29) 송상현,「민사소송법」, 한국방송통신대학교출판부, 2006, 85쪽에서 인용

제 1설은, 채권자에게 소송수행을 잘못하여 패소판결을 받은 경우에 그 효력을 채무자에게 미치게 하면 너무 가혹하므로 채무자가 대위소송에 참가하지 아니한 이상 판결의 기판력은 채무자에게 미치지 않는다고 한다.

제 2설은, 법적 안정성을 내세우는 기판력의 정신에 비추어 대위소송 판결의 기판력은 언제나 채무자에게 미친다고 한다.

제 3설은, 소송이 제기된 사실을 어떤 사유에 의하였는지 간에 채무자가 알았을 때에는 그 대위소송의 판결의 기판력은 채무자에게도 미친다는 견해로서 판례의 입장이다.

가사소송의 경우에는 기판력의 주관적 범위에 관한 특칙을 두어 소송에 참가할 수 없었음에 대하여 정당한 사유가 있으면 기판력이 배제된다(家訴 제21조 2항).

Ⅴ. 當事者適格 欠缺의 效果[30]

1. 직권 조사 사항

當事者適格은 당사자에게 訴訟遂行權이 있는지 여부에 관한 문제인 동시에 본안판결을 하기위한 전제요건, 즉 訴訟要件이므로 法院의 職權調査事項이다.

그러므로 당사자적격이 欠缺되어 있으면 訴는 不適法 却下되어야 한다. 채권자 대위소송을 걸는 채권자의 채무자에 대한 패소판결이 확정된 경우에는 채권자의 채권을 보전할 필요가 없으므로 채권자는 代位訴訟을 제기할 당사자적격이 없고 따라서 그 대위소송은 부적법 각하되어야 한다. 한편 判例는, 채무자가 채권자의 청구를 認諾하였다면 채권자의 제3채무자에 대한 채권자 대위소송에서 채권자의 被保全權利는 입증되었다고 한다.

2. 소송계속 중 當事者適格의 得喪

소송진행 중에 當事者適格을 상실하면 절차는 중단되고 새로 適格을

30) 宋相現,「民事訴訟法」博英社. 2004, 126쪽에서 인용

morning glory

취득한 승계자가 절차를 受繼하여야 한다(제53조 2항, 제54조, 제233조 이하). 다만 새로운 적격자가 訴訟參加 또는 引受의 방법으로 승계하는 것도 있다 (제79조, 제81조, 제82조).

3. 當事者適格의 흠을 간과한 판결

當事者適格의 欠缺을 간과하고 내려진 判決은 上訴로서 다툴 수 있으나, 확정 후에는 再審事由가 되지 아니한다. 그러나 이러한 판결이 확정되더라도 본래 正當한 當事者로 될 자에 대하여 효력이 미친다고도 할 수 없다. 또한 실제로 소송에 참여한 當事者適格 없는 자에 대해서도 本案에 대한 효력이 생기지 아니한다. 이러한 判決은 그 내용에 따른 效果를 발생할 여지가 없는 만큼 그런 의미에서 當然無效이다

Ⅵ. 當事者適格에 대한 반성 31)

한 나라의 訴訟制度의 방향을 결정하는 가장 중요한 두 가지 기준은
i) 訴의 利益과
ii) 當事者適格의 개념이다.

당사자적격은 구체적 소송에 있어서 어떤 사람을 당사자로 삼아야만 분쟁해결이 가장 有效適切한 것인가의 관점에서 인정되는 기준이므로 지금까지는 분쟁의 개별적 해결원칙에 의하여 소송물에 관한 관리처분권을 가진 실체적 권리주체 또는 法律에 의하여 소송수행권을 갖게 된 자에게만 당사자적격이 주어졌다.

그러나 오늘날 복잡한 분쟁이 大量的·反復的으로 발생하는 현실에서 이를 集團的으로 한꺼번에 해결하기 위한 방안을 강구할 필요가 생겼다. 그 방법으로는 분쟁의 개별적 해결원칙을 어느 정도 후퇴시키면서 當事者適格의 개념을 다소 완화하여 평균적 피해자에게 代表當事者로서의 適格을 부여

31) 앞의 책, 127쪽에서 인용

morning glory

—10—

하거나 일정한 단체에게 당사자적격을 부여하는 방법이 있을 수 있다. 英國의 集團訴訟(Class Action)은 전자의 예이고 독일의 團体訴訟 (Verbandsklage)은 후자의 예이다.

현재 민사소송법에는 選定當事者제도가 규정되어 있고(제53조 이하), 民事調停法에는 代表當事者 선임제도(同法제18조)가 있다. 이들은 모두 다수당사자의 소송관계를 간소화시키는 수단이나 잘 활용되지 아니한다. 또한 행정소송법에는 미국 법상의 Citizen's Suit를 모방하여 民衆訴訟(同法 제3조 및 제5장)제도가 도입되어 있으나 提訴权者를 명시한 法律도 없는 등(行訴 제45조 참조) 제대로 활용되고 있지 못하다.

미국 등의 실무는 오히려 이 같은 소송들이 협박수단이나 악성적 명조의 명성획득수단으로 악용됨을 방지하기 위한 소송상 대책 마련에 부심하고 있는 형편이다.

〈 참고 도서 〉

1. 李 時潤, 「新民事訴訟法」, 博英社, 2005
2. 송 상현, 「민사소송법」, 한국방송통신대학교출판부, 2006
3. 김 용진, 「民事訴訟法」, 新英社, 2005
4. 호 문혁, 「민사 소송법」, 法文社, 2000
5. 梁相現, 「民事訴訟法」, 博英社, 2004

(끝)

morning glory

산업혁명과 산업자본주의의 확립에 관해 논하라

산업혁명은 1750년 무렵, 기술혁신이 최초로 일어난 영국에서 시작되어 유럽 각국에 파급됨으로써, 프랑스 시민혁명과 함께 서양 근대사회의 발전에 중요한 계기를 제공했던 것이다.

영국의 산업혁명이 더욱 촉진된 것은 면직물 공업 분야였는데, 이 면공업 분야에서 시작된 새로운 기계 발명으로 가내수공업 단계를 넘어서서 노동 집약적인 공장제 생산이 출현했으며 이와 같은 자극으로 인하여 제철공업, 석탄공업, 교통 및 통신이 발전하게 되었다. 일찍이 산업혁명을 이룩한 영국은 점진적 개혁이라는 독자적인 노선을 걸었으나 19세기 후반에는 세계의 공장으로 군림하고 또, 20세기 초에는 민주적인 복지국가의 길을 열었다.

영국의 산업화가 처음으로 이루어졌기 때문에 모범이 되기는 했지만, 각국은 특유의 경제 구조, 계급 구조, 국가 구조 등에 따라 독자적인 산업화 노선을 취했던 것이다.

프랑스 혁명으로 소농체제가 확립되어 영국과 같은 광범위한 산업예비군이 형성될 수 없었던 프랑스 산업화는 점진적으로 진행되다가 제2제정기(1852)에 산업화의 전성기를 맞이하여 급진전했으나 소규모 기업 및 농업의 비중이 높았다.

독일은 국민국가로서의 통합이 성공하지 못하고 봉건 세력이 여전히 강력하여 본격적인 산업화의 길을 걷지 못했으나, 1871년 통일 이후 경제적 통합이 이루어지면서 국가 주도와 자연과학의 성과를 이용한 새로운 기술 발전에 입각하여 영국의 생산성을 능가할 정도로 대규모 기업을 중심으로 한 비약적인 산업화를 이룩했다.

러시아는 유럽에서 가장 낙후된 국가로서 19세기 후반까지는 산업화를 이루지 못하다가, 1890년대 차르 정권은 프랑스 등의 외국 차관에 입각한 산업화를 주도하여 급속한 산업화의 길을 걷기는 했으나, 절대주의적인 국가 구조 속에서 무리하게 시도된 산업화는 대도시를 중심으로 한 노동자 및 사회주의 세력을 비롯한 체제 비판적인 세력을 육성하게 되어, 이는 결국 러시아혁명이 발발하는 요인이 되기도 하였다.

　유럽 외부에 있었던 미국은 남북전쟁 이후, 광대한 영토와 풍부한 자원으로 인해 19세기 후반을 통하여 비약적인 자본주의 산업화 길을 걸었다. 여기에다 대륙횡단 철도의 부설로 대표되는 교통수단의 발전으로 경제 혁명이 이루어졌으며 한편, 미국은 1·2차 세계대전을 자기 영토에서 치루지 않음으로써 거대한 부를 축척할 기회를 맞이하게 되어 결국 경제적인 패권국가로 등장하게 된다.

　앞서 살펴본 대로 이 산업혁명은 서양의 여러 국가뿐 아니라 궁극적으로 지구상의 모든 곳에 파급되어 산업자본주의 사회를 출현시킴으로써 풍요로운 삶의 가능성을 제공하게 되었으나, 자본가 계급 곧 부르주아와 임금노동자 계급 곧 프롤레타리아라는 양대 계급을 형성시켜 분배 문제, 노동문제, 도시 문제 등의 각종 사회 문제와 정치·경제적 투쟁까지 파생되면서 현대 사회가 아직도 직면하고 있는 많은 문제를 야기시키기도 하였지만, 산업화의 과정을 통하여 확립된 산업기술 문명은 여전히 우리 현대 사회의 본질적인 요인을 이루고 있다고 하겠다.

(6) 최고의 선택 – 한국방송통신대학교

※ 본 〈우수 학사 적응 방법〉은 저자가 한국방송통신대학교 신·편입생을 위해 작성하여 홍보한 안내장이다. 신·편입생 환영회 및 오리엔테이션 행사장에 나가 선후배들의 학사 적응을 위하여 본 안내장을 작성하여 배포한 것이다. 2000년경에 작성한 내용이라 현재의 학습 매체 등과는 차이가 있으므로 당시 학사 적응 방법임을 일러둔다.

'입학'을 진심으로 축하합니다!

첨단 대학, 열린 대학, 민족 대학, 최고의 선택——한국방송통신대학교

| 우수 학사 적응 방법 |

1. 개인 강의 스케줄을 세밀하게 계획한다(시험 일정 포함).

    ['강의 계획서' 를 참조하여 일 단위 수첩에 강의 일정 기록]

2. '예습' 위주로 공부한다(반드시 해당 학기 교과서를 구입한다).

    ['강의' 를 듣기 전에 미리 '교과서' 로 예습한다.]

3. 모든 '교과서'를 강의 일정에 따라 충실히 완독한다.

    [교과서→방송강의→복습(시중 문제집, 학습 자료집 등) 순으로 공부]

4. 모든 시험에 적극적으로 임한다(과목마다 자료 수집 파일 준비).

    1) 중간고사(30점):① 출석수업 시험(주관식), 출석수업대체시험(객관식)

    ② 중간시험(주관식)

    ③ 과제물시험(Report 작성 제출)

    2) 기말고사(70점) : 전과목 객관식시험

5. 기타:

    1) 학보, 학보특강, 지상강좌, 대학 생활 안내 등을 숙독한다.

    2) 스터디 그룹, 동아리 활동 및 동료, 선·후배와의 관계를 돈독히 유지하면서 학습 정보를 교환한다.

    ※강의 매체 : TV, 라디오, 카세트, VCD, 영상강의(특강)

    ※수업유형 : 출석수업, 지상강좌, 계절수업(C 이하 과목), 튜터제도

    ※방송강의 인터넷 서비스(디지털 방송강의: Digital Library)

    ※인터넷을 이용한 보충학습(PC통신 보충학습)

    ※각 학과 참고 도서 구입(예 : 법학과는 법전 및 법률용어사전 등)

◆학습문의 : e-mail : coreaglobal@hanmail.net

4. 사회 교육 선언문 및 발표문

(1) 신문 활용 사회 교육

1) 대통령께 올리는 탄원서

　(일반 서민들에 대한 고급 두뇌들의 보이지 않은 폭력에 대통령의 구조를 호소함) 1996. 8. 20.
　『한겨레』

● 「대통령께 올리는 탄원서」 -『한겨레』 1996년 8월 20일 화요일 23면(사회면)

2) 대통령께 올리는 공개 탄원서 및 건의서, 헌법상의 기본권 선언

　(공권력과 국가 권력이 가세한 국부 기술 영업 비밀 침해와 업무 방해, 피의사실 공표죄 및 명
　예훼손) 2010. 12. 21. 『한겨레』

● 「대통령께 올리는 공개 탄원서 및 건의서」 - 『한겨레』 2010년 12월 21일 화요일 8면(정치면)

(2) 「여론」 (1998. 1. 1.)

(3) 가칭 「바른나라당」 창당 발기 취지문 (2010. 8. 15.)

(4) 「성명서」 (2012. 12. 17.)

(5) 위헌법률(규약)심판제청신청 (2015. 1. 13.)

(1) 신문 활용 사회 교육

1) 대통령께 올리는 탄원서

〈1996년 8월 20일 『한겨레』23면(사회면)〉 게재 원문

대통령께 올리는 탄원서

일반 서민들에 대한 고급 두뇌들의 보이지 않는 폭력에 대통령의 구조를 호소함

저는 경기도 성남시 중원구 상대원 1동 1486-2번지에 거주하고 있는 자로서, 남편과 세 자녀를 둔 가정주부이나, 수년전 남편이 지병(허리디스크)으로 인해 실직하게 됨으로써 다섯 식구의 생계를 제가 책임지지 않으면 안 될 상황이 되어 가정주부로서의 평온한 길을 걷지 못하고 이른 새벽부터 밤늦게까지 그것도 매일매일 뼈아픈 고통을 참아 가며 시장터에서 장사까지 하기에 이른 것입니다.

그리하여 저는 제가 살고 있는 성남에서 거리가 좀 떨어져 있긴 하지만 서울 가락동 농수산물 도매시장에서 장사하는 것이 낫겠다고 생각하여 가락시장 개장 초기인 1986. 10. 10. 그곳 서울특별시 농수산물 도매시장 관리공사(이하 '관리공사' 라고 약칭함)로부터 임대받아 영업을 해오고 있던 이효순으로부터 점포를 양수받아 여태까지 근 10여 년 동안 점포를 운영해 오고 있습니다.

1. 사건 경위

1993. 5. 1. 관리공사 측의 '무허가 양수인' 의 양성화 계획에 의하여 그 당시 약 7년 동안이나 터 잡아 영업을 해오고 있던 저의 점포는 관리공사 측과의 정식 '임대차 계약서' 에 의해 공식 계약이 체결되어(당일 같은 계약에 참여한 자가 37명이었음) '점포임차권' 이 분명하게 확보되었고, 뿐만 아니라 그동안 무허가 기간에 해당하는 미발부로 밀렸던 임차료를 모두 지불했으며 또 계약서에 명기된 점포에 대한 추가 '임대보증금' 까지 완전히 지불했고 심지어 '상인번영회' 에서는 그 양성화 계획에 의해 정식으로 점포가 지정되었다 하여 임차권 확보 사례비로 350만원이라는 돈까지 챙겨간 상태였으며, 그뿐 아니라 저는 정식 지정점포 계약자에게만 발부되는 '사업자등록증' 을 송파세무서로부터 발부받아 지금까지도 그 사업자등록증에 의해 세금을 내고 있고, 또 정식 지정점포 계약자에게만 허

가되는 개인 전화까지 저의 점포에 가설되어 있어 실제로 관리공사 직원뿐 아니라 가락시장 상인 모두가 저의 점포에 대해 정식임차권이 확보되었다는 것을 다 알고 있는 분명한 조치였는데도, 정식지정점포로 인해 더욱 좋아진 저의 현 점포에 대한 몇몇 주위 상인들의 이권 개입과 상인번영회 간부 및 관리공사 일부 직원들의 농간으로 정식 계약체결 후 채 2개월도 안된 시점에서 관리공사 측은 저의 점포번호와 도면을 삭제해 버린 후, 정식 계약서가 눈앞에 버젓이 있는데도 저의 점포가 '임시'로 지정되었다며 허위와 사실변조로 저를 임차권이 없는 무적상인(잡상인) 또는 공점포 무단점유자와 같이 대우함으로써 나타난 이번 저의 점포 사건을 1,000만 인구의 먹거리가 유통되고 있는 서울 가락시장 관리공사의 대표적인 비리와 부조리의 하나로써 이를 바로잡아 주기를 호소합니다.

2. 사건의 제소

이러한 관리공사 측의 갑작스런 농간에 의한 일방적이고 자의적인 조치가 너무나 억울하여 저는 먼저 서울시에 관리공사 측의 부당한 처리를 바로잡아 달라고 진정을 올렸으나 관리공사 측에서는 계속적으로 허위와 사실변조로 일관하여 저에게 주어진 현 점포에 대한 임차권을 묵살하면서 계속 부당한 조치를 취함으로 해서 결국 제소까지 이르게 되었으나 관리공사 측의 갈수록 더 큰 위증과 날조된 사실로 인해 저는 원심, 재심에 이어 대법원 판결까지 패소하기에 이르러, 결국은 그 위증을 밝히는 수밖에 없어 피고 측(관리공사)의 강영규 증인을 위증죄로 서울지방검찰청 동부지청에 고소하기에 이르렀으나 '피의 사실을 인정할만한 자료 없음'이라는 이유로 불기소 처분되어, 다시 방대한 자료와 서류를 정성스레 준비하여 40쪽에 달하는 탄원서와 함께 서울고등검찰청에 항고하였으나, 1418호 김동주 검사는 자료 접수를 거부한 채 또 '자료 없음'이라는 이유로 항고를 기각 처리하였기에 이제 마지막으로 대검찰청에 재항고를 접수시킨 후 대통령께 이러한 부당한 조사에 대한 구조를 아울러 호소하는 바입니다.

3. 서울고등검찰청 김동주 검사의 부당한 조사 행위

저는 지난 7월 12일 오후 2시경에 서울고등검찰청의 안내실에서 신분 확인을 받은 뒤 나오라고 한 1418호 김동주 검사실로 찾아갔습니다. 그곳에서 김동주 검사 서기는 항고내용 파악을 위한 자세한 질문이나 조사도 없이 본인의 진술서를 검사서기가 불러주는 대로 받아 쓰라고 하여 몇 자 받아 쓰고 있다가 아무래도 마음의 느낌이 좋지 않아 '이 사건을 처음부터 자세히 알고 있는 친동생(이옥재)이 아래 안내실에서 기다리고 있으니 이곳 조사에 참여할 수 있도록' 요구하여 같이 올라와 진술하였는데, 검사서기는 그동안 이 사건에서 문제시되었던 '수산직판상인 정비계획' (우편 발송한 탄원서 내용 참조 – 이 우편발송 탄원서는 같은 내용으로 서울고등검찰청장, 대검찰청, 서울시장, 도매시장 관리공사 사장 앞으로도 발송되었음)의 메모 기록을 없애고 그 계획서 쪽수(페이지)까지 조작한 처음 제출한 것과는 다른 계획서를 의도적으로 같다고 유도하면서, 또다시 지능적으로 사건을 합리화하려는 관리공사 측의 태도를 인정하려는 편파수사를 하였으며, 위증 사실을 밝히려고 하기보다는 오히려 감추려고 애쓰는 태도를 계속 보이면서 자세한 해명도 없이 무조건 "이것은 위증죄가될 수 없다"는 말만 위협적인 어조로 반복하였을 뿐만 아니라, 40쪽(페이지) 분량에 달하는 장구한 내용으로 자세히 사건 정황을 설명한 탄원서와 그 탄원서에 사건 현장 사진 6매, 사건현장에 관련된 도면 4매, 그리고 참고 자료 9매, 그 외 첨부서류 등의 방대한 내용으로 위증 사실을 규명하여 내용증명서신으로 제출한 자료를 "탄원서는 조사자료가 될 수 없다"는 말로 일축하면서 아예 조서 작성도 하지 않았을 뿐더러 '탄원서는 조사 자료가 될 수 없다' 고 하여서 별도로 준비한 자료를 제출하려했으나 "안 된다면 안 되는 줄 알지, 우리가 무슨 장사꾼인줄 아느냐!"라고 소리 지르며 모욕적인 말과 함께 자료 접수를 거절당했고, 결국 김동주 검사는 앞서 말씀드린 대로 공식적인 조서 작성도 없이 간단한 진술서만 제출하게 한 뒤 지난 7월 15일자로 '원 검찰청 검사의 불기소 결정은 부당하다고 인정할 자료 없음' 이라는 이유로 항고를 기각하였는 바, 위 검사의 성의 없는 조사와 더불어 방대한 위증 사실을 규명한 자료를 거부한 채 '자료 없음' 이라는 이유로 항고를 기각시킨 처사는 또 다른 원성과 분노를 일으킬 수밖에 없으므로, 법과 정의를 바로 세워야 할 위치에 있는 검사로서의 무책임한 태도에 대한 제재와 함께 이번 사건에 관련된 자세한 조사와 사실 규명 그리고 중립적인 수사가 이루어져야 한다고 생각합니다.

4. 국민들은 고급 두뇌들의 국가와 국민에 대한 헌신적인 봉사를 기대함

기소권이 오직 검사에게만 주어지고 있는 우리 대한민국의 법치사회에서는 국민의 원성과 억울함이 투명한 검사의 손에 의해서만 해결될 수 있는 일이기에, 많은 국민들이 기대하고 있는 바, 검사의 중립적이고 헌신적인 공무 집행 자세는 이 나라의 발전에 지대한 영향을 끼치므로, 조직폭력배에 의한 가시적인 폭력뿐 아니라 고급 두뇌들에 의한 보이지 않는 폭력에 대해서도 엄정한 판단과 조치를 내려주시어, '역사 바로 세우기' 의 시대적 요구에 부응하여 법과 정의를 수호하고 국민 주권주의에 헌신하는 많은 다른 검사들의 권위와 명예를 실추시키는 일이 없게 되기를 바랍니다. 아울러 우리 대한민국의 세계적인 발전은 이 나라의 모든 분야에 걸쳐 있는 고급 두뇌들의 국가와 민족을 위한 헌신적이고 정의로운 업무 수행에 달려 있다고 믿으며 이러한 일은 대통령이 아니면 어느 누구도 쉽게 손댈 수 없는 일이기에 존경하는 대통령의 도움을 호소하는 바입니다.

끝으로, 대부분의 일반 서민들은 상급 기관의 보복적인 조치나 불이익을 당할 것을 두려워하여 이러한 일들을 드러내어 말하지 못하고 있으나 아무 힘없는 일반 서민들의 남모르게 당하는 고통을 덜어 주시고 소외감 없는 사회를 이룩해 주시어 이 나라가 더욱 아름답고 살기 좋은 세상이 되도록 도와주시기를 간절히 호소합니다. 저는 이 나라의 대통령을 지지합니다. 대단히 감사합니다.

1996. 8.

탄원자 : 이영엽 (동생 이옥재) 올림

경기도 성남시 상대원 1동 1486-2

사회　　　　　　　　　　한겨레신문　　　　　　　　1996년 8월 20일 화요일　23

19일 연세대 과학관과 종합관에 고립된 학생들에게 여성용품을 건네주려던 학부모가 경찰이 가로막자 실의[실?]대 상자를 부여잡고 몰부짖고 있다. 김진수 기자

"제발 먹을거라도" 분노하는 학부모

식량·의약품 들고 제지경찰과 처절한 몸싸움

초코파이마저 이미 바닥

종합관선 하루 죽 한컵… 탈진 잇따라

이재호 기자

당직변호사제 '개점휴업' 위기

홍보부족·피의자 기피 하루 1~2건 접수그쳐

곽철수 기자

학생 무사귀환 촉구집회

탈진 32명 긴급후송

경찰 봉쇄 3일째…의료진 돌여보내

이재윤 기자

징세동씨등 3명 석방

이재호·김태형 기자

중국동포 선원 조업거부 회항하던 원양어선 실종

사모아 근해서

"독침살해 아니다" 결론

연길 기아간담 과상

대통령께 올리는 탄원서 (일반 서민들에 대한 고급 두뇌들의 보이지 않는 폭력에 대통령의 구조를 호소함)

저는 경기도 성남시 중원구 상대원 1동 1486-2번지에 거주하고 있는 서로서, 남편과 자녀를 둔 가정주부입니다.

1. 사건 경위

2. 사건의 제소

3. 서울고등검찰의 감동부 검사의 부당한 조사행위

4. 국민들을 고급 두뇌들의 국가와 국민에 대한 헌신적인 봉사를 기대합니다.

1996. 8.

탄원서 이 영엽 올림
경기도 성남시 상대원 1동 1486-2 (491204-2

대통령께 올리는 공개 탄원서 및 건의서

(공권력과 국가 권력이 가세한 국부 기술 영업 비밀 침해와 업무방해, 피의 사실 공표죄 및 명예훼손)

-탄 원 서-

1. 소개

피해자 본인 이옥재는 1955년 4월 15일, 전남 광양에서 출생하여 어린 시절부터 손재주가 뛰어나 고등학교 시절부터는 발명가로 활동하여 결국 1979년부터 본격적으로 특허출원 및 등록을 시도하였고(청와대에 별도 발송한 자료 참조), 30년이 넘도록 이 나라 산업의 기계화·과학화 선진사업에 앞장서 왔습니다.

최근에는 전 지구촌적인 문제인 유류 고갈 및 고유가 시대에 따른 대책과 화석연료의 과도한 사용으로 인한 지구온난화 및 환경오염 등에 대한 글로벌적인 해결책으로 무주유·무충전 전기자동차(NSSEV: Non Station System Electric Vehicle) 즉, 주유소나 충전소에 가지 않아도 구동되는 세계 최고의 친환경 전기자동차의 원천 기술을 확보하였으며(특허 등록 및 출원자료 – 청와대에 별도 자료 발송함), 이는 문자 그대로 한 개인이나 회사가 부자 되는 정도가 아닌 이 나라 전체가 큰 부국(富國)으로 창출되는 국부 기술로써, 미국이나 영국 등이 부러워하는 초일류 국가 건설까지도 앞당길 수 있는 대단히 중요한 원천 기술을 발명하여 '우주자동차(OOJOO MOTORS)'를 설립한 후 그 사업진행에 박차를 가하고 있으며, 원천 기술 대부분이 성공적으로 실험이 끝나고 이제는 자동차에 장착할 수 있는 완성 단계에 와 있는 중입니다(우주자동차 연구소 개소식 및 실험실 사진 – 청와대에 별도 자료 발송함).

2. 공권력과 국가 권력이 가세한 국부 기술 "영업 비밀 침해 및 업무 방해 사건"

그러니까 2010년 10월 11일(월) 오전 11시경, 울산지방경찰청 김만년 팀장(경위)은 다른 3명의 청년들과 함께 제가 채용하여 근무하고 있는 채동근(연구실장) 씨에 대한 압수수색 영장을 제시하며 그 영장에 우주자동차 사무실의 주소와 숙소가 적혀 있는 것만을 보이면서, 채동근 씨가 근무했던 전 회사 이앤아이(ENI : 대표이사 – 이재필) 자료가 있을 것이라 추정하여 압수한다며 본인이 오랜 기간 동안 연구한 장엄한 국부 기술 자료를 무자비하게 압수수색을 당하였습니다. 이는 울산지방검찰청 마수열 검사가 지휘하고 있다고 합니다(압수 당시 상황 설명 – 청와대에 별도자료 발송함).

합법적 절차에 의한 압수수색이라 위법성이 없다고 말할 수는 있으나, 그러나 저는 우주자동차 기업의 대표자로서 평생 걸어온 발명가로서의 경험과 저의 고유한 특허 기술로 세계 최고의 친환경 전기자동차를 개발하고 있기 때문에, 어느 다른 회사의 기술이나 노하우를 적용하는 것이 아님을 하늘도 알고 있는 사실인데, 현재 우주자동차가 채용하고 있는 채동근, 김상헌 씨가 전 회사 이앤아이(ENI)에 근무했다는 이유만으로 이옥재 본인의 고유재산 및 중요 영업 비밀과 소중한 기술 정보가 담겨 있는 고급사양 컴퓨터(2대)뿐만 아니라 별도의 도면파일, 제어기 PCB기판, 제동발전기 기어박스 홀더, R&D서류철, 외장하드, CD, 심지어 다이어리노트까지 몽땅 조직폭력배보다 더한 기세로 무자비하게 빼앗아감으로써, 이는 이 국부 기술을 방해하고 가로채려 한 이앤아이(ENI)의 서상현, 신동률 등 간부들이 사악한 음모로 공권력과 국가 권력을 동원하여 꾸며 낸 대조작극임을 분명하게 선언하며 탄원을 올립니다.

3. 공권력과 국가 권력이 가세한 '피의 사실 공표죄 및 명예훼손 사건'

급기야 울산지방경찰청 수사과(김만년 팀장)는 피의 사실을 미리 언론에 흘려 내보내서 인터넷판 신문과 일간지, 방송사에 보도되게 함으로써 심각한 '피의 사실 공표죄(형법 제126조)'까지 저지르는 비인권적 만행을 저지르고 말았습니다[인터넷판 신문: 연합뉴스, dongA.com(2010. 12. 16) ; 동아일보(2010. 12. 17) ; 울산지역방송사 방영(2010. 12. 16~17) 등 – 관련 자료는 청와대로 별도 발송함]

더욱 경악하고 놀라운 사실은, 본 사건의 실체적 진실과 전혀 다른 「전기자동차 핵심기술 빼돌린 산업스파이 2명 영장」이라고 주제목으로 하여 인터넷판 신문에 게재하게 하였고, 동아일보에서는 「수십억대 전기車 핵심기술 빼돌려 – 2명 영장…… 車업체대표 입건」이라는 제목으로 신문에 게재함으로써 '피의사실 공표죄'는 물론 명예훼손 등 실체적 진실과는 정반대의 대조작극을 벌이고 있어, 인간으로서의 존엄과 가치 및 행복추구권의 보루가 되어야 할 공권력과 국가 기관의 추태에 대해 바르고 빠른 해결을 구하고자, 그리고 국부 기술의 부당한 유출을 막기 위해서 공개탄원을 올리게 된 것입니다.

4. 결론

　다시 탄원하여 말씀드리건대, 저는 이앤아이(ENI)를 모르며, 그곳에 어떤 기술이 있는지도 모르고, 단지 제가 평생 걸어온 발명가로서의 경험과 지식 그리고 저의 고유특허의 원천 기술로 세계 최고의 친환경 전기자동차 개발·완성에 박차를 가하고 있으며, 그러한 기술이나 업적을 오히려 이앤아이(ENI)의 서상현, 신동률 등이 시기하고 탐하여 공권력과 국가 권력을 끼고 저지른 대조작극임을 온 국민 앞에 엄숙히 선언하고 탄원 올리오니, 이 일에 대해 관련자들의 민·형사상의 책임을 분명히 묻고, 대대적인 국민적 저항에 부딪히는 일이 없도록, 실체적 진실의 단서가 될 수 있는 대통령님의 명쾌한 처분을 기다리면서 저의 진실 되고 간절한 탄원서를 마치겠습니다. 감사합니다.

2010년 12월 20일

우주자동차 대표　李玉宰 올림

-건 의 서-
문제의 법학 교육과 법률가 양성과정으로 인한 불량법조인의 퇴치 및 개선

[법과대학은 상대적으로 우수한 인재들이 입학하지만, 법과대학을 입학하면 당연히 사법시험을 준비해야 하는 것으로 생각하고, 심지어 신입생 시절부터 수험서를 사보면서 마치 방금 마친 대학입시 준비를 반복하듯이, 새벽부터 밤늦게까지 독서실이나 독서실 기능으로 전락한 도서관에서 열심히 수험서에 밑줄을 그어가며 공부하면서 사시준비에 몰두하는 경우가 상당히 많다. 이들은 졸업을 위한 최소한의 요구사항이 아닌 한 강의도 수강하지 않은 채 집과 도서관을 왕복한다. 대학 강의도 대체로 사법시험위주로 짜여진다. 헌법 · 민법 · 형법 · 상법 · 행정법 · 민사소송법 · 형사소송법이 그러한 것이다. 이런 과목들이 교양교육이 이루어져야 할 1학년 과정부터 빡빡하게 짜여져 있다. 이러한 대학수업에서 법의 기초가 되는 사회과학적 소양을 쌓는다는 것은 불가능하며, 전문적이고 실제적인 법적용 능력을 기른다는 것도 불가능하다. 다만 현실과 동떨어진 시험에만 나오는 법개념과 판례요지를 암기하는 공부가 있을 뿐이다. 교양교육도 제대로 하지 못하고 그렇다고 전문가 양성도 하지 못하는 어정쩡한 상황에 처해 있는 것이 (법과)대학교육이다.][1]

참으로 한심한 일입니다. 국민의 인권의 마지막 보루가 되어서 인간의 존엄성과 기본인권 보장의 책무를 다해야 할 법조인이, 잘못된 법조인 양성체계로 인하여 기본 교양교육도 제대로 받지 못한 국가 권력의 조직폭력배가 되어, 이제 법조인의 권위나 자질이 땅에 떨어진 지 오래이고, 심지어 법조인 사이에서도 이와 같은 문제의 법조인들에 대한 개탄이 쏟아져 나올 정도입니다. 새로운 사법제도인 법학전문대학원(로스쿨)에 의한 교양 있고 품위 있는 법조인이 양성되리라 기대해 보지만, 그러나 지금까지 문제를 안고 양성된 불량법조인을 검 · 판사직에서 퇴치시키든지 아니면 법조이원주의(판사 · 검사를 별도로 임명하는 제도)를 없애고 법조일원주의(판사 · 검사를 변호사 중에서 임명하는 제도)의 요청에 따라, 특히 판사는 검사와 변호사 경력을 다 갖춘 법조인 중에서 임명하는 사법 개혁을 단행함으로써 국민들의 원성과 원통함이 일어나지 않도록 하는 새로운 국가 사법 정책을 제도화하시기를 건의합니다.

---

(1) 이상영 · 김도현 공저, 「법과 사회」, 한국방송통신대학교출판부, 2007, 136~143면 (법학교육과 법률가 양성) 참조

헌법상의 기본권 선언

헌법 제10조(인간으로서의 존엄과 가치 및 행복추구권)

'모든 국민은 인간으로서의 존엄과 가치를 가지며, 행복을 추구할 권리를 가진다. 국가는 개인이 가지는 불가침의 기본적 인권을 확인하고 이를 보장할 의무를 진다.'

헌법 제11조 ①, ②항 (국민의 평등, 특수계급제도의 부인)

① '모든 국민은 법 앞에 평등하다. 누구든지 성별 · 종교 또는 사회적 신분에 의하여 정치적 · 경제적 · 사회적 · 문화적 생활의 모든 영역에 있어서 차별을 받지 아니한다.'

② '사회적 특수계급의 제도는 인정되지 아니하며, 어떠한 형태로도 이를 창설할 수 없다.'

헌법 제12조 ①, ②, ③항(신체의 자유 – 고문, 체포 · 구속 · 압수, 수색)

① '모든 국민은 신체의 자유를 가진다.……'

② '모든 국민은 고문을 받지 아니하며, 형사상 자기에게 불리한 진술을 강요당하지 아니한다.'

③ '체포 · 구속 · 압수 또는 수색을 할 때에는 적법한 절차에 따라 검사의 신청에 의하여 법관이 발부한 영장을 제시하여야 한다.…'

헌법 제17조(국민 사생활의 비밀과 자유)

'모든 국민은 사생활의 비밀과 자유를 침해받지 아니한다.'

헌법 제18조(모든 국민에 대한 통신의 비밀)

'모든 국민은 통신의 비밀을 침해받지 아니한다.'

헌법 제 21조 ④항 (언론 · 출판에 의한 피해 배상)

④ '언론 · 출판은 타인의 명예나 권리 또는 공중도덕이나 사회윤리를 침해하여서는 아니 된다. 언론 · 출판이 타인의 명예나 권리를 침해한 때에는 피해자는 이에 대한 피해의 배상을 청구할 수 있다.'

헌법 제22조 ①, ②항(학문 · 예술의 자유와 저작권 · 특허권 등의 보호)

① '모든 국민은 학문과 예술의 자유를 가진다.'

② '저작자 · 발명가 · 과학기술자와 예술가의 권리는 법률로써 보호한다.'

헌법 제26조 ①, ②항 (국민의 국가 기관에 대한 청원권)

① '모든 국민은 법률이 정하는 바에 의하여 국가기관에 문서로 청원할 권리를 가진다.'

② '국가는 청원에 대하여 심사할 의무를 진다.'

헌법 제27조 ④항(형사피고인의 무죄 추정의 원칙)

④ '형사피고인은 유죄의 판결이 확정될 때까지는 무죄로 추정된다.'

헌법 제28조 (형사보장 – 형사피의자 · 피고인에 대한 국가의 보상)

'형사피의자 또는 형사피고인으로서 구속되었던 자가 법률이 정하는 불기소처분을 받거나 무죄판결을 받은 때에는 법률이 정하는 바에 의하여 국가에 정당한 보상을 청구할 수 있다.'

헌법 제30조(타인의 범죄행위로 인한 국가로부터의 피해구조)

'타인의 범죄행위로 인하여 생명 · 신체에 대한 피해를 받은 국민은 법률이 정하는 바에 의하여 국가로부터 구조를 받을 수 있다.'

헌법 제34조 ①항(국민의 인간다운 생활 권리)

① '모든 국민은 인간다운 생활을 할 권리를 가진다.'

헌법 제35조 ①, ③항(건강하고 쾌적한 환경, 쾌적한 주거생활 등 환경권)

① '모든 국민은 건강하고 쾌적한 환경에서 생활할 권리를 가지며, 국가와 국민은 환경보전을 위하여 노력하여야 한다.'

③ '국가는 주택개발정책 등을 통하여 모든 국민이 쾌적한 주거생활을 할 수 있도록 노력하여야 한다.'

※ 본인은 한국방송통신대학교 법학과를 졸업한 법학사로서, 사회적 법익을 위해 노력해야 할 책무와 권리가 있습니다. 누구든지 법에 대하여 억울하거나 상담이 필요한 분은 아무 부담 없이 연락주시기 바랍니다. 또 이러한 사회적 법익을 위해서 노력하고 헌신할 뜻있는 변호사·검사·판사님들도 참여 있으시길 바랍니다.

● 한겨레신문 2010년 12월 21일 화요일 8면(정치면)

(2) 「여론」(1998. 1. 1.)

–본 「여론」은 당시 각 정당, KBS 등 각 언론기관에 FAX로 전달됨

「여론」

KBS 2TV 1월 5일 방송 예정인 드라마 「진달래꽃 필 때까지」 제지 되어야

우리는 가까운 이웃이라 할지라도 서로 계속 헐뜯고 비난하면 화해하기가 어렵게 된다는 사실을 잘 알고 있다. 이것은 비단 이웃간 뿐 아니라 개인, 단체 및 국가 간에도 똑같이 적용된다.

화해 · 화합의 새 정부 출범을 앞두고 김대중 대통령 당선자까지 북한 김정일 당 총서기에게 정상 회담 제의를 하고 있는 이 시기에 연초부터 북한을 자극하는 드라마 「진달래꽃 필 때까지」(KBS 2TV, 1월 5일 방송 예정)를 방영한다는 것은 앞으로 기대되는 새 정권의 대북 · 통일 정책에 심각한 후유증을 유발시킬 수 있기에(수 년 전에 방영된 북한 김정일에 관한 드라마 「지금 평양에선……」도 남북 화해 분위기를 더욱 악화시켰음) 마땅히 본 드라마 방영은 제지되어야 한다고 생각한다.

심지어 북한 출신 무용수 신영희 씨도 자신의 인생을 그린 드라마 「진달래꽃 필 때까지」 방영을 중단해 줄 것을 요구하고 있고, 또 북한 당국에서조차 탐탁하게 여기지 않는 그 드라마를 남한에서 대화하겠다고 제안한 본인(김정일)의 비위까지 거슬려 가면서 방영한다는 것은 통일과 화합을 바라는 1,000만 실향민(이산 가족)들의 기대에도 어긋나며 남북 대화를 바라고 있는 우리 5,000만 국민 정서에도 맞지 않는다. 특히, 본 드라마 중에는 김정일 비밀 파티, 북한 통치자 사생활과 결부된 기쁨조 생활 장면 등이 드라마 전개에서 뺄 수 없는 내용이라고 하니 더욱 그러하다.

대선 후 평양 방송 등의 분석에서 나타난 대로, 북한이 'DJ 거명 직접적 비난은 삼가'하고 있어 (『조선일보』 97. 12. 31. 7면) 모처럼 남북한 화해의 분위기를 잘 조성해 갈 수 있는 새 정권 출범 초기에 북한 당국을 거스르게 하는 일개의 드라마 방영은 지혜롭지 못한 처사이며, 만약 본 드라마가 계획대로 방송된다면 앞으로 새 정권의 활기찬 대북 · 통일 정책에도 크나큰 차질이 우려되므로 국

가와 민족의 장래를 향한 깊은 충정으로 그 중단을 강력히 촉구한다.

1998年 1月 1日

李 玉 宰

(3) 가칭 「바른나라당」 창당 발기 취지문

가칭 「바른나라당 (正國黨)」
창당 발기 취지문(創黨 發起 趣旨文)

친애하는 국민 여러분!

작금(昨今)의 정치와 사회는 국민 여러분이 신바람을 느끼기는커녕 오히려 앞날에 대한 불안과 국가 미래에 대한 초조함까지 느끼게 하는 상황으로 변하고 있습니다.

특히, 이 나라 젊은이들이 원대한 꿈을 갖고 국가에 대한 자부심과 자긍심을 가질 수 있어야 하는데도, 현 정치나 사회 구조는 오히려 이 나라 청년들의 패기와 희망을 송두리째 접을 수밖에 없는 시대 상황으로 치닫고 있습니다.

그리하여 이제 우리는 분연(奮然)히 일어나 이 나라를 초일류 국가로 만들어 젊은이들에게 꿈과 희망을 안겨 줄 뿐만 아니라, 더하여 지구촌 복리를 이끌어가는 세계 지도국이 되도록 노력해야 할 때입니다.

세계 지도국이 되려면 먼저 이 나라가 국토 통일·민족 통일을 이루어야 할 것입니다. 한반도 통일은 우리 민족 스스로가 적극적으로 나서서 취해야 할 과제입니다. 반드시 조국의 평화 통일이 단시일 내에 성취 될 수 있도록 하여 국가 발전의 기틀을 더욱 공고히 해나가야 할 것입니다.

그 국가 발전이란 미국이나 영국 등이 부러워하는 초일류 국가 건설을 이루고, 결국은 이 나라 대한민국이 인류 공영과 지구촌 복리를 이끌어 가는 지구촌 지도국 달성을 목표로 해야 할 것입니다.

지구촌 지도국이라 함은 무엇보다도 먼저 사람의 존엄성 및 인권이 최대한으로 보장되고, 소유 가치보다 오히려 존재가치가 더욱 중시되고, 사람다운 사람들이 신바람 나게 살아가는 세상을 만드는 일입니다.

국가 경영은 국민 모두가 편히 살 수 있는 복지 제도에 역점을 두어야 하며, 그렇게 하기 위해서는 국가 경제 운영 체제를 보다 합리적이고 생산적으로 바꾸어야 할 것입니다. 건강한 국민이라면 누구나 다 일할 수 있는 새롭고 공평한 경제 구조와 사회 구조를 만들어 실현해 나가야 할 것입니다.

지금은 영토전쟁이 아니라 경제전쟁 시대이며 이 경제전쟁은 과학기술 없이는 무참히 패하고 마는 기술 경쟁 시대이기에 최첨단 과학기술대국을 이루어 국민 삶의 질을 세계 제일로 향상시켜야 할 것입니다.

반만 년의 유구한 역사와 찬란한 민족문화를 계승 · 발전시켜 한민족의 위대한 저력을 우리의 문화 창달로 전 세계에 나타내 보이고, 이를 승화시켜 정치 · 경제 · 사회 전반의 개혁으로 연결하여 유토피아 자본주의 혹은 복리주의의 새로운 기틀을 마련해 나가야 할 것입니다.

각 국에 퍼져 있는 해외동포들에 대하여도 이제는 새로운 인식으로 그들을 교육하고 지원하여 이 나라 대한민국이 세계 지도국으로 자리 잡는 데 있어 세계화의 첨병으로 육성 · 활약하도록 해야 할 것입니다.

한편, 사할린 동포나 재일동포, 그리고 나라 잃은 일제 강점기에 고통 받았던 근로정신대, 위안부, 강제징용 및 노무자들의 권익을 위해서도 민간차원의 일이라 하더라도 국가가 적극 나서서 지원하고 그 고통과 한을 조속히 풀어 주어야 할 것입니다.

우리는 계속 통일조국의 국가적 · 민족적 과제를 해결하여 전 국토 정원화 사업을 추진함으로써 이 나라 금수강산을 관광대국으로 성장 · 발전시켜 문화대국과 함께 교육 개혁을 통하여 교육 대국으로 부각시켜서 지구촌을 새롭게 이끌어 가는 지구촌 지도국으로 확고히 자리 잡게 되는 경제적 · 문화적 · 교육적 그리고 사상과 이념의 틀을 더욱 공고히 잡아나가야 할 것입니다.

의료 개혁과 복리주의 실현을 통하여 노인 건강복지 경로사업을 적극 추진하여 이 나라 어르신들께서 노년에도 편히 지내실 수 있도록 복지 제도를 개선하고, 뿐만 아니라 이 나라 청소년들도 성장

과정과 학업 연마 기간에는 먹고 입고 자는 것이 아무 걱정 없도록 새로운 청소년 복지 제도를 창안하여 실천해 나가야 할 것입니다.

고속도로 휴게소 및 국도 주변에 현대식 농축임수산물 직거래 시장 개설 등으로 1차 산업 종사자들의 국민 복리를 꾀하여 세계 최고의 복지 농산업 국가를 건설하도록 합시다!

그리고, 삼면이 바다로 둘러싸인 우리 한반도의 반도 특성을 최대한으로 이용하여 세계 최대의 천혜적 해양항만국가를 건설함으로써, 21세기 이후에 더욱 부각되는 국제 해양 시대의 선두적 역할을 다하여 세계 최고의 복지국가 건설을 앞당겨서, 우리 한민족뿐만 아니라 지구촌 시대에 온 지구촌 가족들이 더불어 잘 살 수 있는 새로운 시대를 열기 위하여, 오늘 우리는 결연(決然)한 자세로 일어나 바른 말·바른 정치·국민 정당·국민 후보를 지향하는 가칭 바른나라당(正國讜) 창립을 발기하는 바입니다.

※ 창당 발기인 대표는 ''당명'은 패거리 무리 '黨(무리 당)'이 아닌
   바른 말을 하는 '讜(곧은말 당)'으로 고쳐 써야 한다'고 주장함.

2010년 8월 15일
가칭 바른나라당(正國讜) 창당 발기인 대표   이옥재

(4) 「성명서」(2012. 12. 17.)

－제18대 대통령 선거(2012. 12. 19) 2일 전에 발표한 성명임

성 명 서

과학기술 없이는 국가 발전과 풍요로운 삶을 절대로 기대할 수 없습니다.

특허전쟁·기술전쟁 시대에 과학자와 발명가는 국가적 보호를 받아야 할 뿐만 아니라, 지구촌 전체의 글로벌 보호를 받으며 끝없는 발전과 풍요로운 인류공영의 꿈을 펼쳐나가야 할 것입니다.

우리 대한민국의 역사를 살펴보면, 세종대왕 시대의 장영실과 같은 과학기술자는 절대왕정 시대인데도 적극적인 국가의 보호와 지지를 받음으로써 당시에는 최첨단의 찬란한 과학기술문화를 꽃피웠습니다.

그러나, 현재의 대한민국은 어떻습니까?
패거리식 자본주의 행태와 대기업이라는 미명아래 재벌들의 비윤리적인 횡포 속에서, 새로운 신기술에 대한 불공평한 규제를 넘어 그러한 과학자와 발명가를 냉대할 뿐만 아니라, 마땅히 글로벌 시대에 인류발전에 기여할 과학기술에 대한 푸대접과, 장구한 세월동안 인고의 고통과 집념으로 이룩해놓은 장엄한 과학기술 업적을 마치 좀도둑질 하듯이 빼앗아가는 현실을 보면서 개탄을 금치 못하며, 이 나라의 장래와 국태민안을 위한 시대적 사명까지 저버리는 결과를 초래하고 있습니다.

따라서, 국부기술과 그로 인하여 미국이나 영국 등이 부러워하는 초일류국가 건설까지도 앞당길 수 있는 새로운 개념의 세계 최고의 친환경자동차를 개발 완료한 본 발명가는 이러한 시대적 상황에 대한 경고를 울리면서, 과학기술의 바탕위에서 우리 모두가 함께 잘 살 수 있는 새로운 과학기술시대를 새롭게 열어 갈 것을 제창하며, 그를 위해 국가는 오로지 국태민안과 국민복리, 더 나아가서는 지구촌 복리와 인류공영의 틀을 공고히 하기 위해서라도 과학기술의 장려와 그것을 이끌어가는 과

학기술자의 입지확보를 위하여 적극적이고 실리적인 노력을 확고히 기울이고 그 실천을 위해 분명한 조치를 취해 나가야 할 것이라고 강력히 주장하는 바입니다.

지구촌과 인류는 끊임없이 과학기술의 발달과 그 업적으로 인하여 찬란한 인간문화를 발전시켜왔습니다.

앞으로는 그러한 과학기술의 발전과 성과가 더욱 더 요구되고 실천되어져야 할 시대입니다. 이러한 시대적 혹은 글로벌적인 사명 앞에서 우리 대한민국은 세계를 주도해나갈 세계지도국 달성을 위하여 과학기술에 대한 지대한 관심과 장려, 그리고 그에 대한 계속적이고 충분한 지원과 함께 과학기술자에 대한 우대를 게을리 하지 말아야 할 것입니다.

따라서, 새로운 시대에 맞는 새로운 과학기술 정책으로 새로운 과학기술시대를 열어감으로써 우리 대한민국은 문자 그대로 세계를 지도해 나가는 틀을 더욱 공고히 하고, 홍익인간의 건국이념에 맞게 우리 민족의 풍요는 물론 전 지구촌의 복리를 증진시키는 일에 온 힘을 다 기울이는 사명적 노력을 다해야 할 것입니다.

그리하여, 인간존중 사상에 입각한 찬란한 인류문화를 창대히 발전시키고, 위대한 동방의 등불이 되어 세계만방에 아름다운 빛의 나라로 우뚝 설 수 있도록 국가는 적극적인 노력과 그 실천을 분명히 도모해 나가야 할 것입니다.

2012. 12. 17.

발명가 李 玉 宰

(5) 위헌법률(규약)심판제청 신청 (2015. 1. 13.)

─아파트 소유주에 대한 '관리규약'의 위헌성에 관하여 법원에 제청한 신청서임

위 헌 법 률 (규 약) 심 판 제 청 신 청

사건 : 2014가소8709

피고 : 이 옥 재

위 사건에 관하여 피고는 아래와 같이 위헌법률(규약)심판제청을 신청합니다.

신 청 취 지

동아예원프라자아파트 '관리 규약' 제15조 ②항은 헌법 전문(前文), 헌법 제10조, 헌법 제11조, 헌법 제23조 ①항, 헌법 제37조 ①항 등에 위반한다.

신 청 이 유

1. 동아예원프라자아파트 '관리 규약' 제15조 ②항

상기 '관리규약' 제15조 ②항은 '체납된 관리비 등은 입주자 지위를 승계한 자(특별 승계인을 포함한다) 및 소유자가 부담하여야 한다.'고 규정하고 있습니다.

2. 재판의 전제성

신청인은 동아예원프라자아파트 '관리 규약' 제15조 ②항의 규정에 의하여 이 사건은 현재 의정부지방법원 포천시법원 2014가소8709호로 재판 계속 진행 중입니다.

따라서 위헌법률(규약) 조항의 위헌성 여부는 신청인의 헌법상 권리 및 행사권을 저해하는 선고를 결정하는 전제가 됨으로, 이는 의정부지방법원 포천시법원 2014가소 8709호 관리비 재판의 전제가

된다고 판단됩니다.

3. 아파트 '관리 규약'의 위헌심판에 관하여

법률 조항에 의해 위임된 명령이나 규칙 또는 규약 등 하위 규범의 효력에 대하여 헌법재판소법은 그 위헌심판에 관하여 명시적으로 정하고 있지는 않으나, 법질서 전체의 통일성을 유지하기 위해서 헌법재판소는 하위 규범에 대해서도 위헌 여부를 심판해야 한다고 사료됩니다. 왜냐하면, 아무리 상위 법률이 합헌이라 하더라도 하위 규범에 위헌 요소가 나타날 수 있기 때문입니다(따라서, 헌법재판소법에 하위 규범에 대한 위헌심판 명문 규정을 두는 것도 바람직하다고 봅니다).

4. 체납된 아파트 관리비 등 소유자 부담의 위헌성에 관하여

[1] 체납된 아파트 관리비 등의 문제로 생기는 아파트 관련소송의 폭증현상

우리 대한민국은 가히 '아파트 천국'이라 할 정도로 대도시를 비롯하여 중소도시 심지어 농촌에까지 아파트 주거가 계속 늘어나고 있습니다.

그 증가 추세만큼 아파트의 제반 문제로 인한 법원 소송이 매년 수만 건에 이르고 있을 정도로 폭증하고 있어, 그렇지 않아도 과중된 소송에 시달리고 있는 법원 관계자들의 업무에 막중한 부담을 주고 있는 것이 현실입니다. 뿐만 아니라 이러한 소송으로 인하여 선량한 풍속 및 사회 질서가 파괴되고 정의·인도와 동포애로써 민족의 단결까지 위축되고 있는 것이 사실입니다.

그러한 소송 폭증에 가세하고 있는 아파트 법원 소송은 많은 부분에 있어 위헌 요소가 있는 잘못된 아파트 '관리 규약' 때문에 나타나고 있는 바, 헌법재판소는 이 '관리규약'의 위헌성을 명쾌히 해결해 주시어, 폭증 추세에 있는 아파트 법원 소송이 줄어들게 하여 법원 관계자들의 괜한 업무 부담을 없앰으로써 인간 존엄과 인권의 마지막 보루 역할을 더욱 충실히 할 수 있게 되기를 바랍니다.

아울러 사회적 폐습과 불의가 타파되어 우리들 모두가 책임과 의무를 완수하게 하여 국민 생활의 균등한 향상을 기하고자 합니다.

[2] 위헌성이 있는 아파트 '관리 규약'에 의한 사회적 문제 증폭

'체납된 관리비 등은 입주자의 지위를 승계한 자 및 소유자가 부담하여야 한다'는 위헌 요소가 있는 잘못된 규약으로 인해 그동안 아파트에 거주했던 자는 악의적으로 야간 도주 등으로 그 책임을 부당하게 회피하는 사회악이 계속 번지고 있어 (그로 인한 법원 소송도 증가하고 있음) 선량한 풍속 및 사회 질서를 오히려 혼탁하게 하는 사회적 문제로 증폭되고 있습니다.

문제 해결의 축은, '아파트 관리비는 반드시 그곳에 주거한 사람이 부담해야 한다.'는 것이 일반적 상식인데도, 관리(사무소) 주체의 편리성만을 강요한 위헌성이 있는 잘못된 '관리 규약'으로 인하여 앞에서 언급한 대로 오히려 선량한 풍속과 사회 질서까지 파괴되는 현상이 계속 초래되고 있습니다.

따라서, 위헌성이 있는 잘못된 '관리 규약'이 위헌 판정이 됨으로써, '아! 아파트 관리비는 반드시 그곳에 거주한 사람이 부담해야 하는구나!' 하는 의식이 더욱 분명한 상식으로 정착되면, 악의적으로 야간도주하는 등의 사회 문제 등이 발생되지도 않거니와 그로 인한 법원 소송도 크게 줄어들 것이라 사료되어지며, 무엇보다도 아파트 및 일반주택 임대 거주자는 그 거주한 책임을 분명히 인식하게 됨으로써 아파트 임대 및 관리비 등으로 인한 선량한 사회 풍속이 더욱 안정적으로 사회 전반에 자리매김하게 되리라 여겨지는 바입니다.

[3] 헌법 위반 및 침해 여부

(1) 헌법 전문(前文) 위반 및 침해 여부

헌법 전문(前文)은 본문과 마찬가지로 법규범으로서의 가치를 가진다고 보는 것이 통설이므로 헌법 전문(前文)을 침해하거나 위반해도 위헌이라고 볼 수 있기에 그 여부를 살펴보고자 합니다.

① 헌법 전문 「정의·인도와 동포애로써 민족의 단결을 공고히 하고, ……」 침해 여부

특별한 약속이나 계약이 없는 한, 아파트 등에 거주한 사람이 마땅히 관리비를 부담해야 하는데도 위헌성이 있는 잘못된 '관리 규약'으로 「정의·인도」에 반하는 사회적 문제를 촉발시키고 있으며, 그러한 선량한 풍속을 해치게 하는 '관리 규약'은 「동포애」도 상실케 하고 있을 뿐만 아니라 「민족의 단결을 공고히」해야 하는 헌법 전문의 고귀한 최고의 법규범을 침해하고 있다고 보여집니다.

② 헌법 전문 「모든 사회적 폐습과 불의를 타파하며 자율과 조화를 바탕으로 자유 민주적 기본 질서를 더욱 확고히 하여……」 침해 여부

마땅히 거주한 사람이 부담해야 할 관리비 등을 야간도주 등 악의적으로 저지르는 불의는 헌법 전문 '모든 사회적 폐습과 불의를 타파하며'라고 명령하는 헌법의 최고 원리에 반하며, 그로 인해 '자율과 조화'를 깨면서, '질서를 더욱 확고히'해야 하는 최고의 기본법인 헌법을 침해하는 일이라 사료되어집니다.

③ 헌법 전문 「정치·경제·사회·문화의 모든 영역에 있어서 각인의 기회를 균등히 하고, ……」

침해 및 위반 여부

특히나 그동안 거주자로부터 임대비도 받지 않고 거주하게 한 소유자의 배려 및 선량한 사회 풍속 실천에 대하여 오히려 거주자는 야간도주 등으로 관리비 등을 악의적으로 부담하지 않고 회피한 행위에 관하여, 그 부담을 소유자에게 일방적으로 부과하는 위헌성 있는 잘못된 '관리 규약'은 특히 「…… 경제 …… 영역에 있어서 각인의 기회를 균등히」해야 한다는 최고의 헌법 가치를 침해 내지는 위반하고 있다고 보여집니다.

④ 헌법 전문 「자유와 권리에 따르는 책임과 의무를 완수하게 하여, ……」 위반 및 침해 여부

거주자는 거주 기간에 해당하는 관리비 등을 마땅히 부담해야 하는 것이 선량한 사회풍속의 상식인데도, 위헌성 있는 잘못된 '관리 규약'으로 인하여 소유자가 정당한 이유 없이 부담해야 한다는 것은 「자유와 권리에 따르는 책임과 의무를 완수하게 하여……」라는 고귀한 헌법의 명령을 위반 내지는 침해하는 것이라 여겨집니다.

⑤ 헌법 전문 「국민 생활의 균등한 향상을 기하고……」 침해 여부

아파트 '관리 규약' 제15조 ②항 '체납된 관리비 등은 입주자의 지위를 승계한 자 및 소유자가 부담하여야 한다' 즉, 자의적 또는 악의적으로 관리비 등을 체납한 것에 대하여 특별한 약정이 없는데도 괜히 소유자가 부담해야 한다는 강요는 「국민 생활의 균등한 향상을 기하고……」라는 최고의 법규범인 헌법 정신을 침해하고 있다고 사료되어집니다.

⑥ 헌법 전문 「우리들과 우리들의 자손의 안전과 자유와 행복을 영원히 확보할 것……」 위반 여부

아파트에 거주한 자가 마땅히 부담해야 할 관리비 등을 아무런 합리적 이유 없이 다만 소유자 명의를 가지고 있다고 하여 강제 부담시키는 위헌성 있는 잘못된 '관리 규약'은 「우리들의 안전과 자유와 행복을 영원히 확보」해야 한다는 헌법 이념을 위반하고 있다고 보여집니다. 왜냐하면, 그러한 불합리한 규약으로 인해 법원 소송과 다툼이 계속 촉발될 것임으로 우리들은 물론 우리들의 자손까지도 '안전과 자유'는 물론 '행복'을 영원히 확보할 수 없을 것이기 때문입니다.

(2) 헌법 제10조 상의 인간으로서의 존엄 가치 및 행복추구권 침해 여부

소유자가 임대비도 받지 않고 살게 한 선량한 풍속 실천에 대하여 야간도주한 거주자가 부담해야 할 관리비 등을 단지 소유자라는 이유로 그 체납 관리비 등을 강제로 부담해야 하는 것은 헌법이 보장하고 있는 행복추구권이 박탈되고, 따라서 그러한 다툼과 소송으로 인해 인간으로서의 존엄과 가치를 침해딩하는 것으로서 위헌이라 할 것입니다.

(3) 헌법 제11조 상의 평등 원칙 위반 여부

특히 악의적으로 야간도주한 거주자의 체납 관리비 등을 소유자라는 이유로 그 소유자에게 납부를 강요하는 것은 헌법이 보장하고 있는 '모든 국민은 법 앞에 평등하다' 고 선언한 평등 원칙에 반하여 역시 위헌이라 할 것입니다.

(4) 헌법 제23조 ①항 재산권 보장 침해 여부

현 자본주의 체제하에서 개인의 재산은 헌법에 '모든 국민의 재산권은 보장된다.' 고 선언하고 있듯이 구체적 명시를 통하여 보장하고 있는 바, 거주자의 체납 관리비를 재산권을 취득한 소유자에게 합리적 이유 없이 단지 관리(사무소) 주체의 편의성만을 생각하여 부과시킨다면 헌법이 선언한 재산권 보장은커녕 오히려 크게 침해된다 할 수 있으므로 위헌이라 판정될 것입니다.

(5) 헌법 제37조 ①항의 자유와 권리 위반 여부

소유권 획득에 의한 소유자에 대한 전 거주자의 체납 관리비 등의 부과 강요는 마땅히 헌법에 명시된 국민의 자유와 권리가 경시되는 결과를 초래하는 것이므로 '국민의 자유와 권리는 헌법에 열거되지 아니한 이유로 경시되지 아니 한다.' 고 엄숙하게 선언한 헌법 규정을 위반한 것이라 할 수 있으므로 위헌이라 할 것입니다.

5. 결어

앞에서 살펴본 바와 같이 동아예원프라자아파트 '관리 규약' 제15조 ②항은 위헌이라고 판단됨으로 신청인 피고는 귀원에 위헌법률심판을 제청해 주실 것을 신청하기에 이르렀습니다.

2015년 1월 13일

위 신청인 이 옥 재

의정부지방법원 포천시법원 귀중

5. 월간지 및 주간지 게재문

(1) 월간 『광양만권사람들』(2008. 4.) - 「국회의원 후보자 지상토론회」

(2) 월간 『광양만권사람들』(2008. 6.) - 「커버스토리 : 발명가 이옥재」

(3) 월간 『종합뉴스매거진 NewsMagazine』(2016. 1.) - 「창조경제 융합형 인재 이옥재
발명가 · 사상가 · 작가」

(4) 주간 『광양경제』(2013. 7. 3.) - 「탐방 : 우주자동차 / 무충전 · 무공해 꿈의 자동차 생
산을 향해」

(1) 월간 『광양만권사람들』(2008. 4.) – 「국회의원 후보자 지상토론회」

풍요정치 실현!

세계 최고의 해양·농산업도시 건설!

무소속

광양시선거구
국회의원후보

후보자 약력

1955 광양 출생(52세)
광양진상중학교 수석졸업
순천매산고등학교 수석졸업
한국방송통신대학교 법학과 졸

우주산업 대표
가정문제연구소 소장
한국청소년신문사 이사
(사)자연환경국민운동
중앙본부 부본부장
人間研究所 소장
發明家 作家 思想家

기호 7 이옥재 李玉宰

1. 광양만권 통합에 대한 문제

본 후보는 "대승적 대통합도시 건설 추진"을 선거공약의 대표적 슬로건으로 내걸고 여수, 순천, 광양, 하동, 남해뿐만 아니라 구례, 사천까지 광양만권에 포함시켜 인구 100만의 '특별경제자립도시' 건설을 주장하고 있습니다. 이는 '싱가포르' 면적의 5.4배로서 '싱가포르'보다 더 잘사는 국가형도시로 발전시키려는 핵심적 선거공약입니다.

2. 지역경제 활성화

이는 본 후보의 세 번째 공약사항과 연계되어 있습니다. 즉, "현대식 농수산물직거래시장 개설"이 그것입니다. 농산물(축산물, 임산물), 수산물 등의 생산자가 별도의 중간상인을 거치지 않고 직접 시장에서 판매할 수 있는 현대식 시스템으로, 생산자·소비자 모두가 유익이 되는 국가 또는 지자체 운영의 무료임대 시장형태를 말합니다. 이는 농어촌을 끼고 있는 우리 광양지방의 지역경제 활성화에 관한 것인데, 그 외에도 광양제철소 및 연관단지, 컨테이너부두 그리고 일반부두 활성화 정책으로 지역경제의 크나큰 변화와 발전을 유도할 수 있습니다.

3. 농촌문제

본 후보의 두 번째 공약사항인 "세계최고의 복지 농산업도시 건설"로 농어촌 문제해결의 큰 틀을 잡았습니다. 이는 농어촌이 실버세대들이 퇴직 후에 전원생활을 즐기려 모이는 곳이 아닌 젊은 세대들이 새로운 생활터전을 위해 모이는 생산적인 집합체를 이루도록 농산업도시건설을 범국가적인 정책으로 실현합니다. 즉, 농산업도시에는 농산업 생산시설, 문화공간, 교육·공공기관이 도시 못지않게 체계적으로 새롭게 설계·진행되어 농촌생활이 도시생활보다 더욱 풍요롭고 삶의 질이 한층 더 높아진 상태를 말합니다.

4. 노인문제

이 문제는 본 후보의 네 번째 공약인 "노인건강복지 경로사업 적극 추진"에서 그 해결을 볼 수 있습니다. 즉, 65세 이상의 노인은 누구나 '경로 이목구비 건강사업'(보청기, 안경, 보철·의치, 코질환 등은 국가로부터 전액 무상으로 진찰 및 처방)의 혜택을 누리게 하고, 75세 이상 노인은 설혹 자식이 없다해도 누구나 의식주만은 걱정 없이 살아갈 수 있는 세상을 만들기 때문입니다.

5. 교육문제

교육이란 우리들의 삶을 지탱하고 더 나아가 삶의 질을 더욱 향상시키는데 그 궁극적인 목적을 두어야합니다. 본 후보는 다섯째 공약으로 "천지인 대학교(天地人 大學校) 설립"을 내세운 이유가 거기에 있습니다. 본 대학은 학문과 실행을 조화시키되 세계 최초·최고·최대의 발명·발견·개발,제조를 연구하고, 그 체계화·실용화·상용화를 조기에 실현시키면서 인간존중·세계사상·초일류국가 건설을 이룩하도록 힘쓰고 또 우리의 것을 중시함으로써 삶을 보다 더 풍요롭게 하고 승화시키는 인성교육에 역점을 둡니다.

April, 2008 105

6. 2012여수엑스포

2012 여수세계박람회의 모든 계획은 실용적이고 또 박람회이후에도 보다 더 생산적으로 활용될 수 있도록 설계해야함은 물론 남해 중심권(남중권) 발전의 틀을 공고히 할 수 있는 기회가 되어야 합니다. 이는 본 후보의 최대 공약인 전남·경남의 7개 시군을 합하여 "대승적 대통합도시 건설 추진!"에도 아주 좋은 기호가 될 것입니다. 5대강 중에서도 가장 아름답고 맑은 섬진강과 천혜의 다도해인 남해바다를 조화시킨 세계최고의 국가형도시로 발전시킬 수 있는 절호의 기회가 될 것입니다.

7. 지역현안에 대해

먼저, 세계최고의 쾌적하고 살기 편한 도시설계를 빈틈없이 다시 재검토 설계하는 것이 급선무이고, 이에 따라 광양제철소 및 연관단지의 효율극대화와 지역주민과 근로자 복지강화, 그리고 컨테이너부두의 활성화로 인한 혜택이 지역경제와 지역민의 차별 없는 삶의 질 향상으로 연결되게 하는 정책과 일반부두도 본격적인 가동체계를 확립하여 광양 전체가 더욱 풍요롭게 발전하게 하고, 대학교육의 큰 획을 그을 수 있는 민족 최대의 천지인 대학교(天地人 大學校)를 설립하여 광양지역을 교육의 메카로 발전시

커야 할 것입니다.

8. 국가경영 관련

본 후보가 "출마의 변"에서도 강조한 바와 같이 국회의원은 국가경영을 하는 자입니다. 따라서 국회의원은 국가정책을 논하는 자이어야 합니다. 금번 이명박 정부의 '한반도 대운하사업'은 한반도에서는 있어서는 안 될 깊은 철학 없는 망상적 발상입니다. 따라서 본 후보는 이미 그 대안사업으로 "터널형 저수 다단계 수력발전"에 관한 발명을 특허출원해 놓은 상황이고, 또 모 일간지 신문에서는 이를 학자들의 검토후 보도할 것을 준비하고 있습니다. 이는 ① '물'과 관련된 사업이고 ② '토목공사'와도 역시 관계가 깊고 ③ '국민 일자리 창출'은 물론이고 ④ 서민들의 부담을 덜어주는 '전기세 인하'와도 큰 관련이 있어 이를 국가정책으로써 대대적으로 시행할 계획입니다.

9. 개인발언대

본 후보는 이미 50년 이상을 시행할 수 있는 '국가정책'을 마련해 놓았습니다. 이 나라를 미국이나 영국 등이 부러워하는 '초일류국가'로 건설하고, 결국 장래에는 이 지구촌을 이끌어가는 "세계지도국"으로 성장시키는 대프로젝트를 오랜 시간동안 연구해 왔고 또 체계화시켜 놓았습니다.

그리하여 본 후보는, 단 4년 동안 국회의원 한번 해먹기 위해서 정치에 입문한 것이 아님을 강조하고 있습니다. 반드시 이 나라를 세계가 부러워하는 초일류국가로 성장시킬 것입니다. 초일류국가는 먼저 국민들의 기초적인 생활부터 더욱 풍요롭게 향상될 것입니다. 이를 본 후보는 "유토피아 자본주의" 또는 "복리주의"로 부르고 있습니다. 이의 성취를 위하여 본 후보는 국회의원 당선 유무에 관계없이 4년 후에는 반드시 '대권'에 도전할 것입니다! 위대한 지도자 탄생은 국민으로부터 태어납니다. 적극적인 지지와 깊은 관심을 가져주시기 바랍니다.

또 인사드리겠습니다. 대단히 감사합니다. 🌿

(2) 월간 『광양만권사람들』(2008. 6.) - 「커버스토리 : 발명가 이옥재」

발명가
이 옥 재

"무엇이 나로 하여금 그토록 배움에 대한 갈증을 느끼게 했던가? 대체 무엇이 배움의 즐거움을 느끼게 하고 그 길을 떠나지 않게 했단 말인가? 나는 그러한 동기를 부여해 준 것이 뚜렷이 누구이며 어떤 것인지를 알지 못하나 나의 생활에 힘이 되었고 용기를 주었으며 인생의 바른길을 찾아 갈 수 있도록 인도해 주었기 때문에 지금까지 나를 인도해 준 알 수 없는 그 어떤 힘에 대한 깊은 고마움을 느낀다." 〈본문중에서〉

기술혁명 시대를 맞이하여…

천재(天才)란 태어날 때부터 하늘로부터 재주를 부여받은 사람을 칭한다. 역사적으로 인물들을 재조명해 본다면, 르네상스시대 불후의 명작들을 남긴 미켈란젤로와 독일이 낳은 음악가 악성(樂聖) 베토벤, 불세출(不世出)의 천재과학자 아인슈타인 그리고 1000여종의 발명특허를 보유했던 발명왕 에디슨 같은 위인들을 천재로 꼽는다.

그 외에도 수많은 천재들이 인류의 역사를 바꾸고 진보시켜 왔다.

흔히 말하기를 천재와 둔재는 백지장 한 장 차이라 하지만, 실제로 천재들이 살아온 길이나 인류를 위한 업적은 감히 세인(世人)들이 쉽게 평가할 수 없을 것이다.

우리가 맞이하고 있는 21C는 지식정보화시대이고 기술경쟁시대라 해도 과언이 아니다.

지식과 기술이 국가경쟁력이고 부를 창출하는 원천이 되고 있는 것이다.

금세기에 빌 게이츠가 이뤄낸 기술혁명이 엄청난 부를 안겨 주듯이 이제 독점적인 기술혁명시대가 열린 것이다. 우리나라에서도 많은 발명가들이 자신이 연구개발한 기술을 일상에 실용화하여 돈을 버는 사례가 허다하다.

〈오이 연구재배 시절(1993년)〉

〈고교 수석 졸업〉

자신의 모든 것을 걸고 특허청을 내 집 드나들 듯이 하며 발명에 몰두해 온 발명가 이옥재씨를 본지에서 소개하고자 한다.

용광로처럼 뜨거운 열정을 가진 사람　이옥재

발명가 이옥재씨를 처음 대해본 사람이면 누구나 그를 거침없고 당당한 사람이라고 생각할 것이다. 어찌 보면 황당무계한 위인(?) 이라고도 판단할 수 있다. 왜냐면 그가 보유하고 있는 특허가 너무나 거창하고 사상 초유의 발명품이 될 수 있기 때문이다. 작은키에 당당한 체구, 곱슬머리에 강인한 이미지, 그리고 안경 너머로 보이는 번득이는 눈, 이러한 그의 외모에서 불꽃같은 열정을 느끼게 되고 강력한 의지와 추진력을 느끼게 된다.

지난 총선 때 전남 광양시에서 18대 국회의원 후보로 출마했던 기상천외한 인물로, 그는 중학교 때부터 고등학교 때까지 줄곧 수석자리를 차지해 왔던 수재였다. 그리고 지금까지 살아오면서 수많은 내면적 갈등과 고통을 이겨내면서 어린 시절부터 인생 홀로서기에 단련되어 온 사람이다.

그가 살아온 50여 성상의 세상살이 얘기를 들어보

〈 상용화된 특허등록 해태기계(1987년) 〉

면, 학창시절 가정형편이 어려워서 돈을 벌어가며 학교를 다녀야 했던 회고담부터 어머니가 힘들게 해태(김) 생산 작업을 하는 것을 보고 해태 제조기를 고안하여 발명을 하게 된 내용 등등 끝없는 탐구력과 타고난 천부적 재능을 엿볼 수 있다.

1980년 그가 서울대학교 부설 한국방송통신대학 경영학과에 재학 중에 있을 때 교내 '논픽션 현상모집'에 응모하여 당시 자신의 내면세계와 생활상을 표현한 「학문의 길을 가는 희열과 그 보람」이라는 출품작이 입상한 바도 있었다.

내용중에 이러한 글들이 있다. "무엇이 나로 하여금 그토록 배움에 대한 갈증을 느끼게 했던가? 대체 무엇이 배움의 즐거움을 느끼게 하고 그 길을 떠나지 않게 했단 말인가? 나는 그러한 동기를 부여해 준 것이 뚜렷이 누구이며 어떤 것인지를 알지 못하나 나의 생활에 힘이 되었고 용기를 주었으며 인생의 바른길을 찾아 갈 수 있도록 인도해 주었기 때문에 지금까지 나를 인도해 준 알 수 없는 그 어떤 힘에 대한 깊은 고마움을 느낀다." 그의 이러한 고백을 통해서 그 당시 그가 처해 있는 이상과 현실의 괴리 속에서 얼마나 많은 갈등을 느껴 왔는지 우리는 감히 짐작할 수 있다. 그의 내면세계의 표출은 단순히 고교시절 교내 백일장에서 장원을 했던 문학적 재능으로 평가하기에는 무모함이 있다. 이처럼 끊임

없는 탐구심과 도전정신이 오늘날의 발명가 이옥재를 만들어 낸 것 같다.

발명 특허의 계기

이옥재씨의 선친은 고향인 전남 광양군 소재(당시) 진상소학교를 19세에 졸업하고 돈을 벌기 위해 일본으로 건너갔다. 당시에는 일제 강점기시대였기 때문에 우리 한국인들은 일본인들에게 고개를 숙이고 살아야 했다. 어느 날 선친께서 한문을 읽으니 "조센징도 글을 읽을 줄 아느냐?"하고 일본인들이 비아냥거리기도 했었다 한다. 그 후 선친이 갖고 있는 선천적인 기계능력에 일본인 기술자들이 깜짝 놀랐고 해방 전에 일본에서 최고 공장장 직책까지 맡았다 한다.

이옥재씨의 말을 빌면, "선친의 유전자를 제가 받은 것 같습니다."라고 말하면서, 발명특허 출원을 위해 많은 작업을 하는 과정에서 공작물이나 기계의 그림들이 머릿속에 그려지고 손으로 만지작거리면 생각대로 되었다 한다.

이옥재씨는 순천매산고등학교 재학시절에 가정형편상 도저히 학업을 계속할 수 없어서 2학년 때 휴학을 하고, 1975년 당시 학비 마련을 위해 비닐하우스 시설 오이재배를 시작했다. 당시 1월에 출하시키

〈 농촌사랑, 일사랑(2007년) 〉

人間尊重 · 世界思想 · 超一流國家建設

〈 세계 제 1탑 프로젝트 조감도 (오른쪽은 야경)〉

는 촉성재배에 도전한 것이다.

　모든 사람들이 부정적으로 생각하는 1월에 촉성재배를 성공시켜 주위를 놀라게 했고, 소득도 3배 이상 올렸다 한다.

그리고 어린 시절에 김 생산에 모진 고생을 해 온 어머니 모습을 생각하며 김 생산을 기계화 해야겠다는 일념으로 연구에 몰두한 결과 1979년에 최초로 해태 제조기 특허 출원을 하게 되었다. 당시 해태 제조기는 김 생산 농가에서 상용화되었으며 사람의 손으로 하는 것보다 5배 이상의 작업량을 해냈다고 한다.

세계 제1의 탑을 설계 디자인 했다.

발명가 이옥재씨가 그 동안 다수의 특허 등록과 출원을 했는데, 현재까지의 특허 등록과 출원건수는 약 20여건으로, 대표적 특허 및 저작권을 든다면 '무주유 · 무충전(NSS: Non Station System) 전기자동차'와 '세계 제1탑'들 수 있다. 그가 계획한 '세계 제1탑의 프로젝트'는 인간완성을 위한 상징이자 사상의 표출에 비유하고 있다. 전문 공학도 출신도 아닌 그가 이 탑을 디자인 하고 설계했다 한다. 이 말이 사실이라면 우리는 놀라지 않을 수 없다. 현재 일본이 기존의 330m 높이의 도쿄타워보다 더 높은 600m 높이 뉴 도쿄타워를 건설하겠다고 하는데, 그보다 훨씬 전인 1999년 7월 10일부터 자신이 직접 설계를 시작한 777m 높이 세계 제1탑이 이미 2003년 1월 17일에 저작권 등록되었다 한다(저작권 들록 제 C-2003-000164 호). 또한 그 건축 디자인에도 여러 가지 의미를 담아 설계했으며 한국의 고전건축양식까지 가미하여 모 대학교 기네스 심사위원들도 놀랐다 한다.

〈 연구실 및 서재 〉

당초 이 탑은 영호남 화합과 우리 땅 (독도) 지킴이로 상징하여 경북 구미시 천생산(天生山) 정상에 세우려 했었고, 그 당시 구미시 시장이었던 김관용 현 경상북도 지사도 '세계 제1탑 프로젝트'에 대하여 쌍수를 들고 환영한다며 국책사업으로 시작하자고 제안하기도 했던 것이다. 그러나 현재는 여러 가지로 행정적 단계에서 보류중이며, 어찌보면 여수 EXPO의 상징탑으로 세우는 것도 의미가 있다는 주위의 얘기를 듣고 있다 한다. 현재 세계에서 가장 높은 탑은 캐나다 토론토에 있는 CN타워로 높이 553m이다. 그리고 프랑스 파리 에펠탑 높이는 320m이고, 서울 남산에 세워진 서울타워 높이는 237m이다.

과연 무주유 · 무충전 전기 자동차가 실현될까?

발명가 이옥재씨와의 대담 중 가장 흥미를 끄는 부분이 무주유 · 무충전 전기자동차 특허 등록 및 출원에 대한 부분이다. 그의 말에 의하면 기름을 넣지 않아도 되고 충전소에 가지 않아도 자동차를 굴러가게 할 수 있다는 얘기다. 만약 그의 말대로 이러한 기술이 실현 된다면, 이 기술이야 말로 우리 인류에게 가장 위대한 발명이자 최대의 선물이 될 것이다.

그는 평소에 "기름 한 방울 나오지 않는 우리나라에 좀 더 유익한 기술이 무엇일까?"하고 생각했었다 한다. 그래서 순환동력 및 신재생 에너지 등에 관심을 갖기 시작했고 신재생에너지 분야인 풍력, 수력, 태양광 등 자연 순환동력에 관심을 갖고 있었다는 얘기다. 그러던 중 어떤 계기에 의해서 (주) IS MO-GEN(모터 및 모젠전문업체) 회사의 상임고문으로 들어가게 되었다 한다.

그 후 많은 어려움을 겪었고, 결국 그가 뜻한바 대로 무변출력 무정류자 직류전동기를 이용한 발전장치 기술을 특허청에 출원하게 되었다 한다.

그가 제시한 자료에 의하면, 발명특허의 명칭은 '무변출력 무정류자 직류전동기를 이용한 발전장치(A Constant Power Brushless DC Motor and the Generator thereby)' 이며 국제특허 '예비심사보고서'에서도 특허 청구범위가 신규성, 진보성, 산업상 이용가능성이 있는 것으로 되어있다. 국내특허는 이미 등록되어 있고(특허등록 제 10-0815429호), 국제특허까지 출원되어 있는 상황이다(국제특허 출원번호 PCT/KR2006/005465). 그의 특허 핵심기술은 '자연 순환동력'에 있으며, 바퀴가 돌면서 발생하는 에너지, 자동차가 달리면서 발생시키는 풍력에너지, 태양광 등을 전기로 순환시켜서 동체를 움직이게 한다는 이론이다(자연순환동력 발전

44 평영만천사람들

장치에의한 전기자동차 특허출원 제 10-2008-1859 호). 뿐만 아니라 자동차가 제동되면서 발전되는 '제동발전장치'도 특허가 출원되어 있어(제동발전장치 특허출원 제 10-2008-1858 호) 그 원리까지 적용시킨 자동차라고 말한다.

"무주유·무충전으로 가는 꿈의 자동차를 실현시키겠습니다. 꿈의 전기자동차의 실현은 5인승 승용차가 최소 시속 100km를 달리게 한다는 것입니다. 그것도 서울 부산 간을 무주유·무충전으로 왕복하는 기적을 실현시키겠다는 얘기입니다."이렇게 말하는 그의 모습에서 결연한 의지를 볼 수 있었다.

과연 이러한 꿈의 자동차를 만들어 낼 수 있을 것인가?

기름도 넣지 않고 충전소도 가지 않는 꿈의 자동차가 실현된다면, 이는 금세기를 살아가는 우리에게 있어서 인류문명의 가장 위대한 발명이 될 것이며 인류역사에 또 하나의 위대한 업적이 될 것이다.

게다가 이러한 대 사건(?)이 우리나라에서 이뤄진다면, 정녕 우리나라는 경제 대국이 될 것이고 지구촌을 이끌어 가는 초일류 국가가 될 것이다.

작은 거인 발명가 이옥재씨에게 파이팅을 보내고 싶다. ✿

〈 특허등록증(2008년) 〉

〈 이옥재씨의 개인 역사 기록 〉

이옥재 프로필

1955년 광양 출생
광양진상중학교 수석졸업
순천매산고등학교 수석졸업
한국방송통신대학교 법학과 졸업
제18대 국회의원 후보
국가정책연구소 소장
우주산업 대표
가정문제연구소 소장
한국청소년신문사 이사
(사)자연환경 국민운동중앙본부 부본부장
인간연구소 소장
발명가 작가 사상가

(3) 월간 『종합뉴스매거진 NewsMagazine』(2016. 1.) - 「창조경제 융합형
인재 이옥재 발명가 · 사상가 · 작가」

창조경제 펼치는
융합형 발명가 · 사상가 · 작가

특허 · 기술전쟁 시대 '초일류 국가' 만들 비책은

몇 년 전 영국의 『The Times』 일간신문에 「세계 185개국 국민 IQ(지능지수)」 랭킹이 보도되었다. 그 결과는 놀라웠다. 한국이 IQ 106으로 1위, 북한이 IQ 105로 2위였다. 예상과 달리 독일은 102, 영국은 100으로 한국보다 낮았다.

우리나라 사람들의 머리가 좋다는 이야기는 자주 듣고는 있었 지만, 이렇게 객관적인 자료로 나오다니 대한민국 국민으로서 어깨가 으쓱해진다.

그렇다. 우리나라에는 큰 땅도 많은 자원도 있지 않지만 훌륭한 인적자원이 있다. 지금은 우리나라가 비록 위기를 겪고 있지만, 우리나라 훌륭한 인재들의 능력을 충분히 발휘하도록 도와준다 면 곧 우리나라의 경제도 다시 고개를 들 것이 분명하다.

훌륭한 인재들 중에는 유명한 사람들도 있지만 아직 알려지지 않은 사람들이 더 많다. 전남 광양에 「무주유 · 무충전 전기자 동차」, 「터널형 저수 다단계 수력 발전 시스템」 등 우리나라의 발전에 큰 영향을 미칠 발명을 한 '이옥재 발명가'가 있어서 만 나 보았다.

어머니에 대한 사랑으로 시작한 발명

이옥재 발명가는 1955년 광양에서 태어났다. 그의 선친은 일제 강점기인 19세에 돈을 벌기 위해 일본으로 건너갔는데, 처음에 는 '조센징'이라 하며 무시당했지만 선친이 가지고 있는 천재적 인 기계능력으로 일본인 기술자들을 깜짝 놀라게 했다고 한다. 그 후 이옥재 박사의 선친은 해방 전에 일본에서 최고 공장장 직책까지 맡았다. 이러한 선친의 유전자를 물려받은 이옥재 박 사는 작업을 하면서 기계의 그림들이 머릿속에 그려지고 만들

면 생각대로 되었다고 한다. 그는 중학교 때부터 고등학교 때까 지 줄곧 수석자리를 차지해 왔다. 그러나 '순천매산고등학교' 재 학시절에 가정 형편 상 학업을 이어갈 수 없어서, 2학년때 휴학 을 하고 학비 마련을 위해 비닐하우스 시설에서 오이재배를 시 작했다고 한다. 당시 1월에 출하시키는 촉성재배에 도전한 것 이었다. 그의 도전에 주위 사람들은 모두 부정적인 의견이었지 만, 그는 특출한 끈기와 기술력으로 오이 촉성재배를 성공시켜 3배 이상의 소득을 올렸다. 또한 그의 첫 번째 발명품도 어머니 를 위한 것이었다.

"저희 어머니는 김을 생산하는 일을 하셨어요. 힘든 과정의 일 이었기에 옆에서 어떻게 하면 도와드릴 수 있을까 생각했죠. 그 래서 저는 '김 생산을 기계화 해야겠다고 생각했어요.'"

그는 드디어 1979년에 '해태 제조기'를 발명하여 특허 출원을 하 였다. 그가 발명한 '해태 제조기'는 1시간에 3천장의 김을 생산 할 수 있는 작업량을 가지고 있었고, 김 생산 농가에서 상용화 되어 쓰였다.

꿈 같은 상상을 현실로 만드는 발명

이옥재 발명가의 「국가 정책 제안서」 제목 앞에는 '꿈의 기술 · 특허 · 창의 · 아이디어로 국부창출'이라는 소제목이 붙어있다. 현대는 '기술 전쟁 시대'이며 기술을 국가적으로 보호해야 하는 '특허 전쟁 시대'라는 것이 그의 설명이다.

그의 신념대로 이옥재 박사는 그 동안 다수의 특허 출원과 등 록을 했다. 그의 대표적 특허 및 저작권을 살펴보면 그의 능력 이 새삼 더 놀랍다.

이옥재 발명가 프로필

1955년 광양 출생
광양진상중학교 수석졸업
순천매산고등학교 수석졸업
한국방송통신대학교 법학과 졸업
제18대 국회의원 후보자
자유수호 구국국민연합 공동총재
21세기 선진포럼 최고위원
(사)한겨레대연합 공동대표
대한민국사이버국회 부의장
국가정책연구소 소장
우주자동차 대표
(주)우주모터스 대표이사
한국청소년신문사 이사
학교폭력 신고센터 본부장
(사)자연환경 국민운동 부본부장
인간연구소 소장
발명가 작가 사상가

이옥재 발명가는 "우리나라 헌정 사상 처음으로 이공계 출신의 여성 대통령이 출현한 만큼, 정부는 하늘이 내린 기술특허 아이디어인 무주유·무충전 전기자동차, 터널형 저수 다단계 수력발전 시스템에 보다 적극적인 관심을 기울인다면 대한민국이 통일 이후 세계 중심국이 될 수 있다"고 힘주어 말했다.

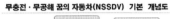

무충전 · 무공해 꿈의 자동차(NSSDV) 기본 개념도

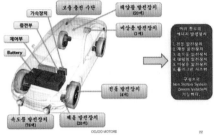

다.(미국 특허등록번호: US 7,884,580 B2 / 중국 특허등록번호: ZL 200680050932.0)

"무주유 · 무충전으로 가는 꿈의 자동차는 실현 가능합니다. 꿈의 전기자동차는 5인승 승용차가 시속 200km 이상 달리게 되는 것입니다. 또한 서울 부산간을 무주유 · 무충전으로 왕복할 수 있게 할 것입니다."

그의 말대로 무주유 · 무충전 자동차가 만들어진다면 이는 우리 인류에게 가장 위대한 발명이다. 그리고 더불어 이러한 꿈의 자동차가 우리나라에서 만들어진다면 우리나라의 경제에 큰 영향을 미칠 것은 말할 것도 없다.

〈무주유 · 무충전(NSS:Non Station System) 전기자동차〉

그의 가장 대표적인 발명품은 순환동력 및 신재생 에너지 등에 관심을 갖기 시작해서 발명한 '무변출력 무정류자 직류전동기를 이용한 발전장치(a constant power brushless DC motor and the generator thereby)'이다.

쉽게 말하면, 충전을 하지 않는 전기자동차 기술이라고 할 수 있다. 바퀴가 돌면서 발생하는 에너지와 자동차를 제동시키며 발생하는 제동발전 에너지 및 자동차가 달리면서 발생시키는 풍력에너지, 태양광 등을 전기로 순환시켜서 자동차를 움직이게 한다는 이론이다. 이는 국제특허 '예비심사보고서'에서도 특허 청구범위가 신규성, 진보성, 산업상 이용 가능성이 있는 것으로 평가되었다. 국내 특허는 이미 등록되어 있고 (특허등록 제 10-0815429호 외 6건), 국제특허까지 등록되어 있는 상태

〈새한글〉

우리나라는 세계에서 가장 과학적이며 간편한 문자인 '한글'을 가지고 있다. 이옥재 박사는 한글이 우리나라가 세계지도국으로 발돋움할 수 있는 가장 좋은 무기라고 생각했다. 그래서 한글에서 발현할 수 없는 영어 발음을 한글에 추가하여 '새한글'을 발명했다.

우리나라 한글에는 없는 [f][v][θ] 발음 등을 자음7개, 모음3개로 추가하였는데, 더욱 놀라운 것은 새로운 문자기호가 아니라, 현재 한글의 자음과 모음에 점을 붙여서 받아들이기 쉽게 만들었다는 점이다. '새한글'도 특허로 등록되어 있는데 (특허등록 제 10-1400934호), 한글을 글로벌 문자로 만들 수 있는 이 발명이야말로 우리나라가 세계로 나아가기 위한 발판이 될 것이다.

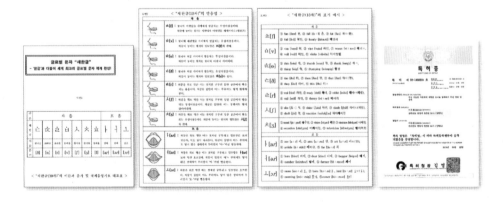

〈세계 제1탑 프로젝트 조감도〉 777미터 높이의 세계 1탑(2003년 1월 17일 저작권 등록)

< 터널형 저수 다단계 수력발전 구성도 >

〈터널형 저수 다단계 수력 발전 시스템〉

지금까지 우리나라는 댐을 만들어 홍수를 조절하였는데, 댐을 새로 만들고자 하면 대부분 주민의 반대와 부딪히게 된다. 그 이유는 낮은 지역이 수몰되어 삶의 터전을 잃어야 하기 때문이다. 그는 이러한 문제를 해결하기 위하여 고심했다. 그리고 마침내 우리나라의 지형 중 70%가 산이라는 것을 이용, 산에 터널을 뚫어서 터널 안에 물을 보관하여 쓰는 수력발전 시스템을 발명했다. 이는 홍수조절 뿐 아니라 물 부족현상도 해결함과 동시에 친환경 신재생 전기에너지를 생산할 수 있는 시스템으로 특허청에 등록되어 있다. (특허 제 10-0961733호)

〈세계 제1탑 프로젝트〉

1999년부터 이옥재 박사가 직접 설계를 시작한 888m 높이의 탑으로, 종합 관광·쇼핑·레저 산업단지이다. 이 또한 2003년에 저작권 등록이 되어있는 상태이다. (저작권 등록 제 C-2003-000164호) 그는 건축 디자인에도 여러 가지 의미를 담아 설계했으며 한국의 고전 건축양식까지 가미하여 모 대학교 기네스 심사위원들도 그 디자인에 놀랐다고 한다. 또한 더욱 놀라운 것은 이것을 디자인하고 설계한 이옥재 박사가 전문 공학도 출신이 아니라는 사실이다.

〈동서 대통합 – 경전특별도(경전도) 건설 추진〉

세계 제일의 IQ(지능지수) 국가인 대한민국은 초일류국가를 건설한 후 세계지도국을 달성하여 지구촌복리와 인류공영을 실현해야 하는 위대한 사명을 갖고 있다고 말하는 이옥재 박사는,

동서 대통합 - 경전특별도(경전도) 건설 추진!

(광양시, 구례군, 순천시, 여수시, 고흥군, 보성군 / 하동군, 남해군, 사천시, 고성군, 통영시)

경전도 면적 : 5,942km²
→ 싱가포르 면적(697km²)의 약 8.5배

경전도 인구 : 128만 명
→ 싱가포르 인구(500만 명)의 약 1/4배

世界第一鄉 建設 ⇒ 세계의 중심축으로 격상

◆한반도의 남북통일 ⇒ ◆초일류국가 건설 ⇒ ◆세계지도국 달성 ⇒ ◆지구촌복리와 인류공영 실현
♠주최 : 世界第一鄉建設委員會　♠주관 : 國家政策研究所　♠후원 : 人間研究所

먼저 영·호남 동서 대통합이 이루어진 후 이어서 조국의 남북 통일을 성취시켜, 그야말로 "통일한국"은 세계지도국으로서의 사명을 충분히 해낼 것이라 힘주어 말하면서, 경전특별도(경전도) 건설 구상과 함께 동서화합의 큰 틀을 짜고 있었다.

고장난 자본주의, 자본주의의 위기

이옥재 발명가는 우리나라가 현 자본주의에서 벗어나서 '경제 민주화' 병행이 꼭 필요하다고 생각한다.

"현재의 자본주의는 대기업과 연결된 패거리식 자본주의라고 생각합니다. 지금 자본주의 시스템으로는 빈부격차를 줄일 수 없어요. 오히려 시간이 흐를수록 빈부의 격차가 더 심하게 나타 날 것입니다. 그래서 제가 제안하는 것이 바로 '유토피아 자본 주의'입니다. 빈부격차를 줄이고 경제민주화를 실현시키는 것 이 핵심이죠."

이옥재 박사가 주장하는 '유토피아 자본주의'의 핵심 원칙은 "생 산으로 나타나는 이익은 생산자에게, 소비로 나타나는 이익은 소비자에게 분배"하는 것이다. 또한 그는 현재의 빈약한 1차 산 업을 더 키워야 우리나라가 잘 살 수 있다고 주장한다. 먹거리 확보를 위해 온 세계가 힘쓰고 있는 지금, 유럽보다 일조량이 1.5배 많은 우리나라의 시골에서 머리 좋은 청년들이 함께 일 한다면 청년 실업도 해결되고 경제도 살릴 수 있다는 것이다.

"저는 우리나라 사람들의 아이큐가 높은 이유를 먹거리에서 찾 았습니다. 우리나라 농수산물은 영양가가 아주 높아요. 우리나 라는 이렇게 좋은 환경을 잘 살려야 한다고 생각합니다."

그가 정치를 하려는 이유

그가 '무주유·무충전 전기자동차'를 개발했을 때 미국에서는 이 발명이 보호되어야 한다고 주장하였다. 하지만 우리나라에

서는 반응이 달랐다. 이옥재 발명가가 2011년에 개발서를 넣고 지원을 신청하였지만, 정부에서 돌아오는 답은 발명가와 기술을 보호해주고 지원해주기는커녕 또 한편으로는 빼앗아가려고만 했다. 그리고 모든 개발이 끝난 그에게는 지원할 돈이 없다고 하고 모 대기업에 엄청난 개발비를 지원하기도 했다. 그가 이야기한 '패거리식 자본주의'의 단면을 경험한 것이다.

"지금의 자본주의가 잘못되었다는 것은 이미 많은 사람들이 알고 있습니다. 하지만 아무도 앞장설 수 없어요. 누구도 하지 못할 때, 지금이야말로 발명가가 나서야 한다고 생각합니다. 과학 기술 전쟁에는 발명가가 장군이에요. 그래서 저는 발명가가 정치를 하면 더욱 부강한 나라를 만들 수 있다고 생각하는 겁니다." 그는 2008년 제18대 국회의원에 출마했었다. 또한 지난 2012년에는 대권에도 도전하여 '중앙선거관리위원회'로부터 제18대 대통령 선거 '후보자 추천장'까지 교부받았다.

"내가 정치에 나간다고 하자 주변 사람들은 말렸어요. 이 발명

전남 광양시 "세계 제1항"

광양읍사무소 정원에 세워져 있는 비석임.
光陽天下萬福之地(광양천하만복지지)라!
"광양은 하늘아래 가장 복된 땅이로다!"

사업들을 할 사람이 저 밖에 없는데 왜 정치를 하냐고요. 하지만 제가 정치를 하는 이유도 이겁니다. 현 자본주의 시스템에서 국가를 발전시킬 수 있는 신기술 산업 등을 실현할 수 있는 방법이 정치이기 때문입니다."

그의 마음은 절박하다. 능력있는 청년들이 일자리가 없어 거리를 헤매고, 좋은 아이템을 가지고도 대기업이 아니라서 실현시키지 못하는 대한민국의 현실이 너무 안타깝다. 그래서 이옥재 박사는 국가 경영에 활용해주기를 바라며 '국가 정책 제안서'를 내기도 했다. 그의 자동차 기술을 보고자, 미국에서 전문가들이 왔을 때 미국인 전문가가 그에게 물었다고 한다. "당신은 이 기술로 돈을 많이 벌 수 있을 것 같은데, 돈을 많이 벌면 무엇을 하고 싶습니까?" 이 질문에 이 발명가는 일초도 망설이지 않고 대답했다.

"지구촌복리와 인류공영 실현 즉, 인류와 사회를 위해 쓰고 싶습니다." "아, 그래서 하늘이 당신에게 숨겨진 비밀자료를 주었군요." 간혹 그를 황당무계한 인물로 보는 사람들도 있다. 하지만 그를 직접 만나보면 안다. 그가 대한민국의 발전을 얼마나 바라고 바라는지, 그가 진정 원하는 것이 무엇인지…

그가 원하는 것은 하나다. 자신의 부도 명예도 아니다. 오직 대한민국의 세계지도국 달성이다. 이옥재 발명가의 끊임없는 열정에 큰 박수를 보낸다.

대담 오성환 편집장 **정리** 이소영 기자

이옥재 더 알기 ●591

(4) 주간 『광양경제』(2013. 7. 3.) - 「탐방 : 우주자동차 / 무충전·무공해 꿈
의 자동차 생산을 향해」

12 2013년 7월 3일 수요일   삶과 자연   광양경제

탐방 ⊙ 우주자동차

무충전·무공해 기술로 꿈의 자동차 생산을 향해

꿈의 친환경 전기자동차 기술로 국부창출은 물론, 초일류 국가 건설을 꿈꾸며 노력하고 있는 우주자동차. 성황동에 위치한 우주자동차는 전 지구촌적인 과제인 친환경 전기자동차를 연구·개발하기 위해 '자연순환 동력연구소'까지 부설 기관으로 둘 만큼 열정과 기술력을 조금씩 인정받고 있다.

우주자동차, 이옥재 대표는 "현재 연구·개발 중인 친환경 꿈의 전기자동차 NSSDV(Non System Dream Vehicle)는 유류 고갈과 고유가시대의 시대적 요청에 맞는 꿈의 기술로, 제동·전동·속도증(풍력)·태양광 발전장치와 비상용발전장치 등 약 100여 개의 자체발전기가 장착돼 있고, 보충충전 수단인 플러그인시스템(Plug-in system)까지 장착돼 있어 문자 그대로 주유소나 충전소에 가지 않아도 운행할 수 있는 세계최초, 최고의 차세대 친환경자동차 기술로 평가받고 있으며 그에 따른 연구·개발·완성에 박차를 가하고 있는 중입니다."

우주자동차와 그가 연구·개발 중에 있는 자동차의 기술력은 이미 다수의 발명특허가 특허청에 등록 돼 있거나 출원 돼 있을 뿐만 아니라, 여느 자동차 생산국가의 추종을 불허하는 세계 최초의 원천기술로 국내 특허는 물론 국제특허

(PCT) 및 미국 등 해외특허까지 등록 내지는 출원 중에 있어, 획기적인 전기자동차가 곧 실현 단계에 와 있는 상태다. 특히 국내 유망기업의 관심은 물론, 중국 대기업 투자자들까지 큰 관심율 보이고 있어, 그 기술력을 이미 인정받았음을 입증하고 있다.

우주자동차에서 연구개발 중인 전기자동차는 쉽게 말해 제동을 위해 브레이크를 밟아도 전기가 생산되고 운행 중 발생하는 바람의 저항을 통해서도 전기가 생산돼 주유 걱정이나 전기충전이 필요 없다는 것이다. 일반 전기자동차에 비해 항속 주행거리의 한계초월, 자체발전장치에 의해 달리면서 수시로 충전되기 때문에 잠시간 충전 불필요, 전기자동차 가격을 좌우하는 배터리 용량이 작아 일반 전기자동차 보다 가격 저렴, 대규모 충전소 인프라가 구축되 있지 않은 환경에서도 바로 상용화 가능 등의 장점이 있다.

더구나 이 대표는 영국 유

수의 언론에서 보도된 기사를 인용해 현재 나온 전기자동차도 결국 충전을 해야 하는데 그 전기 역시 화력발전 등을 통해 생산된 전기이므로 자연친화적인 무공해 자동차는 아니라고 설명하고 있다.

꿈의 자동차 실현을 위해 노력하고 있는 우주자동차 이옥재 대표의 열정과 타고난 발명가 기질은 이미 정평이 나있다. 특히 18대 국회의원선거에 출마 한 굵직한 이력도 갖고 있다.

이 대표는 "이 꿈의 신기술로 국부창출과 지구촌 복리, 인류 공영의 꿈을 공고히 하고, 자동차로 인한 지구 온난화 및 환경을 획기적으로 개선하며, 고갈돼 가는 화석연료의 분명한 대안으로써 우주자동차 NSSDV는 인류 역사에 길이 빛나는 찬란한 자동차 문화를 새롭게 만들어 가게 될 것입니다."며 당찬 포부를 밝혔다.

/조찬현 기자

●592

6. 인간 연구소

(1) 인간연구소 「정관」

(2) 인간완성 교육체계

(3) 나의 다짐 〈헌신〉

(4) 세계사상〔천법〕

(5) 세계사상 제도실현

(6) 정교 · 합교 · 화교 = 세킹

(7) 인류법 · 인류공영법

(1) 인간연구소 「정관」

人間研究所

定 款

第1條(目的)

　본 研究所는 人間 實體의 糾明과 人間의 모든 肉體的·精神的·外面的·內面的·靈的인 欲求와 그것이 充足되는 原理와 方法을 찾아내어 提示하되 그 施行이 반드시 有益·成長·發展論에 立脚하여 이루어지게 함으로써, 人間의 尊嚴性 및 生의 價値와 世上의 아름다움을 認知하게 함과 동시에 이 地上 人間生活의 가장 큰 德目을 밝히고 가르침으로 인하여, 각인이 家庭과 社會와 國家와 人類의 훌륭한 指導者와 따뜻한 案內者가 되도록 함을 目的으로 한다.

第2條(名稱)

　본 研究所는 '人間研究所'라 칭한다.

第3條(事務所)

　본 人間研究所의 事務所는 전남 광양시 성황길 54-8(성황동)에 둔다.

第4條(資産)

　① 본 人間研究所의 모든 資産(土地·建物·現金 등)은 研究所 構成員 모두의 共有로 한다.

　② 본 人間研究所의 모든 資産은 研究所 構成員의 自發的이고 獻身的인 出捐과 敎育 프로그램 實施 등의 여러 收益事業으로 形成·維持한다.

　③ '研究所 構成員'이라 함은 理事와 任員 및 全 社員을 일컫는다.

第5條(理事의 任免)

　① 理事(常任理事, 非常任理事)는 代表理事를 포함하여 30人 이내로 한다.

② 代表理事는 본 人間研究所의 '所長'을 겸한다. 다만, 初代 所長은 主設立者가 맡는다.

③ 후임 代表理事는 전임 所長의 推薦으로 選任하되, 理事會 構成員 3分의 2이상의 同意가 있어야 한다. 전임 所長의 推薦이 없을 때에는 理事 중에서 理事會를 통하여 無記名 投票로 選出하되, 理事會 構成員 過半數의 得票가 있어야 한다. 過半數 得票者가 없을 때에는 多數 得票者 2人 중에서 再投票를 實施하여 最高 得票者로 選出한다. 이 경우, 最高 得票者가 2人일 때에는 年長者를 當選者로 한다.

④ '副所長'과 '院長'은 理事 중에서 所長의 推薦으로 選任하되, 理事會 構成員 3分의 2이상의 同意가 있어야 한다.

⑤ 常任理事와 非常任理事는 所長이 選任하되 總會의 承認을 얻어야 한다.

⑥ 常任理事는 본 人間研究所 산하의 각 研究院 '院長'을 겸한다. 副所長도 常任理事에 該當한다.

⑦ 所長과 副所長의 任期는 10年으로 하되 계속 그대로 連任할 수 있으며, 理事會 構成員 4分의 3이상의 退任要求가 있을 때에는 그 任期가 滿了된다.

⑧ 각 院長과 非常任理事의 任期는 5年으로 하되 계속 그대로 連任할 수 있으며, 理事會 構成員 4分의 3이상의 退任要求가 있을 때에는 그 任期가 滿了된다.

⑨ '理事會' 혹은 '理事會 構成員'이라 함은 代表理事 및 常任理事와 非常任理事 모두를 일컫는다.

第6條(組織)

① 본 人間研究所 산하에 다음의 研究院을 둔다.

1. 人權 研究院
2. 人性 研究院
3. 家庭 研究院
4. 性 研究院
5. 福祉 研究院
6. 敎育 研究院
7. 健康 研究院
8. 精神 研究院
9. 思想 研究院
10. 道德 研究院
11. 政治 研究院
12. 經濟 研究院
13. 社會 研究院
14. 文化 研究院
15. 藝術 研究院
16. 宗敎 研究院
17. 科學 研究院
18. 情報 研究院
19. 環境 研究院
20. 統合 研究院

② 각 研究院 산하에 特定 研究委員으로 構成된 委員會를 둔다.

③ 각 委員會 산하에 分科委員를 둘 수 있다.

第7條(任員)

① 본 人間研究所에는 所長 1人(男性), 副所長 1人(女性)을 두고, 각 研究院에는 院長 1人, 각 委員會에는 委員長 1人을 둔다.

② 所長은 본 人間研究所를 代表하며, 理事들로 構成되는 理事會를 總括한다.

③ 副所長은 所長을 補佐하고, 所長의 有故時에는 그 職務를 代行한다.

④ 각 院長은 所屬 研究院을 代表하며, 산하 研究 委員會를 管掌한다.

⑤ 委員長과 研究委員의 任免權은 院長의 推薦·建議에 의하여 所長이 行使한다.

⑥ 기타 組織과 任員은 必要에 따라 理事會에서 審議·決定한다.

第8條(社員資格의 得失)

① 본 人間研究所의 모든 一般社員은 3人 이상의 理事의 推薦에 의하여, 1次 審査(副所長)와 2次 審査(所長)에 合格한 者에게 그 資格이 주어진다.

② 본 人間研究所의 모든 一般社員은 3人 이상의 理事의 要求에 의하여, 1次 審査(副所長)와 2次 審査(所長)에 의하여 그 資格이 喪失된다.

第9條(存立·解散)

① 본 人間研究所는 어떤 경우라도 解體할 수 없다.

② 所長과 副所長 및 理事는 본 人間研究所를 守護할 責務가 있다.

第10條(定款의 變更)

본 人間研究所의 定款은 總社員 4분의3 이상의 同意가 있을 때에 이를 變更할 수 있다.

第11條(理事의 事務執行)

① 代表理事 및 常任理事와 非常任理事는 본 人間研究所의 事務를 定款의 規定에 따라 執行하되, 善良한 管理者의 注意로 그 職務를 行하여야 한다.

② 理事會의 議決에 의한 事務執行은 定款에 規定이 없으면 理事會 在籍過半數의 決議에 의하여야 한다.

第12條(通常總會)

본 人間研究所의 理事는 理事會가 決定한 場所에서 每年 1回 通常社員總會를 召集하여, 본 研究所의 目的達成을 確認·報告하고, 새로운 計劃을 樹立·發表하며 社員 親睦을 圖謀한다.

第13條(臨時總會)

① 본 人間研究所의 理事는 理事會에서 必要하다고 認定할 때 臨時總會를 召集할 수 있다.

② 總社員의 5分의 1이상으로부터 會議의 目的事項을 提示하여 請求할 때에는 臨時總會를 召集하여야 한다.

第14條(總會의 決議方法)

① 總會의 決議는 定款에 다른 規定이 없으면 社員過半數의 出席과 出席社員의 決議權의 過半數로써 한다.

② 본 人間研究所의 議決은 定款으로 理事會 또는 기타 任員에게 委任한 事項외에는 總會의 決議에 의한다.

第15條(事務執行·事業進行의 原則 및 目標)

본 人間研究所의 모든 事務執行 및 事業進行은 다음의 理念과 理論과 思想에서 비롯되며 人間完成 敎育體系, 世界思想 制度實現 및 超一流國家 建設을 이룩하여 世界指導國 達成을 目標로 한다.

1. 有益·成長·發展論
2. 人間道德 7段階理論
3. 獻身思想
4. 弘益人間
5. 至高의 性
6. 至高의 善

7. 至高의 自由

8. 主人公論

9. 道人의 靈

10. 人間尊重

2002. 4. 19.

人間研究所 設立者 李玉宰

(2) 인간완성 교육체계

◆ 人間完成 教育體系 ◆
- 人 間 硏 究 所 -

道 = 깨달음 道人 = 깨달은 자	完 成 道人의靈 主人公論 (1년)	diamond (金剛石)
Ⅲ단계 (3년) [책임단계] ・至高의 自由 ・사상적 순결: 깨끗한 지식 ・집필: 자신의 책을 저술 ※ 生活豊饒(有益生活)	*3차: 집필한 책을 가르치다 (1년) *2차: 자신의 책을 저술하다(집필) (1년) *1차: 實踐・修行한 知識・思想을 가르치다 (1년)	gold (金)
Ⅱ단계 (2년) [통보단계] ・至高의 善 ・정신적 순결: 따뜻한 마음 ・신문스크랩: 매일 5가지 이상 ※ 生活自立(文化生活)	*2차: 實踐 및 修行 - 1차에서 교육받은 知識・思想을 實行 (1년) *1차: 修學 ①有益・成長・發展論 ②人間道德7段階理論 ③獻身思想 ④弘益人間 ⑤至高의性 ⑥至高의善 ⑦至高의自由⑧主人公論⑨道人의靈⑩人間尊重 (1년)	silver (銀)
Ⅰ단계 (1년) [허락단계] ・至高의 性 ・육체적 순결: 건강한 체력 ・實行日記: 매일 1쪽 이상 ※ 生活維持(基本生活)	*2차: 의식적으로 육체의 건강을 관리하는 자 (금연, 술은 건강식, 보건체조, 기공 등) ・우리나라여행・관광(아름다운금수강산)=자연과'하나'실천 一人一果一菜一花운동: 果樹(有實樹), 菜蔬, 花草 재배실행 (6개월) *1차: 육체의 질병확인・치료조치 - 性이 깨끗한 자 ・봉사: 고아원, 독거노인, 병자(재가・병원), 장애자, 불우이웃, 소년소녀가장, 사고, 재난, 기타 ・이웃사랑 = 인간사랑 = 우리는 '하나' 실천 (6개월)	copper (銅)

예비등록자
・ 책상, 책꽂이, 국어사전, 玉篇(字典), 필기도구, 노트, 연습지(갱지) 등
※ 食住衣 解決

관 심 자

世 上

(3) 나의 다짐 〈 헌 신 〉

나의 다짐
世界思想〔天法〕

〈 헌 신 〉
인간은 존귀한 것 세상은 아름다운 것

　나는 본 교육을 통하여 얻게 되는 성스러운 지식을 잘 활용하고 자신의 의식(意識)을 높여서, 이를 성공적인 인생을 영위하는 가장 중요하고 가장 소중한 지적재산으로 축적 · 응용함으로써 인생을 가장 가치 있고 가장 높은 수준으로 끌어올리도록 하며, 인간의 존엄성 및 생의 아름다움과 세상의 아름다움을 깊이 있게 느낄 수 있도록 질서 있는 생활을 아울러 영위하여 자신의 몸과 맘을 건강하게 지키고 아름답게 가꾸면서 뛰어난 인생의 개척자가 됨으로써 성공하는 삶, 타의 모범이 되는 삶이 되게 하고 전 생애를 타인을 위해 '헌신(獻身)' 하는 생활로 일관하여 가정과 사회와 국가와 인류의 훌륭한 지도자가 되고 따뜻한 안내자가 되는 적극적인 나의 삶 · 나의 길 · 나의 인생이 되도록 다짐한다.

> 성품은 신앙보다 크며 신뢰받는 것이 사랑받는 것보다 더 큰 칭찬이다!
> 하늘은 모든 사람을 사랑하지만 모든 사람을 신뢰하지는 않는다!

년　월　일

서 약 자 : (한글)　　　　　　　(漢字)

(서명)　　　　　　　(확인)

人間硏究所 귀중

(4) 세계사상〔천법〕

世界思想〔天法〕
(物質 · 空間 · 宇宙 思惟)

■ 小宇宙와 大宇宙 - 즉 無限小와 無限大와의 調和를 이루고, 秩序(規則과 制度) · 眞實(마음과 사랑) · 淸潔(健康과 環境) 生活을 營爲하는 道人으로서, 人間完成에 到達하도록 하는 것이 世界思想〔天法〕의 가르침이다!

1. 有益 · 成長 · 發展論
2. 人間道德 7段階理論
3. 獻身思想
4. 弘益人間
5. 至高의 性
6. 至高의 善
7. 至高의 自由
8. 主人公論
9. 道人의 靈
10. 人間尊重

有益 · 成長 · 發展論이란?

"어떠한 사람을

어디에서 만나

어떤 일을 행하든지 간에

그 相對方 또는 他人이

(나를 만나기 前보다 나를 만난 後에)

肉體的 · 精神的 · 物質的으로

보다 더 有益하고 成長하고

發展할 수 있도록 하면

반드시 오는 世上에서 賞을

받게 된다"라는 理論을 말한다.

人間道德 7段階理論

- 1段階〔가장 낮은 단계〕:

    남에게 肉體的·精神的 苦痛을 직접 加하는 段階

    (살인, 강도, 강간 등)

- 2段階 : 남에게 被害를 주는 段階

    (왕따, 이간질, 도적질 등)

- 3段階 : 남에게 被害를 주지 않는 段階

    (쓸데없이 간섭하지 않고 배려하는 사람)

- 4段階 : 남에게 有益을 주는 段階

    (도움을 주고 친절·봉사하는 사람)

- 5段階 : 남의 成長·發展을 積極 圖謀하는 段階

    (장학금 지원, 가난한 자를 적극 도와주며 힘을 주는 것 등)

- 6段階 : 獻身하는 段階

    (목숨, 재산, 명예 등을 바쳐 희생함 – 주로 가족·소단위 그룹에서 나타나는 헌신)

- 7段階〔가장 높은 단계〕: 大衆의 意識을 높이며 獻身하는 段階

    (예수, 공자, 석가, 소크라테스 등)

※ '사람에게는 모두 各其 다른 氣質과 特質이 있다'는 것을 아는 것은 人生事에서 알아야 할
    가장 重要한 일 中의 하나이다!

(5) 세계사상 제도실현

世界思想 制度實現
(福利主義 共同體 = 地球村 幸福共有 時代)

■ 새로운 「經濟 共同體」

一般的으로 사람들은 어떤 일을 한 후에 돈을 갈라서 分配해 가는 制度(System) 속에서 살아가고 있다. 그러나 이곳은 各自의 能力이나 才能에 맞는 일을 하여 經濟的 富를 共同으로 蓄積해 나간다.

⇒ 福利主義(유토피아 자본주의) 共同體 實現

■ 새로운 「幸福 共同體」

福利主義 共同體에서는 다음 7가지의 自由가 保障되어 人間이 享有할 수 있는 모든 幸福을 누린다.

1) 食   2) 住   3) 衣

4) 交際 (사람과 사람이 서로 사귐)

5) 觀光 (다른 지방이나 다른 나라의 풍물 · 풍속을 구경함)

6) 趣味 (전문이나 본업이 아니나 재미로 좋아하는 일)

7) 研究 (사물을 깊이 생각하거나 자세히 조사하거나 하여 어떤 이치나 사실을 밝혀냄)

⇒ 地球村 幸福共有 時代 實現

■ 새로운 「人間 삶 · 地球村 時代」

1. 現世完成 없이 來世完成 없다!

2. 性愛完成 없이 人間完成 없다!

3. 形而下學 없이 形而上學 없다!

4. 性愛사랑(Eros) 없이 絕對사랑(Agape) 없다!

5. 有形 없이 無形 없다!

6. 形體 없이 觀念 없다!

7. 感覺 없이 直觀 없다!

8. 感性 없이 理性 없다!

9. 身體 없이 意識 없다!

10. 몸 없이 맘 없다!

⇒ 世界思想 制度實現

肉體의 覺醒은
精神의 覺醒을 일으킨다!

(6) 정교 · 합교 · 화교 = 세킹

$$正交 \cdot 合交 \cdot 和交 = Seking$$
$$(正交 \cdot 合交 \cdot 和交 = 性愛完成 = 完成된 Sex = Seking)$$

1. 意識을 높인다! (Mind Up)

2. 覺을 일으킨다! (깨달음 : 道)

3. 指導者 資質을 向上시킨다!

4. 正交 · 合交 · 和交(Seking)는 女性이 決定한다!

5. 正交 · 合交 · 和交(Seking)는 하면 할수록 좋다!

6. 죽도록 사랑하되 결코 執着하지 말라!
   執着을 해서도 아니 되거니와 執着을 當해서도 아니 된다!

7. 사랑이란 相對方 또는 他人의 有益 · 成長 · 發展 및 幸福을 圖謀하는 것이다!

8. 사랑해서는 罰받지 않는다! 사랑한 후에 미워하니까 罰받지, 결코 사랑해서는 罰받지 않는다!

(7) 인류법 · 인류공영법

인류법 (人類法)

1. 모든 산모(産母)는 위로받는다!

2. 모든 신생아(新生兒)는 축하받는다!

3. 모든 신생아(新生兒)는 부(父) 또는 모(母)에 자유로이 입적된다!

4. 부(父)는 자(子)가 성인이 될 때까지 양육 및 교육을 반드시 책임진다! 자(子)의 모(母) 역시 그 책임에서 벗어날 수 없다!

5. 부(父)가 경제적 · 육체적 · 정신적 기타 능력이 없을 시는 부의 부모(조부모: 祖父母)가 전항(前項)[양육 및 교육]의 책임을 진다!

6. 고아(孤兒)와 부(父)가 확인되지 않은 신생아(新生兒) 및 전항(前項)[조부모] 부재시는 국가에서 그 양육 및 교육의 책임을 진다!

7. 지구촌의 모든 신생아(新生兒)는 국제적으로 보호받는다!

8. 낙태는 금한다. 정당한 이유 없이 낙태한 자는 그 지위나 자격을 박탈하고, 살인법에 의해 처벌된다!

● 중 · 고등학생의 '0교시 · 야자'는 살인교육이며 야만교육이다!
  – 삶의 현장에서 삶을 배워가는 참교육 실천을 통하여 가치 있고 아름다운 교육 천국을 만든다!

인류공영법(人類共榮法)

1. 모든 선한 것은 하느님으로부터 나온다!

2. 인간이 존재함은 기쁨을 갖기 위함이니라!

3. 사랑해서는 벌 받지 않는다. 사랑한 후에
   미워하니까 벌 받지, 결코 사랑해서는 벌 받지 않는다!

4. 인간의 정신의식을 높이고 인류의 형제애로서 인간존중 사상을 실행한다!

5. 인류는 '지구촌' 이라는 한마을 의식을 강화하고 서로 돕는다!

6. 인류는 과학기술을 발전시키며 그 혜택이 전 세계적으로 공히 주어지도록 한다!

7. 인류는 공동으로 지구촌의 질병을 예방하고 치료하며 지구촌 복리를 실천한다!

8. 인류는 의식주를 공동으로 해결하며 인류 공영을 실현한다!

♣ 인간연구소(人間硏究所)
♣ 인성재능학교(人性才能學校)
♣ 성교육상담소(性敎育相談所)
♣ 세계제일향 건설위원회
   (世界第一鄕 建設委員會)
♣ E-mail : coreaglobal@hanmail.net

※ 상담을 원하거나 자원봉사자 혹은 관심자는 언제라도 연락주시기 바랍니다.

7. 국가 상훈 인물 대전 「현대사의 주역들」

(1,201쪽 수록 내용)

李 玉 宰

아　호 : 大 路
본　관 : 全 州
출 생 지 : 전남 광양
생 년 월 일 : 1955. 4. 15

상　훈

전남도교육감상, 진상중학교·순천 매산고등학교 수석졸업, 전남도교육감상, 순천매산고등학교장상, 호남지역청년대회 모범상, 서울선교부 감사패, 서울특별시 교통연수원장 표창장

학력 및 경력

- 진상중학교·순천 매산고등학교 졸업
- 한국방송통신대학 수료
- 해태김제조기 특허등록
- 순천직업훈련원 수료
- 한성공업주식회사 근무
- 기독교선교회 봉직
- 우주산업 대표
- 영인학원 강사
- 가정문제연구소 소장

옛부터 유명한 광양평야의 곡창지대가 펼쳐지는 곳, 북쪽으로는 민족의 영산인 지리산과 백운산 줄기를 따라 야산이 많아 임산자원도 풍부한 곳이며 남쪽을 제외하곤 삼면이 산으로 둘러 싸여져 여름에는 시원하고 겨울에는 따뜻하며 교통이 편리하여 주위 지역과 두루 교역이 잘 이루어졌고, 주로 농사를 천직으로 삼았으며 겨울철 부업으로 김을 생산하여 가계에 큰 보탬이 되는 곳이어서 옛부터 인심이 좋은 고장으로도 유명하다. 선생은 1955년 4월 5일 전남 광양군 진상면 섬거리에서 全州李氏 후손인 부친 李學享 공과 모친 宜贊金 여사의 7남매중 쌍둥이 형제로 태어났다. 가정형편이 어려워 진학하기 매우 힘겨웠으나 배움만이 생에 보탬이 된다는 일념아래 부친께 간곡한 청을 올려 진상중학에 입학, 열심히 공부하여 전체수석으로 졸업하였고, 순천 매산고등학교에서도 전체수석 졸업으로 전남도 교육감상을 수상하였다. 그후 서울대학교 부설인 한국방송통신대학 경영학과 및 영어학과에 입학했으나 경제사정으로 중퇴를 하였다. 그러나 삶의 개척을 중단하지 않고 순천직업훈련원을 수료하고 미래지향적 생각을 굽히지 않으면서 겨울철 해태김 생산과정이 너무 원시적임을 파악하고 해태김제조기를 연구·제작하여 특허등록 제17788호 등 10여건을 특허청으로부터 받아 한성공업주식회사에 위탁생산 조건으로 입사하였고, 선생이 직접 제조·생산하고자 우주산업을 설립하여 생산하였으며, 또한 학원 영어강사 및 양식·원예 사업에도 깊이 관여했다. 옛말에 의하면 호랑이는 죽어서 가죽을 남기고 사람은 이름을 남기라 했듯이 선생도 총명하고 천재적인 두뇌로 많은 것을 연구하여 많은 사람들의 생활에 큰 보탬을 주었고 크고 작은 지역사회 봉사에 앞장섰으며, 가뜩이나 날로 어려워가는 가정문제를 연구하는 기관을 운영하는 중에도 이 민족의 발전을 성취시키려는 작은 道를 구하며 생활하는 선생은 아들 正道·正標·正氣 삼형제를 둔 다복한 가정을 이루고 있다.

8. 한국 민족정신 진흥회 「현대 한국인물사」

(1,040쪽 수록 내용)

이 옥 재 (李玉宰)   LEE, Oak-Jae

學歷 및 經歷(賞勳)

한국방송통신대학교 법학과 및 구미불교대학 卒, 전남 순천매산고등학교 및 광양진상중학교 首席卒業, 第18代 國會委員 候補 및 英語講師, 海苔(김)제조기 特許登錄 및 우주산업 代表, 국가정책연구소장 및 가정문제연구소장, 한국청소년신문사 理事 및 인간연구소장, (사)자연환경 국민운동중앙본부 副本部長

1955년 4월 15일 전남 광양 生

家訓 및 生活哲學

해야된다/ 現世完成 없이 來世完成 없다

雅號는 大瑢·圓覺.

"전남 여수·순천·광양·구례, 경남 하동·남해·사천을 1백만 인구 특별경제 자립도시로 건설하여 광양만권을 세계최고의 해양 및 농산업도시로 발전시켜 天惠의 海洋港灣 조건을 충분히 살리고 농업이 아닌 농산업 도시로, 쾌적하고 살기 좋은 세계최고의 田園도시로 탈바꿈 시키겠다. 그리고 현대식 농수산물 직거래시장 개설로 농어민 이익을 대변하고 노인건강 복지를 위한 경로사업을 적극 추진하여 복지국가 건설을 앞당기겠다..." 제18대 국회의원 총선에 전남 광양에서 무소속으로 출마했던 그의 出馬辯이었다.

전남 광양진상중학교와 순천매산고등학교를 수석으로 졸업하였고 晩學으로 한국방송통신대학교 법학과를 졸업한 학구파이며 1975년 최초로 오이 促成栽培를 성공시킨 농업혁명가이자 無注油 및 無充填 전기자동차 실현을 가능케 한 과학기술 발명가인 그는 전남 광양시 진상면에서 이학순 公과 선찬금 慈堂의 아들로 출생하였다.

자동차학원과 순천직업훈련원 기계공작과를 수료하는 등 각종 기계제작과 연구에 남다른 탐구심을 가지고 기술개발에 꾸준히 精進해온 그는 1980년 海苔(김)제조기를 개발하여 상용화함으로써 농업기계화 진흥에 선두적 역할을 하였으며 3重 비닐하우스 시설에 의한 오이 촉성재배를 추운 1월에 최초로 성공시킴으로써 농업혁명을 이룩하였고 자신이 개발하여 특허를 획

득한 기계를 위탁생산 하기위해 한성공업(주) 개발부에 입사하여 기계연구 및 개발에 더욱 몰두하기도 하였다. 또한 1984년에는 우주산업을 설립하여 해태제조기를 조립·제조하여 시판하는 등 明晳한 두뇌와 力動的인 활동성을 겸비한 인물로 평가받고 있다.

1990년 부터는 園藝사업과 양식사업을 행하면서 실제의 경험을 토대로 발명기술 개선과 개발 및 (주)I.S.MO-GEN 상임고문으로 Constant Power BLDC Motor 기술교육을 수료하는 등 신기술 발전을 위해 부단한 노력을 기울이는 인사로서 自我啓發에 지칠줄 모르는 노력과 정력이 絶倫한 인사로 정평이 나있다.

1982년 기독교 선교사로서 福音傳道를 하였고 학원 영어강사로 출강하면서 영어발음 표기를 위한 〈새한글〉을 연구하는 등 사회인문교육 진흥에도 一翼을 한 그는 국가정책연구소 소장을 비롯하여 우주산업 대표, 가정문제연구소장 및 한국청소년신문사 선도이사, (사)자연환경 국민운동중앙본부 부본부장, 그리고 인간연구소 소장으로서 분주한 나날을 보내고 있다.

일찍이 日刊紙를 통하여 司法改革 및 법조계 교육을 실행한 인사이기도 한 그는 전남교육감상, 호남지역청년대회 모범상, 서울시교통연수원장상 및 대구광역시 청소년지도자상 外 다수를 수상했으며 저서 「天生山」과 다수의 논문이 있다. 슬하에 아들 정도, 정표, 정기를 두고 있으며 本貫은 숲州이다.

9. 각종 자격증 및 이수증 · 임명 · 위촉장

(1) 가정복지 상담사

(2) 체형관리 지도사

(3) 약용식물 관리사

(4) 발효효소 관리사

(5) 친환경 관리사

(6) 유기농업 기능사

(7) 노인 복지사

(8) 교원연수 이수증(대안교육 입문과정 : 일반)

(9) 최고경영자 과정 수료증서(대진대학교 법무행정대학원)

(10) 자유수호 구국국민연합 공동총재 임명장

(11) 21세기 선진포럼 최고위원 위촉장

(1) 가정복지 상담사

제2005-1-49호

가정복지상담사자격증

성 명 이 옥 재

주민등록번호 550415-1******

위의 사람은 자격기본법 제15조 및 당 협회
정관 제4조의 규정에 의하여 2005년도에 시행한
제 1회 가정복지상담사자격시험에 합격하였으
므로 가정복지상담사자격을 부여합니다.

2005년 8월 29일

사단
법인 **한국자격진흥협회이사장**

(2) 체형관리 지도사

第 KSA-001-10279 號

資格證

자격종목: 체형관리지도사

성   명: 이 옥 재

생년월일: 1955년 4월 15일

상기인은 자격기본법 제15조에 의해
한국전문자격인증협회에서 주관하는 체형관리지도사
자격시험에 합격하고 체형관리지도사협회에서
시행하는 소정의 연수과정을 이수하였으므로
체형관리지도사 자격을 인증함.

2005 年 6 月 7 日

한국전문자격인증협회
한국체형관리지도사협회

(3) 약용식물 관리사

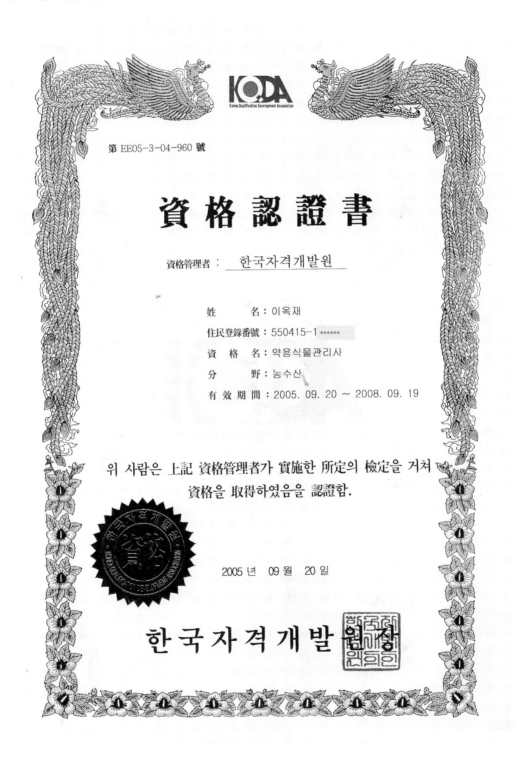

第 EE05-3-04-960 號

資 格 認 證 書

資格管理者 : 한국자격개발원

姓　　　名 : 이옥재
住民登錄番號 : 550415-1 ******
資 格 名 : 약용식물관리사
分　　　野 : 농수산
有 效 期 間 : 2005. 09. 20 ～ 2008. 09. 19

위 사람은 上記 資格管理者가 實施한 所定의 檢定을 거쳐
資格을 取得하였음을 認證함.

2005 년 09 월 20 일

한국자격개발원장

(5) 친환경 관리사

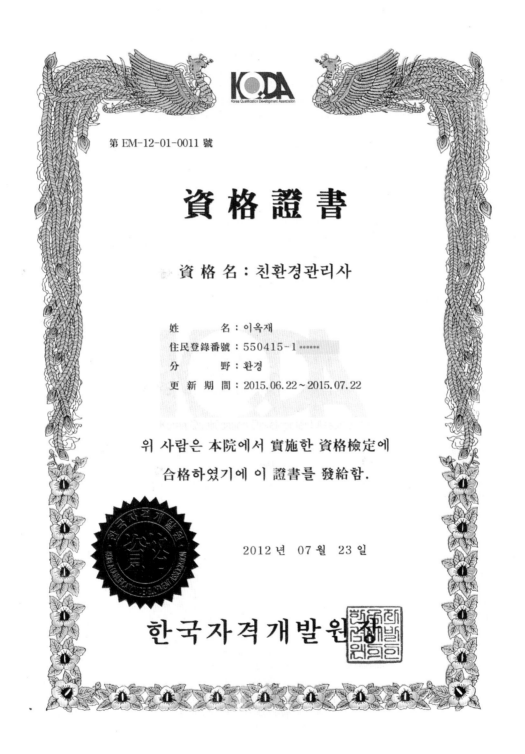

第 EM-12-01-0011 號

資 格 證 書

資 格 名 : 친환경관리사

姓　　　名 : 이옥재
住民登錄番號 : 550415-1******
分　　　野 : 환경
更 新 期 間 : 2015.06.22~2015.07.22

위 사람은 本院에서 實施한 資格檢定에
合格하였기에 이 證書를 發給함.

2012 년　07 월　23 일

한국자격개발원장

(6) 유기농업 기능사

(7) 노인 복지사

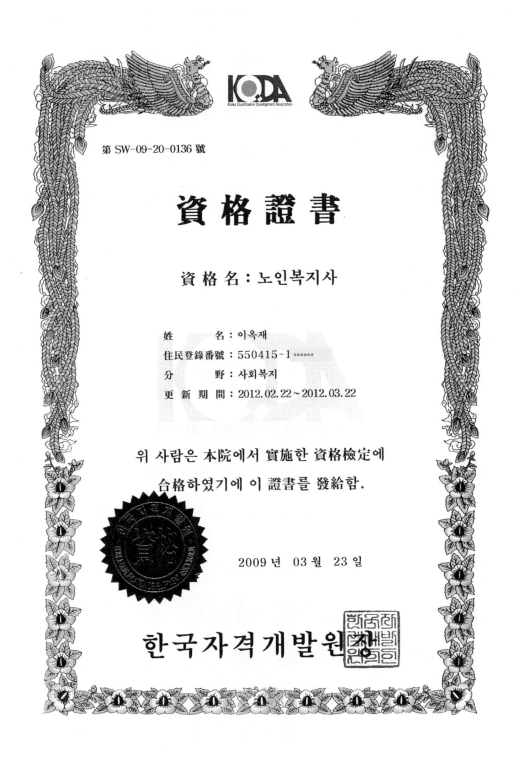

第 SW-09-20-0136 號

資格證書

資格名 : 노인복지사

姓　　　名 : 이옥재
住民登錄番號 : 550415-1******
分　　　野 : 사회복지
更新期間 : 2012.02.22 ~ 2012.03.22

위 사람은 本院에서 實施한 資格檢定에
合格하였기에 이 證書를 發給함.

2009 년　03 월　23 일

한국자격개발원장

교원연수이수증

증서번호 : 303

성   명 : 이옥재

주민등록번호 : 550415-1******

연수종별 : 대안교육 입문과정(일반)

이수시간 : 62 시간

연수기간 : 2007년 06월 23일 ~ 2007년 09월 13일

연수성적 : 91 점

위 사람은 한국방송통신대학교 부설 종합교육연수원에서 소정의 과정을 이수 하였음을 증명함.

2007년 09월 13일

한국방송통신대학교 부설 종합교육연수원장

(9) 최고경영자 과정 수료증서(대진대학교 법무행정대학원)

 법무 2011-49호

수 료 증 서

성명 : 이 옥 재

1955년 04월 15일 생

위 사람은 본 대학교 최고경영자과정
운영내규에 따라 최고경영자과정 전 과정을
이수하였음을 증명함.

2012년 8월 17일

대진대학교 법무행정대학원장 경제학박사 신 영 철

위 증명에 의하여 본 증서를 수여함.

2012년 8월 17일

 대 진 대 학 교 총 장

문학박사 이 근 영

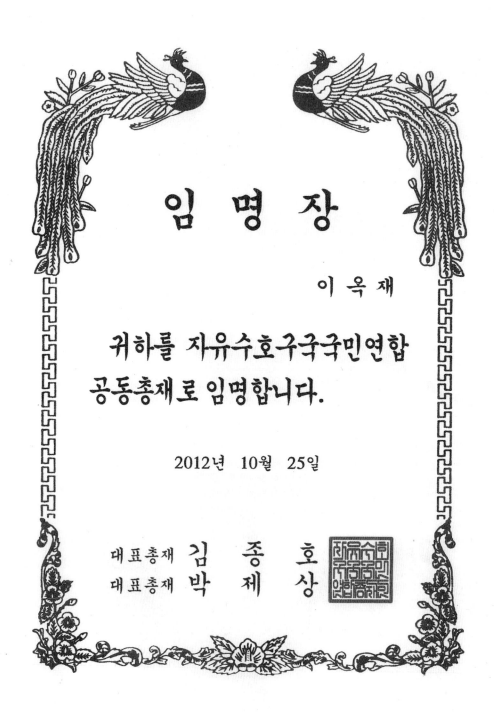

임명장

이 옥 재

귀하를 자유수호구국국민연합
공동총재로 임명합니다.

2012년 10월 25일

대표총재 김 종 호
대표총재 박 제 상

제 20014 호

委囑狀

성명 : 이옥재

위의 분을 사단법인 21세기 선진포럼

정관 규정에 따라

최고 위원 위촉합니다.

2014 년 5 월 12일
Year Month Day

21C Leadership Forum Association

社團法人
21세기 선진포럼

名譽總裁 朴 熙 道

總 裁 成 輔 慶

국가 정책 제안은 여러 가지가 있을 수 있겠다.

이 사람 저 사람, 이 얘기 저 얘기, 한 국가를 통치하는데 있어 그 정책들이 얼마나 많겠는가?

하지만, 감히 『국가정책제안서』라 이름하여 이를 국가에 바칠 정도라면 반드시 그에 상응한 이유가 있을 것이다. 본 제안자는 수십 년 동안 이 나라를 세계 최고의 국가, 세계 제1의 국가 ― 초일류국가 ― 로 만들고 끌어올리기 위한 연구와 정책들을 구상하며 이미 50년 이상 시행할 국가 정책을 마련해 놓았다.

그리하여 그러한 연구와 정책들 중에 몇 가지만이라도 현 국가 지도자들에게 알리고, 그 제안이 터무니 있고 타당성이 있다면 과감하게 시행에 옮길 것을 주문하고 있는 것이다.

만약 현 국가지도자들이 이를 방치한다면 반드시 본 제안자 이옥재(李玉宰)가 직접 그 실현을 도모할 것이다.

사람도 '지도자' 가 있어야 하듯이 지구촌 각 국가들 사이에도 '지도국' 이 있어야 함은 당연한 이치이다.

이제 우리 대한민국은 세계를 평화적으로 지도해나갈 "세계지도국"으로 분명 성장하고 발전하게 될 것이다. 그리하여 우리 백의민족 홍익인간 대한민국 "세계지도국"은 '지구촌 복리와 인류공영 실현' 으로 이 세상 구석구석까지 지구 역사상 그 유례가 없이 지구촌 인간 유익을 위해 일하고 봉사하며 헌신하게 될 것이다. 그것은 "통일한국"이 될 때 더욱 분명해질 것이다.

그를 위해서는 먼저 경제발전을 크게 이룩하여 '경제대국' 이 되어야 할 것이고, 경제대국 못지않게 중요한 것이 있으니 곧 '경제민주화' 인 것이다. '경제민주화' 란 모든 국민이 공히 행복하게 잘 사는 것을 지칭한다. 이것을 본 제안자는 "유토피아 자본주의" 또는 "복리주의"로 규정하고 있다.

그러한 경제대국으로 성장하기 위해서는 특허 전쟁·과학기술 전쟁 시대에 반드시 과학기술 발전에 의한 국부 창출이 있어야 한다. "미래창조과학부"도 그러한 중요한 목적 달성을 위해 새롭게 정부조직으로 부각되었다고 본 제안자는 생각하고 있다.

그렇다면 국가는 헌법 제22조에 명시된 대로, 우리의 발명가·과학기술자가 세계에서 가장 대우받고 존경받는 나라로 탈바꿈시키지 않으면 안 된다.

지금까지의 국가 발전, 아니 지구촌 발전은 발명가나 과학기술자 없이는 불가능했던 일 아닌가! 그렇다면 헌법에까지 적시되어 있는 국가적 의무를 위정자들, 특히 최근의 통치권자들은 발명가나 과학기술자들을 왜 그렇게도 푸대접하고 소홀히 다루고 있는지…… 반성해야 할 것이다. 반성을 넘어 초일류국가를 건설하려면 반드시 그러한 자들을 우대하고 더욱 크게 격려해야 할 것이다.

물론 세계지도국 달성은 경제발전만 이룩했다 해서 나타나는 것이 아니다. 그래서 헌법 제22조 ①항에서 "모든 국민은 학문과 예술의 자유를 가진다"라고 적시해 놓은 것이다. 즉 고도의 정신문화를 일으키고 국민 의식을 세계 제1로 이끌어 올리기 위해서는 "학문과 예술의 자유"를 보장할 뿐만 아니라 그 학문과 예술을 국가가 나서서 적극적으로 지원하고 장려해야 한다는 것이다.

다시 말해 "세계지도국" 자격은 경제발전, 또는 경제민주화 못지않게 그 지도국의 국민의식과 정신문화가 세계 제1로 진보되어 있고 안정적으로 정착되어 있어야 가능하다는 얘기다.

따라서 헌법 제22조 ②항에서는 "저작자 · 발명가 · 과학기술자와 예술가의 권리는 법률로써 보호한다"고 명시해 놓고 있는 것이다.

본 제안자는 발명가 · 작가 · 사상가로서 그 동안 오랜 기간 연구하고 체계화 해 놓은 국가 정책 몇 가지를 제안하였으니, 대통령을 비롯하여 국가 정책 입안자 및 집행자들은 이를 더욱 심도 있고 구체적으로 정립 · 발전시켜서, 이 나라를 초일류국가 건설에 이어 세계지도국으로 달성시킬 수 있는 기본 틀로 확고히 자리 잡아 나아가기를 기원하고, 그리하여 이 아름다운 지구촌에서 가장 아름다운 국가 금수강산(錦繡江山) 대한민국이 찬란하게 건설되기를 빌어 본다. 그리하여 인류사회에 평화의 지도국으로, 행복의 지도국으로 영원한 유익 · 성장 · 발전의 지도국으로 자리매김하게 되기를 마음모아 기도드린다.

다시 언급하지만, 만약 대통령을 비롯하여 국가 정책 집행자들이 위 제안한 정책들을 소홀히 다루거나 집행하지 않는다면 반드시 본 제안자 이옥재(李玉宰)가 직접 나서서 강력한 실현을 도모함으로써 국민 복리와 국가 및 인류 번영을 위해 노력할 것임을 천명해 둔다.

부디 건강하고 행복하기를 빕니다. 대단히 감사합니다.